Paris

1854

Goerres, J.

La Mystique divine, naturelle et diabolique

Première partie : La mystique divine

Tome 2

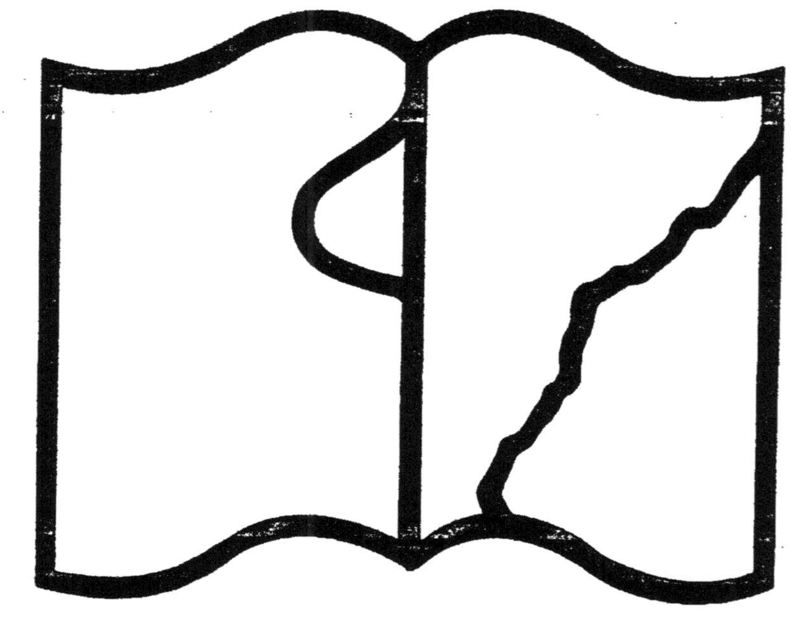

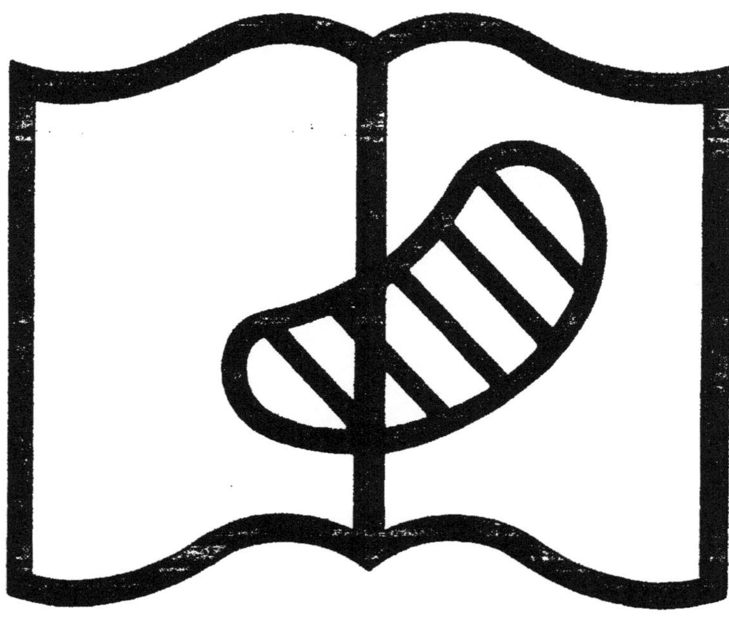

LA

MYSTIQUE

DIVINE, NATURELLE ET DIABOLIQUE.

TOME DEUXIÈME.

Paris. — Typographie de Firmin Didot frères, rue Jacob, 56.

LA
MYSTIQUE

DIVINE, NATURELLE ET DIABOLIQUE,

PAR GÖRRES,

OUVRAGE TRADUIT DE L'ALLEMAND

PAR

M. CHARLES SAINTE-FOI.

PREMIÈRE PARTIE.

LA MYSTIQUE DIVINE.

TOME DEUXIÈME.

PARIS,

Mme Vve POUSSIELGUE-RUSAND, LIBRAIRE,

RUE SAINT-SULPICE, 23.

MDCCCLIV.

LA

MYSTIQUE DIVINE.

LIVRE QUATRIÈME.

La Mystique illuminative. Progrès de la Mystique par l'amour et l'illumination divine dans l'extase.

CHAPITRE PREMIER.

Comment les dons qui sanctifient conduisent l'âme dans les régions supérieures de la mystique.

Nous avons jusqu'ici parcouru les régions inférieures de la mystique. Jusqu'ici les diverses influences qui gouvernent la vie ne se sont pas complétement séparées. Celles des puissances supérieures sont encore cachées sous le voile des influences de la nature; de sorte qu'on ne sait bien souvent à laquelle de ces influences on doit attribuer les effets et les phénomènes qui se produisent. L'homme, en effet, peut être élevé au-dessus de soi-même de trois manières différentes; et par trois puissances diverses à savoir, par les puissances terrestres de la nature qui l'entourent, et qui sont dans un rapport intime avec la partie terrestre de son être; ou bien par les puissances célestes qui, appartenant au monde de la nature, ou à celui de l'esprit, ou au monde des natures mixtes, sont placées au-dessus de lui et sont en rapport avec l'élément céleste en lui; ou bien enfin par Dieu et les puissances de Dieu, qui, s'unissant avec ce qu'il y a de plus profond dans l'être de l'homme, le gouvernent et le dirigent. Dans le premier cas, ce sont les puissances corporelles de la nature qui agissent sur l'homme, et produisent en lui des visions ou d'autres phénomènes extraordinaires, tels que ceux qui sont déterminés par l'opium ou d'autres substances de ce genre. Ou bien encore ce sont des puissances invisibles, et spirituelles néanmoins, qui, trouvant certaines prédispositions dans l'âme de l'homme, élèvent la vie à un état supérieur, comme il arrive, par exemple, chez ceux qui voient les esprits. Ou bien enfin cet effet est produit par ces deux puissances à la fois réunies dans la personne d'un magnétiseur, et agissant sur celui qui est magnétisé, afin de l'élever jusqu'à la clairvoyance. Jusqu'ici la mystique est toute terrestre et immanente en quelque sorte. Dans le second cas, les effets sont produits par des puissances qui appartiennent au monde invisible, et sont préposées au gouvernement du ciel solaire et extérieur. Ou bien ce sont les âmes des défunts qui entrent en rapport avec l'homme et l'établissent dans un état extraordinaire. Ici la mystique n'est plus immanente, mais transcendante; elle éclaire ou elle obscurcit, selon la différence des puissances qui agissent sur l'homme. Dans le troisième cas enfin, c'est Dieu lui-même qui attire à soi immédiatement ou médiatement le fond le plus intime et comme la racine même de la créature; qui l'élève au-dessus d'elle-même, la dépouille des formes qui lui sont propres, pour la transformer en soi. Il y a donc dans l'élévation mystique trois degrés, dont le dernier se retrouve toujours à l'entrée de la vie mystique, tandis que le troisième, lorsqu'il a atteint sa perfection, se produit comme mystique unitive et en est le dernier terme. Mais comme en toutes choses chaque degré inférieur contient déjà le germe des autres, et que ceux-ci n'en sont que le développement, il est souvent très-difficile dans les commencements de distinguer ce qui appartient aux influences terrestres, ou célestes, ou divines, et si les phénomènes qui se produisent sont du ressort de l'Église ou de la science. Toutefois, cette incertitude diminue à mesure que la vie mystique se développe, à mesure que le corps est soumis davantage à l'esprit et l'esprit à Dieu. Il fait donc plus clair déjà à ce second degré de la mystique où nous sommes arrivés, quoique nous ne puissions attendre de clarté parfaite qu'au troisième degré, parce que c'est là seulement que l'homme, tout entier à Dieu, et sanctifié jusque dans les profondeurs de son être, peut être transporté par moments au-dessus de tout ce qui est créé, et introduit jusque dans l'abîme de la Divinité.

L'homme monte à ce second degré par les dons qui sanctifient. Ce n'est pas qu'il ne reçoive ces dons qu'au moment où il arrive à ce second degré, car la mystique purgative les suppose déjà. Ce n'est pas non plus qu'il les reçoive alors dans toute leur plénitude; cette faveur ne lui est accordée qu'au terme de la carrière: mais c'est parce qu'ils lui sont donnés dans une mesure plus abondante. Chaque état nouveau pour l'homme demande une nouvelle impulsion; et lorsqu'il s'agit d'un état surnaturel, il faut une impulsion surnaturelle aussi. Dans le cours ordinaire des choses, le moteur chez l'homme c'est l'*esprit* ou l'intelligence; c'est lui qui meut tout le reste par le moyen de certaines facultés ou aptitudes que Dieu nous a données. Lors donc que l'homme se tourne tout entier vers Dieu, le souverain moteur de toutes choses, pour qu'il puisse recevoir de lui l'impulsion, il a besoin d'aptitudes plus parfaites. Mais de même que la créature ne peut se mouvoir elle-même, ainsi elle ne peut se donner les aptitudes qui lui sont nécessaires pour être mue par un autre; elle doit recevoir celles-ci comme un don de celui qui la meut. C'est à celui-ci de se préparer les moyens d'agir, et de se recevoir en quelque sorte soi-même en celui à qui il se donne. Ces dons s'appellent sanctifiants, par opposition aux dons gratuits, qui ne supposent point la sainteté de celui qui les possède. De même donc que ceux-ci préparent l'homme au premier degré de la mystique, ainsi les premiers le préparent à entrer dans le second degré; de sorte cependant que les vertus théologales servent pour ainsi dire de transition de l'un à l'autre de ces degrés. C'est ici en effet que l'âme, les recevant avec plus d'abondance, commence à se détourner plus fortement de toutes les choses inférieures, pour se tourner entièrement vers Dieu; et c'est ici en même temps que l'on commence à bien distinguer la nature des phénomènes sous lesquels se révèle la vie mystique.

D'après la doctrine de l'Église, l'Esprit Saint se communique en sept dons; car, dit saint Bonaventure, de même que l'univers a été créé en sept jours, ainsi l'homme, ce petit monde, est construit avec les sept dons du Saint-Esprit. Ces dons sont l'entendement, la science, la sagesse, le conseil, la force, la crainte de Dieu et la piété. L'intellect ou l'entendement éclaircit l'œil de l'esprit, qui, fermé pour les choses inférieures, est ouvert au contraire pour les choses divines, et n'est accessible qu'à cette lumière surnaturelle qui éclaire le sommet de l'intelligence. Mais comme nous allons à Dieu par deux voies, l'une intérieure et l'autre du dehors, nous avons besoin d'un don particulier qui nous montre celle-ci, et nous apprenne à contempler les créatures par une connaissance surnaturelle, et dans la lumière de Dieu : et c'est là ce que fait le don de science. Ainsi, tandis que le premier de ces dons nous fait connaître Dieu en soi, le second nous le fait connaître dans les créatures; et de cette sorte la faculté spéculative de l'homme se trouve apte aux plus hautes contemplations. La sagesse et la science règlent et perfectionnent les facultés pratiques en nous. La première, qui d'un côté a ses racines dans la raison supérieure, et qui de l'autre est dirigée vers la volonté, éclaire celle-ci par la lumière divine dont elle est pénétrée; elle la meut avec une sorte de douce contrainte; de sorte que, goûtant la douceur divine, elle exerce la justice et tend par là vers sa fin dernière. Le conseil discipline le libre arbitre, en dirigeant le jugement sous l'impulsion duquel l'homme choisit. Ce don élève et affermit le conseil de l'homme par celui de Dieu; de sorte que, détournant nos regards des choses multiples et créées, et les tenant fixés vers l'unité suprême, nous arrivons heureusement à ce but souverain de tous nos efforts.

L'intérieur de l'homme étant ainsi réglé, les trois autres dons sont destinés à le diriger dans ses actions extérieures et à sanctifier sa vie. Le don de force unit notre propre pouvoir avec celui de Dieu, affermit chacune de nos puissances par la puissance divine; de sorte que, soustraites à la mobilité de la volonté, et fortes de la force de Dieu lui-même, elles puissent soutenir les luttes auxquelles nous sommes exposés ici-bas, et acquérir dans le combat une nouvelle énergie. Mais dans ce mouvement qui nous emporte vers Dieu nous avons besoin d'un contre-poids qui nous fasse redescendre en nous-mêmes par l'humilité; de sorte que, pénétrés du sentiment de notre misère et de notre impuissance, nous nous abaissions humblement devant la majesté de Dieu, et nous soumettions entièrement à lui; et c'est là ce que fait le don de crainte. Enfin ces deux mouvements, dont l'un nous élève tandis que l'autre nous abaisse, doivent s'harmoniser dans un troisième qui les règle et les coordonne; et c'est ce que fait le don de piété, par lequel l'âme, enracinée en Dieu par une confiance toute filiale, évite à la fois et la crainte servile et une orgueilleuse présomption. C'est ainsi que les sept dons du Saint-Esprit préparent l'homme dans toutes ses directions, et achèvent de le sanctifier.

On comprend facilement, d'après ce que nous venons de dire, que ces dons et la manière dont ils nous sont communiqués ont dû occuper beaucoup les contemplatifs dans leurs visions. On raconte qu'Ida de Nivelle ayant un jour le désir de se sentir intérieurement pénétrée de ces dons, il arriva qu'au moment où le prêtre élevait l'hostie, le premier dimanche de l'Avent, elle la vit rouge et enflammée comme le soleil à son lever, et qu'elle aperçut sept rayons lumineux qui en partaient et pénétraient jusqu'au fond le plus intime de son cœur. (Henriquez, page 69.)

La vision de la Béguine Blambeck est plus complète encore, et nous la donnons ici telle qu'elle est racontée par son confesseur. A la fête de la Pentecôte de l'an 1293, après avoir reçu Notre-Seigneur, elle fut remplie d'une telle suavité qu'il n'y avait aucune partie de son corps qui n'en fût inondée. Elle resta en cet état tout le jour; elle ne put ni boire, ni manger, ni prononcer une seule parole. Comme elle admirait la bonté de Dieu, elle voulut prendre un peu de miel; mais il lui parut amer, comparé à la douceur dont elle était pénétrée. « O Dieu, se disait-elle, si je savais le chemin par où le Saint-Esprit est descendu sur les hommes! » Elle fut alors ravie en esprit, et elle comprit que l'Esprit Saint est présent dans toutes les bonnes œuvres que l'on fait uniquement pour Dieu, et que le miel, l'huile, l'eau et le feu sont les symboles de sa divine présence. Il vient sous le symbole du miel quand l'âme est pénétrée d'une ineffable suavité, quand elle prend goût à la prière, à la parole de Dieu et à toutes les pratiques de piété, et enfin quand elle est ravie dans une vision divine. Il vient sous la figure de l'huile quand l'âme est douce et patiente dans l'adversité et à l'égard du prochain, quand le joug du Seigneur lui est doux, et qu'elle compatit aux peines des autres hommes. Il vient aussi sous la figure de l'eau en trois manières; à savoir, dans les larmes du repentir, dans celles de la dévotion, et dans celles enfin du céleste amour. Il vient sous l'image du feu lorsque l'âme se porte avec ardeur aux bonnes œuvres, lorsqu'elle est enflammée du feu de la charité ou illuminée par les révélations du Saint-Esprit. Le lendemain, elle s'inquiétait de ne pouvoir remplir ses exercices de dévotion, et elle considérait tristement vers le soir qu'elle avait passé inutilement la journée. Cette pensée la plongea dans une douleur profonde, qui pénétra tout son corps. Cependant elle fut un peu consolée en pensant que ce qu'elle souffrait était l'effet d'un juste jugement de Dieu, qui lui faisait expier ainsi la négligence dont elle s'était rendue coupable pendant ce jour. « Soyez béni, Seigneur, dit-elle; vous faites toujours ce qu'il y a de mieux. » Tout à coup, la main de Dieu parut sur elle avec sa grâce, et elle vit descendre d'en haut une troupe de gens tous vêtus d'habits dorés, et couverts jusque par-dessus la tête, de sorte qu'on ne leur voyait que le visage. Ils avaient une belle figure, mais paraissaient graves et âgés. Après eux en venaient d'autres vêtus d'habits blancs et la tête ceinte d'une couronne de roses rouges. Leur visage était gracieux et respirait la joie la plus vive. Puis une troisième troupe très-nombreuse succéda aux deux premières. Ceux qui la composaient étaient vêtus d'habits rouges et plus éclatants que le soleil. Au milieu de cette troupe était notre Sauveur à tous, Jésus-Christ; et il était sans contredit le plus beau et le plus aimable de tous ceux qui étaient là. Il était d'une grandeur moyenne, avait les mains et les bras étendus comme le prêtre à l'autel. Ses plaies étaient ouvertes et brillaient d'un éclat merveilleux. Ceux qui le regardaient, il les inondait de délices ; car sa beauté surpassait de beaucoup celle de tous les autres. Il répandait autour de lui une flamme brillante, qui se partageait en rayons, dont les uns montaient vers le ciel, les autres pénétraient la masse de la terre, tandis que d'autres se dispersaient sur les hommes qui l'habitent. Mais elle ne comprenait rien à ces splendeurs, jusqu'à ce que son cœur fut pénétré par cette flamme et embrasé de l'amour divin. A cette clarté elle vit en esprit les derniers confins de la terre et une multitude innombrable de gens, mais qui tous étaient chrétiens. Cette flamme les pénétrait de telle sorte que plusieurs recevaient le même rayon, tandis que d'autres en recevaient plusieurs à la fois. Cette flamme se répandait en eux de quatre manières, à savoir par le sommet de la tête, par la bouche, par les oreilles et par le cœur. Quelques-uns recevaient ces rayons en ces quatre manières; d'autres d'une manière seulement, et d'autres pas du tout. Elle comprit que la grâce du Saint-Esprit qui vient du Fils est la sainteté. La flamme qui allait en haut signifie la grâce qui remplit les élus dans le ciel; celle qui pénétrait la masse de la terre signifie la grâce des élus dans le purgatoire; celle qui se répandait sur les hommes qui habitent la surface de la terre désigne la grâce que Dieu verse dans les hommes pieux. La flamme qui entrait par le sommet de la tête signifie l'élévation du cœur aux joies célestes, qui comblent l'âme de leurs délices; celle qui entrait par les oreilles signifie la grâce du Saint-Esprit, que l'âme reçoit par la prédication; celle qui entrait par la bouche est le symbole de la grâce qui est communiquée à l'homme dans la prière, et qui lui fait goûter celle-ci; celle enfin qui entrait par le cœur représente la grâce qui allume dans le cœur de l'homme le feu de l'amour divin, et éclaire l'esprit. Mais elle ne comprit cette vision qu'après avoir reçu la flamme. C'est alors seulement que son âme connut le sens de tout ce qu'elle avait vu.

CHAPITRE II.

De l'extase considérée dans ses phénomènes généraux. Origine et progrès de l'état extatique. Béatrix de Nazareth. Christine de Stumbèle. Catherine de Sienne. Thomas de Villeneuve. Joseph de Copertino. Madeleine de Pazzi. Dominique de Jésus-Marie.

Il y a pour l'homme deux états principaux. Dans l'un, il domine les impressions qui lui viennent de tout ce qui n'est pas lui, et garde vis-à-vis d'elles la conscience qu'il a de soi-même. Dans l'autre, au contraire, ces impressions sont plus fortes que lui, et l'entraînent; de sorte que, perdu et comme absorbé dans l'objet qui s'empare de lui, il n'a plus ni le sentiment ni la possession de soi-même, mais se trouve lié et dans son intelligence et dans sa volonté. On dit dans le premier cas qu'il se possède, et dans le second qu'il est hors de lui ou en extase. Or, la nature humaine est placée entre la nature extérieure, qui est au-dessous d'elle, et les êtres qui lui sont supérieurs; de sorte qu'elle peut s'échapper à elle-même en deux manières: soit en se perdant dans la première, soit en se laissant absorber par les derniers. Dans le premier état, son activité est élevée et augmentée en apparence; mais au fond elle est plutôt liée et enchaînée, au contraire. La conscience que l'homme a de soi-même est perdue et comme abîmée dans une conscience inférieure, et sa libertée est enlacée dans les lois de la nécessité qui gouverne la nature; de sorte que, tout en paraissant hors de soi, il est réellement tombé au-dessous de soi-même. Dans l'autre cas, au contraire, il parait lié et réduit à un état passif; mais dans la réalité il est introduit par une puissance supérieure dans le cercle d'une conscience plus élevée, en regard de laquelle la conscience réfléchie qu'il a de soi-même n'apparait plus que comme un sentiment irréfléchi et dominé par sa propre objectivité. Il en est ainsi dans le domaine de la volonté. Celle-ci est élevée dans les régions d'une liberté supérieure, à l'égard de laquelle la liberté ordinaire n'est plus qu'une sorte de contrainte que la volonté exerce sur elle-même. L'homme qui sort de soi de cette manière est réellement élevé au-dessus de soi. Or, les dons du Saint-Esprit, qui, quand ils sont distribués avec mesure, inspirent et élèvent l'homme peu à peu, lorsqu'ils affluent dans l'âme dans toute leur plénitude doivent produire en elle une extase du second genre; et c'est dans cette extase que les symptômes de l'état mystique commencent à se révéler d'une manière plus déterminée. C'est cette extase aussi que nous allons étudier maintenant, en la considérant d'abord dans sa généralité, et en cherchant à nous en former une idée d'après l'expérience et les récits de témoins oculaires dignes de foi.

Les premiers symptômes de l'extase nous apparaissent sous leur vrai jour dans Béatrix de Nazareth. Ida de Ni- Béatrix de Nazareth.

velle lui avait prédit que le Seigneur la visiterait de ses premiers dons à Noël. La fête s'était passée néanmoins sans que rien d'extraordinaire lui fût arrivé. Et comme Béatrix l'attribuait à ses péchés, Ida la renvoya à l'octave. Pendant l'octave, en effet, un soir que l'on chantait Complies au chœur, et que l'on était rendu à cette antienne du jour : *Propter nimiam charitatem suam qua dilexit nos Deus, Filium suum misit in similitudinem carnis peccati, ut omnes salvaret*, comme elle méditait ces paroles, et ces autres d'un répons de Pâques : *Et David cum cantoribus cytharam percutiebat in domo Domini*, elle fut ravie pour la première fois, et vit des yeux de l'esprit la sainte Trinité dans sa gloire, David et les chantres de la céleste Jérusalem chanter sur la cithare les louanges de la majesté divine, et toutes les puissances du ciel, plongées dans la contemplation autour de son trône, exprimer leur amour dans une jubilation merveilleuse. Pendant qu'elle s'efforçait de mêler sa voix à celle des chœurs célestes, les Complies finirent, et les autres sœurs quittèrent le chœur. Pour elle, plongée dans la méditation et penchée sur sa stalle comme une personne endormie, elle ne voyait rien de ce qui se passait autour d'elle. Sa voisine, croyant qu'elle dormait, la secoua par sa robe ; et comme elle ne se réveillait pas, elle la secoua plus fort. Béatrix, revenue à elle-même et se retrouvant dans la médiocrité de la vie vulgaire, se mit à sangloter et à pleurer; de sorte que son visage était tout baigné de ses pleurs. La sœur, effrayée, la pressa sur son cœur, et, essuyant ses larmes, essaya de la calmer; puis, après l'avoir un peu consolée, elle la conduisit au lit. Beatrix, une fois qu'elle fut seule, se mit à réfléchir sur ce qui lui était arrivé, et sentit son âme inondée d'une joie ineffable. Elle avait eu tout le jour un peu de fièvre, et avait éprouvé un poids et une pression dans tous ses membres; mais ces pleurs qu'elle avait répandus avaient fait disparaître jusqu'aux dernières traces de ce malaise ; de sorte qu'Ida étant venue la visiter avec d'autres sœurs elle manifesta dans un éclat de rire la joie qui remplissait son âme. Il lui semblait que son cœur allait se briser si Ida approchait d'elle davantage. Elle demanda à Dieu intérieurement que la lampe du dortoir s'éteignît, afin que personne ne fût témoin de son allégresse. La lampe s'éteignit en effet, et le dortoir devint obscur. Cependant, comme elle craignait encore d'être entendue, elle pria Dieu d'éloigner les sœurs. Celles-ci, en effet, poussées par la même pensée, se retirèrent toutes dans leur cellule sans la déranger. Dès qu'elle fut seule, elle put s'abandonner sans contrainte à la joie que produisait en elle la grâce qu'elle avait reçue; et, malgré elle, elle se mit à pousser de grands éclats de rire, de sorte qu'elle pria Dieu plusieurs fois d'empêcher que le bruit fût entendu de personne. Il lui sembla aussi pendant la nuit qu'elle volait en l'air; et sa béatitude dura ainsi plusieurs mois. (Henriquez, page 35.)

Pierre de Dacie, lecteur et deux fois prieur des Dominicains dans l'île de Gothland, nous raconte que, pendant qu'il était à l'université de Cologne, il trouva en cet état, dès la seconde visite qu'il lui fit, Christine de Stumbèle, dont il fut dans la suite le confident pendant longtemps. Il était allé à Stumbèle le 24 février 1264 avec Gérard de Greifen, alors confesseur de Christine; et le curé du lieu les avait invités à sa table avec elle. Pendant le repas, Gérard examina attentivement Christine, et vit avec plaisir qu'elle était humble, gaie, mortifiée, parlant peu, et ne disant que des choses édifiantes, parfaitement convenable dans son maintien, dans sa mise et dans toute sa personne. Lorsqu'on se fut levé de table, le curé étant sorti pour aller visiter un malade, une des personne présentes chanta par dévotion le chant de jubilation de saint Bernard, traduit probablement en allemand; et ce chant émut plusieurs fois jusqu'aux larmes Pierre et plusieurs autres parmi les assistants. Tout à coup Christine tomba en extase. Tous ses sens étaient immobiles; son corps était roide, elle ne donnait plus aucun signe de vie; et même, ce qui

Christine de Stumbèle.

étonna davantage encore tous ceux qui étaient présents, elle cessa de respirer. « J'avoue, nous dit le narrateur, qui n'avait encore jamais rien vu de pareil; j'avoue que j'ai pleuré de joie, ne pouvant assez m'étonner de cette merveille, et rendant grâces à l'auteur de ces dons extraordinaires. Je n'avais vu encore personne en cet état; et je crus y reconnaître celui dont parle l'Apôtre. J'examinai donc avec attention tout ce qui se passait sous mes yeux, toutes les paroles, tous les mouvements, tous les gestes de Christine. Elle resta ainsi environ trois ou quatre heures, appuyée contre un banc, la figure et les mains enveloppées dans son voile. Puis elle se mit à soupirer en bâillant, de sorte que tout son corps était agité. Elle commença ensuite à respirer, mais plus rarement et moins profondément qu'on n'a coutume de le faire. Le mouvement produit par sa respiration était si faible qu'on ne pouvait l'observer qu'avec une grande attention. Après qu'elle fut restée en cet état le temps environ de deux messes, sa respiration devint plus profonde, et se rapprocha de la respiration ordinaire. Puis elle se mit à parler, mais si bas qu'on ne pouvait l'entendre qu'en prêtant bien l'oreille. Ce n'était point un langage suivi, mais des inspirations d'amour comme celles-ci : O bien-aimé! très-doux! O fiancé! très-cher! Et elle était avec cela dans une telle jubilation que tout son corps frémissait, et qu'elle retint son souffle le temps à peu près que dure un *miserere*; puis elle resta immobile aussi longtemps. Cet état de jubilation, que je ne sais comment appeler, parce que je ne l'ai vu nulle part ailleurs, dura environ le temps de deux messes. »

« Tous ceux qui étaient présents furent émus jusqu'aux larmes. Christine commença à lier les mots, et à former des phrases où elle exprimait sa reconnaissance envers Dieu. Elle dit quelque chose, mais en général seulement, de l'état où elle avait été et des dons qu'elle avait reçus. C'était une chose ravissante de l'entendre confesser son propre néant d'un côté, et de l'autre la bonté et la libéralité infinies de son bien-aimé. Elle passa encore à peu près le temps d'une messe occupée tantôt à s'humilier devant Dieu, tantôt à louer son amour extrême. Puis elle se mit à pleurer les misères de cette vie avec une grande amertume de cœur et une grande abondance de larmes. Je n'avais jamais vu pleurer de cette manière. J'avais bien compris par la foi les larmes dont la pécheresse de l'Évangile lava les pieds du Seigneur; mais ce fut alors que pour la première fois j'en eus l'intelligence et le sentiment. Cette heure une fois écoulée, elle se mit à recommander instamment à Dieu tous ceux qui lui étaient chers. Je mentionne cette circonstance, parce que ce furent là les premiers signes qui nous révélèrent que Christine recommençait à à être mue par des motifs humains. Après qu'elle eut ainsi prié pour ses bienfaiteurs et ses amis, elle fit la même chose pour ses ennemis, demandant à Dieu qu'il leur pardonnât le mal qu'ils lui avaient fait par ignorance ou de propos délibéré. Puis elle commença à répondre aux questions qu'on lui adressait, sans faire aucune allusion à ce qui s'était passé : elle paraissait même embarrassée lorsque quelqu'un en parlait devant elle. »

Une autre fois Pierre la visita avec le frère Albrandin. Ils la trouvèrent voilée dans son lit, après la communion, immobile et sans souffle. Albrandin lui toucha les épaules pour voir si elle était vraiment roide comme on le disait, et, n'apercevant point ce signe, il dit à Pierre avec émotion : « Vous voyez bien que ce qu'on raconte de cette fille est un mensonge, car ses membres ont gardé leur souplesse. » Pierre, un peu blessé, lui dit d'avoir patience, que l'état de roideur ne commençait que quelque temps après la communion. En effet, lorsqu'ils revinrent après le repas, ils la trouvèrent dans la même position, mais roide comme une morte.

L'extase dura une autre fois depuis le soir jusqu'au lever du soleil, en présence de Pierre et de douze autres personnes, et tous se sentirent réjouis par l'odeur d'un parfum extraordinaire. Elle avait coutume de s'agenouiller derrière l'autel après la communion, dans la position d'une personne assise, à la manière des Béguines de Cologne. Sa figure et ses mains étaient cachées sous son voile, et elle ne tardait pas à tomber en extase. Un jour donc, elle s'était mise à genoux de cette manière derrière l'autel, et l'on avait fermé l'église. Pierre et le curé étaient allés manger, puis étaient revenus à l'église après le repas. La trouvant fermée, ils se mirent à la porte, et entendirent sortir de l'intérieur une voix humaine à la vérité, mais dont les modulations avaient une douceur et une délicatesse qu'aucun son humain ne saurait atteindre, et l'on n'entendait aucune parole articulée. C'était comme une voix humaine adoucie par la suavité du miel, ou comme si des cordes mélodieuses eussent vibré dans un gosier humain. Entrés dans l'église, ils n'y trouvèrent personne excepté Christine; elle était à la même place, et dans le même état où ils l'avaient laissée. S'étant approchés d'elle, pour voir si c'était d'elle que venait cette voix, ils entendirent après quelques instants un son qui semblait sortir de sa poitrine: c'était la jubilation de son âme qui débordait au dehors dans des sons inarticulés.

Ce que Raimond raconte avoir vu mille fois en sainte Catherine de Sienne se rapporte bien à notre sujet. Lorsque, plongée dans la méditation, elle avait perdu l'usage de ses sens corporels, ses mains et ses pieds se contractaient d'une manière convulsive. Ses doigts s'entrelaçaient, ou s'attachaient si fortement à l'objet qu'elle saisissait qu'on les aurait brisés plutôt que de leur faire lâcher prise. Ses mains, ses bras et son cou étaient roides; de sorte qu'il eût été dangereux d'y toucher en cet état. Sa mère, qui ne comprenait rien à la chose, s'efforça plus d'une fois, pendant les extases de sa fille, de lui redresser le cou; et elle le faisait avec une telle force que, sans l'intervention d'une amie qui était présente, elle le lui aurait rompu, comme le déclara la sainte elle-même une fois revenue de ses ravissements. Elle ressentait du moins pendant longtemps une douleur très-vive par suite de la maladresse de sa mère. Ses yeux étaient fermés aussi; elle n'entendait aucun bruit, quelque fort qu'il fût; et tous ses autres sens étaient liés de la même manière. Lorsqu'elle revenait de ses extases, surtout quand elles avaient été plus longues, elle restait longtemps comme appesantie par le sommeil, semblable à quelqu'un qui ne dort plus, mais qui n'est pas encore tout à fait éveillé.

On comprend facilement que dans un pareil état, lorsque le fil qui sert à rattacher les pensées se trouve ainsi transposé tout d'un coup, le sentiment du temps qui s'écoule doive subir une altération analogue. Saint Thomas de Villeneuve était exposé à des extases continuelles, en prêchant, en priant ou en disant la messe. Un jour qu'il prêchait à Vallisolet, en présence de l'empereur Charles-Quint, sur le lavement des pieds, lorsqu'il fut arrivé à ces paroles de saint Pierre : « Seigneur, vous, me laver les pieds? » Il commença à les expliquer en disant : « Vous, Seigneur, à moi? Vous, mon Dieu, la gloire des anges, l'ornement du ciel, le maître de toutes les créatures? Vous, à moi? » Comme il prononçait ce dernier mot : à moi, il s'arrêta tout à coup, immobile, comme une statue de marbre, les yeux levés vers le ciel et fondant en larmes, sans pouvoir dire une seule parole. La même chose lui arriva souvent. Quand ses extases le prenaient ainsi dans la chaire, personne ne sortait de l'église. On attendait une demi-heure, une heure même, jusqu'à ce qu'il fût revenu à lui. Prêtres, laïques, tous accouraient pour l'écouter; car on savait que dans ces circonstances il parlait comme un ange du ciel, et touchait singulièrement tous ceux qui l'entendaient. Aussi, dans la crainte de passer pour un saint, avait-il fini par ne plus prêcher. Mais plus il fuyait la gloire, plus elle le poursuivait. Un matin du jour de Pâques, comme il marchait dans les corridors du palais archiépiscopal avec son chapelain Bovello en disant son bré-

S. Thomas de Villeneuve.

viaire, comme ils étaient arrivés à cette antienne : *Et, videntibus illis, elevatus est*, il fut ravi en extase, et resta droit suspendu en l'air depuis six heures du matin jusqu'à cinq heures du soir. Un grand nombre de personnes, soit de sa maison, soit du dehors, le virent en cet état. Lorsqu'il fut revenu à lui, il demanda au chapelain qui avait récité les heures avec lui, et ne l'avoit pas quitté depuis : « Où en sommes-nous restés ? » Celui-ci lui répondit : « Nous avions commencé None, et Votre Grandeur avait lu l'antienne *Videntibus illis*. C'est bien, dit l'archevêque, continuons, je dirai ensuite ma messe, et j'irai au chœur. — Mais, Monseigneur, vous n'y pensez pas, c'est impossible. — Et pourquoi ? — La cloche vient de sonner Complies. — Finissons donc None et les autres heures, répondit Thomas étonné. Je suis fâché, surtout pour vous, que vous n'ayez pas dit la messe. Mais Dieu l'a voulu ainsi, sans qu'il y ait de votre faute ni de la mienne. Ne craignez donc pas de l'avoir offensé, car vous ne pouviez me laisser, et il ne m'était pas permis à moi de refuser la grâce que Dieu me donnait. » Le chapelain se jeta à ses pieds, le conjurant au nom de Dieu de lui expliquer le secret de cette longue absence. Thomas, après que Bovillo lui eut promis le silence, lui dit : « Sachez, mon frère, qu'en ce moment où je commençais l'antienne une troupe d'anges me l'a prise de la bouche, et s'est mise à la chanter dans les airs ; mais dans un chant si doux et si mélodieux qu'il m'a ravi et privé de l'usage de mes sens. Je m'étonne cependant qu'il se soit écoulé autant d'heures que vous le dites, car il me semble vraiment qu'il n'y a pas encore une demi-heure. Mais il y a tant de charmes dans les consolations célestes qu'un jour paraît comme une demi-heure. » (*A. S.*, 18 sept. Ce fait est rapporté dans la bulle de canonisation du saint.)

S. Joseph de Copertino.

Un des personnages les plus remarquables sous ce rapport est Joseph de Copertino, dont la vie fut pour ainsi dire une extase continuelle. En effet, tout ce qui se rapportait à Dieu, le son d'une cloche, un chant d'église, le nom de Jésus, de Marie ou des saints, un trait de la passion de Notre-Seigneur, une allusion à la gloire du paradis, la vue d'une sainte image, suffisait pour le faire tomber en extase. Et comme ces occasions se représentaient sans cesse, ses ravissements se succédaient presque sans interruption. C'est surtout pendant la messe qu'ils le prenaient. Il en était ordinairement averti d'avance; car le matin, quand il se préparait dans sa chambre en lisant l'épître ou l'évangile, le cœur lui battait dans un endroit particulier. Quelquefois, lorsqu'il sentait approcher l'extase, il cherchait à la détourner en se tenant fortement à l'autel; et il tremblait si fort alors qu'il semblait que ses os allaient se déboiter. C'était ordinairement à la communion qu'il avait ses ravissements; souvent aussi lorsqu'il partageait l'hostie, ou bien lorsqu'il faisait sur elle le signe de la croix; d'autres fois quand il élevait le calice, ou quand il donnait la communion au peuple, ou quand il le bénissait. Mais toujours ils étaient l'effet d'une méditation fervente, qu'il n'était pas en son pouvoir d'empêcher. Ces ravissements, ces contemplations et les torrents de larmes qu'il répandait faisaient durer sa messe très-longtemps, quelquefois plus de trois heures, surtout les jours de fêtes, ou dans certains sanctuaires plus vénérés, ou bien encore quand il pouvait voir de là le ciel. Souvent il était pris d'un tremblement subit; de sorte qu'il ne pouvait élever l'hostie qu'avec peine et lentement, d'abord jusqu'à la hauteur de la poitrine, puis, après une pause, un peu plus haut. Comme ces états étaient fréquents, et qu'ils dérangeaient l'ordre de la communauté, les supérieurs ordonnèrent qu'il ne paraîtrait avec les autres frères ni au chœur, ni aux processions, ni même aux repas, mais qu'il resterait dans sa chambre, où on lui fit une petite chapelle, et ceci dura pendant trente-cinq ans. Dans les dernières années de sa vie, le concours immense du peuple engagea l'inquisition à l'envoyer dans un couvent solitaire de la montagne, chez les religieux de Pietra Rubea. Il obéit comme toujours sans rien dire; mais la précaution fut inutile, car on accourait non-seulement de Monte-Feltro, mais encore d'Urbin, de Fossombrone, de Fano, de Pesaro et même de Césène pour voir la merveille du siècle; de sorte que non-seulement l'église, le cloître et la place étaient remplis de monde, mais encore ceux qui ne pouvaient entrer découvraient les toits pour le voir.

Il était, dans ces ravissements, tellement étranger à soi-même et à toutes les choses extérieures qu'au milieu de tous les essais que l'étonnement et la curiosité suggèrent en ces circonstances il ne paraissait pas le moins du monde sentir qu'on le touchait. On avait beau le traîner par terre, le piquer avec des aiguilles, lui disloquer les doigts, lui brûler les membres avec des cierges allumés, lui enfoncer le bout des doigts dans les yeux, ou des aiguilles sous les ongles, il ne sentait rien. Quelquefois l'extase s'annonçait par cette exclamation : Oh! répétée trois ou cinq fois; ou par un simple cri. Comme on lui demandait un jour la cause de ce cri, il dit que, comme la poudre allumée dans un fusil part en faisant du bruit, ainsi il sort un cri du cœur quand il est enflammé par l'amour divin. Dès qu'il avait jeté ce cri, il tombait à genoux, les bras étendus en croix, les yeux levés vers le ciel; de sorte cependant que la pupille était cachée sous la paupière supérieure. Sa chair était roide, et aucun souffle ne sortait de sa bouche. S'il était surpris pendant qu'il faisait quelque action, il restait dans la même position jusqu'à ce que l'extase fût passée. Si c'était, par exemple, pendant qu'il donnait la communion, il tenait toujours l'hostie à la main. Un jour qu'il s'en allait à la sacristie, portant le calice, et qu'il hâtait le pas parce qu'il sentait les approches de l'esprit, il tomba à la renverse devant la porte, et resta couché, tenant toujours le calice contre sa poitrine sans qu'on pût le lui ôter, jusqu'à ce que le supérieur fût arrivé, et lui eût dit : « Père Joseph, lâchez-le par obéissance. » Il ouvrit aussitôt les mains et lâcha le calice. Mais il resta étendu par terre comme un mort, et si fortement attaché au sol qu'un frère nommé Ludovic ne put l'enlever; il fallut que plusieurs personnes unissent leurs efforts. Une autre fois il était tombé en extase en regardant une image du Christ enveloppé dans son suaire; puis, au bout d'un quart d'heure il prononça ces paroles : « Le Seigneur a été enseveli, » et fut alors jeté avec force contre terre. Le frère Junipert, de Palerme, qui était présent et qui ne savait rien de ses extases, voulut l'empêcher de tomber, mais il ne le put; et il raconta plus tard que, quoique son corps eût été renversé avec force, il lui avait semblé aussi léger qu'une paille. Il en était de même de saint Pierre d'Alcantara, de saint François de Paule, de saint Philippe de Néri et de beaucoup d'autres. Ceux qui entouraient ce dernier, croyant d'abord qu'il avait été frappé d'apoplexie, lui mirent les mouches et lui firent administrer l'extrême-onction; et il revint à lui aussitôt après l'avoir reçue. Joseph demeurait en extase jusqu'à ce que l'esprit le quittât, ou que le commandement de ses supérieurs l'en fit sortir. Il disait qu'il n'entendait point leurs paroles, mais que c'était Dieu qui, à cause du mérite de l'obéissance, le rappelait à lui. Quoi qu'il en soit, on voyait alors son corps s'agiter violemment aux jointures des os, que l'on entendait très-distinctement frapper les uns contre les autres. Puis il récitait ces paroles : *Fiat, Domine, cor meum immaculatum, et non confundar*, s'étendait quelques instants comme un homme qui se réveille d'un profond sommeil, et s'excusait auprès de ceux qui étaient présents de s'être ainsi laissé surprendre par le sommeil, disant que cette négligence était bien pardonnable, puisqu'elle reposait sur un défaut naturel.

Madeleine de Pazzi.

Quelquefois l'extase survient à la suite de maladies; et celles-ci sont ordinairement alors d'une nature extraordinaire dans leur origine, leur cours et leur terminaison. Madeleine de Pazzi, déjà favorisée dans son enfance de grâces toutes spéciales, était entrée chez les Carmélites à l'âge de seize ans. Elle avait fait son noviciat d'une manière exemplaire, et demanda à faire sa profession. On la remit pour un peu plus tard, afin qu'elle pût faire ses vœux avec plusieurs autres religieuses. Mais elle, sachant ce qui devait lui arriver, répondit qu'il en serait autrement. En effet, elle tomba gravement malade, et fut attaquée à la fois d'une toux convulsive et d'un vomissement violent. Et comme ces deux maux se combattaient et que les contractions convulsives de sa poitrine l'empêchaient de vomir, on craignit qu'elle ne se rompit tous les vaisseaux par suite des efforts qu'elle faisait. Les médecins ne comprenaient rien à son mal, et finirent par l'abandonner. Elle était ainsi restée quatre-vingts jours dans les souffrances les plus atroces, sans pouvoir presque rien prendre; son esprit se fortifiait chaque jour davantage, mais son corps s'affaiblissait dans la même proportion, et tout annonçait une mort prochaine. Ses supérieures, désespérant de sa vie, résolurent de l'admettre à la profession. Elle se fit porter au chœur et y fit ses vœux avec une incroyable allégresse. Lorsqu'on l'eut rapportée dans son lit, elle pria les sœurs de la laisser reposer un peu. Celles-ci se retirèrent donc après avoir fermé les rideaux de son lit. Au bout d'une heure, comme on n'entendait aucun bruit, et que la toux dont elle avait tant souffert s'était arrêtée, les sœurs revinrent inquiètes dans la chambre de la malade, et la trouvèrent en extase, le visage éclatant de beauté, les joues florissantes, les yeux attachés sur le crucifix. Ce n'était plus la sœur Madeleine, maigre et blême, mais c'était comme un ange du paradis. C'était sa première extase, et elle dura deux heures. A partir de ce moment, tous les matins, après avoir reçu le pain des anges, elle fut ravie de la même manière. Pour obtenir son entière guérison, une des religieuses avait promis en son nom un pèlerinage au tombeau de la mère Marie Bagnésie sans rien lui dire de son vœu toutefois. Mais Madeleine l'avait connu par l'esprit, et à la première visite que lui fit son confesseur elle lui témoigna le désir de l'acquitter. Elle se sentit aussitôt délivrée des douleurs qu'elle souffrait à la poitrine et aux côtés : sa toux avait disparu, et il ne restait plus aucune trace de sa maladie. Elle se leva de son lit sans rien dire du changement merveilleux qui s'était opéré en elle, et se rendit à pied au tombeau de Marie Bagnésie avec la sœur qui avait fait le vœu pour elle et une autre. Elle y resta trois heures à prier à genoux ; puis lorsqu'on l'eut ramenée à l'infirmerie, elle dormit toute la nuit, et resta, au grand étonnement du monastère entier, parfaitement portante. (*Vita S.*, II, 16.)

Dominique de Jesus Marie.

Si nous voulons nous faire une idée en général d'une vie dominée par l'extase, nous n'avons qu'à étudier celle de Dominique de Jésus-Marie, Carme Déchaussé. Né en 1559 à Calatayud en Aragon, de la famille des Ruzzola, sa vocation avait été déjà annoncée à sa mère par plusieurs signes avant sa naissance. De son temps la chrétienté se trouvait, par suite de la réforme, à peu près dans le même état que le peuple de l'ancienne alliance après que le royaume d'Israel se fut détaché de celui de Juda ; et comme Dieu l'appelait à être pour cette époque ce qu'Élie avait été dans l'Ancien Testament, il devait lui accorder les dons nécessaires pour accomplir cette mission. Ces dons se produisirent en lui dès son enfance, car il attirait déjà alors l'attention par sa manière de vivre, extraordinaire pour cet âge. Il vivait dans un commerce intime avec le monde invisible, et possédait le don de guérir les malades. Il entra à l'âge de huit ans dans le couvent des Carmes de Calatayud ; et bientôt les visions dont il fut favorisé montrèrent avec quelle énergie il était entré dans les régions supérieures. Un soir qu'embrassant un crucifix miraculeux dans l'église du couvent il baignait de ses larmes les pieds du Sauveur, il eut une extase où le cours entier de la passion de Notre-Seigneur lui fut présenté dans une vision. Étant arrivé au crucifiement, comme il tenait toujours embrassée la croix, il vit debout devant lui Marie-Madeleine, qui le pria de lui céder sa place au pied de la croix, et qui voulut l'en arracher. Il s'y refusa, quoique d'une manière humble et respectueuse, et se mit à lutter avec elle, comme autrefois Jacob avec l'ange; si bien qu'il obtint enfin la victoire, et qu'il put rester au pied de la croix jusqu'au lendemain matin. Transféré à Valence, il se lia bientôt d'amitié avec le grand saint et le grand thaumaturge de l'époque, Nicolas Factor, et parfut avec saint Louis Bertrand. Le premier étant mort après avoir, d'après l'ordre de Dieu, établi Dominique héritier de son esprit, celui-ci resta toujours intimement lié avec Louis; de sorte que souvent, lorsqu'ils ne pouvaient se visiter, ces deux saints s'apparaissaient l'un à l'autre dans des visions. L'esprit croissait toujours davantage en Dominique, et Dieu le comblait chaque jour de nouveaux dons. Mais il devait éprouver la vérité de ce que Nicolas lui avait prédit, à savoir qu'il marcherait par le chemin de la croix. Lorsque Philippe II envoya contre l'Angleterre cette flotte fameuse que l'on regardait comme invincible, Dominique avait prédit l'insuccès de cette expédition, et s'était attiré ainsi la haine de ses compatriotes, dont il avait blessé l'orgueil national. Comme à cette époque une religieuse du Portugal, que l'on tenait pour une sainte, fut convaincue d'imposture devant l'inquisition, ses ennemis l'attaquèrent aussi de ce côté, et il s'éleva contre lui une persécution violente, par suite de laquelle il fut traduit deux fois devant l'inquisition; mais aux deux fois il sortit victorieux de l'épreuve.

Cependant Dieu, comme pour couvrir de honte ses adversaires, multiplia ses extases. Il était souvent, à sa grande confusion, ravi dans l'église devant tout le peuple. Ses extases le prenaient quelquefois pendant le sermon, ou pendant qu'il était à l'autel: et il était alors plongé tellement en Dieu qu'il lui semblait que, sans un secours spécial de sa part, il n'aurait pu vivre seulement une demi-heure. Aussi, lorsque l'extase était passée, il ressentait de grandes douleurs; et par suite de la contraction des muscles tous ses membres étaient comme brisés, de sorte qu'il ne pouvait ni se remuer ni se tenir sur ses pieds. Il vomissait aussi chaque fois beaucoup de sang, plus ou moins, selon le degré de l'extase ou le temps qu'elle avait duré. Son estomac était avec cela si affaibli qu'il ne pouvait prendre aucune nourriture. Cependant les maladies naturelles ne pouvaient arrêter l'extase. Ayant voulu soigner à Madrid des pestiférés, il fut attaqué de la contagion au bout d'une heure : un bubon gros comme la moitié d'un œuf parut au cou et un autre près de l'oreille. Il se prépara donc à la mort jusque vers minuit, et récita Matines avec beaucoup de peine. Se souvenant alors qu'il avait des reliques de sainte Thérèse, il en toucha l'ulcère qu'il avait au cou. Il eut aussitôt une extase qui dura près d'une demi-heure et dans laquelle la sainte, lui ayant apparu, toucha son cou et lui promit la guérison; de sorte que lorsqu'il revint à lui il se trouva frais et dispos comme s'il n'eût pas été malade.

Quelque profondes que fussent ses extases, un mot de ses supérieurs suffisait pour l'en tirer. Un jour qu'il revenait du château du duc de Médina-Céli à Alcala avec son prieur et quelques autres, et qu'il avait pris les devants, selon sa coutume, pour vaquer à la prière, le prieur se mit à parler avec ses compagnons de voyage des merveilles de l'obéissance. Ils arrivèrent ainsi au milieu de ces entretiens sur le bord d'une rivière. Le prieur, voulant confirmer ce qu'il venait de dire, ordonna au saint, qui ne pouvait entendre sa voix, de se jeter incontinent dans l'eau. Il le fit, et ne remonta sur l'eau que lorsque le prieur le lui eut commandé. Il n'est donc pas étonnant que dans ses extases il obéît à la parole de ses supérieurs. Les frères l'ayant élu comme sous-prieur en 1594, il eut une extase le soir en s'entretenant de choses spirituelles. Au bout d'une heure, le prieur, voulant éprouver sa vertu, dit à quelques ecclésiastiques de le réveiller en son nom; mais en leur parlant ainsi il n'avait nullement l'intention de le rappeler à lui. Les ecclésiastiques allèrent et l'appelèrent plusieurs fois, mais sans succès. Le prieur, après quelques instants, dit à part à plusieurs personnes qui étaient présentes qu'il avait maintenant la volonté de le réveiller. Or, à peine avait-il prononcé intérieurement son commandement, que le saint commença à sortir de son extase. Un jour qu'il se trouvait avec le général de son ordre, celui-ci, voulant faire le même essai, lui commanda, sans avoir toutefois la volonté de le faire obéir, de revenir à lui; mais le saint resta dans son état. Il lui commanda ensuite de réciter Complies avec un autre pendant son extase. Il le fit aussitôt, au grand étonnement de tous les spectateurs. Il lui dit d'aller dans sa cellule, et il y alla accompagné des autres. Le général lui amena dans sa cellule le jeune duc d'Oria, qui se trouvait là par hasard, et lui ordonna de dire quelque chose à ce jeune seigneur. Le saint lui adressa cette parole prophétique, qui se vérifia plus tard : « Que Dieu fasse de lui un bon cardinal. » Le prince et les autres, craignant qu'il ne souffrît trop si on le laissait plus longtemps dans son ravissement, envoyèrent prier le général de le rappeler à lui. Le général dit à celui qu'on lui avait envoyé de le réveiller en son nom. L'ecclésiastique le fit, mais Dominique n'obéit pas. Quelques-uns disaient déjà qu'il avait perdu l'obéissance. On renvoya donc l'ecclésiastique avec deux autres dire au général ce qui était arrivé. Celui-ci se mit à sourire, et dit qu'il avait rétracté intérieurement son commandement. Puis il ajouta : « Pour que l'on voie combien il est obéissant, commandez-lui maintenant de revenir à lui aussitôt et de se mettre au lit. » Le saint en effet revint à lui, prit congé des assistants et se mit au lit.

Dominique ayant été transféré de Tolède à Madrid, le roi Philippe II le fit venir un matin chez lui, et s'entretint longtemps avec lui de choses importantes. L'heure du repas étant arrivée, le roi lui dit de l'attendre dans le palais, parce qu'il voulait encore causer avec lui. Dominique passa donc dans une autre chambre, et, s'étant mis en prière, il eut un ravissement. Un des chambellans alla le dire au roi, qui accourut aussitôt avec la reine et tous les seigneurs qui étaient présents pour voir cette merveille. On dit au roi que souvent il restait longtemps en extase, ce qui le faisait beaucoup souffrir ensuite. Le roi envoya donc chez le général de l'ordre, qui lui communiqua tous ses pouvoirs. Il fut très-heureux de cette circonstance, et se servit du pouvoir qu'il avait reçu pour étudier la nature de l'extase. Il commanda donc à Dominique de revenir à lui, mais sans avoir intérieurement la volonté d'être obéi. L'extatique resta dans le même état. Il lui commanda de répondre à toutes les questions de la reine, et il le fit. Quelquefois il eut intérieurement la volonté qu'il ne répondît pas, quoique extérieurement il lui ordonnât de le faire; le saint gardait alors le silence. Le roi enfin lui commanda sérieusement de revenir à lui. Il se réveilla aussitôt, vomit, selon sa coutume, beaucoup de sang, que les assistants recueillirent dans des mouchoirs et gardèrent précieusement. Pour lui, il était confus et anéanti d'avoir été trouvé en cet état par la cour entière. Du reste, la faiblesse extrême qu'il ressentait après ses extases ne l'empêchait pas de remplir ses devoirs ecclésiastiques. Un jour, à Lodano, que des crampes très-douloureuses ne lui permettaient pas de se remuer, il pria Dieu, et aussitôt après il se leva, chanta la grand'messe et porta le Saint Sacrement à la procession avec une telle vigueur et une telle agilité qu'il semblait aux assistants ne pas toucher la terre avec ses pieds.

Maximilien de Bavière avait entendu parler de Dominique en 1613, pendant que celui-ci était à Rome, et il était entré en commerce de lettres avec lui. Il lui dut bientôt la santé, et son frère Albert, trois fils qu'il eut après un mariage longtemps stérile. Maximilien l'invita donc à venir à Munich, en promettant de bâtir une église pour les Déchaussés. Mais le saint ne put passer les Alpes qu'en 1620. Il trouva l'Allemagne dans les préparatifs de la guerre de Trente ans. Les Bohèmes avaient choisi Frédéric V pour leur roi; la ligue catholique s'était formée sous Maximilien, et l'avait choisi pour son chef. L'armée de la ligue et celle de Ferdinand étaient prêtes, et le pape avait envoyé en Allemagne, à la prière de ces deux princes, Dominique, qui, malgré sa faiblesse, n'avait pas hésité un seul instant. A Braunau, pendant la messe, il eut une vision, où pour la première fois Dieu promit la victoire au duc de Bavière; et, arrivé au camp de Scherding, il consola la duchesse par cette promesse. Il bénit l'étendard de l'armée, et eut en cette circonstance une seconde vision. Bientôt après il en eut à Linz une troisième, dans laquelle Dieu ordonna la jonction des impériaux et des armées du royaume, et commanda d'aller chercher une victoire assurée devant les murs de Prague. Il proposa donc la jonction des armées. Ce projet plut aussi au duc Maximilien, et il passa dans le conseil, malgré l'opposition de Buquoi et de plusieurs autres, qui conseillaient d'agir séparément. Il fit décider ensuite, malgré ces derniers, à Gorn, l'entrée en Bohême et l'expédition de Prague, afin de terminer la campagne par une grande bataille. Cependant il s'occupait de l'armée avec un zèle admirable, visitait les soldats, les instruisait, enflammait leur courage, les exhortait à vivre pieusement, se mettait au courant de tous leurs besoins, les assistait de tout son pouvoir, était pour eux comme un père au temporel comme au spirituel. Il savait aussi exciter la confiance, le zèle de la foi et l'énergie chrétienne dans les chefs par ses discours chaleureux. L'armée occupait en Bohême un pays désolé, de sorte qu'il s'y déclara bientôt des maladies contagieuses qui faisaient des milliers de victimes. Le saint voulut partager les besoins et les misères du soldat. Il priait pour l'armée jour et nuit, visitait les plus pauvres dans les écuries et les greniers à foin, les soutenait par ses conseils, leur administrait les sacrements, quêtait pour eux des aumônes, leur fournissait des remèdes et consolait en même temps le duc dans ses angoisses.

Les forteresses de la Bohême tombèrent comme il l'avait

prédit. Il préserva l'armée d'une attaque nocturne très-bien combinée, en l'avertissant à temps. Mais, arrivés devant Prague, ils trouvèrent un ennemi supérieur en nombre, dans la position la plus avantageuse et sûr de la victoire. Il lui fallut encore employer dans le conseil toute son éloquence pour faire adopter avec Max et Tilly, contre la majorité, le projet d'attaquer aussitôt l'ennemi. La bataille est engagée; pendant une demi-heure à peu près, elle reste indécise. Mais le prince d'Anhalt, avec ses escadrons, se jette sur l'aile droite, après avoir chassé la cavalerie qui la couvrait. Le désordre se met dans les rangs de deux régiments, qui prennent la fuite. Les Hongrois criant victoire, l'armée catholique chancelle, et la bataille va être perdue pour eux. Cependant Dominique lutte avec Dieu dans la prière, et dans un ravissement la victoire lui est encore promise. Max en émoi accourt vers lui : « Comment, comment, Père Dominique, lui crie-t-il; les nôtres fuient, et l'ennemi est vainqueur. » Le saint, moitié encore en extase, s'écrie vers Dieu en fondant en larmes : « Ne m'abandonnez pas, Seigneur, mon Dieu; ne vous retirez pas de moi, ô Dieu de mon salut! Secourez-moi et dirigez-moi dans cette affaire, qui est la vôtre. » Puis, se tournant vers le duc : « Il n'est pas possible que nous succombions; le Seigneur des armées, le Dieu d'Élie est avec nous. » Il demande un cheval; et ce vieillard de soixante-deux ans, brisé par les mortifications, chargé de maladies et épuisé, se précipite comme un jeune homme, avec le duc, au plus fort de la mêlée, un crucifix à la main et au cou une image de la Vierge, à laquelle les protestants avaient arraché les yeux avec une épée. Il s'élance au milieu des balles; il en reçoit plusieurs, mais sans être blessé; il encourage les combattants : « Tout à l'heure la victoire est à vous, leur crie-t-il; soldats du Seigneur, Dieu s'est levé, et ceux qui le haïssent se dissipent comme la fumée devant sa face. » Il prie, il conjure à voix haute le Seigneur et la sainte Vierge, parle aux soldats avec inspiration, bénit l'armée, prie encore le Seigneur, et apparait à tous comme un modèle de foi et de confiance. Son crucifix jette des rayons de lumière que plusieurs aperçoivent; sa présence fait des merveilles; la fureur de l'ennemi est brisée; l'armée catholique prend confiance. Tilly oppose cinq cents chevaux aux cavaliers d'Anhalt; ceux-ci sont repoussés, et le plus jeune de leurs chefs est pris. Les Hongrois sont jetés dans la Moldau; l'armée catholique, pleine de confiance, marche en avant. Au bout de quelques instants la victoire est complète; des prisonniers sans nombre tombent aux mains des vainqueurs, et Prague se rend le lendemain. Si l'Allemagne doit à saint Jean Capistran d'avoir échappé à la puissance du croissant, elle doit à Dominique d'avoir conservé l'ancienne foi dans une moitié du pays, et c'est à lui aussi que l'Italie doit la paix et la France l'unité de foi. Les généraux vainqueurs le reconnurent. Maximilien, Buquoi, Tilly vinrent embrasser le saint sur le champ de bataille, et lui témoigner leur reconnaissance. Les ennemis eux-mêmes le reconnurent d'une manière indirecte, en attribuant la perte de la bataille à un charme espagnol que le duc de Bavière avait obtenu du pape, et avec lequel il avait conjuré et leurs soldats et leurs chevaux, leur arrachant ainsi la victoire. Une puissance merveilleuse résidait en lui, si bien que longtemps après sa mort Max avait coutume de dire : « Il sortait de ses yeux une lumière, et nous autres princes nous tremblions devant lui. » Dominique retourna à Munich avec le duc. L'empereur Ferdinand le fit venir à Vienne, d'où il revint passer quelque temps encore dans la capitale de la Bavière. Là ses extases continuèrent. De l'aveu du duc lui-même, il fut, depuis la Saint-Joseph jusqu'à l'Annonciation, dans un état tel que l'on pouvait juger par toutes ses paroles qu'il était plongé continuellement en Dieu. Voici ce qui se passa le jour de l'Annonciation en présence de Max. La duchesse avait une image de la sainte Vierge en cire, très-artistement faite, et devant elle celle de l'enfant Jésus. Comme ils considéraient ensemble cette image, après Vêpres, dans la chapelle de la cour, la duchesse pria Dominique de prendre pour quelques instants celle de l'enfant Jésus, voulant arranger quelque chose à celle de la sainte Vierge. Il la conjura deux fois au nom de Dieu de l'en dispenser, parce que autrement cette image pouvait être endommagée. La duchesse, ne sachant ce que cela voulait dire, persista et donna l'image à garder au saint, qui était assis sur une chaise. Son âme fut touchée aussitôt; il ne fit que prononcer ces paroles : *Oh! quam amabilis! Oh! quam desiderabilis!* poussa un cri et tomba en extase, les yeux immobiles, ouverts, élevés vers le ciel, mais brillants comme deux étoiles; de sorte que tous les assistants étaient saisis à la fois d'étonnement, de crainte, de respect et de piété. Les mains du saint étaient comme le marbre, et tenaient fortement pressée l'image de l'enfant Jésus; de sorte qu'on ne put, malgré tous les efforts, lui ouvrir un seul doigt. Le duc eut beau l'appeler par son nom, il ne donnait aucun signe, et l'extase dura deux heures. Il fallut faire venir son confesseur, le P. Pierre de la Mère de Dieu, qui le fit revenir à lui par obéissance; après quoi il vomit encore beaucoup de sang, et répéta pendant longtemps ces paroles : *Verbum caro factum est*. Son retour à Rome par la Lorraine, les pays du Rhin, la Belgique, la France et les Alpes ne pouvait être comparé, par les miracles qu'il y fit, par les traités de paix qu'il y conclut et par le concours du peuple sur toute la route, qu'à la marche triomphale de saint Bernard plusieurs siècles auparavant. Ce fut la même chose lorsqu'en 1629, sur l'ordre du pape, il repassa les Alpes pour aller a Vienne, afin de traiter auprès de l'empereur des affaires de Mantoue. L'empereur le reçut avec joie, et fut témoin lui-même de ses extases le jour de Noel. Il avait dit ses trois messes, et parlait avec délices du grand mystère qu'on célébrait en ce jour, lorsqu'il s'écria tout à coup d'une voix forte : « O mon Dieu! » et il fut aussitôt ravi en présence de l'empereur. Celui-ci s'efforça en vain de le ramener a lui, et fut obligé d'envoyer chercher son confesseur, qui, après quelques instants, le réveilla au nom de l'obéissance Et le saint dit alors des choses si admirables que tous les assistants fondaient en larmes. Son confesseur, pour obtempérer aux désirs de Ferdinand, lui demanda le soir s'il avait entendu sa voix lorsqu'il l'avait rappelé à lui. Le saint lui répondit que non. Puis il ajouta : « De même qu'au commencement de l'extase, et pendant qu'elle dure, Dieu attire l'âme à lui si fortement qu'elle devient étrangère aux sens, ainsi, lorsqu'on commande quelque chose au nom de l'obéissance, Dieu ne cesse d'attirer l'âme avec la même force, et la laisse retourner à soi pour qu'elle satisfasse à l'obéissance. » Il traita dans le mois de janvier 1630 les affaires dont il était chargé, et tomba malade le 29 de ce mois. Il souffrit beaucoup; mais Dieu lui accorda aussi de grandes consolations. Lorsqu'il fut administré, l'empereur voulut être présent, et lui présenta l'ablution. Il resta couché huit jours, privé de l'usage de tous ses sens, mais calme et tranquille. Parfois son visage devenait resplendissant et comme glorifié ; de sorte que beaucoup crurent qu'il était dans une extase continuelle. Le huitième jour, qui était le 16 février, le soir, il ouvrit encore une fois doucement les yeux, regarda les assistants, et particulièrement l'empereur, et les ferma pour toujours.

CHAPITRE III.

Coup d'œil général sur l'ensemble des phénomènes de l'extase. Comment l'extase est indépendante des influences organiques et physiques. Osanna de Mantoue. Pierre d'Alcantara. Impuissance de la volonté relativement à l'extase. Catherine de Gênes.

Les faits que nous venons de raconter suffisent pour nous faire saisir le lien qui unit tous les phénomènes de l'extase, et pour nous en faire embrasser l'ensemble. Et d'abord, pour ce qui concerne son origine, elle suppose ordinairement des dispositions favorables. Lorsque notre âme se trouve emportée au delà du cercle de ses perceptions ordinaires, et élevée à une connaissance supérieure, nous disons qu'elle ne se possède plus, et qu'elle est hors de soi. Ainsi, lorsque nous trouvons quelqu'un qui se détache sans peine des sens et de leurs perceptions, et qui, se recueillant en soi-même, peut plonger librement dans les abîmes mystérieux du monde invisible ; un homme qui a assez de ressort pour s'arracher au poids des choses terrestres qui nous attirent sans cesse en bas, et pour s'élever par un élan rapide jusqu'aux régions éthérées, nous disons de lui qu'il est déjà, dans les choses de la terre, capable d'inspiration. Or, cet homme se trouve disposé par là même à recevoir aussi une inspiration supérieure et surnaturelle. Ou bien, lorsque nous rencontrons un homme qui, détaché de soi-même et de tout ce que l'on souhaite ici-bas, a placé tous ses désirs dans un objet qu'il aime ; un homme qui vit plus là où il aime que là où il vit, nous disons alors que l'amour l'a fait sortir de lui-même. Or, celui dont l'âme est assez riche pour pouvoir placer ainsi toutes ses affections dans un objet extérieur qu'elle aime, et pour se perdre entièrement en lui, celui-là pourra aussi, en d'autres circonstances, ressentir dans l'ordre surnaturel les mêmes effets; et son âme débordera ici, inondée par la grâce, comme elle l'aurait fait dans une affection tout humaine. Certaines maladies peuvent développer aussi cette disposition, en provoquant le recueillement de l'esprit ou la puissance affective du cœur, ou bien en rendant les perceptions plus vives et plus rapides. Mais tout cela est accessoire quand il s'agit de l'ordre surnaturel. L'élément principal et décisif, ce sont alors les puissances invisibles ; c'est Dieu surtout, qui accorde ses dons à qui il veut, et qui n'a pas besoin des dispositions de ceux qu'il veut visiter ainsi; car il sait, quand il lui plait, les rendre dignes de sa visite. C'est lui, en effet, qui est l'objet de toute mystique. Déjà la foi en lui et à sa parole, en tant que vertu théologale, est extatique de sa nature, puisqu'elle élève l'homme au-dessus de toute science. La charité aussi, de son côté, possède le même caractère, puisqu'en tournant le cœur vers Dieu elle le fait planer au-dessus de tout amour terrestre. Ces deux vertus, jointes à l'espérance, forment donc déjà comme les premiers commencements de l'état extatique; et elles le développent à mesure qu'elles croissent elles-mêmes dans l'âme. Lorsque celle-ci s'est élevée de cette manière à une certaine hauteur, de sorte que rien ne gêne l'élan de ses puissances, la moindre impulsion, la vue d'un objet religieux ou d'une cérémonie ecclésiastique suffit pour produire l'extase avec la même facilité que le soleil fait monter en vapeur l'eau d'une rivière. Aux exemples que nous avons cités déjà nous ajouterons ici celui de la bienheureuse Osanna de Mantoue.

Osanna de Mantoue.

Elle était sous ce rapport tellement impressionnable que la vue seule d'une belle image dans une église suffisait pour la faire tomber en extase, comme cela lui arriva dans l'église de Notre-Dame à Milan. Si elle entendait parler du ciel, de la Trinité ou des anges, elle était ravie aussitôt. Mais rien n'agissait sur elle comme le sang de Notre-Seigneur : c'était au point que la vue seule du sang humain la plongeait en extase. Il fallait éviter de parler de la croix devant elle; autrement son esprit lui échappait. L'extase la prenait du reste dans toutes les positions du corps, debout, assise, à genoux, couchée à terre, les bras étendus en croix. Un jour qu'elle filait, elle fut ravie tenant d'une main la quenouille et de l'autre le fuseau. Dans un voyage qu'elle fit à cheval pour aller aux eaux, elle fut tout le jour en extase. Lorsque le cheval faisait un faux pas ou se cabrait, elle se tenait ferme et immobile là où le cavalier le plus habile serait tombé. Ses compagnons de voyage, voyant qu'on arrivait près du bord de la mer, tremblèrent pour elle; mais elle se réveilla au moment juste où il fallait descendre. Ainsi l'extase ne dépend, soit à sa naissance, soit dans sa durée, ni de l'état du corps, ni de celui de l'âme, ni de la volonté, ni de l'activité de l'esprit : mais c'est ici surtout que l'esprit souffle où et quand il veut ; car c'est ici surtout qu'il est dans son domaine. Que l'extase ne dépende point de l'état des organes, nous le voyons par l'exemple de Dominique, qui, quoiqu'ayant reçu déjà dans son sang le virus de la peste, eut cependant une extase où il trouva la guérison. Les approches même de la mort, de cette terrible puissance à laquelle rien ne résiste ici-bas, ne peuvent arrêter l'extase, comme on le voit par l'exemple du même saint et par celui de saint Pierre d'Alcantara, sans parler de beaucoup d'autres. Ce dernier avait eu dans sa vie plusieurs maladies mortelles; et malgré cela il avait des ravissements qui duraient des nuits entières ; de sorte que ceux qui le veillaient croyaient qu'il était mort. La même chose lui arriva dans sa dernière maladie. Il passait presque toutes les nuits dans des méditations sublimes, et les frères l'entendaient converser avec Dieu, la sainte Vierge ou les anges. Il eut encore une extase en recevant le saint viatique; et, revenu un peu à lui, il chercha à cacher aux autres la faveur qu'il venait de recevoir, et se coucha avec un visage gai et serein. Il eut un second ravissement lorsqu'on lui annonça l'extrême-onction; car les consolations célestes ne le quittaient point au milieu des douleurs qui l'accablaient. Pendant qu'on lui administrait ce sacrement, il répondit à toutes les prières; puis il quitta son vêtement pour en prendre un plus mauvais. Mais comme on n'en trouva point de plus pauvre que le sien, il le reprit comme aumône des mains du père Gardien. Il recommanda ensuite aux frères de conformer leur vie à celle du Sauveur, de s'appliquer continuellement à la prière, et de ne jamais se départir de leur règle ; puis il les embrassa tous l'un après l'autre, les consola dans leur affliction, et attendit la mort avec calme et courage. On commença le *Miserere*, et le saint, plongé dans une méditation profonde, eut encore une extase qui dura un quart d'heure.

S. Pierre d'Alcantara.

Revenu à lui, il parut joyeux; et ne pouvant se contenir, il s'écria : « Mes enfants, ne voyez-vous pas la sainte Trinité, la glorieuse mère de Dieu et Jean l'évangéliste? » Emporté alors par l'esprit, il se releva comme s'il eût eu toute sa force, récita quelques prières, entre autres le psaume 141, dont il dit à genoux les dernières paroles : « Les justes élèveront des signes de victoire, et mettront des couronnes sur leurs têtes quand vous m'aurez sauvé. » Puis, considérant la bonté avec laquelle le Seigneur et sa mère l'invitaient à venir vers eux, il prononça ces paroles : « Je me suis réjoui lorsqu'on m'a dit que nous entrerons dans la maison du Seigneur. » Il poussa ensuite un léger soupir et s'endormit du sommeil des justes, le 18 octobre 1562, à genoux dans les bras des frères, les yeux ouverts, levés vers le ciel et brillants comme deux étoiles. Un parfum délicieux s'échappa de son corps, et une lumière éclatante remplit sa chambre. Si l'extase se produit, même lorsque la nature est épuisée, il est évident que ce n'est pas dans la nature qu'il faut en chercher l'origine.

Sainte Catherine de Gênes.

Ce n'est pas davantage dans la volonté, car elle est ici impuissante; et, bien loin de pouvoir produire à son gré l'extase, elle ne peut pas même s'en défendre lorsqu'elle arrive. Un grand nombre de saints ont essayé par humilité de le faire, mais sans pouvoir y réussir. Nous citerons ici entre autres sainte Catherine de Gênes, qui s'est particulièrement distinguée sous ce rapport. Cette femme admirable en toute chose l'était surtout en ce que, non-seulement elle ne tenait aucun compte de ce que le monde estime, mais que de plus elle regardait comme une peste pour l'âme tout ce que les esprits moins éclairés regardent comme une faveur du ciel. Bien loin de se complaire dans les extases, les visions et les faveurs de ce genre, elle avait instamment prié Dieu dès sa plus tendre jeunesse de ne jamais lui en donner de semblables. Mais Dieu ne l'exauça point; et lorsque par sa grâce elle fut arrivée à une haine sincère de soi-même et à une résignation entière à la volonté divine, après l'avoir dépouillée de toutes les convoitises sensibles, il l'inonda de ses dons, la plongeant des heures entières dans l'extase et lui envoyant des visions célestes. C'était merveille de voir tous les efforts qu'elle faisait pour s'en préserver. A peine sentait-elle les premiers symptômes qui ont coutume de précéder l'invasion de l'esprit qu'elle recueillait ses forces pour la prévenir; de sorte que la violence qu'elle se faisait lui causait des souffrances indicibles dans tout son corps. Mais elle avait beau faire, Dieu était plus fort qu'elle et toutes les fois qu'elle revenait à elle; elle était si faible et si souffrante que l'on s'étonnait qu'elle pût vivre plus longtemps sur cette terre, après être restée ainsi dans le ciel au milieu d'inexprimables douleurs. Tant qu'elle fut jeune et qu'elle eut assez de force pour se soustraire aux regards, elle sut si bien se cacher, dès qu'elle sentait approcher l'extase, que, si la pieuse curiosité de ceux qui l'entouraient n'avait exercé sur elle la plus exacte surveillance, ses ravissements, quoique journaliers, fussent restés ignorés. Mais plus tard, quand elle ne fut plus assez forte pour s'éloigner à temps, elle dut se résigner à rendre les autres témoins de ses extases fréquentes. Elle cherchait du moins à les présenter comme des vertiges ou des évanouissements, mais elle ne put tromper son confesseur, Cataneo Marabotto, qui en prit occasion, au contraire, de l'obliger à révéler les secrets du ciel, dont il nous a conservé un extrait dans la Vie de la sainte. Toutes les fois qu'elle parlait de l'amour de Dieu, soit pendant ses ravissements, soit après, son visage rose et brillant florissait comme celui d'un séraphin, tandis que ses paroles, empreintes d'une sagesse surnaturelle, semblaient être celles d'un chérubin; de sorte que tous ceux qui l'entendaient, profondément émus, ne pouvaient contenir leur étonnement. Cependant, comme elle ne pouvait exprimer ce que Dieu lui avait montré dans ses visions, elle aimait mieux n'en point parler. (*Vita*, c. 7.)

Osanna avait éprouvé plusieurs fois qu'elle pouvait avec

beaucoup de peine et de longues préparations amener l'extase, mais que régulièrement elle venait d'elle-même, et tout à coup, comme un éclair. Elle croyait avoir remarqué aussi que ses ravissements étaient beaucoup plus doux quand ils venaient de cette manière que lorsqu'ils avaient été amenés par de grands efforts.

CHAPITRE IV.

Des symptômes par lesquels s'annonce l'extase; de sa durée. Osanna de Mantoue. Comment l'homme revient à lui-même. Des suites de l'extase. Béatrix de Nazareth. Osanna. Sainte Colette. Oringa. Incombustibilité des extatiques. Sainte Catherine de Sienne. Siméon d'Assise. Sécheresses et désolations comme terme opposé de l'extase. Rose de Lima.

De quelque manière que se produise l'extase, elle s'annonce par un certain pressentiment; et si l'homme, averti par là, veut lutter contre l'esprit, la lutte se trahit au dehors par un tremblement de tout le corps ou par d'autres signes de ce genre. Mais l'extase elle-même survient en un instant, sans transition, comme un éclair; et cette invasion subite s'annonce ordinairement par un cri dans lequel la nature surprise cherche à se faire jour. C'est pour cela que les membres gardent la position où ils étaient quand l'extase a commencé, et que les contemplations sublimes de l'esprit en cet état interrompent tout à coup le fil des pensées qui l'occupaient, quoiqu'elles aient assez souvent un certain rapport avec celles-ci; de sorte que plus tard l'homme peut à peine distinguer le temps qui s'est écoulé entre la dernière pensée qui a précédé et la première qui a suivi l'extase. De là aussi cette rapidité avec laquelle le temps s'écoule, comme nous l'avons vu en saint Thomas de Villeneuve et comme l'ont éprouvé beaucoup d'autres extatiques, et en particulier Marie d'Oignies, qui resta une fois trois jours en extase sans interruption et pour qui tout ce temps parut à peine un instant. Et cela est bien facile à comprendre, puisque le temps se compte par la succession des pensées, de même que l'espace se mesure par la succession des objets. L'activité personnelle qui, dans l'état ordinaire, s'échappe dans toutes les directions, se trouve saisie par l'esprit de Dieu et conduite dans une direction unique et bien différente. Les fonctions dont elle était le principe sont arrêtées, et cela d'autant plus qu'elles rentrent davantage dans la sphère de la volonté réfléchie. La vie, si agitée, si pleine de bruit autrefois, rentre dans le repos; car les ruisseaux où elle s'écoulait de tout côté sont remontés à leur source et ont laissé leur lit desséché. Les sens, absorbés dans le sens commun, se ferment, non par l'effet de quelque violence, mais parce qu'ils sont privés de leur activité; et les puissances de l'imagination, ne recevant plus de matériaux de dehors, se trouvent condamnées à l'inaction de ce côté. L'entendement, par la même raison, rompt la chaine des pensées qui l'avaient occupé jusque-là. Une roideur générale comprime tout le système musculaire par suite des tressaillements convulsifs qui l'ont agité pendant quelques instants. Les forces motrices, qui se partagent dans la vie ordinaire entre les divers organes, semblent s'être concentrées dans une force générale, qui se rapproche du sommet de la personnalité, de sorte que le centre général de gravité se rapproche lui-même de la tête. La puissance de la pesanteur terrestre qui comprime les mouvements ordinaires est diminuée également; et nous voyons que saint Joseph de Copertino étant en extase paraissait au frère Junipero léger comme une paille, et il semblait à Béatrix, pendant toute la nuit après sa première extase, qu'elle volait dans l'air. Il en est de même des systèmes inférieurs de la vie. Le sang ne va plus à la surface, mais afflue vers le centre du système; son mouvement s'arrête dans les veines; le pouls devient lent, petit et faible; la respiration est retardée et moins profonde, et ces symptômes augmentent avec la force de l'extase; de sorte que lorsqu'elle est à son plus haut degré le pouls et le souffle sont à peine sensibles. Un léger mouvement dans la région du cœur est le seul signe qui annonce encore la présence de la vie. Toutes les puissances, retirées du dehors, sont tournées au dedans et dirigées vers Dieu, et toutes les fonctions qu'elles exerçaient autrefois dans le monde extérieur s'accomplissent maintenant dans le monde interne et d'après un ordre plus élevé. L'extase est d'autant plus forte que l'âme est plongée davantage en Dieu et dans les choses invisibles; elle est aussi modifiée d'après la différence des objets que ce monde invisible présente aux puissances qui sont tournées vers lui. Nous avons appris déjà, par les exemples cités plus haut, à distinguer deux sortes d'extases, l'extase joyeuse et l'autre triste.

Quant à la durée de l'extase, elle dépend du caractère de l'individu et de la profondeur du ravissement où il est plongé. Osanna fut ravie une fois pendant le carême, et resta trois jours en cet état. Son immersion dans les choses divines était si profonde qu'elle ne savait plus si son âme était encore unie à son corps ou si elle en était détachée. Il lui semblait qu'elle était portée par une lumière particulière, et d'une manière incompréhensible non-seulement pour l'entendement humain, mais encore pour celui des anges. Son âme était tellement fixée en Dieu qu'elle n'avait plus aucun désir, et qu'elle ne pensait plus à retourner aux misères de cette vie périssable. Elle dut cependant le troisième jour se résigner à le faire : mais une douleur indicible s'empara d'elle; elle ne cessait de soupirer et de pleurer; elle paraissait vivre uniquement de l'arrière-goût des délices dont elle avait joui, et ne put se consoler de les avoir perdues, jusqu'à ce que le Seigneur, au jour de l'Ascension, lui envoya après sa communion une autre extase qui dura deux jours, et une autre à la Pentecôte, laquelle dura trois jours. Souvent ses extases étaient interrompues pendant quelques instants, sans cesser pour cela tout à fait. Ainsi, le jour de la Toussaint,

Osanna.

étant tombée dans un ravissement après quelques paroles qu'elle avait entendues, lorsque l'heure d'aller à la sainte table fut venue, elle se réveilla tout à coup, reçut la communion, alla se prosterner dans un coin de l'église, et eut une autre extase qui dura jusqu'au coucher du soleil. Lorsqu'elle fut revenue à elle, les sœurs l'appelèrent à table pour le repas du soir. Elle y alla pour leur faire plaisir, quoiqu'elle eût un profond dégoût de toute nourriture. Comme elle était au bout de la table, les autres pensaient qu'elle allait s'asseoir; mais elle fut ravie tout à coup, et resta trois heures à la même place. Puis, un peu réveillée, elle alla comme elle put dans un coin de la chambre, se mit à genoux, et retomba aussitôt en extase; et elle y resta toute la nuit, après qu'on l'eut reportée dans sa chambre.

Il en était de même d'Ursule Bénincasa, qui eut son premier ravissement à l'âge de dix ans, en récitant la Salutation angélique. A partir de ce moment, toutes les fois qu'elle allait communier, elle avait une extase qui durait jusqu'au soir. Celles de Nicolas Fattor se prolongeaient souvent pendant vingt-quatre heures. Chez la bienheureuse Oringa, elles duraient plusieurs jours; chez Angèle de Foligno et Rose de Lima, plus de trois jours. Saint Ignace de Loyola fut une fois sept jours en extase. Madeleine de Pazzi restait quelquefois ravie huit jours, de même que saint François de Paule. Bien plus, une légende, dont nous ne garantissons point ici l'authenticité, raconte qu'un abbé du couvent de Villar, en Portugal, demeura soixante-dix ans en extase. Ceci rappelle la légende des Sept Dormants, connue par toute la terre. Le degré de promptitude avec lequel les extases se succèdent dépend aussi du caractère de la personne. Élisabeth de Spalbach en avait sept par jour. Quelquefois l'intervalle qui les sépare est si court, ou bien pendant ce temps l'état de l'âme est si obscur et si incertain qu'à peine sortie d'un ravissement elle retombe dans un autre, et alors l'extase est à peu près habituelle; car il est très-difficile de distinguer si les personnes arrivées à ce degré sont dans l'état ou hors de l'état d'immersion. On raconte de Macaire le solitaire que sa vie fut une extase presque continuelle. On peut dire la même chose de saint François d'Assise, de Gilles, son compagnon, de Colombe de Riéti, de Gertrude d'Oosten, de Dominique de Paradis et de beaucoup d'autres.

Lorsque l'extase a duré son temps, la nature rentre peu à peu dans ses rapports accoutumés. L'extatique bâille et soupire légèrement; sa respiration, d'abord douce et presque insensible, devient de plus en plus profonde; la parole ne consiste au commencement qu'en certains sons inarticulés qui expriment la jubilation intérieure de l'âme; puis ceux-ci s'élèvent peu à peu jusqu'au discours; les larmes coulent alors en abondance, et ce sont elles qui achèvent la transition de l'extase à l'état ordinaire. Tous ces phénomènes, Pierre de Dacie les a constatés dans Christine de Cologne. Cet état, on le voit, est l'effet d'une puissance plus forte que la nature et à laquelle on ne peut résister. Plus l'action de cette puissance est subite, plus elle a de force et d'énergie. Mais lorsqu'elle se retire de l'âme dont elle s'était emparée, celle-ci, retombant dans le cercle de ses relations ordinaires, est abandonnée de nouveau à elle-même et à sa propre force, et c'est à elle de se retrouver comme elle peut dans la vie. Ivre encore de ce vin délicieux dont elle s'est remplie, il lui faut du temps pour reprendre ses sens. Ce retour vers la vie ordinaire se révèle au dehors par de légers mouvements; mais d'abord il n'est sensible que dans le fond le plus intime de l'être. Les puissances de l'âme retournent l'une après l'autre dans les organes qui leur correspondent. Ce qui était fermé s'ouvre peu à peu, jusqu'à ce qu'enfin la vie qui s'est réveillée atteigne les dernières limites de l'être, et tout alors rentre dans l'ornière accoutumée. La lenteur avec laquelle ce retour s'accomplit indique la mesure de l'action des puissances naturelles de l'homme.

Mais il y a un moyen de hâter ce retour. Les extatiques en effet, au milieu de leurs ravissements, sont toujours en union avec l'Église ; car ils n'ont pas encore quitté cette vie ; ils lui sont attachés par le lien de l'obéissance ; ils doivent donc obéir à ceux qui ont le droit de leur commander en son nom. Nous avons vu plus haut, par les exemples de saint Joseph de Copertino et de Dominique, la manière dont se fait cet acte d'obéissance. Ils n'entendent point les paroles par lesquelles on leur ordonne de revenir à eux ; mais la puissance qui les domine les entend et se retire d'eux, afin qu'ils puissent obéir. Cette obéissance est prompte, parce qu'ils font ce qu'on leur prescrit non par leur propre force, mais par celle de la puissance qui leur commande et qui dérive elle-même de Dieu. Cependant, chez certains individus, la nature, quand elle est surprise ainsi par le retour subit des esprits vitaux, en éprouve quelque dommage. Quand Marie d'Oignies était en extase, et qu'il venait de loin quelqu'un pour la voir, elle se réveillait quelquefois. Mais quand elle savait qu'il y avait là un étranger, elle se faisait violence pour ne point donner de scandale, et s'arrachait à cet état avec de si grandes douleurs que plusieurs fois elle cracha le sang par suite de la rupture de quelques vaisseaux. Parfois quand elle sentait intérieurement par l'esprit d'en haut l'approche de quelques visiteurs, elle s'enfuyait dans un champ ou dans une forêt, et elle y restait quelquefois tout un jour. Une fois cependant elle fut réveillée par l'esprit lui-même avec ces paroles : « Va, quelqu'un t'attend, non par curiosité, mais par besoin. » Chez d'autres, au contraire, le réveil subit n'a aucune suite fâcheuse. Dans l'extase, l'âme est collée pour ainsi dire à Dieu, comme l'enfant au sein de sa mère. Si donc elle est arrachée subitement à cet état si doux pour elle, il peut en résulter la rupture de quelques vaisseaux dans l'estomac, ou plus souvent dans les poumons. Du reste, le commandement adressé aux extatiques agit à distance, comme nous l'avons vu. L'autorité nécessaire pour les rappeler à eux peut être communiquée à d'autres qui ne l'ont point par eux-mêmes. Le commandement une fois prononcé peut être rétracté intérieurement et de loin ; et même, en beaucoup de cas, il n'a pas besoin d'être exprimé verbalement ; mais il produit son effet par un acte simple de la volonté. Cependant ceux qui se sont occupés de ces matières conseillent avec raison aux confesseurs et aux autres supérieurs de ne point tenter ces sortes d'essais. Ils donnent pour raison que le commandement, pour être obligatoire, doit être exprimé verbalement. Mais cette raison ne paraît pas concluante; car dans les cas dont il s'agit la parole, étant reçue non dans le monde extérieur, mais dans un monde interne, n'a besoin d'être saisie que d'une manière interne aussi. Mais il y a pour cela une raison plus grave : c'est que le commandement s'adressant à Dieu, s'il était accompagné du plus léger sentiment d'orgueil ou de curiosité, il pourrait trouver facilement de la résistance. Et d'un autre côté, l'usage fréquent de ce pouvoir, quoiqu'il ne tienne nullement à la personne qui l'exerce, pourrait aisément amener entre celle-ci et l'extatique des rapports trop intimes et dangereux pour les deux. Il est donc plus sûr d'employer toujours en ces circonstances le langage articulé. (Scaramello, *Directorium mysticum*, t. I, p. 718.)

Béatrix. Les effets de l'extase ne s'annoncent pas toujours de la même manière. Nous avons vu que Béatrix de Nazareth, après sa première extase, ne pouvait plus contenir sa joie. Cet état devint fréquent chez elle; et elle était tellement plongée en Dieu que pendant que toutes les puissances de son corps étaient liées, et que ses membres, convulsivement agités, étaient comme paralysés, elle avait intérieurement le sentiment qu'elle ne pouvait plus ni vivre ni mourir, et que son âme allait s'échapper de son corps et s'envoler; de sorte qu'elle semblait ne pouvoir supporter plus longtemps le tourment qu'elle éprouvait. Elle était obligée d'avoir recours à la fréquente communion, qui la fortifiait et la disposait à de nouvelles visites de la part du Seigneur. Souvent, au sortir de l'extase, elle se sentait entièrement dépouillée de sa volonté, qui, transformée dans la volonté divine, accomplissait docilement ce que celle-ci lui inspirait. Cet état durait plusieurs jours; tout alors lui était indifférent, la santé, la maladie, le bonheur, l'adversité, et elle n'aurait pu rien choisir d'elle-même, soit dans le temps, soit dans l'éternité. Elle sentait avec cela son âme plus fervente, sa conscience plus claire, son corps plus fort, son esprit plus léger et plus pur, selon que son extase avait été plus profonde. C'est pour cela qu'elle ne pouvait converser sans douleur qu'avec les hommes dont le cœur était pur; pour les autres, leur approche seule lui causait des angoisses mortelles. Osanna sentait aussi, l'extase une fois passée, son cœur enflammé d'amour pour Dieu; de sorte qu'en quelque lieu qu'elle fût ses sentiments et ses pensées étaient incessamment tournés vers le ciel, et qu'elle ne pouvait s'occuper que longtemps après d'autre chose. Elle était avec cela si humble qu'elle se mettait au-dessous de toute créature. Son âme était en même temps remplie d'une joie ineffable, qui se faisait jour par des éclats de rire qu'elle ne pouvait retenir, surtout lorsqu'elle trouvait à son réveil quelqu'un qui lui était connu. Elle était tellement confuse qu'elle n'osait ni ouvrir les yeux ni se lever tant qu'il était là. Elle restait toujours quelque temps sans parler, occupée à essuyer ses larmes, qui coulaient en abondance, et à verser de nouveau dans ses membres les puissances et les sens qui s'en étaient retirés pendant l'extase. Quelquefois elle était couchée par terre à demi morte, ou se tenait assise sans pouvoir prononcer une parole. D'autres fois elle reprenait à l'instant ses forces, et pouvait marcher longtemps sans qu'elle parût toucher la terre. Cette légèreté et cette agilité semblaient même habituelles chez elle; car dans un naufrage qu'elle fit sur le Pô en compagnie de plusieurs autres ceux-ci, parmi lesquels se trouvait son frère, allèrent plusieurs fois au fond de l'eau, tandis qu'elle,

Osanna.

malgré ses vêtements grossiers, lourds et mouillés, tenant son crucifix à la main, resta toujours à la surface : tous cependant furent sauvés. Il lui semblait avoir alors sous elle comme un appui solide qui la soutenait. Colette de Gand, quand elle allait à la communion, était plongée en Dieu au moins six heures, mais le plus souvent douze heures; et quand elle revenait à elle son visage était beau comme celui d'un ange, et n'avait plus rien de terrestre. Ses discours étaient doux, profonds, et portaient à l'amour de Dieu et au mépris de toutes les choses périssables. Oringa, lorsqu'elle revenait à elle, sentait son corps tellement agile et léger qu'elle se palpait pour s'assurer qu'elle l'avait encore. Elle gardait aussi une odeur d'une ineffable suavité : c'était comme le parfum des plantes et des arbres du ciel, au milieu desquels elle avait marché; des harmonies célestes retentissaient à ses oreilles, et elle vécut ainsi dans ces joies du ciel pendant neuf mois. Quant aux rapports dans lesquels le corps des extatiques se trouve à l'égard de la nature, on comprend facilement qu'étant élevé au-dessus des lois ordinaires qui la gouvernent il doit être aussi jusqu'à un certain point soustrait à leur pouvoir. Le feu particulièrement, le plus terrible de tous les éléments, semble n'avoir aucune action sur lui, comme nous le voyons par l'exemple de sainte Catherine de Sienne. Elle était assise un jour dans la cuisine, occupée à tourner la broche et à préparer le repas pour sa famille. Livrée à ses méditations, elle tomba bientôt en extase, et naturellement la broche s'arrêta. Lysa, sa belle-sœur, s'en aperçut; et comme cet état n'était pas nouveau pour elle, elle continua son ouvrage et laissa Catherine dans son ravissement. Après le souper, quand tout le monde fut retiré, Lysa retourna à la cuisine pour voir ce qu'était devenue la sainte. Elle la vit alors tombée de sa chaise, étendue le visage sur les charbons ardents, dont il y avait une grande quantité. Elle jette un cri, se précipite sur la sainte et l'arrache du foyer, croyant la trouver toute brûlée; mais, à son grand étonnement, elle

Ste Colette. — Oringa. — Ste Catherine de Sienne.

n'avait aucune blessure, ne donnait aucune odeur de brûlure, et la cendre même ne s'était pas attachée à ses vêtements. Revenue à elle, elle s'en alla sans ressentir aucun effet fâcheux. Ce n'est pas la seule fois que cette chose lui arriva. Elle fut souvent, en présence de plusieurs témoins, jetée dans le feu par une puissance invisible. Lorsque les assistants, pleurant et criant, cherchaient à l'arracher aux flammes, elle s'échappait tout à coup de leurs mains en riant, sans qu'on pût apercevoir en elle aucune trace de brûlure. Elle se contentait de dire alors : « N'ayez pas peur, c'est Malatasca (c'est ainsi qu'elle appelait le diable) qui a fait cela. » Une autre fois, étant à genoux dans l'église, près d'un pilier où étaient des images devant lesquelles brûlaient plusieurs lumières, un des cierges tomba sur sa tête pendant qu'elle était en contemplation, et ne s'éteignit qu'après avoir brûlé jusqu'au bout, sans même endommager son voile. Ce fait fut attesté plus tard par Lysa, Françoise et Alexia, qui étaient présentes. La même chose arriva à Siméon d'Assise. Un jour qu'il était en extase, un charbon ardent lui tomba sur le pied et y resta jusqu'à ce qu'il fût éteint ; il ne ressentit aucune chaleur ni aucune blessure.

A l'état d'extase est opposé celui que les mystiques désignent sous le nom de sécheresse, d'abandon, de désolation. Ils en disent beaucoup de choses. Rose de Lima surtout en a senti les terribles effets, et ce qu'elle en a dit aux personnes qui l'entouraient suffira pour nous donner une idée de ses horreurs. Lorsqu'elle fut arrivée aux derniers degrés de l'union avec Dieu, son âme se trouva chaque jour plongée dans la nuit la plus profonde. Ces ténèbres duraient des heures entières ; de sorte que bien souvent elle ne savait pas si elle était en enfer ou dans le purgatoire ou dans quelque obscur cachot. Elle tombait dans cet état tout d'un coup, et perdait aussitôt le souvenir des délices dont Dieu l'avait enivrée et le goût de sa présence. C'était un désert de ténèbres, d'abattement, d'insensibilité, la patrie de la mort, la nuit du délaissement, la caverne

Ste Rose de Lima.

de la désolation, où la vierge se trouvait loin de Dieu et seule avec soi-même. Elle soupirait sous le poids des ténèbres qui l'environnaient, incapable de penser non-seulement aux choses surnaturelles, mais encore aux choses les plus simples. Son esprit s'efforçait de saisir une étincelle de la Divinité, mais toute lumière avait disparu. Sa volonté s'efforçait d'aimer, mais elle était dure comme la glace ; sa mémoire cherchait à s'attacher à quelque image qui pût la consoler, mais tout était inutile. Ce qui ajoutait encore à ses tourments, c'est qu'elle se souvenait vaguement d'avoir autrefois connu et aimé Dieu, et qu'elle sentait en même temps qu'elle ne le connaissait et ne l'aimait plus, et qu'il n'était plus pour elle que comme un inconnu, un absent et un étranger. Elle s'efforçait alors de trouver dans les créatures les traces de celui qui l'avait ainsi abandonnée ; mais elle n'y reconnaissait plus l'image accoutumée de son Créateur. Vaincue par l'épouvante et l'angoisse, elle s'écriait : « Dieu, mon Dieu, pourquoi m'avez-vous abandonnée? » Mais rien, pas même l'écho, ne répondait dans le vide de son âme. Elle tentait alors de nouveaux efforts ; mais son âme avait perdu toute chaleur ; toute la force de son esprit était émoussée et tous les sentiments de piété assoupis chez elle. Arrachée à son bien-aimé, déchirée dans son être, elle ne savait plus que faire en ce martyre. Mais le plus grand de ses supplices, c'est que ces maux semblaient vouloir durer toujours. Elle ne voyait aucune fin à sa misère : un mur d'airain sans issue semblait la renfermer pour toujours dans cet horrible labyrinthe ; de sorte que dans sa désolation elle ne pouvait distinguer ce qu'elle souffrait des tourments de l'enfer. Elle cherchait à se consoler par cette pensée qu'elle devait nécessairement succomber sous le poids de telles douleurs, parce qu'il lui semblait impossible de les supporter longtemps ; mais le souvenir de l'immortalité qui résiste à l'enfer même se présentait à son âme éperdue. Elle était près quelquefois de crier au secours ; mais elle étouffait ce cri.

sachant bien que personne ne pouvait l'assister dans des angoisses qu'il lui était impossible à elle-même d'exprimer, et que personne n'était en état de comprendre. Pendant quinze ans, elle fut chaque jour, au moins une fois, et pendant une heure, quelquefois plus longtemps, plongée dans cette nuit et dans ces angoisses mortelles. L'habitude, loin d'adoucir ses épouvantes, semblait les augmenter au contraire : car, lorsqu'elle se les représentait comme éternelles, sa mémoire, liée comme elle était, ne pouvait lui rappeler que la veille elles avaient cessé. Quelquefois seulement un rayon de lumière, pénétrant dans son âme, les lui faisait envisager comme ne devant pas durer toujours; et au lieu de souffrir alors les tourments de l'enfer elle souffrait ceux du purgatoire. Mais elle n'en était pas moins désolée en se voyant ainsi bannie de la présence de son bien-aimé. Elle cherchait à l'aimer, elle le voulait et ne le pouvait pas. Son esprit aveuglé errait au hasard ; son cœur était desséché, son énergie brisée, ses sens émoussés. Elle frappait, soupirait, pleurait, se plaignait, mais en vain, jusqu'à ce qu'enfin elle se soumit à Dieu en disant : « Que votre volonté, et non la mienne, s'accomplisse. »

CHAPITRE V.

Explication des phénomènes de l'extase. Comment la vie oscille d'un côté entre la partie supérieure et la partie inférieure dans la veille et le sommeil, et de l'autre entre l'intérieur et l'extérieur dans l'extase et l'état de conscience réfléchie. De l'extase mystique et de l'extase magnétique. Différence des deux états, et des signes auxquels on les distingue.

L'homme, composé d'un esprit et d'un corps, est placé entre un monde plus intérieur encore, celui des esprits, et un monde plus extérieur aussi, celui des corps avec leurs éléments : ces deux mondes sont unis en lui par l'âme, qui sert de lien entre le corps et l'esprit. Tel est le premier rapport où il se trouve à l'égard des autres créatures.

A ce premier rapport s'en ajoute un second qui correspond aux deux côtés de son être et qui les unit tous les deux dans un troisième. En effet, le corps humain se divise en plusieurs systèmes : le système cérébral en haut, et le système vital ou vasculaire en bas; et d'un autre côté, dans ses rapports avec le monde qui l'entoure, il se trouve placé entre le soleil en haut et la terre en bas; et il unit ces deux choses en soi dans le système nerveux musculaire. D'autre part, l'âme ou la *psyché*, qui anime le corps, libre au dedans, se trouve liée au dehors par les forces vitales. Elle est placée entre des intelligences centrales et périphériques, et au dehors entre les forces solaires en haut et les forces terrestres en bas, unissant ces intelligences par le lien de l'âme, et ces forces par le lien du système qui préside aux mouvements involontaires. Cette position toutefois n'est plus centrale dans l'état actuel des choses; de sorte que l'âme ne peut plus, comme avant la chute, du centre et du sommet où elle réside dominer la partie extérieure et infime de l'homme. Si l'homme, sous le premier rapport, était établi dans le monde spirituel aussi bien que dans celui des corps, il pourrait regarder et agir aussi facilement dans l'un que dans l'autre; mais dans la réalité le monde spirituel est devenu fermé, invisible et inaccessible pour lui, et le monde des corps seul lui est ouvert. Il n'est donc plus placé au milieu de la création; mais il est plus loin des esprits et plus près des corps. Il est plus profondément enraciné dans le monde corporel, quoiqu'il respire encore dans le monde spirituel. D'un autre côté, la région des forces solaires lui est ouverte par la lumière; mais cependant son commerce avec elles n'est pas immédiat, tandis que par tous ses sens et ses organes il agit immédiatement sur l'élément terrestre : il est donc encore ici placé plus loin du soleil et plus près de la terre; il est un fils de la terre, et redevable à la terre par la partie infime de son être.

Or, ces deux rapports principaux se subdivisent en plusieurs, autres, qui s'adaptant réciproquement, forment comme des cercles concentriques. Et c'est là ce qui empêche bien souvent de distinguer les phénomènes qui sont propres à chacun d'eux. Tous ces courants en effet, qui vont dans toutes les directions de bas en haut, de haut en bas, du dedans au dehors, du dehors au dedans, du centre à la périphérie, de la périphérie au centre, et qui constituent le flux et le reflux de la vie; tous ces courants se croisent, s'insèrent les uns dans les autres, se mêlent, se donnent et se prennent réciproquement.

Par suite de cet entrelacement des deux rapports principaux dans l'homme, celui-ci, déjà divisé en deux parties, l'une invisible et l'autre visible, se subdivise en chacune d'elles, en plusieurs éléments; de sorte que dans chacune on peut distinguer l'homme intérieur et l'homme extérieur, l'homme central supérieur et l'homme périphérique et inférieur. Entre ces deux rapports il en existe un troisième qui s'adapte à toutes ces relations, et leur sert de lien. Cette médiation peut se réduire à deux fonctions principales, dont l'une consiste à relier le dedans avec le dehors, et l'autre le haut avec le bas, et par conséquent le milieu avec la circonférence. Or, comme toute médiation s'accomplit par un mouvement qui se rattache à ce membre intermédiaire, ce mouvement doit être de deux sortes. L'un, en effet, allant du dedans au dehors, met en rapport deux substances différentes; et l'autre, qui va de haut en bas, unit les deux régions de ces substances mises ainsi dans une relation mutuelle. Nous examinerons ici d'abord le premier de ces mouvements.

C'est une loi de la nature physique que, toutes les fois qu'il s'agit de mettre en rapport par un mouvement quelconque deux choses dont l'une est en haut et l'autre en bas, la première occupe le milieu d'un cercle décrit par la seconde. C'est ainsi que les planètes se meuvent autour du soleil par un mouvement circulaire, allant toujours de leur périhélie à leur aphélie. Et comme, d'un autre côté, dans la chose qui est en bas on distingue encore un haut et un bas relatifs, cette opposition est harmonisée par un autre mouvement circulaire dans la rotation autour d'un axe. C'est ainsi que pendant le jour, le ciel se pressant en quelque sorte autour du soleil, le haut prend le dessus, tandis que, pendant la nuit, le soleil retirant sa lumière, la terre et le bas avec elle l'emportent. Or, le corps se trouvant soumis à ces rapports naturels et lié par les lois de la nature, ce mouvement circulaire doit aussi se retrouver en lui. Mais comme il y a dans l'homme un élément spirituel, ce mouvement se produit sous la forme d'un mouvement organique et d'un échange entre les divers systèmes du corps humain. Tantôt, en effet, le système nerveux et tantôt le système circulatoire prend le dessus. La vie de l'homme est donc analogue au mouvement de la terre et déterminée par lui; elle va sans cesse de haut en bas et de bas en haut, de la veille au sommeil et du sommeil à la veille. De même que le soleil tient la terre en son pouvoir et détermine tous les phénomènes que nous remarquons en elle, ainsi le système organique supérieur tient et règle d'en haut le système inférieur, et produit l'état de veille. De même que, lorsque le soleil se cache à la terre, celle-ci, dans son isolement, repousse les influences de la lumière, et semble se renfermer dans sa vie propre, ainsi dans le sommeil la vie du sang avec ses organes réagit contre la vie des nerfs : la circulation du sang, au lieu d'être moyen, devient en quelque sorte le but de la vie; et c'est alors en effet que se renouvellent par elle les matériaux qui composent le corps humain. La pensée, ne venant plus d'en haut, mais d'en bas, se présente sous la forme d'un songe; et comme le système intermédiaire suit toujours l'état des autres systèmes, le mouvement, recevant aussi son impulsion d'en bas, se reproduit comme somnambulisme. D'après l'ordre de la nature, le mouvement interne de la vie chez l'homme est déterminé par le mouvement extérieur qui fait succéder la nuit au jour; de sorte que le matin donne la prééminence aux régions supérieures, et produit ainsi le réveil, tandis que le soir au contraire, faisant prédominer les régions inférieures, détermine le sommeil. Et comme le mouvement circulatoire se reproduit dans le mouvement général de la vie, il se forme en celle-ci comme des nœuds et des points d'arrêt qui correspondent aux divers âges.

La succession de la veille et du sommeil est donc l'effet de ce mouvement continuel par lequel le soleil et la terre se donnent et se reprennent sans cesse. Et comme entre le monde spirituel et le monde matériel il y a également un va-et-vient continuel, et que l'homme est placé comme médiateur entre ces deux mondes, il doit y avoir en lui un autre mouvement alternatif du dedans au dehors, de l'esprit au corps. Outre cet état mitoyen et ordinaire, deux états peuvent donc survenir en nous. Dans l'un, l'intérieur domine l'extérieur, et déborde pour ainsi dire par-dessus, tandis que dans l'autre, au contraire, c'est le dernier qui s'empare du premier, et, le renfermant en soi, le tient à l'état latent. Ici l'homme, plongeant plus avant dans la nature physique, se trouve comme enivré, poussé et déterminé par elle. Là, au contraire, emporté au-dessus du monde extérieur, il s'élève plus haut dans le monde spirituel, et reçoit de lui l'impulsion. Il devient en cet état clairvoyant, tandis que dans l'autre sa vie, plus rapprochée de celle de la nature, se borne à des instincts sourds et obscurs. Et comme le dedans est dans un rapport intime avec le haut, de même que le dehors avec le bas, le premier de ces états se rattache aux systèmes supérieurs de l'organisme, tandis que le second se rattache aux systèmes inférieurs. L'homme, dans le premier cas, étant plus rapproché du centre de son être, agit avec plus de liberté, tandis que dans le second, étant plus près de la périphérie, il est plus soumis à la nécessité de la nature. Mais comme en cette vie l'homme ne peut rester toujours dans son centre, et que le monde extérieur, s'attachant à lui, l'attire sans cesse au dehors, il ne peut échapper tout à fait à cet attrait; mais il ne peut non plus s'établir pour toujours dans le monde extérieur. Toujours il peut s'arracher à cette force qui le déprime, reconquérir ainsi sa liberté, et s'élancer de nouveau dans les régions de l'esprit. Il y a donc, sous ce rapport, une succession semblable à celle qui existe entre la veille et le sommeil, avec cette différence toutefois que celle-ci, dépendant de la rotation de la terre, revient tous les jours, tandis que la première suit un cours plus libre dans ses périodes, et s'applique au cours entier de la vie.

Ce double état peut se produire de deux manières correspondant aux deux côtés de la nature humaine. En effet, il peut venir ou du côté du corps ou du côté de l'âme. Dans le premier cas il se fait une concentration, ou bien au contraire comme une projection de la partie spirituelle, soit que cet état vienne de l'âme elle-même, soit qu'il vienne de quelque influence extérieure, cosmique, physique ou chimique. Lorsqu'il y a concentration, la force invisible qui réside dans les organes, étant plus dégagée de ceux-ci, se recueille en soi et les domine plus facilement. C'est ainsi que naît l'ivresse produite par le vin et par les autres spiritueux. C'est ainsi que naissent les extases naturelles produites par l'opium, par l'hyoscyame et d'autres poisons qui étaient familiers au schamanisme. C'est ainsi que se développait la fureur des bacchantes de l'antiquité et l'inspiration de la Pythie. Lorsque l'âme, au lieu de se concentrer, se projette au contraire, l'élément dynamique qui gît dans les organes est dominé par la matière, et absorbé pour ainsi dire en elle. Il se produit donc ici un état opposé au premier; et cet état peut se développer de deux manières aussi, ou comme réaction à la suite du premier état, ou de soi-même par le moyen de certaines substances narcotiques, ou par l'effet de quelque passion. Mais l'initiative de ce double état peut aussi, comme nous l'avons vu, venir de la partie spirituelle, et il se produit alors non plus dans les basses régions de la vie, mais dans le système cérébral. Lorsqu'en effet l'âme, soit par elle-même, soit par quelque impulsion du dehors, acquiert un surcroît d'énergie, elle se dégage davantage des organes, et tient avec plus de force le corps sous sa sujétion. C'est alors l'état du somnambulisme magnétique, qui peut être l'effet de certaines dispositions, de certaines maladies, d'une certaine manière de vivre, ou qui peut être produit par l'influence d'une autre personne. Mais l'esprit peut d'un autre côté être affaibli dans son énergie par des influences contraires, et mis dans un état où, se trouvant impuissant à se défendre contre les envahissements du corps, il se livre à lui pour ainsi dire, et se laisse absorber par lui. De là vient cet état soporeux qui se produit sous des formes diverses, et qui peut aller jusqu'à l'absence complète de sentiments réfléchis : il se retrouve souvent à la suite de certaines affections lunatiques.

Jusqu'ici nous n'avons considéré l'homme que dans ses rapports avec la créature. Mais au-dessus de ces rapports il en est un autre qui lie l'homme à Dieu et au monde supérieur des esprits, et c'est ce rapport qui est proprement ici l'objet de nos études. Dieu en effet est toujours présent à l'homme d'une présence invisible, le conduisant à ses fins d'une manière douce qui ne gêne en rien sa liberté. Mais il peut entrer avec lui dans un rapport plus intime, et produire ainsi des états extraordinaires. Il peut attirer à soi ce fond de l'âme où réside proprement l'image divine. Ce que l'âme est pour le corps, Dieu le devient alors pour l'âme; il l'anime de sa vie, comme elle animait auparavant le corps qui lui est uni. Élevée ainsi au-dessus d'elle-même, elle entre d'autant plus avant dans les hautes régions spirituelles qu'elle s'arrache davantage au cercle de la nature.

Plus elle s'affranchit de la nécessité naturelle et morale qui lie la créature, plus elle participe à la liberté divine. Ce n'est pas qu'elle se mette au-dessus des lois de la nature et de l'ordre moral; mais elle les accomplit avec amour, et non plus par nécessité. L'âme une fois introduite en Dieu entraîne bientôt avec elle toutes ses puissances et toutes ses facultés; car l'attrait par lequel Dieu l'attire à lui est si puissant qu'il s'empare de toutes ses inclinations. Le corps est ainsi tenu plus fortement par l'âme : les sens se ferment, et le corps est immobile. Les mouvements internes qui concentrent et élèvent la vie sont accélérés, tandis que ceux qui l'emportent au dehors ou la dépriment se ralentissent : il se fait comme une ascension de toutes les puissances de l'homme. C'est ainsi que se forme l'extase mystique des saints, avec tous ses phénomènes; elle est l'effet de l'action divine, et elle est toute religieuse dans son essence et dans ses caractères. Mais à côté de ce bienheureux état où la vie, enivrée de Dieu pour ainsi dire, s'élève au-dessus d'elle-même, il en est un autre d'une nature bien différente, dans lequel l'âme, éloignée de Dieu et abandonnée à son propre poids, retombe dans le monde inférieur, au-dessus duquel une puissance supérieure l'avait tenue suspendue. C'est cet état de sécheresse et d'abandon dont nous avons parlé plus haut, et qui excite dans les mystiques de telles épouvantes. Si, comme le dit saint Augustin, Dieu est pour l'âme, quand elle l'aime, ce que l'âme est pour le corps, et si c'est pour elle alors une moindre peine de cesser d'animer le corps que de cesser d'aimer Dieu, on comprend combien doit être pénible cet état.

L'extase mystique et l'extase magnétique, malgré la ressemblance de leurs phénomènes extérieurs, sont donc essentiellement opposées. L'une est produite par Dieu immédiatement, ou avec la coopération des intelligences supérieures; l'autre vient du dehors par le corps, ou du dedans par une inspiration factice de l'âme, et dans les deux cas elle se produit d'après des lois organiques. L'extase mystique est donc sainte dans sa nature, et ne se produit que dans les saints. Par la charité, qui en est le principe, elle est préservée de tous les écarts. L'extase magnétique, au contraire, est d'une nature toute profane : elle ne se produit que dans certaines organisations et sous certaines conditions. Elle est, comme tout ce qui est naturel, indifférente en soi; mais elle peut facilement dégénérer en abus. Dans la clairvoyance magnétique, l'âme, plus rapprochée du monde des esprits, tourne de là ses regards vers le monde physique, et y contemple le reflet du premier, mais par une vision qui ressemble au crépuscule du soir. Dans l'extase mystique, au contraire, l'âme, se détournant du monde extérieur et plongée dans le monde des esprits, contemple de là quelque chose qui est plus élevé que l'un et l'autre, c'est-à-dire Dieu, principe et fin de toutes choses; et en lui elle contemple ces deux mondes dans une vision qui ressemble au crépuscule du matin. Ce n'est pas sans raison non plus que dans l'état magnétique le mouvement et l'action sont appelés du nom de somnambulisme, parce que, lors même qu'ils se produisent sous la forme la plus spirituelle, ils tiennent toujours au monde des phénomènes et des songes. Dans l'extase divine, au contraire, l'action de l'homme, effleurant moins les limites de la réalité, porte l'empreinte et d'une conscience plus élevée et d'une volonté plus libre. Ces deux sortes d'extases, si différentes dans leur principe, ont existé l'une à côté de l'autre dans tous les temps. Le paganisme, qui était déjà d'ailleurs dans un rapport si intime avec la vie de la nature, a recherché aussi de préférence l'extase naturelle. Les oracles étaient appuyés sur elle; et dans le récit que nous fait ce Romain des signes qu'il a vus dans le temple d'Apollon on reconnaît les symptômes d'une véritable possession naturelle, produite par une inspiration partant des régions inférieures. L'extase mystique, au contraire, était réservée au peuple hébreu dans l'antiquité, avec les conditions toutefois de cette époque. Cultivée dans les écoles des prophètes, elle a passé comme héritage au christianisme, avec le trésor des autres grâces et des autres promesses, et elle s'est développée jusqu'à nos jours sans interruption. Cependant l'extase magnétique n'a pas disparu pour cela, mais elle a passé aussi de l'antiquité dans l'époque moderne. Elle n'a pas cessé de se développer dans les siècles à côté de la première; et leur opposition se montre en ce que les progrès de l'une sont toujours en raison inverse des progrès de l'autre. C'est pour cela que l'extase religieuse prédominait dans les premiers siècles, parce qu'ils étaient plus religieux, tandis que plus tard le refroidissement de la piété a fait dominer l'extase magnétique. Saint Augustin, livre XIV, chapitre 24 de la *Cité de Dieu*, distingue déjà deux extases, l'une naturelle et l'autre surnaturelle, et cite comme appartenant à la première l'exemple d'un prêtre nommé Restitut, de l'église de Calama. Toutes les fois que l'on imitait devant lui la voix d'un homme qui se plaint, il perdait l'usage de ses sens et était semblable à un mort; de sorte qu'on pouvait le piquer, le pincer ou même le brûler sans qu'il le sentît. Sa respiration s'arrêtait. Cependant, si on lui parlait sur un ton élevé, il lui semblait, disait-il, entendre des voix lointaines.

Il est très-important dans la mystique d'apprendre à bien distinguer ces deux sortes d'extases. Aussi a-t-on cherché depuis longtemps dans la manière dont l'une et l'autre se produisent des signes certains auxquels on pût les reconnaitre, et nous donnerons ici les enseignements de l'Église à ce sujet, enseignements puisés dans l'expérience. Le pape Benoit XIV, le plus savant des papes modernes, a traité ce sujet dans son ouvrage *de la Canonisation des serviteurs de Dieu*, livre III, chapitre 49. Une des premières conditions de l'extase divine, c'est qu'elle ne soit pas périodique. Toute périodicité se rattache à la ligne circulaire. Or celle-ci est l'expression et le symbole de la nécessité qui gouverne la nature, et trahit par conséquent la prédominance de l'élément naturel. En effet, c'est en traçant une ligne circulaire que les planètes accomplissent leur révolution autour de leur centre, et déterminent tous les changements dans l'univers. C'est encore la forme du cercle qui caractérise le cours du sang dans le corps humain. Les mouvements du cœur, le pouls, la respiration, le mouvement quotidien de la vie dans la veille et le sommeil, et le mouvement annuel à travers les saisons, tout nous apparait comme un flux et un reflux continuels; tout par conséquent se produit à nos regards sous la forme du cercle. Les maladies, les fièvres, les accès chez les lunatiques et chez les autres malades de cette sorte sont périodiques, et ce caractère diminue selon que le foyer de ces maladies est plus élevé et plus intime. L'extase naturelle trahit donc son origine en disparaissant et reparaissant à des époques déterminées. Mais ce qui distingue les mouvements de l'âme, c'est la liberté : cette liberté doit donc se révéler aussi dans l'extase divine. Celle-ci ne dépend dans son cours ni de la lune ni du soleil, mais elle est gouvernée par des lois bien différentes. Son soleil à elle, c'est le Sauveur du monde, entouré d'un zodiaque surnaturel, avec ses signes et ses maisons, et donnant naissance à une année sainte et surnaturelle aussi, dont la marche est réglée par ce soleil éternel des intelligences. Cette année, c'est l'année ecclésiastique, expression de notre délivrance spirituelle, quoiqu'elle se rattache extérieurement à la forme circulaire, afin de s'accommoder au besoin de la vie commune. Tous les phénomènes de l'extase mystique semblent tenir au cours de cette année surnaturelle. De même que dans l'année naturelle chaque plante fleurit en son temps, lorsque la terre est arrivée à tel ou tel point de sa carrière, ainsi chaque fleur du monde spirituel a son moment marqué dans l'année ecclésiastique. L'extase mystique n'est donc produite ni par les rapports cosmiques, ni par le jeu des forces naturelles, ni par le mélange des éléments terrestres, ni par l'influence d'aucun homme, mais seulement par Dieu, les anges et les saints, et sur la terre par les objets que l'Église a consacrés de ses bénédictions. Si l'action de l'homme parait quelquefois, ce n'est qu'autant qu'il est dépositaire de cette puissance surnaturelle dont Dieu est la source.

Si donc l'extase est précédée ou suivie de quelque maladie naturelle qui se développe de soi-même dans l'organisme ou qui vienne du dehors par l'effet de quelque contagion, il est probable qu'elle est produite par la nature. Il est bien vrai que l'on voit souvent apparaître, soit au commencement, soit dans le cours de l'état extatique surnaturel, certaines dispositions maladives, lesquelles proviennent de l'immense disproportion qui existe entre la nature et ces sortes d'états. Mais ces maladies, acceptées librement, ont un caractère surnaturel qui les distingue des autres; de sorte qu'on peut les regarder comme étant le symbole de l'état intérieur de l'âme. Leurs crises se développent ordinairement d'une manière parallèle au cours de l'année ecclésiastique et suivent ses phases.

Aucun lien naturel ne doit lier entre eux les extatiques, ou les mettre en rapport avec ceux qui sont en dehors du cercle de la vie supérieure à laquelle ils sont élevés. Bien moins encore doivent-ils être en rapport avec la nature extérieure; car c'est là précisément ce qui caractérise le somnambulisme, où l'homme est magnétisé immédiatement par la nature. Ce qui cause l'extase surnaturelle, et ce qui la fait cesser; le lien qui unit entre eux les extatiques, c'est celui de la communion des saints, dans l'Église triomphante et dans l'Église militante. De même que par l'attrait qui les attire sans cesse vers le ciel ils sont liés à l'Église triomphante, ainsi sont-ils unis à l'Église militante par le lien de l'obéissance. Aussi, fermés à toute influence, le commandement d'un supérieur suffit pour les réveiller; et ils ne pourraient se réveiller d'eux-mêmes, pas plus qu'ils ne peuvent produire immédiatement l'état d'extase. L'extase mystique appartient donc au domaine religieux, de même que l'extase magnétique appartient au domaine physique. Aussi voyons-nous que les somnambules plongent de préférence leurs regards dans la nature extérieure et dans leur propre corps, tandis que les extatiques surnaturels ne peuvent se lasser de contempler Dieu et le monde des esprits. S'ils se regardent parfois eux-mêmes, ce n'est pas le corps qui les occupe, mais la partie spirituelle de leur être; et encore, s'ils la considèrent, c'est afin de reconnaître leur propre faiblesse et leur néant devant Dieu, et ce n'est que par hasard que leur attention se porte sur les objets extérieurs.

Chacune des trois personnes divines, avons-nous dit plus haut, est dans un rapport particulier avec l'un des trois éléments dont se compose l'être de l'homme. Lors donc que l'extase est produite par Dieu, ce triple rapport doit apparaître; de sorte que nous pouvons considérer l'extase d'un triple point de vue, selon que l'une des trois personnes divines attire à soi, et transforme l'un des trois éléments qui lui correspond dans la personnalité humaine. De l'aveu unanime des extatiques, l'extase est produite par trois *sentiments principaux* : l'admiration, l'amour et la béatitude, à laquelle se joint comme terme opposé la tristesse ou la désolation. L'admiration a son siége dans l'esprit. Lorsqu'il contemple un objet placé au-dessus du cercle des perceptions ordinaires, celui-ci le saisit, s'empare de lui et le subjugue en quelque sorte; de sorte que, cédant à sa puissance, il se livre à lui tout entier : c'est là ce qu'on appelle l'admiration. Or, c'est dans l'esprit que se reflète d'une manière particulière la première personne de la sainte Trinité. L'extase produite par l'admiration doit donc être attribuée spécialement au Père. La joie d'un côté et la douleur de l'autre appartiennent à la vie du cœur. Lorsque l'âme, en effet, est comme inondée d'une ineffable suavité, ou plongée dans une désolation profonde, vaincue, ainsi que le corps, par les impressions qui se sont emparées d'elles, elle déborde pour ainsi dire, et éclate en des cris de jubilation, ou semble s'écouler tout entière dans les larmes. Or, la nature inférieure de l'homme se trouve dans un rapport particulier avec le

Sauveur, qui a daigné la prendre avec toutes ses faiblesses, qui veut bien descendre en elle dans l'Eucharistie, et y manifester quelquefois sa présence par une certaine suavité sensible. Il est en même temps, dans sa passion, un objet de compassion sensible pour nous. L'extase produite par la joie ou la douleur, et qui a son siége dans la partie inférieure de l'homme, doit donc être attribuée spécialement au Verbe qui s'est fait chair. L'amour enfin se rattache en nous à l'appétit concupiscible qui gît dans l'âme. Celle-ci, ravie par l'objet qu'elle aime, se livre à lui avec toutes ses puissances; de sorte que, sortant de soi-même en quelque sorte, elle se laisse entièrement absorber par lui. L'extase produite par l'amour doit donc être attribuée au Saint-Esprit, qui est l'amour essentiel de Dieu, et elle forme comme le milieu entre les deux autres. Il y a donc trois sortes d'extases, selon que Dieu s'empare d'une manière spéciale de l'une des trois régions de l'homme. Mais comme en Dieu les trois personnes sont une même essence, et que, l'homme de son côté étant une seule personne, l'une des régions qui la composent ne peut recevoir les influences divines sans que les deux autres y participent en quelque manière, dans chaque extase les trois personnes divines agissent en même temps sur les trois régions de l'homme; et ce qui distingue les différentes formes du ravissement, c'est que l'action de l'une de ces trois personnes ressort davantage dans l'un des trois systèmes de l'homme. C'est d'après ce principe que nous considérerons les divers phénomènes de l'extase, et que nous pourrons ainsi nous faire une idée juste de cet état. Nous commencerons par la région spirituelle de l'homme, et nous étudierons d'abord les phénomènes qui en portent l'empreinte; puis nous passerons à la seconde région, et nous finirons par la troisième, qui sert de lien entre les deux autres; et de cette sorte aucun mode important de l'extase ne nous échappera.

CHAPITRE VI.

L'extase considérée dans l'homme supérieur ou spirituel et dans le système cérébral qui lui correspond. Développement organique de la lumière. Comment une lumière merveilleuse apparaît souvent à la naissance des saints, ou dans le cours de leur vie, lorsqu'ils accomplissent certains actes religieux. De la lumière qui accompagne les visions. Opposition dans la direction des rayons lumineux. Clarté et obscurité. Des diverses formes sous lesquelles se produit la lumière. Le nuage lumineux. La colonne de feu. Les globes de feu. Les étoiles. Le simple rayonnement. Les bandes lumineuses.

D'après l'ordre que nous nous sommes proposé, nous avons à étudier d'abord les phénomènes de l'extase dans l'homme spirituel et dans le système cérébral qui lui correspond. Ici l'extase est le résultat d'un surcroît d'activité dans la *fonction* organique par laquelle le cerveau sert d'instrument aux opérations de l'esprit. Celles-ci consistent *principalement dans* la *pensée* et le vouloir. La pensée et le vouloir sont des mouvements tout intellectuels, mais qui se traduisent corporellement en quelque sorte dans le cerveau, en y produisant certaines impressions soumises aux conditions de l'espace, comme tout ce qui sort du domaine de l'esprit. Or, ces impressions, ces mouvements ont lieu non dans la masse entière du cerveau, mais dans le fluide nerveux qui l'anime. Ce fluide mis en mouvement par la pensée, qui est la plus haute fonction de l'esprit, se révèle par la lumière, qui est aussi l'expression du mouvement le plus élevé de la nature. C'est donc dans le développement de la lumière organique que se manifeste la surexcitation de l'esprit dans l'extase. Nous *ne nous occuperons* pas ici *des opérations* de la volonté, nous réservant d'en parler lorsque nous étudierons les régions moyennes de l'homme, et nous ne traiterons en ce lieu que des phénomènes qui se rapportent à la pensée.

Dans l'état ordinaire, la lumière organique, n'étant distribuée et poussée qu'avec une certaine mesure, proportionnée à la température générale de la vie, se dissipe dans le tissu des nerfs. C'est elle qui rend le corps diaphane en dedans, et par conséquent invisible pour l'esprit : mais enveloppée d'organes grossiers qu'elle ne peut pénétrer, elle le laisse opaque par dehors ; de sorte que le dedans est invisible aussi pour les autres. Cependant, sous l'influence d'une inspiration supérieure, elle devient plus rapide, plus puissante, plus énergique, et entre par là même dans de nouveaux rapports avec le reste de l'organisme. Versée avec plus d'abondance, de force et de rapidité, elle n'est plus arrêtée par son organe ; et, débordant par-dessus ses limites ordinaires, elle s'écoule de tous côtés, et pénètre jusque dans les organes les plus profonds qui lui étaient fermés auparavant. Bien plus, dépassant les limites de l'organisme lui-même, elle devient visible au dehors et pour les autres. C'est à ce genre de phénomènes qu'appartiennent toutes ces apparitions lumineuses qui accompagnent si souvent l'état extatique; c'est lui aussi que nous allons étudier maintenant.

Mais à ces modifications du système cérébral doivent correspondre des changements non moins profonds dans l'esprit, dont il n'est que l'organe; car c'est dans l'esprit proprement qu'est l'extase, et c'est de l'esprit qu'elle se communique au corps. Les opérations de l'esprit consistent dans la pensée, la vision, l'imagination ou la représentation des choses et dans les autres mouvements spirituels de ce genre. L'esprit, de même que le cerveau son organe, acquiert donc dans l'extase plus de force et d'énergie ; il est plus concentré, plus vivement excité dans son fond. Éclairé par une lumière surnaturelle, il devient plus vif, plus clair, plus puissant; il a quelque chose de plus radical et de plus immédiat ; il ne contemple plus les choses comme il le faisait auparavant, mais il s'élève jusqu'à la vision. Saint Augustin, dans son livre *de Genesi ad litteram* (liv. XII, c. 6), distingue déjà trois sortes de visions : l'une par les sens extérieurs, qui saisit les objets corporels ; la seconde a lieu dans l'imagination, et contemple les choses qui sont du domaine de l'âme ou de la *psyché*, par les moyens de certaines formes qu'elle abstrait des objets corporels ; la troisième enfin comprend les choses spirituelles qui sont perçues immédiatement sans le secours de ces formes. Comme nous avons déjà parlé de la première de ces visions dans le livre précédent, nous ne traiterons ici que des deux autres.

La vision est à l'égard de la lumière organique ce que la pensée est à l'égard de la parole qui l'exprime et qui lui donne une forme. L'esprit peut à son gré exprimer sa pensée, soit dans l'espace par des signes extérieurs, soit dans le temps par la parole. Or, l'extase s'empare à son tour de cette opération, la transforme et l'élève à sa manière : elle donne ainsi naissance aux sons et à la parole extatiques, que nous étudierons encore ici et qui forment comme la transition des phénomènes mystiques de l'esprit à ceux de l'âme.

Nous rapporterons d'abord les faits qui ont rapport au développement de la lumière organique. Ces faits sont nombreux. Bien souvent, en effet, on a vu apparaître une lumière extraordinaire sur le berceau ou dans l'enfance d'un saint; et cette lumière, comparée avec sa vie, doit être considérée comme prophétique. Parmi ces apparitions, plusieurs, il est vrai, peuvent avoir été l'effet du hasard; mais elles sont trop nombreuses pour qu'on puisse les attribuer toutes à cette cause. Ainsi, à la naissance de saint Charles Borromée, on vit au-dessus de l'appartement de sa mère une lumière extraordinaire de six coudées de large et aussi longue que la portée d'un coup d'arquebuse. A la naissance du solitaire Gutlach, une bande de couleur pourpre descendit du ciel jusqu'à une croix qui était devant la porte de la maison. Lorsque saint Wilfrid d'Éborach vint au monde, une colonne de feu se reposa sur la maison de son père et dissipa l'obscurité de la nuit. Il en fut de même à la naissance de saint François de Paule. La mère d'Ursule

Benincasa vit la figure de son enfant toute resplendissante, et la chambre où elle était tout en flammes. La même chose arriva pour Agnès Politiana. Le berceau de saint Maternien, évêque de Reims, fut, huit jours après sa naissance, environné d'une lumière qui, après avoir duré trois heures, forma un globe de feu et monta vers le ciel. On raconte la même chose d'Épiphane, évêque de Tessin, d'Héribert, archevêque de Cologne, de Susibert de Werden et de beaucoup d'autres.

Lorsque ces lumières apparaissent pendant le cours de la vie des saints, c'est ordinairement à l'occasion de quelque acte pieux. Il en est qui sont tellement pleins de lumière que, dès qu'ils s'entretiennent des choses divines, elle rayonne autour d'eux. Toutes les fois que saint Philippe de Neri s'entretenait de cette manière avec saint Charles Borromée, il voyait le visage de celui-ci briller comme celui d'un ange. On raconte dans la Vie de Gilles, disciple de saint François d'Assise, que, parlant de choses pieuses pendant la nuit, il répandit une telle lumière que la lune, qui était pourtant alors dans son plein, brillait moins que lui. Un jour saint Colombin de Sienne, se promenant dans les champs au milieu de ses compagnons, se mit à leur parler de la sagesse et de la bonté du Créateur, qui éclatent même dans les herbes et les fleurs. Comme il s'enflammait toujours davantage au milieu de ces entretiens, il tomba à terre et cessa de parler. Les siens, se souvenant de l'épouse du Cantique, qui, languissant d'amour, demande pour se soutenir des fleurs et des pommes de grenade, allèrent cueillir des fleurs, et en couvrirent le corps du saint tout entier : puis quelque temps après ils les ôtèrent à l'envi, les regardant comme des reliques qu'il avait sanctifiées. Mais lorsqu'ils voulurent découvrir le visage ils furent éblouis par l'éclat qu'il répandait, de sorte qu'ils ne pouvaient le regarder. Cet éclat diminua peu à peu, et son visage reprit lentement sa forme et sa couleur ordinaires. Ses joues seulement gardèrent un doux incarnat, comme celui que les peintres cherchent à exprimer quand ils veulent représenter un séraphin.

Ce rayonnement de lumière arrive souvent aussi pendant un sermon. Saint Bernardin, lorsqu'il prêchait dans l'église de Saint-Martin de Sienne, brillait souvent d'un éclat merveilleux en présence de tout le peuple. Un jour que saint François de Sales, après avoir expliqué au peuple les dix commandements, adressait une prière à Dieu à la fin de son sermon, tous les assistants le virent environné de lumière; de sorte qu'ils ne pouvaient le reconnaitre. L'objet du sermon n'est pas sans influence sur ce phénomène. Toutes les fois que saint Camille de Lellis prêchait sur l'amour de Dieu, son visage devenait resplendissant comme le soleil. Lorsque Jean Marinon et Garzias Blandez s'échauffaient en parlant au peuple, ils lançaient des étincelles de feu. Un jour que saint Ignace de Loyola écoutait avec une grande attention un prédicateur à Barcelone, sa tête s'illumina tout à coup, et saint Philippe de Neri assura l'avoir vu plusieurs fois en cet état.

Quelquefois aussi c'est dans la prière et le recueillement de la contemplation que la lumière se développe, comme il arrivait souvent à Esperanza de Brenegalla à Valence, laquelle priait tous les soirs jusqu'à minuit devant l'autel du Saint Sacrement, et que l'on trouva souvent en extase et illuminant toute l'église d'une clarté merveilleuse. On raconte la même chose de Hiéronyme Carvallo en Portugal. La lampe qui brûlait pendant la nuit devant le lit de saint Héribert s'étant éteinte, le clerc qui dormait près de lui se réveilla, et se mit à chercher avec empressement de la lumière. Il vit tout à coup un éclat extraordinaire partir du lit où l'archevêque priait les bras étendus, de sorte qu'il ne pouvait plus distinguer ceux-ci. Il attesta ce fait par serment. (*A. S.*, 16 mart.) Saint Gilles, étant au chœur à Santarem et sentant approcher l'extase, voulut courir à la sacristie; mais il fut pris par l'esprit devant la porte, qui était fermée, et tomba à terre. Une pieuse femme, nommée Elvire Duranda, étant arrivée par hasard, le vit en cet état par une petite fenêtre. Au bout de quelques instants, elle aperçut une colonne de lumière descendre sur lui et pénétrer tout son corps, de sorte qu'il brillait comme le plus pur cristal traversé par les rayons du soleil. Plongée dans l'admiration à la vue de ce spectacle, elle ne pouvait se lasser de le regarder, jusqu'à ce qu'enfin, au bout de deux heures environ, la lumière disparut peu à peu; et Gilles, se réveillant avec un profond soupir, se mit à marcher à tâtons comme un aveugle. Il en était ainsi dans toutes ses extases; car il lui semblait à chaque fois qu'il passait tout à coup d'une lumière éclatante dans un lieu obscur. (*A. S.*, 14 mai.)

La même chose arriva à saint Joachim de Sienne, de l'ordre des Servites, un jour qu'il allait au chœur avec les autres frères, et à saint François de Paule dans une circonstance semblable. Berthe, abbesse du couvent cistercien de Reclinatoire en Flandre, raconta à Thomas Cantinpré qu'étant encore au couvent d'Aquiria elle cherchait un jour une des sœurs à qui elle avait affaire et qui était très-distinguée pour sa piété. Après l'avoir cherchée longtemps, elle la trouva en extase dans un coin de l'église. Elle s'approcha d'elle tout doucement, souleva son voile; et voyant sortir de son visage une lumière plus brillante que la flamme la plus vive, elle fut tellement effrayée à ce spectacle qu'elle fut près de tomber évanouie. (Lib. Apum, 11, 54.) Sainte Élisabeth de Hongrie apparut lumineuse aussi pendant sa prière à un prêtre, et sainte Hedwige de Pologne à son serviteur Boleslas Sanon. On raconte la même chose de sainte Lutgarde, de Cécile de Coppoli, d'Ursule Benincasa, de Marguerite de Ravenne, de Barnabé de Pistorio. Catherine de Jésus exhalait outre cela un parfum très-pénétrant. Jean Calaguritanus était souvent tellement abîmé dans l'extase que les rayons qui partaient de son visage étaient pour les assistants l'unique signe de vie qu'il donnât.

L'hymne, n'étant qu'une prière plus élevée, doit aussi, lorsqu'elle est chantée avec ferveur, favoriser le développement de la lumière. Ce que Chr. Henriquez nous raconte à ce propos dans son livre sur les saints de l'ordre de Cîteaux est très instructif; il avait tiré le fait des dialogues de *Césaire*. Guillaume, religieux de cet ordre, vit un jour une lumière sur la tête d'un autre père nommé Jean, pendant qu'il chantait le *Benedictus*, allant et venant dans le chœur, et il le montra au prieur. Celui-ci demanda à Jean : « A quoi pensiez-vous en sortant lorsqu'on a commencé à chanter le *Benedictus?* — Je pensais que si j'étais dans le ciel je ne cesserais de louer Dieu avec les anges. » Le prieur lui dit alors : « Et au verset : *Et tu puer*, etc., à quoi pensiez-vous? — Le souvenir de saint Jean-Baptiste m'a tellement enflammé le cœur en ce moment que je ne pouvais me tenir de joie. » Le prieur comprit que *la flamme* qui avait paru au dehors n'était que le signe extérieur de l'amour ardent qui montait vers le ciel du cœur de ce jeune homme. L'abbé Euthyme parut aussi entouré de lumière depuis le commencement du *Trisagion* jusqu'à la fin de l'office, et cette lumière environnait même Domitiaire, qui l'assistait. Un jour, dans un couvent de Cisterciens, on vit une flamme sortir de la bouche de celui qui entonnait le *Te Deum*, tandis que chez saint Héribert la lumière devenait visible après matines, dès qu'on éteignait les cierges. L'abbé cistercien Albéric devint lumineux sur son lit de mort, au moment où il prononça cette parole des litanies : « Sainte Marie, priez pour nous. »

La prière, le chant, la méditation et toutes les autres causes de ce phénomène étant réunies dans le saint sacrifice de la messe, il doit s'y reproduire fréquemment. Saint Jean de la Croix était souvent en cette circonstance environné de lumière; de sorte qu'il paraissait aux assistants comme un autre Moïse descendant de la montagne. Il en était de même d'Ulric, moine de Villar; de Silvain, moine de Clairvaux et disciple de saint Bernard, qui était brillant comme le soleil, tandis que ses habits étaient plus blancs que la neige. On raconte la même chose du Cistercien Thomas Lombard, de l'évêque Servat, de Jean Rovello, évêque de Ferrare, et de beaucoup d'autres.

C'est surtout à l'offertoire et à la communion du prêtre que se fait cette émission de lumière, comme on l'a remarqué chez le pape Eugène, chez saint Yves, saint Évort et saint Afre, évêque de Lyon. C'est aussi pendant la communion que ce phénomène se produit le plus souvent chez les femmes, comme le prouvent un grand nombre de faits. Bien plus, le Chartreux Torner devint lumineux à sa première messe, au moment où il approchait de l'autel.

Ce phénomène accompagne bien souvent les visions et les apparitions célestes; et lorsque celles-ci sont très-fréquentes, il peut devenir habituel. Toutes les fois que Liduine recevait la visite de son ange ou qu'elle revenait d'une extase, elle était environnée d'une telle clarté que les siens n'osaient approcher d'elle. Pour elle, quoiqu'elle fût toujours dans l'obscurité, et qu'elle ne pût supporter la lumière matérielle, cette lumière céleste lui était très-agréable. Sa petite chambre en était tellement remplie la nuit que ceux qui ne connaissaient pas ce phénomène croyaient qu'elle était en feu. Elle avait eu une vision dans laquelle le Seigneur lui avait apparu. « Mon âme, nous dit-elle, fut éclairée d'une connaissance divine et d'une suavité telles qu'à partir de ce moment je pus contempler autant que cela m'était permis la très-sainte Trinité. Un fleuve de lumière, partant de sa source éternelle, me remplit d'une manière merveilleuse, et me rendit lumineuse au dedans et au dehors; de sorte que depuis je pus, même dans l'obscurité la plus profonde, voir, lire dans un livre, et faire toutes sortes de travaux, sans avoir besoin d'une lumière extérieure. Mes mains et mon visage me servaient de flambeau. » Véronique, méditant la passion du Sauveur dans l'obscurité de la nuit en versant beaucoup de larmes, devint aussi lumineuse. Ce phénomène s'étant reproduit une seconde et une troisième nuit, elle craignit que ce ne fût une illusion du démon, se jugeant indigne d'une telle faveur; elle chercha à l'éloigner par ses prières; mais il revint de nouveau, et elle finit par s'y accoutumer. Il lui causait cependant toujours quelque effroi dans le premier moment, mais ensuite elle était inondée d'une joie ineffable. Lorsque la lumière est devenue à peu près habituelle, elle n'a pas besoin d'une occasion particulière pour se reproduire. Il y en a qui sont lumineux même pendant le sommeil, comme saint Trudon et la vénérable Marie-Victoire de Gênes.

Quelquefois deux personnes unies ensemble par un commerce spirituel, et devenues extatiques, semblent lutter dans l'extase et dans le développement de la lumière. Sainte Claire avait souvent supplié saint François d'Assise de lui accorder la consolation de manger une fois avec lui, mais il n'avait jamais voulu y consentir. Les compagnons du saint trouvant ce refus trop sévère, il céda enfin aux instances de Claire, et lui donna rendez-vous dans le couvent de Sainte-Marie des Anges, où elle avait reçu le voile. Elle y alla avec ses compagnes; le saint y vint également avec ses frères. On visita d'abord tous les lieux de dévotion, puis on se mit à table. Le saint avait fait servir par terre, et tous s'assirent à terre pour manger. Pour premier service, François se mit à parler de Dieu, mais d'une manière si sainte et si suave que lui d'abord et sainte Claire, puis tous les convives assis à cette pauvre table furent ravis en extase; car la grâce du Très-Haut était descendue sur eux. Comme ils étaient en cet état, les mains et les yeux levés vers le ciel, les gens d'Assise et de toute la contrée crurent voir Sainte-Marie des Anges et la forêt voisine tout en flammes, et ils accoururent au secours. Quand ils furent rendus, ils trouvèrent qu'il n'y avait aucun dommage. Entrant dans la maison, ils virent les saints assis autour de la table et environnés de la force d'en haut. Ils comprirent que c'était le feu divin qui avait rempli ce lieu béni, et ils s'en allèrent consolés. Pour François et Claire, rassasiés des douceurs célestes, ils n'avaient plus besoin d'une autre nourriture. Claire retourna à Saint-Damien, et fut reçue avec joie par les religieuses du couvent, qui avaient craint que le saint ne voulût les transférer ailleurs. (*A. S.*, 12 aug.) La vie de sainte Claire a été écrite deux ans après sa mort, sur l'ordre du pape Alexandre IV, qui la canonisa en 1254 et qui était très-sévère pour les canonisations. L'auteur anonyme de cette vie a interrogé particulièrement pour ce fait les compagnons des deux saints qui vivaient avec eux dans le cloître et qui en avaient été témoins oculaires.

Dans ce cas, comme en beaucoup d'autres que nous rencontrerons plus tard, la lumière est si puissante et si pénétrante qu'elle est aperçue au loin et qu'elle éblouit ceux qui sont proches, comme il est arrivé chez Marguerite Revennos, Colette et d'autres encore. Quelquefois elle est plus tempérée, et, pâlissant peu à peu, elle finit par ne plus donner qu'une faible lueur. Toutes ces différences dans la manière dont se produit ce phénomène dépendent du degré, de la forme de l'extase et de l'état intérieur des extatiques. Le lieu n'y fait rien, et la lumière se développe aussi bien en plein air que dans l'intérieur d'une maison. Vers 1441, vivait à Villafranca, dans la contrée d'Astorga, un saint homme nommé Juste. Un gentilhomme du pays le vit une fois pendant la nuit en extase dans une forêt, tout entouré de flamme et de clarté, et il en fut si touché qu'il renonça au monde et entra dans l'ordre des Mineurs. (*Ménologe de saint François*, août.) Cette lumière, étant attachée à la personne, suit naturellement celle-ci lorsqu'elle change de lieu. Ainsi l'on raconte de saint Jean Capistran qu'étant parti d'Assise après avoir obtenu la bénédiction du pape et demandé celle de Dieu, avant de commencer ses prédications, il fut entouré d'une lumière brillante, qui l'accompagna un demi-mille pendant son voyage. (*Annal. Min.*, ann. 1451.)

Quelquefois les rayons de la lumière mystique paraissent se diriger vers les extatiques au lieu de partir d'eux. Il en était ainsi, comme nous l'avons vu plus haut, du bienheureux Gilles et d'Ambroise de Sienne. Une femme de Sienne, respectable et digne de foi, nommée Fina, assura que pendant vingt ans, toutes les fois qu'Ambroise prêchait, elle voyait un rayon de lumière qui, descendant d'abord du ciel, se posait sur sa tête. Puis à la fin du sermon, lorsqu'il récitait le symbole devant le peuple, elle voyait ce rayon retourner peu à peu au ciel, jusqu'à ce qu'il disparût tout à fait. (*Vita*, c. III.) Le même saint était l'objet de visions magnifiques et d'un caractère vraiment grandiose pour une jeune fille de Sienne nommée Nera, d'une pureté et d'une sainteté remarquables, et qui, outre les extases dont elle était favorisée, avait encore le don de lire dans les consciences. Elle le vit un jour, pendant qu'il célébrait le service divin, la nuit de Noël, entouré d'anges qui jetaient sur lui et sur toute l'assistance des rayons merveilleux. Une autre fois, comme elle se préparait à aller l'entendre prêcher, elle eut une extase dans un jardin, pendant laquelle elle fut transportée en esprit dans l'église, et vit la chaire environnée d'oiseaux des plus belles nuances. Lorsqu'il monta en chaire, il se trouva au milieu de ce cercle d'oiseaux, et en face de lui était une immense figure dont les yeux, d'une dimension extraordinaire, semblaient pénétrer de leurs regards le monde entier. Sous elle était une main qui semblait conduire l'univers, et cette main bénissait le prédicateur. Des flammes brillaient sur les têtes d'un grand nombre d'auditeurs, tandis que sur d'autres elle voyait une fumée obscure. Dans l'interprétation qu'elle reçut de cette vision, les oiseaux étaient les anges; le visage et la main étaient ceux de Notre-Seigneur, qui était venu pour bénir ses élus. La flamme signifiait l'orgueil de ceux au-dessus desquels elle brillait, tandis que la fumée représentait la vanité des autres et l'obscurcissement de leur esprit. (*A. S.*, 20 mart.) Sainte Gertrude de Nivelle, née en 631, raconta elle-même, remplie d'épouvante, à son biographe, qu'un jour, pendant qu'elle priait devant l'autel, elle vit descendre sur elle un globe lumineux qui éclairait toute l'église. Ceci dura environ une demi-heure, puis l'apparition disparut peu à peu. Elle se montra une fois encore, mais en présence des sœurs. (*A. S.*, 17 mart.) Le frère Léon de Catane priait souvent dans l'église avec un autre frère laï d'une grande sainteté. Pendant longtemps, un paysan qui demeurait près de là vit la nuit un globe de lumière s'élever du faîte de l'église. Étonné à la vue de ce spectacle, il voulut aller voir ce que ce pouvait être, et il vit deux belles lumières qui sortaient de l'église et montaient jusqu'au ciel. Plus surpris encore, il sonne et éveille le portier du couvent. Celui-ci, qui le connaissait, lui ouvrit la porte de l'église, et ils virent tous deux en entrant Léon et son compagnon en extase devant le Saint Sacrement, et élevés en l'air; ils comprirent alors ce que signifiaient ces lumières. Ici la lumière sortait du lieu où étaient ces deux saints; d'autres fois, au contraire, elle vient trouver l'extatique dans le lieu où il est. Saint François de Sales, après avoir prêché le jour de l'Annonciation, rentra dans sa chambre le soir, et se mit à genoux devant un crucifix, afin de méditer sur le mystère du jour. Au bout de quelques instants, le Saint-Esprit descendit visiblement sur lui, sous la forme d'un globe de feu d'où s'échappaient une multitude de petites flammes qui l'environnaient de toutes parts, et le touchaient sans lui faire de mal. Lorsque ce globe de feu descendit, il fut saisi de crainte; mais ce sentiment disparut bientôt, et son cœur fut rempli par la charité d'une telle douceur qu'aucune langue ne saurait l'exprimer. Il en fut ainsi de la sœur Madeleine de la Conception. Un jour, les sœurs entrant au chœur la virent à genoux, regardant un crucifix d'où sortait une clarté semblable à celle du soleil. Elles regardaient ce spectacle avec admiration, et leur étonnement s'accrut encore lorsqu'elles virent cette clarté disparaître après que Madeleine fut revenue de son extase; et son visage reprit son teint brun accoutumé. On peut citer encore ici Marie d'Agreda. Une religieuse du couvent avait fait ses vœux le jour de la fête de saint Laurent. Pendant que Marie se récréait avec les autres sœurs, comme il est permis en ces circonstances, dans un petit endroit ouvert qui était au milieu de la maison et servait de jardin, quelques-unes se mirent à chanter un cantique qui commençait par ces mots : « A la fiancée très-honorée, etc. » Son esprit s'élevant avec le chant, elle eut une extase. Toutes les religieuses se pressèrent autour d'elle dans cet espace étroit, attendant avec un étonnement profond ce qui allait arriver. Tout à coup, elles virent le ciel s'ouvrir, et un globe de feu d'une incomparable clarté descendre sur sa tête et se reposer quelque temps sur elle. Toutes admirèrent cette apparition, et racontèrent dans la suite quelles consolations intérieures elles en avaient reçues.

Dans ces phénomènes, la lumière entre et sort par suite de l'opposition de plusieurs courants. Quelquefois il y a seulement un développement de lumière qui produit une simple clarté ; ou bien, d'autres fois encore, la lumière organique étant retenue, il en résulte une obscurité extérieure. Si le premier de ces phénomènes est le résultat d'un surcroît d'activité dans les puissances spirituelles, le dernier est l'effet au contraire d'une dépression, d'une détente de ces mêmes puissances. Si donc l'un se rattache à l'extase, l'autre tient à l'état opposé, c'est-à-dire à l'état de sécheresse et de désolation. Mais, outre ces deux états, il en est un troisième que l'on peut appeler état d'opposition morale. La lumière et les ténèbres, considérées sous le rapport physique, n'ont aucun caractère moral : elles sont toutes les deux de purs instruments dans la main de celui qui a dit par la bouche du Prophète : « J'ai créé la lumière et appelé les ténèbres. » Cependant leur opposition peut exprimer quelquefois, comme symbole extérieur, celle qui existe sous le rapport moral entre le mal et le bien. Nous avons déjà vu ce phénomène se produire dans la vision de Nera, qui voyait d'un côté une lumière briller sur la tête de saint Ambroise, un feu impur et dévorant sur celle des orgueilleux et une fumée obscure sur la tête de ceux dont l'esprit était aveuglé. Cette opposition nous apparaîtra plus visible encore dans la mystique diabolique. On raconte dans les annales de l'ordre de Citeaux, à l'année 1217, qu'un moine s'était recommandé aux prières de Werric, prieur du couvent d'Alna. Un jour ce moine lui dit : « Mon père, vous avez oublié aujourd'hui de prier pour moi. » Le prieur lui répondit : « Vous vous trompez, j'ai prié pour vous aujourd'hui, et j'ai vu que vous êtes dans un mauvais état; car, dès que je me suis mis à prier, je me suis vu entouré d'une obscurité très-épaisse. Voyez donc si vous marchez dans la lumière. » Le moine se jeta à ses pieds, lui confessa ses péchés, et en purifiant sa conscience il délivra le prieur de son obscurité. Quelquefois cependant celle-ci a un bon côté, comme on le voit par l'exemple de Claire de Monte-Falcone. Celle-ci, en entrant au couvent, avait fait vœu de jeûner sept jours; et pendant ce temps elle s'était adonnée particulièrement à la prière. Elle fut par là tellement enflammée dans son cœur que souvent la nuit elle devenait lumineuse. Le matin, au contraire, elle était environnée d'une profonde obscurité, pour qu'elle pût prier sans être dérangée; de sorte qu'il semblait, remarque son biographe, que, par une faveur particulière de Dieu, la lumière et les ténèbres étaient à son service et favorisaient sa dévotion. (*Vita*, c. I, 5.)

CHAPITRE VII.

Des divers membres du corps humain qui deviennent lumineux ; la tête, le visage, le souffle, les bras, les mains, les doigts et les pieds. Apparitions lumineuses à la mort et après la mort.

Quelquefois le corps tout entier des extatiques devient lumineux ; d'autres fois, au contraire, une partie seulement du corps est illuminée. Christine Mechthilde Tuschelin, au couvent d'Adelhausen, était souvent environnée tout entière d'un tel éclat que personne ne pouvait la regarder et qu'elle était obligée de rester dans sa chambre, afin que les sœurs pussent assister au chœur. C'est elle aussi qui, parlant un jour familièrement avec le Sauveur, lui dit avec une naïveté charmante : « Mon bon Maître, vous avez créé mon âme à votre image ; daignez donc aussi habiter en elle comme dans le ciboire. » Notre-Seigneur lui répondit : « Quand ton âme sera aussi vide de toutes les choses temporelles et mondaines que ce ciboire où je suis, j'habiterai volontiers en toi comme j'habite ici. » Violante, reine d'Aragon, épiant un jour saint Vincent Ferrier, son confesseur, qui était en prière, le vit tout entouré de lumière. Colette était souvent aussi toute lumineuse quand elle priait ; de sorte que plus d'une fois les sœurs accoururent, croyant que sa cellule était en feu. Quelquefois même la lumière qui rayonnait de son corps produisait un développement de calorique ; car on trouva une fois son voile brûlé, quoiqu'il n'y eût point de feu dans le lieu où elle était. Nous citerons dans la suite d'autres cas de ce genre, lorsque nous parlerons des extatiques qui sont élevés en l'air ; car c'est alors surtout que la lumière organique a coutume de se développer pleinement.

La tête.

De toutes les parties du corps humain, la tête est celle à laquelle se rattachent le plus souvent les phénomènes lumineux sous leurs formes diverses, comme c'est en elle aussi que la lumière organique a sa source et son point de départ. Quelquefois la tête est entourée d'un nuage lumineux, comme chez le saint évêque Kentigern. Quelquefois ce nuage se changeait en une colonne de feu resplendissante, qui se tenait à sa place à l'autel et éblouissait les assistants. D'autres fois, au lieu d'un nuage lumineux, ce sont des rayons qui partent de la tête dans toutes les directions et s'étendent au loin. Il en était ainsi de sainte Rose, de Thomas Lombard et du frère lai Barnabé de Pistorio. De même que le nuage lumineux forme quelquefois une colonne, ainsi ces rayons se réunissent souvent en un seul, qui brille sur le sommet de la tête, comme chez saint Ravelle, évêque de Ferrare. D'autres fois les rayons lumineux prennent la forme du cercle, et ceignent le front comme une couronne, comme chez saint Afre toutes les fois qu'il communiait à la messe. Tolomei était souvent aussi couronné d'un cercle lumineux; d'autres fois son visage devenait radieux, ou bien son corps tout entier était environné de lumière. Chez d'autres, comme chez l'évêque de Barnastro, ou chez Jean-Baptiste Lanuza, pendant tout le temps de la messe, la lumière se partage en trois globes lumineux; ou bien, se concentrant davantage encore, elle forme un seul globe au-dessus du sommet de la tête. C'est ainsi que l'on vit paraître un globe de feu sur saint Columba dans l'île d'Humba, pendant sa messe, depuis l'évangile jusqu'à la fin. Il en était ainsi bien souvent de saint Yves et du frère Gérard, d'après le témoignage de celui qui lui servait la messe. On voyait quelquefois une lumière planer sous cette forme au-dessus de la sœur Antoinette de Florence et de plusieurs autres avec elle. Souvent ce n'est qu'une simple étoile, comme celle qui paraissait au-dessus de la tête de Didace Lauda, ou sur le front de Cécile Balde, à Bologne, quand elle parlait de choses sublimes, tandis que trois étoiles de cette sorte brillaient au-dessus de la tête de François de Politio pendant qu'il prêchait. Quelquefois cette étoile prend la forme d'une comète, dont le noyau, formant la partie la plus brillante, est tourné vers la tête de l'extatique, tandis que la queue monte vers le ciel comme une colonne de lumière, comme chez saint Columba d'Écosse, d'après ses actes. Enfin c'est sous la forme d'une croix brillante que la lumière apparaît au-dessus de saint Humbert.

Le visage. Elle apparaît souvent aussi sur le visage. Quelqu'un étant venu voir Dominique de Sainte-Marie dans sa cellule, il vit très-distinctement tout son corps; mais il ne put reconnaître son visage, parce qu'il répandait un tel éclat que, d'après ses propres expressions, il semblait couvert d'un soleil. Dans le visage, l'œil est la source principale de la lumière mystique. Lorsqu'Ida de Louvain recevait les sacrements, ses yeux jetaient une telle lumière que ses rayons éclairaient tous les objets qu'elle regardait aussi parfaitement que les rayons du soleil. Un jour, pendant qu'elle buvait le précieux sang, une lumière de ce genre sortit de ses yeux; de sorte que le prêtre qui lui donnait la communion crut d'abord que c'était le reflet d'un rayon de soleil dans le calice, jusqu'à ce qu'enfin, se tournant vers la vierge et lui regardant la figure, il s'aperçut que c'était de ses yeux que partait la lumière. Ceci lui arrivait non-seulement pendant la communion, mais encore dans d'autres circonstances. Ainsi une religieuse aperçut en elle cette lumière pendant que la sainte, assise avec d'autres dans l'infirmerie, s'entretenait de choses spirituelles. Comme elle avait le désir d'être encore témoin de ce même miracle à la fête de Noël, voyant Ida prier avec une grande ferveur devant le Saint Sacrement, elle crut que l'occasion était favorable. Elle approcha donc, souleva curieusement son voile, et trouva son visage brillant d'une lumière comparable à celle d'une étoile. La sainte lui arracha par ses instances la promesse de ne rien dire à personne de ce qu'elle avait vu. Une autre fois, dans l'octave de la Toussaint, comme elle assistait dans le chœur à la messe, elle fut inondée d'une telle lumière que le lieu où elle se tenait en était tout illuminé; de sorte que les rayons étaient réfléchis par le mur auquel elle était appuyée, pendant qu'elle tenait les yeux fixés sur un crucifix. (Henriquez, p. 432.)

Les yeux. Les yeux d'Ida de Lewis paraissaient aussi quelquefois aux autres sœurs jeter des rayons de lumière. Aussi rougissait-elle quand beaucoup de personnes la regardaient; car, comme elle était elle-même toute pénétrée de clarté, elle pensait qu'on pouvait voir son intérieur. (*Ib.*, p. 455.) Le feu de la charité qui consumait Béatrix de Nazareth produisait en elle comme un fleuve de lumière qui s'échappait par les yeux et apparaissait ainsi à toutes les autres sœurs; de sorte qu'elle semblait comme Moïse avoir deux cornes lumineuses. Lorsque cela lui arrivait, elle avait beaucoup de peine pendant le reste du jour à distinguer les objets à la manière ordinaire; car la clarté céleste qui était en elle pénétrait tout, les choses visibles et invisibles, les choses corporelles et spirituelles. Lorsque Colette priait, plusieurs parmi les autres sœurs croyaient voir sortir de sa bouche un flambeau allumé qui montait si haut qu'il semblait toucher le ciel. La sœur Colette d'Haplincourte, l'ayant trouvée un jour priant avec ferveur, vit sortir de sa bouche comme un soleil brillant qui éclairait toute la chambre. (*Act. S.*, 6 mart.)

Le souffle. Chr. M. Tuschelin, allant à la communion le jour de la Pentecôte, une des sœurs vit également un rayon de lumière sortir de sa bouche. (Steill., *Éphémérides*, p. 248.) Ce genre de lumière se rattache particulièrement au souffle. C'est ainsi qu'il se produisit chez saint François d'Assise pendant qu'il prononçait des paroles de consolation, et chez le frère Gervais d'Hyrminie un jour qu'il consolait, dans un temps de famine, un père de famille réduit au désespoir. Il paraissait, en lui parlant, respirer de la lumière et des flammes. La lumière qui sortait de saint Marinoni est comparée à un flambeau; celle de Guillaume l'Ermite paraissait se rattacher à la respiration, car elle sortait de sa bouche avec le souffle, et y rentrait ensuite. La poitrine elle-même, étant le point de départ de ce mouvement, parait aussi quelquefois lumineuse, comme il arriva à saint Colombin de Sienne un jour qu'étant descendu dans un couvent il s'était mis au lit. Une lumière sortant de sa poitrine éclaira toute la chambre; de sorte que les frères crurent avoir reçu un ange.

Les bras. Après la poitrine, viennent les bras et les mains, et ils participent aussi à ce phénomène extraordinaire. Un prêtre vint voir un jour Dominique de Sainte-Marie, qui était malade et couché dans une chambre très-obscure. Sa tête et ses mains répandaient une telle lumière que le prêtre et d'autres encore qui vinrent avant et après lui purent distinguer tous les objets dans la chambre. Vincent Lauter, archevêque de Raguse, ayant rencontré saint Philippe de Neri, saisit sa main pour la baiser avec respect, et la vit briller comme un rayon de soleil. Il raconta aussitôt le fait à ses amis, et ceux-ci lui dirent qu'il s'était déjà renouvelé plusieurs fois, et que souvent, pendant la messe, on voyait sa tête environnée de lumière. Aurelius Baccius de Sienne le vit un jour ceint comme d'un diadème d'or. Croyant d'abord que c'était une illusion, il se mit à regarder d'autres objets ; mais quand il reporta ses regards vers le saint il vit encore la même chose. N'en croyant pas encore ses yeux, il se les frotta avec les mains et avec un mouchoir; mais il ne voyait de lumière que sur la tête de Philippe, et ce phénomène dura jusqu'à ce que celui-ci eût pris le corps et le sang du Seigneur. Une jeune fille de douze ans le vit souvent aussi dans l'église de Saint-Jérôme environné d'un nuage blanc et lumineux. Quelle que fût la couleur de sa chasuble, il lui paraissait toujours blanc et resplendissant. Beaucoup d'autres témoins affirmèrent la même chose.

Les doigts.

C'est principalement au bout des doigts que se concentre volontiers la lumière organique. Lorsque sainte Colombe lisait pendant la nuit, et que sa lumière s'éteignait avant qu'elle eût fini sa lecture, elle levait la main droite, et ses doigts lui servaient de flambeaux. Le duc Conrad de Bavière, plus tard abbé de Villar, archevêque et cardinal, se servait aussi des doigts qui touchaient le corps du Seigneur à la messe en guise de flambeaux pour lire pendant la nuit; et Marian Scot, abbé Bénédictin, n'ayant point un jour de lumière pour écrire, se servit des trois doigts de sa main gauche. (Henriquez, l. 4.) Saint Samson disant la messe le jour où il reçut la consécration épiscopale, l'évêque Dubret et les autres ecclésiastiques virent du feu sortir de sa bouche et de ses mains. On cite même un cas où les pieds sont devenus lumineux. En effet, Césaire d'Heisterbach, dans son douzième livre des *Choses merveilleuses*, raconte qu'un docteur de Paris, qui était au lit malade, se mit à penser comment il pouvait se faire que des corps mangés par les vers devinssent radieux et brillants comme le soleil après la résurrection. Comme il regardait ses pieds qui sortaient de dessous la couverture, ils jetèrent un tel éclat que son œil ne le pouvait supporter.

Illumination mystique au moment de la mort.

Après tout ce que nous avons dit sur ce sujet, il ne doit pas nous paraître étonnant que la lumière organique se développe au moment de la mort, lorsque tous les rapports qui lient l'homme sur cette terre se brisent pour faire place à d'autres dans des régions plus élevées. Un Chartreux inconnu, cité par Raysius dans son livre sur les saints belges, était rentré dans sa cellule après le dîner. Là il fut tellement envahi par le feu de l'inspiration que la faiblesse de son corps n'y put résister, et il mourut au milieu de ses ardeurs. Deux marchands qui passaient par hasard devant le couvent en virent monter une flamme très-claire, et avertirent le portier. On courut à la cellule, on força la porte, et l'on n'y trouva aucune trace d'incendie; mais on aperçut dans le jardin le saint religieux à genoux, les mains jointes et levées vers le ciel, et sur lui reposait une colonne de feu. Saint Jean de la Croix, au moment de sa mort, fut aussi environné d'une lumière très-brillante au milieu de laquelle il exhala son âme. La bienheureuse Gentile de Ravenne reconnut l'approche de sa mort à une lumière qui parut sur sa tête. Une lumière remplit aussi la chambre où mourut Didace Ortiz, la maison où mourut le cardinal Aurelius et la montagne où mourut le vénérable Baptiste, moine à Fulio.

Une lumière semblable parut appeler M. Villana dans l'autre monde; et lorsque le Carme Fr. Grotti mourut en 1292, à l'âge de quatre-vingts ans, tout le couvent se remplit d'une lumière qui, s'amassant dans la cellule du mourant, sembla monter avec lui dans le ciel, et disparut en répandant un parfum délicieux. De Castre évêque de Capoue, voyant approcher sa fin, rassembla les siens, et célébra la messe en leur présence. Comme il prononçait les paroles de la consécration, il devint tellement radieux qu'aucun des assistants ne pouvait le regarder. Cet éclat ne disparut qu'après la messe, lorsque l'évêque, s'étant mis dans son tombeau en présence d'eux tous, rendit son âme à Dieu. Bernard, évêque de Vienne, devint aussi lumineux en mourant, et répandit un parfum très-agréable. Il en fut ainsi à la mort de saint Étienne abbé, dont la cellule fut remplie d'une telle lumière qu'on ne reconnaissait plus son cadavre. A mesure que Marie B. de Serni approchait davantage de sa fin, les autres sœurs du couvent remarquèrent que les émissions de lumière étaient plus fréquentes chez elle.

Illuminations après la mort.

Elles continuent souvent jusqu'après la mort. Ces phénomènes peuvent bien quelquefois tenir à l'électricité, tels que ces dégagements de lumière qui surviennent lorsque le cadavre est près de se décompenser. Mais ici encore les faits que l'on cite sont trop nombreux pour qu'on puisse les expliquer tous de cette manière. Pendant qu'on lavait le corps de la vierge Édelthride, plusieurs de ses membres devinrent lumineux. Le visage et les mains d'Alain le Breton brillaient d'un éclat merveilleux après sa mort, et ceux des saints Juvence et Maxime étaient si resplendissants que personne ne pouvait les regarder. C'est à ce genre de phénomènes que se rapportent les lumières qui paraissent immédiatement après la sépulture, et qui durent plusieurs jours. Ainsi elles parurent pendant trois jours au-dessus du tombeau de saint Épiphane de Tessin, et plusieurs jours sur celui de la Cistercienne Mencia. D'autres fois ces lumières apparaissent dans certaines circonstances particulières. Ainsi, un an après la mort de saint Wilfrid, comme le peuple accourait en foule auprès de ses restes, une lumière venant de l'Orient éclaira son tombeau. Le plus souvent c'est une lumière, qui, sortant de l'intérieur de l'église, passe à travers les fenêtres, et qui, examinée de plus près, semble partir du lieu où repose le corps du saint. Quelquefois cette lumière apparaît lorsqu'on lève le corps. Il en fut ainsi de sainte Cunégonde, qui pendant trente jours parut lumineuse depuis la poitrine jusqu'à la tête, tandis que des étincelles sortaient des restes d'une parure de perles qu'elle avait. D'autres fois, c'est à l'occasion de la guérison d'un malade, comme chez saint Éloi, du tombeau duquel un rayon de lumière vint pénétrer dans les ulcères d'un lépreux, et produisit une sueur abondante qui guérit le malade.

Au reste, ces phénomènes, comme nous l'avons vu déjà par des exemples particuliers, n'étaient point inconnus à l'antiquité chrétienne. Constantin envoya le patrice Photius trouver saint Paul premier ermite, en lui recommandant de bien observer son air, son visage, l'expression de ses yeux et tout ce qu'il y aurait en lui de singulier. L'envoyé dit à Siméon, qui l'accompagnait : « Quoique je me sois souvent efforcé de le regarder en face, je ne l'ai jamais pu faire, et il m'a fallu toujours fermer les yeux, parce qu'ils étaient comme éblouis par les rayons de lumière qui sortaient de son visage. » (Baronius an. 984.) Lorsque le moine Euthyme disait la messe, on le voyait environné d'une colonne lumineuse. Salluste, évêque de Jérusalem, ayant fait briser la porte de la cellule de Barsanuphis, la trouva remplie de feu. Lorsque Siméon priait, des masses de lumière semblaient partir de lui et monter vers le ciel, et il était comme dans une fournaise ardente. Plus d'une fois aussi on trouva les martyrs de ce temps environnés de lumière dans leurs cachots souterrains.

CHAPITRE VIII.

Explication des phénomènes lumineux. Note du traducteur. Du pouvoir de se rendre invisible. Saint Joseph de Steinfeld. Nevolo de Favence. Sainte Bone.

Nous pouvons, d'après tout ce que nous venons de dire, avoir une idée de la manière dont se produisent les phénomènes lumineux chez les saints mystiques. La cause immédiate de l'extase, c'est ce même esprit qui est descendu sur les apôtres au jour de la Pentecôte. Outre l'autorité des saints Évangiles, nous avons encore à ce sujet une vision qu'eut Catherine de Raconisio, lorsque l'Esprit Saint descendit sur elle. Elle vit une grande lumière qui se partagea en trois rayons, et, se posant sur sa tête, remplit son cœur d'une ardeur singulière et d'une douceur extraordinaire. Une voix forte lui expliqua ce qui venait de se passer en elle, et lui dit : « Je suis venu pour demeurer en toi, pour enflammer ton cœur, pour le purifier, l'éclairer et l'animer. » Ces paroles la remplirent d'un tel effroi qu'elle tomba sans connaissance. Mais lorsqu'elle fut revenue à elle, son cœur n'était que joie, jubilation et reconnaissance; et elle conserva depuis sur son visage un certain éclat, où se mêlaient la blancheur du lait et la rougeur du sang. (Marchèse, *Sagro Diaro*, c. V.)

L'Esprit Saint étant un acte pur, quand il veut s'emparer d'un homme, il le prend par ce qu'il y a de plus actif dans la partie la plus spirituelle de son être : il l'anime de son souffle, et le réchauffe de son feu. L'homme se trouve ainsi comme enveloppé dans cet immense courant, qui va de Dieu au monde, et il sent son énergie accrue d'une manière merveilleuse. Mais ce feu que l'esprit de Dieu communique à l'esprit de l'homme est un feu tout spirituel, qui, allumé à la lumière éternelle de la Divinité, pénètre la créature et la transfigure en quelque sorte. Or, comme en raison du lien qui unit si intimement le corps et l'âme, il ne peut rien se passer en celle-ci qui ne se reflète en celui-là, cette transfiguration que l'âme éprouve doit se communiquer au corps jusqu'à un certain point; et comme celui-ci est en rapport avec la nature physique, de même que l'esprit avec la nature spirituelle, la première doit fournir aussi une lumière matérielle qui corresponde à la lumière spirituelle de l'âme. Mais entre ces deux lumières il en est une troisième, dont la source est dans le corps lui-même, à savoir la lumière organique. Cette lumière vivante, excitée aussi par cette action surnaturelle de l'Esprit Saint, devient plus rapide et plus brillante, et pénétrant les organes avec l'impétuosité de l'éclair, elle les traverse comme un pur cristal, de sorte qu'ils deviennent comme dissous dans une eau claire. C'est pour cela que les sens extérieurs ne peuvent en soutenir l'éclat. Cette lumière en général est blanche, parce que le blanc exprime une clarté pure et sans tache. Cependant elle paraît rouge quelquefois par exception; car la lumière rouge est parmi les lumières colorées la plus chaude et la plus rapide. C'est ainsi que les sœurs du couvent de Sainte-Claire à Ferrare virent un jour à Noël sainte Catherine de Bologne environnée d'une lumière qui ressemblait à une flamme rouge; de sorte que personne ne pouvait fixer les yeux sur elle. Leur surprise fut d'autant plus grande que la sainte, par suite de ses maladies et des fréquentes pertes de sang qu'elle avait faites, avait un teint jaune brun. Elle répandait en même temps un parfum délicieux, que l'on ne pouvait comparer avec rien de terrestre en ce genre, et qui la suivait partout où elle allait. (Sa vie par Paleotti, c. V. 30.)

Lorsque l'esprit d'en haut, s'emparant de l'esprit de l'homme, produit en lui un plus grand développement de lumière, à son action surnaturelle et divine répond de la part de l'homme une réaction plus ou moins puissante, par laquelle l'esprit de l'homme réagit d'un côté contre l'esprit de Dieu, et le corps contre les influences cosmiques qui le sollicitent. La manière dont s'accomplit l'acte de la respiration peut nous donner une idée du mode d'après lequel s'exécutent cette action divine et cette réaction de l'homme. Il y a dans l'atmosphère qui nous entoure un double élément, et, par suite, un double rapport avec l'organisme; car c'est elle qui donne au corps, inerte par lui-même, d'une part le mouvement organique, et de l'autre la chaleur qui constitue la vie. Mais le corps ne peut s'approprier ces deux éléments que par une double réaction, et c'est ce qu'il fait dans l'acte de la respiration. Lorsque l'esprit de Dieu élève l'homme à l'état mystique, et développe en lui d'une manière extraordinaire la lumière organique, il ne fait que continuer cet acte primitif, par lequel il souffla dans le premier homme une âme vivante. Cette âme, à l'origine, illuminait le corps où Dieu l'avait enfermée; et les célestes reflets qu'elle projetait sur son enveloppe ne disparurent qu'après le péché. Mais la rédemption opérée par le Christ a rallumé le foyer de cette lumière intérieure; et quoiqu'elle soit versée d'une manière surnaturelle et dans les plus hautes régions de l'esprit, cependant le mode d'après lequel elle est communiquée a beaucoup d'analogie avec le procédé de la respiration, et exige, comme celui-ci, une réaction de la part de l'homme à l'égard de l'action divine. Quoique ces apparitions lumineuses soient, dans leur origine, du domaine surnaturel, cependant elles suivent dans leur cours les lois qui régissent tous les autres phénomènes de la vie.

Au reste, ce rayonnement de lumière n'est point étranger non plus au domaine de la nature, comme on le voit en certains poissons électriques qui lancent et projettent au loin par des décharges électriques le fluide nerveux dont ils sont pleins. Il y a également des hommes chez qui la lumière organique qui gît dans le système nerveux est tellement abondante et tellement rapide qu'elle pénètre les organes et se manifeste au dehors, particulièrement dans les yeux, dès qu'ils sont excités vivement par quelque objet intérieur ou extérieur. Ce qui distingue cet état des illuminations mystiques, c'est que celles-ci peuvent se produire chez tous les hommes, sans qu'ils aient besoin pour cela de quelques dispositions naturelles; et il suffit pour les développer que la grâce de Dieu, qui en est la cause principale, trouve leur âme bien préparée. Mais encore une fois, quoique surnaturelles dans leur principe, elles semblent naturelles dans leur cours, et l'on peut connaître jusqu'à un certain point, par la manière dont elles se produisent, par la partie du corps qu'elles affectent de préférence, par la forme sous laquelle elles se montrent, quelle est dans l'organisme la partie où ce fluide lumineux s'accumule d'une manière particulière, et qui lui sert de foyer.

Note du traducteur.

Nous croyons nécessaire de donner ici quelques éclaircissements, afin d'expliquer la pensée de l'auteur, assez obscure sur cette matière et difficile à saisir. Le lecteur ne doit pas perdre de vue la division très-importante que nous avons indiquée dans l'introduction de cet ouvrage, et qui domine le livre tout entier. Nous n'hésitons pas à la reproduire, parce que c'est ici surtout qu'elle trouve son application. L'homme, ce petit monde, comme l'appelait déjà l'antiquité, porte en son être l'image et comme l'abrégé de ce vaste monde, où il semble perdu comme un atome. De même qu'en celui-ci on distingue le soleil, la terre et l'air situé entre les deux, ainsi trouve-t-on dans l'homme trois régions, l'esprit, le corps et l'âme, et en chacune de ces régions trois parties dans lesquelles chacune d'elles se subdivise. Nous ne nous occuperons ici que du corps, parce que c'est lui dont il s'agit principalement en ce moment.

Le corps porte aussi, dans l'ensemble des systèmes qui le composent, l'image et le reflet du monde. Le cerveau, organe de l'esprit pour les opérations de la pensée, y fait les fonctions du soleil. La terre y est représentée par les systèmes inférieurs, et l'air par ceux de la respiration et des mouvements volontaires. Le soleil est, d'après l'opinion la plus commune aujourd'hui parmi les savants, un corps opaque par lui-même. Il n'est ni la source ni le foyer de la lumière, mais il est simplement une sorte de machine électrique qui, mise en mouvement par une main invisible, projette au loin le fluide lumineux qui l'entoure. Autrefois, lorsque la science était chrétienne, on n'hésitait pas à placer dans une intelligence supérieure la cause de tous les mouvements, et particulièrement de ceux des corps célestes, et nous croyons que sous ce rapport on était bien plus dans le vrai qu'aujourd'hui. Nous plaçant donc au point de vue de cette science, et admettant comme certaine l'intervention des anges dans les mouvements des corps célestes, nous pouvons nous représenter le soleil comme mû par une intelligence céleste, et projetant ses rayons lumineux à travers l'atmosphère sur la terre, qu'il éclaire et vivifie à la fois. Or, l'esprit est relativement au cerveau, son organe, ce qu'est au soleil l'intelligence qui le met en mouvement, avec cette différence toutefois qu'il y a dans l'homme une union hypostatique entre l'âme et le corps, tandis qu'il n'y a entre le soleil et l'ange qui le conduit que le rapport qui existe entre le moteur et l'objet qu'il met en mouvement.

Le cerveau est l'image du soleil, non-seulement par la position qu'il occupe dans le corps humain, mais encore par les fonctions qu'il y remplit. En effet, c'est lui qui est le point de départ du système nerveux tout entier, et le foyer de ce fluide vital, si subtil, si délié, si pénétrant, que l'on désigne sous le nom de fluide nerveux, et qui est très-probablement identique avec les fluides lumineux, électrique et magnétique. Le cerveau, dans sa partie la plus haute et la plus rapprochée de l'esprit, si l'on peut s'exprimer ainsi, est donc, comme le soleil, un instrument qui développe de la lumière; et cette lumière est celle que l'auteur désigne sous le nom d'organique. Les organes intérieurs du corps humain étant diaphanes pour elle, comme l'air pour les rayons du soleil, ils sont invisibles pour nous, de même que l'atmosphère qui nous entoure. Et d'un autre côté, cette enveloppe extérieure, qui renferme tous les systèmes de l'organisme, et que l'on appelle proprement le corps, étant opaque, absorbe pour ainsi dire tous les rayons de cette lumière vitale, et se pose comme une barrière infranchissable entre nous et les autres hommes, protégeant contre leurs regards curieux les mystères de la vie qui s'accomplissent au fond de notre organisme.

Ainsi, par deux raisons opposées, ni nous ne voyons ni les autres ne voient ce qui se passe en nous. L'opacité de notre corps le rend visible pour nous et pour les autres, et rend invisibles les organes qu'il renferme, de même que celle de la terre nous la rend visible, et nous cache en même temps les secrets qu'elle recèle en son sein. Mais si l'on suppose d'un côté, par suite d'une surexcitation du cerveau, un développement plus considérable et une perfection plus grande de la lumière organique, et de l'autre une enveloppe plus fine, plus déliée, plus ténue, effets que produit souvent, nous l'avons vu, l'ascèse chrétienne, il n'est plus étonnant dès lors que le fluide lumineux organique, lancé avec plus de force et n'étant plus arrêté par le corps, que l'habitude des vertus chrétiennes a discipliné et spiritualisé en quelque sorte, il n'est plus étonnant que ce fluide soit projeté à l'extérieur, et prenne une forme sensible. On comprend que le cerveau étant le foyer et le point de départ de la lumière organique, c'est surtout à la tête et dans les parties qui l'avoisinent qu'elle doit se manifester plus souvent, et c'est ce que prouvent aussi les faits qui ont été cités plus haut.

De la faculté de se rendre invisible.

Si l'homme élevé à l'état mystique pouvait retenir cette vertu qui se répand autour de lui malgré lui, et qui le rend visible pour les autres; s'il pouvait la ramener à soi et la concentrer comme en un foyer, il pourrait par là même, pendant le temps que durerait cette concentration, se soustraire aux regards des autres hommes. On raconte plusieurs faits à ce sujet dans les vies des saints, mais ils ne sont ni assez nombreux ni assez authentiques pour nous donner une certitude entière. On rapporte par exemple, dans la vie de saint Hermann Joseph de Steinfeld, que pendant qu'il écrivait son explication du Cantique des cantiques, il s'était retiré dans un lieu solitaire, afin de n'être point dérangé. Là, s'abandonnant à son attrait, il fut bientôt saisi par l'esprit; de sorte que, sans égard pour la faiblesse de son corps, il oubliait de venir à table pour manger. Si les frères allaient le chercher dans sa solitude, et ne le trouvaient point à la place où ils savaient qu'il devait être, ils exprimaient en termes quelquefois assez durs leur impatience et leur désappointement. Plus tard, lorsque le saint les rencontrait, il leur rappelait les paroles qu'ils avaient dites, les reprenant avec douceur de leurs mouvements d'impatience. S'ils lui demandaient comment il avait pu, étant absent, entendre ce qu'ils avaient dit, il leur répondait : « Ce n'est point d'un autre que je le tiens, mais je l'ai entendu moi-même de mes oreilles; abstenez-vous donc à l'avenir, je vous en prie, de ces sortes de choses. » Il lui arriva ainsi plusieurs fois de n'être point vu, quoiqu'étant présent.

S. Joseph de Steinfeld.

Comme il était très-lié avec le frère qui servait au réfectoire, il s'y était choisi un endroit où il pouvait se livrer à la méditation sans être dérangé, après le dîner pendant l'été, et après le souper pendant l'hiver. Souvent le frère, quand il fermait les portes, ne le voyait point; de sorte que tantôt il était très-étonné de ne point trouver celui qu'il croyait y avoir laissé, et tantôt, au contraire, il était non moins surpris de l'y voir, le croyant ailleurs; car la porte ne pouvait être ouverte par dedans. Un jour donc, comme il allait la fermer, et qu'il ne le voyait pas, pensant qu'il pouvait bien être là comme les autres jours, il lui cria : « Frère Joseph, si vous êtes ici, montrez-vous pour que je ne vous enferme pas. » Joseph se tut. Comme le frère s'en allait et mettait la clef dans la serrure, le saint lui dit : « Ne fermez pas, car je suis prêt maintenant à sortir avec vous. » Le frère, étonné, lui dit : « Une autre fois, si vous ne dites rien quand je m'en irai, vous resterez enfermé tout le jour. » Joseph, cherchant à voiler ce qu'il ne pouvait nier, lui dit : « Comment ne m'avez-vous pas vu? j'étais devant vous. » Il arriva souvent que, après que les frères l'avaient cherché longtemps dans tous les coins du couvent, il leur apparaissait tout à coup quand cela lui plaisait, et les jetait dans un étonnement profond. (Sa Vie, c. IX, 50.)

Nevelo de Favence. On raconte la même chose du bienheureux Nevelo, Franciscain à Favence, mort en 1280. Il avait coutume de prier longtemps dans une église du lieu, dédiée à saint Pierre, de sorte qu'à la fin on voulut l'en chasser. Comme on se préparait à le faire, on ne put le trouver nulle part. Mais plus tard, comme on allait à Matines, on le trouva à sa place, les mains levées vers le ciel, selon sa coutume. (*A. S.*, 27 jul.) L'Anthologie grecque rapporte aussi du prêtre Lucien, qui souffrit le martyre sous l'empereur Maximien, que lorsqu'il allait dans les rues d'Antioche il était visible pour les uns et invisible pour les autres, selon qu'il le voulait. (*A. S.*, 7 jan.)

Sainte Bone. Sainte Bone, née à Pise en 1156, était allée en Palestine, où ses parents occupaient de grandes dignités; mais, rougissant de leur fille, ils lui envoyèrent sur le bord de la mer des gens chargés de l'enlever. Elle fut invisible pour eux, tandis qu'elle était vue des autres et parlait avec eux. Plus tard, après son retour dans son pays, il s'éleva parmi les moines de Saint-Michel d'Orticaire une dispute pour savoir qui parmi eux irait à la fête de Saint-Jacques de Podio. La sainte, pour détourner le scandale, parut dans l'église, et leur demanda qui d'entre eux voulait venir à Saint-Jacques. Tous s'excusèrent en disant qu'il était trop tard. Elle leur dit alors : « Et si vous n'étiez vus de personne, iriez-vous? » Tous, espérant un miracle, dirent qu'ils iraient, et la suivirent. Elle traversa la foule avec eux, sans qu'ils fussent vus de personne. (*A. S.*, 29 mai.)

On voit que dans tous ces faits il y a quelque chose

d'incertain, et il est très-difficile de porter un jugement définitif sur leur authenticité ; ils n'offrent point, sous ce rapport, les mêmes garanties que ceux que nous avons cités jusqu'ici. Mais, en supposant qu'ils soient vrais, il n'y a rien dans ces récits qui puisse nous paraître déraisonnable, et par conséquent inadmissible à notre point de vue. Les esprits et les puissances spirituelles, n'étant point soumis aux conditions de l'espace, sont invisibles à nos sens. Pour devenir visibles il faut qu'ils revêtent un corps, afin que les sens puissent les saisir à l'aide du voile qui les recouvre. Que si au contraire l'esprit veut soustraire aux regards l'enveloppe qui le cache, il faut qu'il la retire à soi, et qu'au lieu de s'en revêtir il la revête en quelque sorte et l'embrasse au contraire ; de sorte qu'elle passe pour ainsi dire dans l'esprit, et participe à son invisibilité.

Nous voyons quelque chose de semblable dans la nature extérieure en beaucoup de cas. Ainsi un corps, avec la même masse de matière, peut être opaque ou diaphane, selon qu'il se ferme à la lumière, ou que, lui ouvrant au contraire toutes ses parties, il se laisse pénétrer, embrasser et éclairer par elle. Or, plus il paraît opaque, plus il est visible dans sa masse ; plus il est diaphane au contraire, et plus il est invisible ; de sorte qu'un corps qui serait entièrement pénétré par la lumière serait diaphane et invisible à la fois ; car la lumière, l'absorbant et le revêtant tout entier, le soustrairait par là à nos perceptions. Le même phénomène se produit dans des régions plus basses encore avec les autres éléments. L'air, par exemple, dissout l'eau pour ainsi dire, et la rend invisible. L'eau, de son côté, dissout le sel. Si quelque chose vient à déranger cette dissolution de l'eau par l'air, l'atmosphère se trouble ; l'air et l'eau se séparent : le premier se produit sous la forme d'éclairs, et la seconde sous celle de pluie. Il en est de même en quelque sorte du rapport qui existe entre l'âme et le corps. L'âme est cachée sous l'enveloppe du corps, tandis que celui-ci est visible pour les sens extérieurs. Mais si l'homme s'élève à des états supérieurs et extraordinaires, la puissance de l'esprit augmentant, celui-ci tient le corps avec plus de force, le transforme et le spiritualise en quelque façon. Les rapports sont changés : ce n'est plus le corps qui embrasse et renferme l'âme, mais c'est celle-ci au contraire qui embrasse et contient celui-là. Cependant, comme l'homme n'est jamais entièrement soumis aux lois de la nécessité, mais qu'il garde toujours son libre arbitre, ce phénomène dépend de la volonté humaine, ou plutôt de l'esprit supérieur qui agit en elle ; de sorte qu'il peut comme il le veut, quand il arrive à ce degré de l'état mystique, rendre visible ou invisible le corps qu'il anime.

CHAPITRE IX.

Des visions de l'âme, et particulièrement de l'imagination. Des dispositions naturelles à la vision. Jérôme Cardan. Des visions surnaturelles. Véronique de Binasco. Marie d'Agréda et sa Cité de Dieu.

La pensée existe à l'état de type ou d'idée dans la plus haute région de l'homme, à savoir dans l'esprit ; puis ce type prend une forme dans l'âme par la parole, et enfin il se produit au dehors dans le corps par le son ou la parole extérieure. Aux illuminations matérielles produites par le système nerveux correspondent donc les visions spirituelles, de même qu'à la parole extatique correspond un mouvement intérieur de l'esprit. Il est donc juste qu'après avoir étudié les phénomènes lumineux de l'extase nous considérions les visions propres à cet état, et que nous cherchions à saisir leur rapport avec les autres phénomènes qui le caractérisent. Or nous avons vu plus haut qu'il y a trois sortes de visions : celles des sens, qui résultent des impressions qu'ils reçoivent ; celles qui s'accomplissent dans l'imagination par le moyen des formes qu'elle abstrait des objets extérieurs; troisièmement enfin, celles qui se produisent dans l'esprit, comme de purs mouvements intellectuels, sans images ni formes. Comme nous avons déjà parlé des premières dans le livre précédent, nous n'avons à nous occuper ici que des deux autres, et d'abord des visions de l'imagination.

L'imagination a son siége et exerce son action dans la région moyenne de l'homme, c'est-à-dire dans l'âme; elle a sous elle les sens, avec le *sens commun* qui les réunit tous, et au-dessus d'elle les puissances supérieures de l'esprit. Les visions qui se produisent en elle peuvent donc venir, ou par dehors, du monde extérieur, ou par dedans, du monde spirituel placé au-dessus d'elle; et comme, dans l'un et l'autre cas, elles appartiennent à la personne qui les éprouve, elles peuvent aussi dans les deux cas être son œuvre propre. Dieu, étant présent partout et pénétrant tout de son action, peut aussi produire ces visions, soit immédiatement par lui-même, soit par l'entremise des bons anges. Enfin elles peuvent être le résultat des mauvaises influences du démon. Ainsi, Dieu, la nature, les anges et les démons, les saints et les autres défunts peuvent agir sur l'imagination, et produire en elle des visions dont il est quelquefois très-difficile, à cause de cela, de bien distinguer la source et l'origine. Et comme l'erreur est très-facile en ce domaine, il est nécessaire d'apporter les plus grandes précautions et l'attention la plus scrupuleuse dans l'examen des phénomènes qui s'y rattachent. En effet, ce protée que chacun porte en soi, qui présente à notre esprit, sous la forme de songes, le souvenir des impressions que nous avons reçues autrefois; qui fait flotter devant l'âme à demi éveillée, ou enivrée par les excitations du dehors, les fantômes des choses qui ont frappé nos sens, ou même de celles que nous n'avons jamais vues, et qui leur donne des formes tellement déterminées que souvent elles sont plus saisissables pour nous que la réalité même ; ce protée, qui, dans ces états maladifs où l'âme flotte dans une sorte de demi-jour vague et incertain entre la lumière et les ténèbres, évoque des images singulières et bizarres ; ce protée, ce magicien a établi son siége dans l'imagination, et trompe non-seulement les âmes ordinaires, mais encore celles qui, élevées par Dieu à l'état mystique, semblent devoir être à l'abri de ses illusions. De l'imagination où il réside, une multitude innombrable de sentiers conduisent dans toutes les directions ; de sorte que, par eux, il peut arriver à l'âme de partout des impressions et des images. L'état du soleil, le cours de la lune, l'aspect des astres, le mélange des éléments, rien ne lui est étranger. Du fond des régions inférieures de la vie montent jusqu'à lui des nuages plus ou moins épais, tandis que les régions supérieures lui envoient de sublimes pensées. Le mensonge trouve le moyen de s'approcher de lui, et le vrai sait aussi se frayer jusqu'à lui un passage. A la vérité simple et pure qui vient de Dieu, des bons esprits, et de tout ce qui est bon dans la nature et dans l'homme peut se mêler facilement l'illusion, qui partout prend sa source dans le désordre et le mensonge. Pour discerner l'un et l'autre, l'esprit a besoin d'une critique attentive, qui examine avec soin tous les signes, tous les indices, qui tienne compte et du passé et du présent et de l'avenir, et des causes et des effets et de la fin, qui ne donne son adhésion qu'à ce qui porte les signes authentiques de l'action divine, et qui, même en ce cas, ne la donne que sous condition ; qui n'hésite pas à rejeter tous les faits qui ne peuvent supporter cette épreuve, ou à n'en tenir aucun compte.

J. Cardan. Pour ce qui concerne les influences physiques et organiques, ce que J. Cardan raconte de lui-même et de ses dispositions est très-intéressant sous ce rapport. « Quand « je le veux, nous dit-il, je vois ce qu'il me plaît de voir, « et cela non avec l'esprit seulement, mais avec les yeux, « comme ces images que je voyais dans mon enfance. Mais

« maintenant je crois qu'elles sont le résultat de mes occu-« pations. Je n'ai pas toujours, il est vrai, ni en tout temps « cette faculté; mais cependant je ne l'ai que quand je « veux. Les images que je vois sont toujours en mouve-« ment; c'est ainsi que je vois les forêts, les animaux, les « divers pays et tout ce que je veux voir. Je crois que la « cause de tous ces effets est dans l'activité de mon imagi-« nation et dans une vue très-perçante. Dès mon enfance, « j'avais cela de commun avec Tibère César, que je pou-« vais voir dans l'obscurité la plus profonde comme en « plein jour. Mais je n'ai pas gardé longtemps cette faculté. « Je vois bien encore toujours quelque chose, quoique je « ne puisse pas bien distinguer ce que je vois; et j'attribue « aussi cet effet à la chaleur du cerveau, à la subtilité des « esprits vitaux, à la substance de l'œil et à l'énergie de « l'imagination. » (*De Varietate rerum*, l. IV, c. 43.) Il avait de plus la faculté de se mettre dans une sorte d'extase. Il lui semblait alors que sa poitrine se fendait pour laisser échapper l'âme. Puis il lui semblait, d'un autre côté, qu'une porte s'ouvrait dans son âme pour en laisser sortir un esprit; après quoi il lui paraissait qu'il était hors de son corps, et que ce n'était que par un effort puissant qu'il en retenait encore une partie.

On voit, d'après ce que nous dit Cardan, que ce qui produit ce mirage c'est que les images qui naissent d'elles-mêmes dans l'imagination, entrant en rapport avec l'organe de la vue, qui a déjà très-souvent une certaine affinité avec elles, produisent en lui une impression semblable à celle qu'il reçoit des objets extérieurs; de sorte que l'objet que se crée l'imagination acquiert la même objectivité que les objets réels eux-mêmes. Quant aux causes de ces fantômes, qui souvent imitent si bien la vérité qu'on les prend pour elle, c'est ordinairement une imagination vive, active, douée de la faculté de se créer elle-même et ses propres images et la lumière qui les éclaire. Cette cause est bien plus puissante encore, lorsque l'œil, de son côté, a, comme en J. Cardan, la faculté d'illuminer en quelque sorte les objets de sa propre lumière et de voir dans l'obscurité la plus profonde. Ces causes, c'est encore, dans cette partie intérieure du sens de la vue qui est en rapport avec l'esprit, une plus grande facilité à recevoir les impressions et à les concentrer; et cette qualité se manifeste au dehors par une vue très-pénétrante, comme celle de Jérôme Cardan. Dans l'état ordinaire, les images sont reçues d'abord par les sens extérieurs, et montent de là dans l'esprit; mais dans les états extraordinaires dont nous parlons ici c'est le contraire qui arrive. Les impressions sont reçues d'abord par l'âme dans une lumière toute spirituelle; et de là elles passent dans les sens, y éveillent la lumière organique, qui, prenant des traits distincts, leur donne une forme extérieure et objective.

Swedenborg avait, à ce qu'il paraît, cette faculté. Elle est bien souvent produite d'une manière factice par des moyens extérieurs et naturels, par certaines substances, comme l'opium, la jusquiame, etc. Certains états maladifs peuvent aussi la développer en donnant un surcroît d'activité à certaines puissances de l'âme; et c'est de cette manière que se produit la clairvoyance dans le somnambulisme. Les habitudes de la vie ont aussi sur elle une influence incontestable; et dans ces deux derniers cas elle peut se rattacher à la mystique. C'est à elle qu'il faut attribuer en grande partie ces visions légères et faibles encore, bien plus fréquentes qu'on ne le croit chez les personnes pieuses qui ont vécu dès leur jeunesse dans l'oppression, les privations et la souffrance, avec cette différence toutefois qu'ici ces visions, étant involontaires et laissant à l'homme l'entière possession de soi-même, appartiennent à un autre domaine.

Sainte Hildegarde nous dit elle-même qu'elle voyait toujours flotter devant elle les images de son monde intérieur, et que, pendant ce temps-là, elle percevait très-clairement celles du monde extérieur; de sorte qu'elle distinguait très-bien les unes des autres. Cette faculté était probablement chez elle, comme chez Cardan, naturelle à l'origine. Mais lorsque, par suite de ses progrès dans la vie spirituelle, elle devint plus intimement unie à Dieu, son sens extérieur dut s'ouvrir aussi, d'autant plus que son développement était déjà favorisé par celui du sens de la vue. De cette manière, un monde objectif nouveau, et inconnu pour elle jusqu'ici, lui apparut, et présenta à son imagination de nouvelles images, qui acquirent bientôt la même vérité objective que celles qui lui venaient de la part du monde extérieur. Puis lorsque, par suite d'une union plus intime encore avec Dieu, son âme se fut ouverte aux influences de l'esprit d'en haut; lorsque, celui-ci prenant en quelque sorte la place de l'imagination, le sens intérieur reçut ses impressions avec la même vivacité que le sens extérieur recevait auparavant celles de cette puissance, la vérité de ses images fut dès lors garantie par Dieu lui-même, qui ne peut jamais nous tromper.

Mais il est très-difficile, pour ceux-là même qui sont en ces sortes d'états, de distinguer ce qui est de Dieu ou de la nature. Que doit-ce donc être pour les autres, qui ne peuvent voir les choses que du dehors, et ne juger des causes que par les effets? Aussi tous les mystiques sans exception, depuis saint Bonaventure et saint Thomas d'Aquin jusqu'à sainte Thérèse et saint Jean de la Croix, sont d'avis qu'il ne faut pas faire beaucoup de cas de ces visions, parce qu'elles sont susceptibles de beaucoup d'illusions; qu'il ne faut pas y attacher beaucoup plus d'importance qu'à celles des sens, et qu'elles ne sont bien souvent que comme une nourriture plus légère que Dieu donne aux âmes faibles, jusqu'à ce qu'elles puissent en supporter une plus solide; que, par conséquent, ceux qui se trouvent dans cet état d'enfance spirituelle doivent tâcher de trouver le noyau sous l'écorce, et de rejeter celle-ci comme une chose qui bien souvent nuit plus qu'elle ne sert à la perfection, laquelle consiste uniquement dans la connaissance et l'amour de Dieu, parce que dans la charité est renfermé l'accomplissement de toute la loi.

Au reste, les vies des mystiques sont remplies de ces visions. Chez la bienheureuse Liduine, elles duraient vingt-quatre heures sans interruption, et pendant ce temps elle perdait chaque nuit, une heure au moins, l'usage de ses sens. Elle était couchée comme une morte, enveloppée extérieurement dans une obscurité profonde, mais réjouie au dedans par un parfum délicieux et par une lumière intérieure qui éclairait son esprit. C'était, du reste, la seule consolation qu'elle eût dans ses souffrances et sa détresse. Véronique de Binasco contempla, dans une suite de visions de ce genre, toute la vie de Notre-Seigneur, depuis le voyage de Joseph, lorsqu'il alla à Bethléem avec la sainte Vierge, jusqu'après le crucifiement, distinguant dans le plus grand détail chaque circonstance des faits qui lui étaient montrés. Il en était ainsi des visions de sainte Françoise Romaine, que son biographe a rapportées en partie dans sa vie et qu'il nous a conservées dans une suite de quatre-vingt-dix-sept tableaux. Nous avons eu de nos jours un exemple frappant, sous ce rapport, dans la personne de Cath. Emmerich, qui non-seulement a vu la passion du Sauveur, mais qui, pendant trois ans, l'a suivi pas à pas dans toutes ses voies, dans tous ses voyages à travers la Palestine. La nature du sol, les fleuves, les montagnes, les forêts, les pays, les habitants, leurs demeures, leurs mœurs, leurs usages, leurs costumes, les habitudes de leur vie, tout a passé sous ses regards dans des images claires et distinctes. Outre cela, elle pouvait aussi, comme par manière d'épisode, à l'occasion de quelques personnes, de quelques lieux ou des fêtes du calendrier ecclésiastique, plonger son regard dans un passé bien plus éloigné encore, et embrasser dans un vaste ensemble l'histoire entière, depuis la première origine des choses, comme une magnifique épopée religieuse qui, allant du ciel à la terre, suit dans ses divisions les diverses époques du monde et

Véronique de Binasco.

de l'histoire. Vous diriez une mer immense dont la surface réfléchit la beauté de ses rivages et la richesse infinie des âges, tandis que la limpidité de ses flots permet à l'œil de pénétrer jusqu'à ses dernières profondeurs, et d'y contempler les merveilles qu'elles renferment et le lien secret qui unit les choses dans un vaste ensemble. Ces visions sont peut-être les plus merveilleuses, les plus riches, les plus vastes, les plus profondes et les plus saisissantes que l'esprit humain ait jamais contemplées en ce genre.

Parmi les faits de cette sorte, un des plus remarquables est sans contredit celui de Marie d'Agréda. Elle nous raconte elle-même ses visions dans son livre de la *Vie de la sainte Vierge*, et nous fait connaître, dès l'introduction, les motifs qui l'ont portée à l'écrire : « Je reconnais, nous dit-elle, et j'en glorifie votre grandeur, ô Roi tout-puissant, « je reconnais que, dans votre infinie majesté, vous avez « caché ces profonds mystères aux savants et aux sages, « pour les révéler à la dernière et à la plus indigne de vos « servantes dans votre Église, afin que, plus l'instrument « dont vous vous servez est faible, plus il soit connu que « vous êtes l'unique auteur de l'ouvrage. Le Seigneur, « malgré ma résistance et mes inquiétudes désordonnées, « parce que je *craignais lâchement de m'abîmer dans l'O*« céan de ses merveilles, a daigné, du haut de son trône, « me faire sentir une force douce, aimable et puissante à la « fois. Il a versé en moi une lumière qui éclaire l'entende« ment, assouplit la volonté la plus rebelle, calme et re« met dans leur ordre le sens intérieur et extérieur ; une « lumière qui soumet la créature à la volonté et au bon « plaisir du Très-Haut, et la porte à ne chercher en toutes « choses que l'honneur et la gloire de Dieu. Pendant que « je me trouvais en cet état de préparation, la voix du « Dieu tout-puissant retentit à mes oreilles ; elle me sai« sit avec force, m'éleva au-dessus de moi-même, me for« tifia contre les contradicteurs qui s'efforçaient d'éloigner « mon âme du bien que lui promettait la connaissance de

Marie d'Agréda

« tant de mystères sublimes; et, me préservant de tous les « piéges où j'aurais pu me prendre, elle me montra le « chemin de la perfection, et m'engagea à mener une vie « toute spirituelle dans une chair périssable. Tantôt me « reprenant paternellement, tantôt me caressant au con- « traire, le Tout-Puissant me dit : « Ma douce colombe, « toi que mes mains ont créée, lève-toi, ne tarde pas plus « longtemps; viens à moi, qui suis la voie et la lumière : « qui me suit ne marche pas dans les ténèbres. Viens à moi, « qui suis la vérité, la sainteté, le tout-puissant et le sage « qui corrige les sages. » Ces paroles furent pour moi au- « tant de traits d'amour; de sorte que, reconnaissant mon « néant et mes péchés, je me recueillis et m'humiliai dans « un sentiment profond d'étonnement, de respect et de « crainte. Mais le Seigneur me dit : « Viens, mon âme, « viens à moi, je suis ton Dieu; et, quoique tu aies été « pécheresse et volage, élève-toi au-dessus de la terre, et « viens à moi; car je suis ton père : que mon amitié soit « pour toi comme la robe et l'anneau d'une fiancée. »

Elle raconte ensuite comment Dieu lui donna pour l'aider dans cette œuvre six anges, qui, après l'avoir purifiée et préparée, la menèrent en sa présence; et comment il donna à son âme une nouvelle lumière et un nouveau surcroît de gloire, qui la rendit capable de voir et d'apprendre des choses qui surpassent de beaucoup les forces d'une créature terrestre. Elle raconte encore comment deux autres esprits se joignirent aux six autres; comment elle ressentit un désir ardent de contempler les mystères divins, et fut repoussée pour cette fois avec une grande bonté. Comme elle demandait la cause de ce refus, une voix lui dit qu'elle devait venir les pieds nus, c'est-à dire dépouillée de toutes ses pensées et de tous ses désirs, comme Moïse lorsqu'il approcha du buisson ardent. Elle répondit que demander à la nature terrestre ce qui n'appartient qu'aux anges, c'est exiger quelque chose de bien difficile. Mais on lui promit le secours de Dieu, qui désire ce qu'il veut, et peut ce qu'il désire. On lui montra alors un rideau richement brodé qui cachait un trésor considérable. Et comme elle désirait beaucoup que ce rideau fût tiré, afin de voir les mystères qu'il cachait, une voix lui dit : « Dépouille-toi de toi-même, et le trésor que te cache ce rideau te sera découvert. » Elle se proposa donc de corriger sa vie, de surmonter ses désirs, pleurant, se plaignant dans son cœur, et soupirant après le moment où le rideau serait tiré. Et à mesure qu'elle travaillait davantage à se vaincre elle-même, le rideau se tirait davantage aussi, et lui permettait de mieux voir le bien qu'elle désirait si ardemment. Enfin le rideau est tiré tout à fait, et son œil intérieur voit des choses qu'elle ne peut exprimer avec la parole humaine. Elle vit au ciel un grand signe, une femme, Notre-Dame couronnée d'étoiles, revêtue du soleil, la lune à ses pieds ; et les anges lui dirent : « C'est là cette femme que Jean a vue, et que Dieu a comblée de ses grâces. Regarde et contemple ses perfections, et décris-les ensuite. Toutes les choses dont tu as besoin pour cela te seront montrées. »

Après avoir parlé de la manière dont ces communications sublimes lui furent faites, et des divers degrés de l'illumination divine, elle commence proprement son livre par l'histoire de la création. Puis elle explique ce passage du chapitre VIII des Proverbes : « Le Seigneur m'a possédée au commencement de ses voies, etc., » et un autre du chapitre XII de l'Apocalypse, interprétant l'un et l'autre avec beaucoup d'habileté et de subtilité. Puis elle commence le récit de la vie de la sainte Vierge, parlant d'abord de l'annonciation qui fut faite d'elle à ses parents avant sa naissance, et parcourant ensuite toute sa vie jusqu'à sa mort ; de telle sorte néanmoins que, depuis le commencement jusqu'à la fin, la vie de son divin Fils se trouve entrelacée pour ainsi dire dans la sienne. Elle raconte après cela tout ce qui s'est passé depuis la mort de Notre-Seigneur jusqu'à celle de sa Mère. Tel est l'objet de la *Cité de Dieu* de Marie d'Agréda. Cet ouvrage, qui forme un gros volume in-folio, est divisé en trois parties, dont chacune comprend huit livres. Il a été imprimé bien des fois en langue espagnole à Madrid, à Lisbonne, à Perpignan et à Anvers. Il fut bientôt traduit en français, et publié à Marseille et à Paris. Puis il en parut une traduction allemande en 1715, à Augsbourg, et une latine. Traduit en italien, il a eu plusieurs éditions à Milan, à Palerme, à Venise et à Trente, et bientôt il fut répandu dans le monde chrétien tout entier.

Ce livre, sans aucun doute, renferme une contemplation mystique vraiment grandiose. Sa partie spéculative annonce une profondeur admirable et bien rare dans une femme. Sa partie historique, quoique privée bien souvent des couleurs de l'imagination et de la poésie, peint quelquefois avec une grande vérité les faits et les circonstances particulières qui y sont racontées. La forme cependant mérite peu d'éloges : le langage, il est vrai, au témoignage de ses compatriotes, est pur et clair; et il paraît en être ainsi en effet, autant qu'en peut juger un etranger. Mais l'extase ne l'a pas préservée des défauts de son époque. Le mauvais goût qui avait commencé à s'introduire en Italie dans le style religieux, et qui de là avait infecté de sa contagion les pays situés autour des Alpes, avait pénétré aussi en Espagne; et le livre de Marie d'Agréda en porte incontestablement les traces. On y remarque trop souvent ces ornements guindés, cette enflure, cette emphase qui étaient alors en vogue : de longues applications morales finissent chaque chapitre, et en augmentent encore la prolixité.

Le zèle que l'ordre auquel appartenait Marie d'Agréda mit à répandre son livre et à défendre ses doctrines, l'attention qu'il éveilla partout, les instances que fit l'Espagne pour obtenir la canonisation de l'auteur, tout cela dut provoquer bien des contradictions. L'Université de Paris, toujours prompte à agir dans ces circonstances, dès l'apparition du livre en 1696, en avait extrait treize articles, et les avait condamnés comme faux et contraires à la doctrine de l'Église ; la congrégation de l'Index parut confirmer ce jugement en mettant le livre dans son catalogue l'année 1710. Mais Benoit XIII fit retrancher la *Cité de Dieu* de l'Index des livres défendus. Cependant, comme par suite des informations qui eurent lieu après la demande de canonisation, les livres de Marie d'Agréda furent examinés à Rome suivant la manière accoutumée, la controverse s'étendit bientôt au delà du cercle de la congrégation des Rites, surtout lorsque Amort, chanoine à Pollingen, en Allemagne, attaqua l'ouvrage, et que Gonzalez Mattheo en Espagne, Mayr et Kick en Allemagne, sans compter plusieurs anonymes encore, se présentèrent pour le défendre. Amort, il est vrai, était peu capable de pénétrer bien profondément la nature des états mystiques ; et c'était un défaut presque général à cette époque ; mais à part cela il possédait toutes les autres qualités nécessaires pour le travail dont il s'était chargé. Il avait une grande subtilité d'esprit, beaucoup de science, de l'indépendance, sans audace toutefois, et une grande clarté sans platitude. Ses adversaires, avec les mêmes défauts que lui, n'avaient pas ses qualités. Ils se mirent à défendre avec amertume l'honneur de Marie d'Agréda et de leur ordre, qu'Amort n'avait jamais attaqué, et qui était en effet hors de question. Amort, après avoir répondu plusieurs fois à ses adversaires, garda le silence ; mais ses objections ne furent pas réfutées.

Lorsqu'on étudie sans esprit de parti les écrits qui ont été composés de part et d'autre dans cette discussion, on est obligé de convenir que le livre de Marie d'Agréda contient en effet plusieurs des erreurs qui lui ont été reprochées. Et d'abord, il a beaucoup de rapport, quant à son contenu, avec les deux livres apocryphes de l'*Enfance de Jésus* et de la *Nativité de la bienheureuse Vierge Marie*, ce qui déja suffirait pour le rendre suspect. On ne peut, du reste, expliquer d'une manière satisfaisante cette analogie qu'en supposant que Marie d'Agréda avait lu ces deux livres dans sa jeunesse, et qu'ils avaient produit sur son imagination une telle impression que celle-ci s'était, sans qu'elle s'en aperçût, reflétée dans ses contemplations, comme aussi son cœur était tellement plein de l'objet de son amour qu'il devait nécessairement déborder dans ses visions et y mêler quelque chose du sien. On trouve aussi dans la *Cité de Dieu* des fautes de chronologie, comme celle-ci par exemple : qu'Hérode est mort huit ans après la naissance de Jésus-Christ ; des erreurs géographiques, ou même historiques relativement à la vie du Sauveur et de la sainte Vierge. L'auteur y raconte, à l'occasion du séjour de l'enfant Jésus en Égypte, et sur ce qui s'est passé après son ascension, des choses inconciliables avec l'histoire, ou qui sont même en opposition formelle avec elle, outre qu'elles annoncent une absence complète de tact historique, comme, par exemple, le récit de la destruction de l'ancien temple d'Éphèse, quoique, d'après le témoignage de Pline, il existât encore vingt ans plus tard.

On y rencontre encore la même inexactitude pour ce qui concerne les sciences naturelles et la physiologie ; de sorte que le livre, par ce tribut qu'il paye à l'étroitesse de la science de cette époque, nous donne le droit de conclure que la nature a eu une part plus ou moins grande dans les visions qu'il renferme, et qu'il n'offre pas par conséquent toutes les garanties qu'on a le droit d'attendre en ces sortes de matières. Et cependant Marie d'Agréda s'était préparée de son mieux à cette œuvre ; elle lui avait donné une clarté, une pureté intérieure et une hauteur qui n'a peut-être pas été surpassée depuis, et qui a toujours été mise hors de doute dans les discussions engagées à son occasion. C'est là une preuve frappante de la nécessité de prendre toutes les précautions qu'exigent ces matières délicates, afin d'éviter l'erreur et l'illusion qui s'y rencontrent si facilement. C'est en même temps la meilleure justification de la sagesse de l'Église, qui, après avoir examiné sous le rapport théologique ces sortes de visions, les livre à l'étude de la science, et, sans rien définir sur leur mérite intrinsèque, les laisse pour ce qu'elles sont, et permet aux fidèles d'y chercher l'édification, les lumières et les enseignements qu'elles renferment. Elle est si loin de leur attribuer une autorité infaillible que ce sont au contraire ces visions qui ont empêché jusqu'ici Marie d'Agréda d'être canonisée.

CHAPITRE X.

Comment les extatiques se voient réciproquement dans l'extase. Sainte Ida. De leur commerce avec les anges. Saint Fursée. Jeanne de la Croix. Françoise Romaine. Pierre Monocle. Équico. Rainier de Pise.

Les extatiques ne voient pas seulement la vie de Notre-Seigneur et de ses saints sur la terre; mais, transportés dans les régions invisibles, ils peuvent en pénétrer les mystères, et se les représenter sous des formes que leur imagination abstrait des objets corporels. La vie des saints nous offre de si nombreux exemples de cette faculté qu'il est inutile de citer ici des faits particuliers. Il y a cependant dans ces extases une circonstance que nous croyons devoir mentionner en ce lieu, parce que, outre qu'elle est très-rare, elle jette encore une vive lumière sur certains rapports que nous rencontrerons plus tard en d'autres domaines. Dieu étant dans ces régions surnaturelles, comme dans l'ensemble de l'univers, le centre, le principe et la fin de toutes choses, et voyant converger aux pieds de son trône tous les rayons qui partent de cette immense périphérie, il arrive quelquefois que plusieurs extatiques, lorsqu'elles sont ravies en même temps, se rencontrent devant lui, et entrent l'une à l'égard de l'autre dans un rapport plus intime et plus élevé. Nous avons plusieurs exemples en ce genre; mais nous nous contenterons de citer celui de sainte Ida de Nivelles.

Un jour qu'elle était en extase, elle apprit qu'une de ses amies qu'elle aimait beaucoup se trouvait dans le même Sainte Ida.

moment ravie comme elle ; et celle-ci, de son côté, apprit qu'Ida était abîmée aussi dans l'océan de la lumière divine. A partir de ce moment elles furent liées dans le Seigneur de la manière la plus intime ; et il sembla qu'elles étaient devenues en lui un cœur et une âme. Ce lien devint bien plus étroit encore lorsque la sainte Vierge se montra à elles dans une vision comme voulant partager en tiers leur amitié. Il arriva la même chose à Ida avec un saint prêtre qui avait entendu parler d'elle, mais ne voulait pas croire ce qu'on lui en disait. Il était allé déjà trois fois pour la voir afin de dissiper ses doutes à son égard, mais sans succès. Or, comme il disait la messe dans l'intention de se délivrer de son incertitude, il aperçut son visage, et une voix rendit un bon témoignage en sa faveur. Étonné de ce qui venait de lui arriver, il retourna chez elle après la messe, et la trouva malade. Elle lui apparut comme glorifiée dans son âme et dans son corps ; et à cette vue il fut aussitôt ravi en extase. Ida, de son côté, le voyant en cet état eut la même impression, et fut ravie comme lui au ciel, où ils se rencontrèrent tous les deux et fêtèrent ensemble ce jour si solennel pour eux. Le prêtre revint à lui au bout de quelque temps; et comme il prenait congé de la sainte, celle-ci lui demanda pourquoi il ne disait rien à Ida. « J'ai bien assez parlé avec elle, répondit-il, comme les âmes des extatiques ont coutume de se parler dans le ciel; » et Ida répondit la même chose à la même question de la part du prêtre lorsqu'elle fut revenue de son extase.

Un autre prêtre, très-lié avec elle, fut ravi dans un entretien qu'il avait avec l'abbesse d'un couvent voisin. Lorsqu'il fut revenu à lui, il dit à l'abbesse : « Ida a reçu aujourd'hui le corps du Seigneur ; elle a été ravie au ciel suivant sa coutume; et là elle a présenté pour moi une prière à Dieu. » Il retomba aussitôt en extase et rencontra Ida en présence du Seigneur, qui dit à celle-ci : « Ma fille, donne à cet homme une partie de la grâce que je t'ai départie si largement. » Le prêtre, penchant la tête comme pour recevoir la bénédiction, fut joyeux d'entendre cette parole. Ida s'étant approchée de lui, leurs âmes se donnèrent un saint baiser. A partir de ce moment, il sembla à ce saint prêtre que son cœur était inséparablement uni à celui d'Ida par la charité ; et il avoua depuis à l'abbesse qu'il n'avait jamais reçu dans toute sa vie une aussi grande plénitude de lumière divine qu'en ce jour. L'abbesse, de son côté, ayant pris des informations, s'assura qu'Ida avait eu vraiment en ce même jour une extase, comme le prêtre l'avait dit. (Henriquez, c. XXV-XXVIII.)

S Fursée.

L'homme une fois entré dans ces régions, fermées ordinairement pour lui, peut converser familièrement avec leurs célestes habitants, comme le prouvent un grand nombre de faits dans la vie des mystiques. Les anges ou les saints, de leur côté, pour se faire comprendre de l'homme, doivent lui apparaître sous une forme humaine, ou du moins sous une forme extérieure qui en approche et l'indique de quelque manière. C'est ainsi que saint Fursée aperçut au-dessus de soi dans une vision quatre mains ailées qui le soutenaient des deux côtés, et dont le visage, resplendissant d'un éclat merveilleux, ne se découvrit à lui que lorsqu'ils l'eurent porté plus haut. (A. S., 16 januar.)

Jeanne de la Croix.

Jeanne de la Croix nous dit que son ange était plus brillant que le soleil, beau au delà de toute expression, qu'il avait des ailes, des vêtements plus blancs que la neige, une couronne sur la tête, le signe de la croix sur le front, et sur ses membres plusieurs inscriptions symboliques, et toutes sortes d'images de la Passion. (Sa Vie par Dazza.) Mais nulle part nous ne trouvons plus de détails sur la familiarité qui existe entre l'homme et les anges en cet état que dans la vie de sainte Françoise Romaine écrite par M. Anguillaria, presque entièrement sur les notes de Martinotti, confesseur de la sainte. (A. S. Mart.)

Sainte Françoise Romaine.

Elle avait perdu un fils de neuf ans, nommé Évangeliste. C'était un enfant pieux et d'un bon naturel; il était mort de la peste. Un an après sa mort, il apparut à sa mère avec la même forme et les mêmes habits qu'il avait eus sur la terre, mais incomparablement plus beau. A ses côtés était *un jeune homme plus beau que lui. Sa mère fut effrayée* d'abord ; mais quand elle le vit s'approcher d'elle et la saluer avec respect, elle ressentit une grande joie dans son cœur, et tendit les bras vers lui pour l'embrasser. Ne pouvant rien saisir, elle voulut se rassasier au moins de sa vue, et lui demanda où il était dans l'autre monde, ce qu'il faisait et s'il pensait encore à sa mère. L'enfant lui répondit : « Notre unique occupation là-haut est de contempler l'abîme infini de la bonté divine, et de louer avec une grande joie et un tendre amour sa divine majesté. Je suis placé dans le second chœur, à côté de ce jeune homme que vous voyez ici, et qui est beaucoup plus beau que moi, parce qu'il est plus élevé. Dieu vous l'envoie pour qu'il soit votre compagnon fidèle et votre consolateur pendant votre pèlerinage, et que vous le voyiez présent jour et nuit. Pour moi, je suis venu chercher ma sœur Agnès, afin qu'elle jouisse avec moi des joies du ciel. » L'enfant resta une heure à peu près avec sa mère, depuis la première aube jusqu'au lever du soleil, et disparut ensuite. Sa sœur Agnès tomba malade quelques jours après, et mourut à l'âge de cinq ans. Mais l'ange qui avait accompagné Évangéliste resta toujours près de Françoise sous sa forme lumineuse. Il se tenait sans cesse à sa droite, et elle assura que, lorsqu'elle essayait de le regarder, elle avait la même impression que lorsqu'on veut regarder le soleil en face.

Elle le voyait non seulement quand elle était dans sa chambre en prières, mais partout, dans la rue, dans l'église, quand elle était avec d'autres. Si quelqu'un faisait une faute en sa présence, son ange se cachait le visage dans ses mains, et elle avait coutume de dire qu'elle lisait en traits si visibles sur sa figure la dignité de l'être des anges et son propre néant que jamais auparavant elle n'avait eu une telle connaissance d'elle-même. Il lui était permis en trois circonstances de le regarder plus attentivement, à savoir quand elle priait, quand elle était tourmentée par les esprits impurs, ou quand elle parlait de lui avec son confesseur, qui, comme il le rapporte lui-même, l'obligea plusieurs fois sous l'obéissance à décrire la forme et la manière d'être de son ange, parce qu'il se sentait alors lui-même inondé d'une sainte allégresse. Elle lui racontait donc que ce n'était pas son ange gardien ordinaire, mais un esprit appartenant au second chœur. Il était environné d'une telle lumière qu'elle pouvait à sa lueur réciter son office la nuit comme en plein jour. Son visage et ses yeux étaient toujours levés vers le ciel, ce qui lui rappelait le miroir divin qu'elle contemplait dans ses visions, et qui, embrasant son cœur d'amour, l'élevait vers Dieu. Il lui apparaissait toujours sous la forme d'un enfant de neuf ans, les mains croisées devant la poitrine, les cheveux frisés, de la couleur de l'or et retombant sur ses épaules. Il portait un vêtement blanc comme la neige, et par-dessus une petite tunique qui ressemblait à l'ornement des sous-diacres, et était tantôt plus blanc que la neige, tantôt bleu de ciel, et quelquefois couleur de pourpre. Elle le couvrait jusqu'à la cheville des pieds; mais ceux-ci étaient propres, même lorsqu'il marchait dans des rues boueuses. Lorsqu'elle parlait de lui à son confesseur, l'éclat de son visage diminuait, de sorte qu'elle pouvait le regarder sans être éblouie. Mais dès qu'elle cessait il redevenait brillant comme auparavant. Aussi son confesseur parlait souvent de lui à la sainte à dessein, et lui faisait beaucoup de questions à son sujet; et Françoise alors le regardait avec une grande tendresse, et lui mettait même quelquefois la main sur la tête pour obéir à son confesseur. Elle ne sentait rien ensuite, il est vrai, mais son visage devenait brillant comme celui d'un séraphin, de sorte que son confesseur en éprouvait une grande consolation.

Au commencement de cette intimité avec son ange, lorsque le tumulte de ses occupations ou les nombreuses exigences des hommes lui donnaient quelques mouvements d'humeur, ou qu'il lui échappait quelque imperfection, son compagnon se retirait aussitôt : c'était pour elle un avertissement. Aussi reconnaissait-elle humblement sa faute en demandait pardon à Dieu, et recouvrait aussitôt la paix en le voyant revenir avec une grâce nouvelle. Ceci lui arriva trois ou quatre fois en présence de son confesseur, qui dit lui-même que, toutes les fois qu'il la trouvait souffrante ou affligée, il n'avait pas de moyen plus sûr pour la consoler que de lui parler de son ange. Cette punition de la part de son ange ne durait que jusqu'à ce qu'elle se fût entièrement résignée à la volonté de Dieu, prête à vivre, s'il le voulait, jusqu'au jugement dernier, au milieu des soins de la maison et des affaires temporelles. Dieu voulait en effet qu'elle perdît cette frayeur qu'elle avait du commerce avec les hommes et cet amour excessif de la solitude. Son ange était son maître et son guide dans la pratique de toutes les vertus, et veillait à ce qu'elle ne se laissât pas entraîner par un zèle indiscret à des mortifications excessives ou à des efforts trop violents vers le bien. Lorsqu'il voulait lui révéler quelque mystère divin, il remuait les yeux et les lèvres, et elle entendait une voix douce qui venait comme de loin. Si les démons lui faisaient quelque mal, il attachait sur elle ses regards, ordinairement levés vers le ciel, et toute inquiétude disparaissait aussitôt de son âme. Elle se riait alors avec un courage héroïque de toutes leurs attaques. S'ils la tourmentaient trop, il les mettait en fuite rien qu'en secouant sa tête rayonnante. Dom. de Paradis, Colombe de Rieti, Rose de Lima, Laurence Lorini, et parmi les hommes Guillaume de Narbonne, Gauthier de Strasbourg, Nicolas de Ravenne et beaucoup d'autres encore ont vécu ainsi familièrement avec leurs anges.

Les anciens théologiens, frappés de ces rapports intimes, se sont demandé s'il ne pouvait pas se former, pour le bien, entre l'ange et l'homme des relations semblables à celles qui existent pour le mal entre l'homme et le démon dans la possession. Ils répondent affirmativement à cette question, appuyés sur ce passage du second chapitre d'Ézéchiel, où le prophète dit : « J'ai entendu la parole de celui qui parle, et il m'a dit : Fils de l'homme, tiens-toi sur tes pieds, et je parlerai avec toi. Et l'esprit est entré en moi après m'avoir parlé, et m'avoir dressé sur mes pieds. » Tous cependant réservent la liberté de l'homme, et par conséquent sa responsabilité. Beaucoup de faits démontrent en effet une union très-intime entre l'homme et l'ange : et si on ne peut la comparer tout à fait à celle qui existe dans la possession proprement dite, on peut y apercevoir du moins beaucoup d'analogie avec l'état qu'on appelle obsession. C'est un fait de ce genre que Rodolius raconte dans la vie de Pierre Monocle, et dont il affirme avec serment la vérité.

Ce saint homme passait pour avoir des rapports intimes avec son ange. Pressé un jour de s'expliquer à ce sujet, il s'exprima en ces termes : « Étant encore novice, j'eus par l'intercession de la sainte Vierge une vision. Il me sembla qu'un esprit céleste était entré en moi sous une forme visible. Depuis ce temps, cet esprit ou cette vertu me gouverne en un certain sens, me dirige partout et toujours, et me conduit comme Joseph conduisait ses troupeaux. Si je suis distrait et répandu au dehors, il me recueille bien souvent au dedans de moi. Il me force à prier quand je veux faire autre chose, et m'empêche de voir ou d'entendre les choses qui tombent sous les yeux ou sonnent aux oreilles. » Cet aveu, ajoute son biographe, nous explique plusieurs circonstances que nous avons vues en lui et qu'il a observées lui-même en soi. Un jour, dans sa jeunesse, s'étant endormi de fatigue au chœur, il se sentit réveillé par un léger coup. Il crut d'abord que c'était le prieur ; mais comme il ne vit personne près de lui, et que la chose se répéta plusieurs fois, il dut la regarder comme un avertissement de son ange. Semblable à Moïse, qui voulait voir le Seigneur, il désirait aussi voir cet esprit, et pria souvent à cette intention. Une nuit enfin Dieu

Pierre Monocle.

exauça son désir ; car il fut réveillé de nouveau par son ange ; et comme il regardait attentivement, il vit auprès de lui un beau jeune homme tout radieux, avec des cheveux blonds, qui parcourut en sa présence le milieu du chœur, et disparut ensuite. Une autre fois, un dimanche à Malines, comme il pensait à sortir du chœur, à cause d'un violent mal de tête, il entendit prononcer distinctement près de lui ces paroles du psaume XVII : *Laudans invocabo Dominum, et ab inimicis meis salvus ero.* Fortifié par là, il resta au chœur. Mais son mal de tête étant revenu, comme il pensait de nouveau à sortir, il entendit une seconde fois ces mêmes paroles, et passa ainsi toute la nuit, luttant contre la douleur, et fortifié par la voix. Lorsqu'il alla à la sainte table, son mal de tête le quitta tout à fait. (*Annales de Cîteaux*, an. 1144.) Ainsi son ange s'était rendu sensible pour lui par trois sens : le sentiment, la vue et l'ouïe.

S. Equice. Saint Grégoire parle aussi, dans le premier de ses dialogues, de saint Equice, qui, quoique laïque et sans mission pour prêcher, était cependant poussé par un tel zèle que, pour détourner les hommes du monde et les porter vers Dieu, il parcourait les villes, les bourgs, les camps, entrait dans les églises et les maisons, et ne cessait d'exciter les cœurs à aimer Dieu. Comme un de ses amis nommé Félix le questionnait à ce sujet, il lui dit : « J'ai bien réfléchi aussi moi sur cette façon d'agir. Mais une nuit, un jeune homme d'une admirable beauté m'a mis sur la langue une lancette de chirurgien en me disant : « Voici que je mets mes paroles en ta bouche ; va les prêcher. » Depuis ce temps, je ne puis plus ne pas parler de Dieu quand même je le voudrais. » (*Nider Formicarium*, l. II, c. X.)

S. Rainier de Pise. Saint Rainier de Pise nous offre un exemple bien plus frappant encore de cet état, où l'homme, même hors de l'extase, est saisi par une puissance invisible qui le pousse soit à parler, soit à prier, sans qu'on puisse toutefois affirmer en lui d'une manière certaine la présence d'esprits invisibles. Rainier, contemporain de sainte Hildegarde, était né à Pise un peu plus tard qu'elle, et était mort un peu plus tôt qu'elle aussi, en 1160. Sa vie a été écrite par Benincasa, son contemporain, qui raconte les faits dont il avait été témoin lui-même, ou qu'il avait appris de la bouche de Rainier. Benincasa est à la vérité le seul garant que nous ayons des faits extraordinaires qu'il rapporte et qui bien souvent effleurent la légende; car malheureusement les actes de la canonisation de saint Rainier par Alexandre III se sont perdus. Rainier, dans sa jeunesse, était un joyeux compagnon. Il s'en allait chantant avec une bande d'amis joyeux comme lui, lorsqu'une parole d'un saint homme, Albert de Corse, toucha son cœur, et le fit rentrer en lui-même. Il embrassa la vie chrétienne avec un tel zèle que ses parents le crurent fou, et le firent *enfermer*. Il perdit ensuite la vue; mais l'ayant recouvrée miraculeusement dans la prière, il fit vœu d'aller en terre sainte, par reconnaissance du bienfait qu'il avait reçu de Dieu. Là il eut plusieurs visions. Étant venu à Jérusalem et ayant monté le Calvaire, il y déposa sur l'autel la seule chose qu'il possédât encore ici-bas, à savoir son habit de pèlerin et son psautier, et reçut ensuite l'un et l'autre d'un prêtre comme aumône.

C'est alors que commence une suite d'événements qui, toujours en rapport avec l'histoire évangélique, représentent la transformation qui s'opérait en lui comme une image de ce qui était arrivé autrefois à Notre-Seigneur pendant qu'il vivait sur la terre. Il reçoit le Paraclet, est tenté par le démon, jeûne pendant quarante jours dans le désert, ne mangeant que deux fois par semaine; et il répéta ce carême trois années de suite. Pendant qu'il était ainsi dans la solitude, un jour qu'il récitait le psautier pour ses parents et ses amis, étant arrivé à ces paroles : « Vous l'avez placé un peu au-dessous des anges, » la voix lui manqua de sorte qu'il ne put les prononcer. Comme il s'efforçait de le faire, une voix plus claire et plus forte que la sienne sortit de sa bouche, et, changeant le texte, dit : « Je me suis placé au-dessous des anges; je t'ai couronné de gloire et d'honneur, et je t'ai établi au-dessus de mes ouvrages. » La voix parlait à la première personne, lorsque l'auteur sacré parlait au nom de Dieu ; mais lorsqu'il parlait en son propre nom, la voix employait la seconde personne.

Quand le saint fut arrivé à ces paroles : « Donnez-leur, Seigneur, le repos éternel, » la voix chanta : « Gloire au Père en toi, gloire au Saint-Esprit en toi. » Lorsque la page fut finie, Rainier, qui était son auditeur et son aide à soi-même, la tourna; et lorsqu'il fut rendu à ce passage : « Vous avez brisé mon sac, et m'avez environné d'allégresse, » la voix lut ainsi : « J'ai brisé ton cerveau, pour en faire sortir des larmes; puis je t'ai rempli de joie, en ôtant à tes yeux la cécité et te rendant la lumière. » A cet endroit du psaume *Eructavit cor meum* : « Écoute, ma fille, et vois, etc., » la voix se fit connaître davantage en disant : « Écoute-moi, mon fils, et connais-moi, je suis Dieu, ton créateur, qui t'ai créé dans le sein de ta mère. » A ces paroles, Rainier ferma le psautier, se prosterna en disant : « O mon Dieu, créateur du ciel et de la terre, je ne suis pas digne que vous parliez par ma bouche, moi qui suis un adultère, un parjure, un meurtrier, esclave de tous les péchés. » Puis s'étant relevé, il voulut reprendre son psautier. La voix répéta les mêmes paroles et ajouta : « Je suis la résurrection des morts : c'est pour cela que je t'ai choisi, afin de montrer en toi ma puissance parmi les nations, dans ma ville et dans la tienne, et dans mon peuple chrétien. Et je t'ai ainsi affermi en Sion, pour que tu sois chef et prince sur mon peuple chrétien. » La voix lut ainsi sur lui tout le psautier, depuis le matin jusqu'au soir, avec tous les chants et les litanies, et ici elle dit : « Que ma mère vienne et m'adore en toi ; que mes anges viennent et m'adorent en toi ; que mes patriarches et mes prophètes viennent et m'adorent en toi, » et ainsi du reste. Le saint raconta toutes ces choses à Benincasa, dans les mêmes termes où celui-ci les a écrites, ajoutant comme témoignage de la vérité des faits qu'il rapporte que, s'il ne les avait appris de la bouche de Rainier lui-même, ils ne lui seraient jamais venus à l'esprit, même en songe.

D'autres événements vinrent confirmer encore en lui la transformation que Dieu y avait opérée. Il monta le Thabor, y vécut quarante jours dans un cloître voisin. Là une lumière sortit de ses yeux, et il vit en elle le Seigneur transfiguré, et sept fois plus brillant que le soleil; de sorte que, tout ébloui, il se prosterna la face contre terre. Mais il fut en même temps tenu sous une discipline sévère. Pendant sept ans, il dut faire pénitence pour le peuple, en jeûnant continuellement au pain et à l'eau. Ayant trouvé un jour, sur le marché, un homme qui vendait du pain meilleur que celui qu'il mangeait ordinairement, il lui en acheta avec empressement, se disant à soi-même : « Grâce à Dieu, je puis manger aujourd'hui du pain meilleur que de coutume, puisque je n'en ai pas trouvé de plus mauvais; et Dieu ne pourra m'en faire un reproche. » Mais comme il s'en allait chez lui, emportant son pain, la voix lui dit : « Tu ne mangeras pas une seule bouchée de ce pain. Reviens avec moi au marché, et je te montrerai ce que tu dois faire. » Rainier se mit à dire : « Il faut donc que je sois esclave à ce point de ne pouvoir, même une seule fois, manger du pain moins mauvais que de coutume. Il vaudrait mieux pour moi mourir que de rester ainsi continuellement soumis à un tel joug. — Pas tant de paroles, lui dit la voix, tu ne mangeras pas de ce pain. » Il fut conduit vers un homme dont le pain était juste autant au-dessous de celui qu'il avait coutume de manger que celui qu'il avait acheté lui était supérieur. Il acheta donc ce mauvais pain, se disant tristement à part soi : « J'aurais bien mieux fait d'attendre que j'eusse trouvé mon pain accoutumé; » et il donna l'autre aux pauvres. Mais, s'étant mis à manger ce pain, après l'avoir béni, il lui parut avoir les goûts les plus délicieux ; et dans la joie de son cœur il rendit grâces à Dieu.

Comme il réfléchissait sur l'ingratitude des Romains à l'égard des papes, et qu'il se disait qu'ils méritaient bien que le saint-siége leur fût enlevé, la voix lui dit : « Tes pensées sont devenues mes pensées, et tes voies sont devenues mes voies, » ce que l'événement ne tarda pas à justifier. La voix lui ordonna de retourner dans son pays : il obéit, et fut bientôt connu de tout le peuple par ses miracles. Il était environné de possédés ; et les démons rendaient témoignage de sa mission, et disaient tout haut que son père, dont il portait l'image sur ses traits, confirmerait son jugement sur eux. Il les chassait, en effet, au nom du Père, du Fils et du Saint-Esprit. Les temps de la vie du Sauveur sur la terre semblaient être revenus, tant les miracles se multipliaient autour de lui. Il se vit bientôt entouré d'un grand nombre de partisans ; mais il trouva aussi beaucoup de contradicteurs ; et il ne faut pas s'en étonner, car l'idée mystique qu'il représentait n'était vraiment séparée que par une ligne imperceptible de l'orgueil, qui pousse la folie jusqu'à se diviniser soi-même. Ses amis et ses ennemis se mirent à interpréter mal sa conduite et son genre de vie ; et cela est facile à concevoir, car à cette époque on n'était pas encore familiarisé avec ces sortes de phénomènes. Il s'éleva donc parmi les laïques, et dans le clergé, une violente tempête contre lui ; et c'était ainsi qu'il devait participer à la passion du Sauveur. Cependant il continua à faire des miracles jusqu'à sa mort, et même encore après.

CHAPITRE XI.

De la vision intellectuelle. Du mode de ces visions. Sainte Thérèse. Marie d'Agréda. De l'origine et de la signification des visions intellectuelles.

Aux visions qui ont lieu dans les sens extérieurs, ou dans le sens intime et l'imagination, il faut ajouter celles qui s'accomplissent dans les puissances spirituelles, et que saint Augustin appelle à cause de cela intellectuelles, pour les distinguer des premières, qu'il nomme corporelles, et des secondes, qui appartiennent à l'âme. D'après lui, ces trois sortes de visions sont superposées les unes aux autres, dans un ordre correspondant aux facultés spirituelles de l'homme. Les visions corporelles sont naturellement au degré le plus bas, comme les sens extérieurs par le moyen desquels elles s'accomplissent. Ce que les sens perçoivent, ce que les yeux voient, par exemple, se présente aussitôt à l'âme dans une image. Si l'âme est privée de raison, comme dans la brute, tout se borne là, et l'opération est achevée; mais si l'âme est raisonnable, ce que les sens ont perçu est présenté à l'esprit, de sorte que celui-ci comprend aussitôt ce que signifie ce signe. Ainsi le roi Balthazar vit ce qu'écrivait sur la muraille une main invisible; ses sens en portèrent l'image à son âme, et celle-ci la vit et la regarda. Mais pour qu'il comprît cette image, il fallut que Daniel vînt, et lui en donnât l'explication. Tel est le rapport de la vision corporelle à celle de l'âme, et de celle-ci à la vision intellectuelle, qui s'occupe d'objets immatériels, exempts de formes sensibles. Aussi, pendant que les autres visions peuvent nous tromper en diverses manières, celle de l'esprit ne peut nous tromper, en ce sens que ce qu'il comprend véritablement par elle doit être nécessairement vrai, et que ce qui n'est pas vrai n'est pas compris non plus. « Il peut bien se faire, ajoute saint Augustin, qu'il y ait plusieurs degrés dans ces visions supérieures, quoique je n'en puisse indiquer l'ordre et la suite. En effet, de même que, dans notre lumière corporelle, nous voyons briller aussi les astres, qui sont des corps bien plus nobles que les corps terrestres, ainsi parmi les objets que l'on voit dans une lumière supérieure il peut y en avoir de plus considérables, et même qui soient proprement divins, et ceux-ci ne peuvent alors être vus que d'une manière plus élevée. » (*De Genesi ad litt.*, liv. XII, c. 1.)

Soit que saint Augustin ait tiré cette doctrine de ses propres expériences, soit qu'il l'ait pressentie par une sorte de divination, les choses se passent en effet comme il l'a dit. La vision intellectuelle appartient à un domaine particulier de la vision mystique; c'est le troisième et le plus élevé. Au premier degré, ce sont les sens extérieurs qui sont devenus clairvoyants; ils saisissent des rapports qui leur échappent dans l'état ordinaire; de sorte qu'il se forme autour d'eux comme un nouveau monde extérieur et sensible. C'est comme le ciel des étoiles, qui, caché auparavant derrière les nuages, se découvre maintenant à nos regards. Au second degré, c'est le sens intime qui devient clairvoyant à son tour. Dans l'état ordinaire, il était renfermé dans le cercle de la personnalité sprirituelle, et ne pouvait entrer en rapport avec d'autres personnes que par l'entremise des sens extérieurs; mais maintenant il entre directement en rapport avec le monde des esprits, le contemple d'une vue immédiate, sans avoir besoin d'un voile extérieur qui leur donne une forme sensible; et c'est ainsi que s'ouvre devant lui un monde intérieur et nouveau et comme un ciel étoilé, que cachait auparavant le nuage terrestre et spirituel à la fois qu'il formait lui-même devant lui.

Mais au troisième degré, ce ne sont plus ni les sens extérieurs ni le sens intime qui reçoivent des formes plus élevées; c'est l'esprit lui-même placé au-dessus des sens qui est devenu clairvoyant, et qui commence à devenir lumineux, comme l'organe extérieur projette de son côté la lumière organique. L'esprit contemple les choses dans cette lumière supérieure, non plus par les formes sensibles qui s'impriment en lui, mais du dedans, en tant qu'il est saisi par elles, et qu'il les saisit à son tour. Aux deux premiers degrés, l'imagination, qui concourt à toutes les opérations des sens extérieurs et du sens intime, a toujours une part plus ou moins grande; mais elle est complétement exclue du troisième, de même que ces deux sortes de sens, et par conséquent l'élément subjectif disparaît entièrement. Aux deux premiers degrés, les formes des objets sensibles sont produites par une sorte d'art mystique, qui là est extérieur et plastique, et ici poétique et intime, avec toutes les gradations qui peuvent exister entre l'art objectif et celui qui, purement subjectif, gît tout entier dans les caprices de l'imagination. Mais à cet art succède, au troisième degré, la science mystique, qui n'est point soumise à toutes ces variations, quoique toutefois elle soit sujette encore à celles que produit le passage des opérations ordinaires de l'esprit aux opérations extraordinaires de l'état mystique; de sorte que les premières peuvent altérer quelquefois les secondes, et empêcher d'en bien discerner la nature.

Pour avoir, relativement à cette vision intellectuelle et à l'état de ceux qui se sont élevés jusqu'à elle, des notions plus claires que celles qu'en pouvait donner saint Augustin, nous n'avons qu'à écouter ceux qui s'y sont trouvés eux-mêmes, et particulièrement sainte Thérèse. C'était une femme intelligente, d'un regard pénétrant, qui cherchait toujours à se rendre compte de ce qui se passait en elle, dont l'œil intérieur était fixé, d'un côté en haut, sur Dieu et les choses divines, et de l'autre en bas, sur elle-même; une femme prudente, connaissant parfaitement la signification des mots dont elle se servait, et qui nous communique en termes clairs et précis le résultat de ses expériences. Elle s'étend d'abord sur l'extase qui précède cette vision. « Il « semble à l'extatique, dit-elle, qu'il est transporté dans « une région toute différente de celle où nous nous trou- « vons ordinairement. Là il trouve une lumière tout autre « que la nôtre; de sorte que, si quelqu'un s'efforçait pen- « dant toute sa vie de produire en soi quelque chose de « semblable, il ne pourrait voir ni cette lumière ni les « choses qu'on y découvre. Il arrive quelquefois qu'il y « voit tout à coup une telle masse d'objets qu'après plu- « sieurs années de réflexions dans l'état ordinaire il n'en

Sainte Thérèse.

« apercevrait pas la millième partie. » (Sa Vie, c. V.)

Elle continue ensuite en ces termes : « L'humanité du « Sauveur m'apparut un jour telle qu'on a coutume de le « représenter dans sa résurrection. Sa beauté et sa majesté « étaient au-dessus de tout ce qu'on appelle beau sur la « terre, ou de ce que l'imagination peut inventer. Son éclat, « plus blanc que la neige, loin d'éblouir l'œil intérieur, le « réjouissait au contraire. Sa lumière était si différente de « la nôtre que celle du soleil paraissait impure compa- « rée à elle, et indigne de fixer les regards des mortels. « Elle était à l'égard de celle du soleil comme une eau « limpide dans un vase de cristal, où se jouent les rayons « de la lumière comparée à l'eau bourbeuse d'une mare, « ou encore comme la lumière réelle comparée à une lu- « mière qui n'est que peinte. Les sens extérieurs ne peu- « vent la saisir, car elle n'est vue que des sens intérieurs. « On ne peut lui échapper non plus en fermant les yeux ; « car lors même que l'âme détourne d'elle son attention, « elle est forcée d'y prendre garde et de la contempler « avec l'œil intérieur. Il me semblait, d'après quelques « signes, que c'était seulement l'image du Sauveur ; mais « d'autres me faisaient croire que c'était le Sauveur lui- « même. Puis, apercevant en lui quelque obscurité, je reve- « nais à ma première opinion ; et cependant ce que je voyais « surpassait les images peintes plus encore qu'un homme « n'est au-dessus de son portrait. D'autres fois, surtout « après la communion, il m'apparaissait dans une telle ma- « jesté, et commandait en moi comme en sa maison avec « une telle puissance que mon âme se sentait anéantie « en lui, et ne pouvait douter de sa présence. Quoique « le Seigneur se montre bienveillant à l'âme, celle-ci « néanmoins est comme accablée par le sentiment de sa « fragilité ; elle tombe dans une douleur profonde. La « puissance de ces apparitions est telle que, si Dieu ne les « faisait cesser dans sa miséricorde, la faiblesse humaine ne « pourrait les supporter longtemps. Aussi je suis persuadée

« que, lorsque l'âme peut rester longtemps en cet état, ce « n'est pas une véritable vision, mais une méditation pro« fonde ou le produit de l'imagination, comme il arrive « souvent chez nous, pauvres femmes; quelque chose qui ne « laisse pas plus d'impression après soi que la vue d'une « sainte image, et qui s'efface de la mémoire avec plus de « rapidité qu'un songe. Quand c'est une vision réelle, au « contraire, elle reste si fortement empreinte qu'elle ne « peut plus jamais s'effacer, excepté dans la sécheresse, où « l'âme oublie tout, et presque Dieu lui-même. Cette vision, « en effet, l'enrichit merveilleusement et la remplit d'une « charité vivante. Aussi, quoiqu'elle se passe dans l'âme, « nous devons en avoir une haute idée; et à mon avis elle « est sans danger, car le démon n'a en elle aucune part. « Les visions qui viennent de lui dissipent dans l'âme tout « le bien qui s'y trouve; et elle sort de là troublée et inca« pable de tout bien. » (Sa Vie, c. 28.)

Parlant ensuite des visions intellectuelles, elle s'exprime de la manière suivante : « Au plus haut degré de l'extase, « toutes les puissances de l'âme sont tellement liées qu'on « ne les sent plus; et l'on ne sait plus ce qui s'y passe, à « cause de l'union intime avec Dieu et de la transformation « en lui; état cependant qui ne peut durer longtemps. « Toutefois l'extase dure quelquefois des heures entières, « parce que Dieu, après avoir attiré à soi l'âme avec toutes « ses puissances et ses facultés, laisse aller la mémoire et « l'entendement, et ne tient liée avec lui que la volonté, « après quelques moments seulement d'immersion com« plète. Quoique la volonté, dans son union avec Dieu, « tienne tellement attachées à soi les autres puissances que « Dieu a lâchées qu'elles ne peuvent l'arrêter, cependant « elles ne lui sont pas si étroitement liées que dans le cours « de l'extase la mémoire et l'entendement ne puissent faire « quelques excursions. On peut dire seulement que ces deux « facultés dans l'extase s'accordent à louer Dieu, ou qu'elles « sont occupées à regarder ce qui se passe dans l'âme.

« Néanmoins elles ne se sentent pas suffisamment disposées « et éveillées pour cela ; mais elles sont plutôt dans l'état « d'un homme qui, sortant d'un profond sommeil et d'un « songe, n'est pas encore parfaitement éveillé. Dans la vi- « sion intellectuelle, il n'y a, je crois, dans les puissances « de l'âme et dans les sens aucun mouvement ; c'est pour « cela que le démon ne trouve pas l'occasion de s'y mêler. « Mais cet état est bien rare et ne fait que passer.

« D'autres fois, les puissances ne sont pas tout à fait éle- « vées et attachées, ni les sens entièrement fermés ; mais « les uns et les autres sont seulement recueillis et concen- « trés. Quand Dieu révèle quelque chose dans une vision « pleine et véritable, il s'empreint alors lui-même dans le « fond le plus intime de l'âme ; de sorte que, lorsqu'elle « revient ensuite à elle, elle ne peut douter qu'elle n'ait été « en Dieu et que Dieu n'ait été en elle ; et la vérité de cette « conviction est tellement enracinée en elle que, si ensuite « Dieu, pendant des années, ne renouvelait pas la grâce « qu'elle a reçue, elle ne pourrait cependant jamais l'ou- « blier.

« Comment il se fait que les objets qu'on a contemplés « dans cette vision intellectuelle se gravent si profondément « dans la mémoire, quoiqu'on ne les ait point vus avec les « yeux, je ne puis l'expliquer ; mais ce que je tiens pour « certain, c'est que je dis la vérité. Et si quelqu'un ne sen- « tait pas en soi cette assurance, je ne voudrais pas dire de « dire de lui que son âme tout entière ait été unie avec Dieu. « Il est probable qu'alors une des facultés inférieures seu- « lement aura pris part à cette union, ou bien qu'il aura « reçu de Dieu une grâce particulière. Quelquefois Dieu se « met en rapport avec ceux qu'il s'unit ainsi par des pa- « roles qu'il leur dit dans le fond le plus intime de leur « âme. L'âme alors, qui, lorsque ces entretiens avec Dieu « existent seulement dans son imagination, peut détourner « son attention quand elle le veut, est obligée ici d'écouter « attentivement Dieu, qui lui parle. Les paroles qu'il lui

« adresse sont courtes, concises, cachant sous une forme « étroite une grande abondance de choses; de sorte qu'un « mot non-seulement dit beaucoup, mais encore contient « ce qui ne pourrait jamais être exprimé autrement par des « paroles. Ces mots sont pleins de puissance, car le fait « suit immédiatement la parole; de sorte que lorsque l'âme « s'entend dire : « Ne crains pas, » toutes les angoisses, toutes « les hésitations, tous les doutes sur la réalité de la vision « disparaissent à l'instant même; l'âme se sent aussitôt « éclairée et apaisée, et n'oublie plus jamais ce qui lui est « arrivé. Or ces effets ne se produisent pas dans les entretiens « purement imaginaires. Quelquefois aussi ce commerce de « l'âme avec Dieu se fait sentir avec la même certitude « d'une autre manière, sans l'intermédiaire de la parole. »

Dans un autre passage, la sainte, parlant d'elle-même comme d'une autre personne, dit qu'elle a vu pendant longtemps, par une vision intellectuelle, le Seigneur présent à côté d'elle. Elle ne le voyait pas des yeux corporels; cependant elle était si certaine de sa présence qu'elle n'en pouvait douter, surtout lorsque, pour dissiper les craintes que lui avait données son confesseur, il lui dit : « Ne crains pas, c'est moi. » Ces paroles la fortifièrent tellement que toute incertitude disparut. Elle fut en même temps poussée à se rappeler sans cesse son souvenir, convaincue qu'il la regardait toujours; car elle sentait qu'il était à sa droite, se faisant connaître non d'une manière sensible, mais d'une manière plus élevée, plus inexplicable, et par là même aussi plus certaine. Mais l'âme ne sent pas seulement en cette manière sa présence; elle apprend encore de lui d'autres grands mystères qu'elle croit contempler dans l'essence divine, parce qu'elle voit clairement que tout est contenu et compris en Dieu. Le passage de la vision de l'âme à celle de l'esprit, ou l'union de ces deux états, semble avoir été décrite par la sainte dans une vision dont elle parle ailleurs. Elle crut voir dans une extase le trône de Dieu; et si elle ne vit pas sur ce trône Dieu lui-même, elle sentit du moins sa présence. Il lui parut que ce trône était porté par plusieurs animaux, et la pensée lui vint que c'étaient peut-être les quatre animaux symboliques dont il est parlé dans les livres saints. Elle ne vit pas comment il était, mais elle aperçut seulement des troupes d'anges qui lui semblèrent plus beaux que les autres anges qu'elle voyait dans le ciel, et elle pensa que ce pouvaient être des chérubins et des séraphins. Puis elle ajouta ces paroles : « La gloire que je vis alors, personne, à moins qu'il ne l'ait vue, ne peut la mesurer dans son imagination. » (Sa Vie, c. 20, 25, 27, 39.)

Marie d'Agréda. Sainte Thérèse, comme on le voit, remarquait attentivement tout ce qui se passait en elle, discernant, pesant tout avec le plus grand soin. Son témoignage offre donc toutes les garanties que l'on peut désirer. Écoutons maintenant sur ce même sujet une autre femme du même pays qu'elle, Marie d'Agréda. Dans la Cité de Dieu, elle distingue cinq degrés de vision surnaturelle, qu'elle rattache à autant de grâces particulières d'en haut. C'est d'abord la vision corporelle et celle de l'âme, dont parlent saint Augustin et tous les autres. Ces deux genres de visions tiennent à la grâce sanctifiante, car deux choses empêchent l'homme d'être conforme à Dieu et d'entrer avec lui dans un commerce intime, à savoir le péché, qui nous éloigne infiniment du bien infini, et la différence d'essence. Dieu, en effet, est invisible et infini; il est un acte pur et simple. La créature au contraire est corporelle, terrestre, composée de plusieurs éléments, corruptible par conséquent; de sorte que, sous ce rapport aussi, elle est tenue dans un grand éloignement de Dieu. Pour qu'elle puisse s'unir à lui, il faut que ces deux obstacles disparaissent, ce qui ne peut se faire que par une communication de la part de l'essence la plus élevée. Le premier de ces obstacles est détruit par le don de la grâce sanctifiante, après lequel se montrent d'abord ces deux degrés inférieurs de vision. Mais pour que l'âme puisse aller plus loin, elle a besoin d'être préparée; car il lui manque encore beaucoup d'aptitudes et d'influences divines.

Elle obtient pour cela un nouveau secours d'en haut; elle est purifiée par un feu spirituel et subtil, comme l'or par les flammes matérielles, ou comme Isaïe fut purifié par l'ange.

« Ce nouveau don produit dans l'âme deux effets : il la « purifie des souillures de sa nature terrestre, et la rend « ainsi semblable à Dieu; puis il la remplit d'une nouvelle « lumière qui dissipe les ténèbres dont elle est environnée. « Cette lumière est sainte, douce, pure, subtile, claire et « pénétrante; elle donne l'amour du bien et la haine du « mal; car c'est un souffle de la vertu de Dieu et un simple « écoulement de sa lumière qui se présente à mon esprit « comme un miroir, où je vois beaucoup de choses avec la « partie supérieure de l'âme, et où je reconnais en même « temps l'infinité de Dieu. C'est une lumière qui éclaire et « échauffe à la fois, enseigne et réprimande, mortifie et vi- « vifie, avertit et encourage. Nous voyons en elle la diffé- « rence du bien et du mal, la hauteur et la profondeur, la « longueur et la largeur; le monde et sa condition, ses « tromperies, ses dispositions, les illusions et la fausseté où « sont enlacés ceux qui l'aiment. Cette lumière m'apprend « surtout à mépriser ce monde et à le fouler aux pieds, à « m'élever jusqu'à Dieu, et à le considérer comme le maître « et le dominateur souverain de toute créature. En lui je « vois ensuite le genre et les propriétés des choses, les ver- « tus des éléments, le commencement, le milieu et la fin des « temps, le cours des années, les différences des créatures « et ce qu'elles ont de commun, ce qu'il y a de caché dans « les hommes, combien ils sont éloignés de Dieu, les dan- « gers où ils vivent, les voies criminelles où ils marchent, « l'état temporel des nations et des royaumes. Cette lumière « se présente à moi pour diriger mes voies. L'ayant reçue « sans danger, je veux la communiquer sans envie, et ne « point cacher sa gloire. C'est Dieu qui se communique en « elle; son usage est un bien qui réjouit l'âme, ou plutôt « c'est la joie même de l'âme. Elle apprend beaucoup de

« choses sans qu'on s'en aperçoive. Elle dompte et élève le « cœur, et le détache des illusions dont elle nous découvre « l'amertume. »

Cette lumière, quoiqu'elle ne soit pas entièrement étrangère aux deux autres visions, appartient principalement néanmoins à la troisième, c'est-à-dire à la vision intellectuelle, dans laquelle les prophètes de l'Ancien et du Nouveau Testament, éclairés par cette lumière infuse, contemplaient les mystères qui leur étaient révélés, et étaient à cause de cela appelés voyants. Cette intelligence supérieure a plusieurs degrés. « En effet, nous dit Marie d'Agréda, « lorsque j'use de cette vision dans la partie supérieure de « l'esprit, je vois alors la nature et l'excellence de la reine « du ciel et des saints anges. Je les vois tantôt dans le Sei-« gneur, tantôt en eux-mêmes, avec cette différence qu'ici « je dois descendre un degré plus bas à cause de la diffé-« rence des objets, tandis que dans le Seigneur je les vois « comme en un miroir où Dieu me montre avec une grande « vertu et une grande force ce qui lui plait et comme il lui « plait. Car c'est le Seigneur lui-même que l'on connait « dans cette lumière merveilleuse, et avec lui tous les saints, « toutes les vertus, toutes les œuvres admirables qu'ils ont « faites. Cette connaissance comble l'âme de joie, et elle se « repose dans son centre avec délices ; car moins la con-« naissance qui lui est communiquée tient au corps et à « l'âme, plus elle est spirituelle : plus aussi la lumière « qu'elle reçoit est forte et sa vertu puissante, plus est « grande en même temps la certitude que l'âme ressent dans « la contemplation.

« Dans l'autre état, inférieur à celui-ci, je vois les objets « en eux-mêmes ; je suis éclairée et enseignée de la même « manière que les esprits célestes ont coutume de s'entendre « entre eux. Or, voici en quoi consiste cette manière : c'est « comme lorsqu'un rayon de lumière traverse une suite de « globes de cristal, et que tous, depuis le premier jusqu'au « dernier, participent à la lumière qui leur est communi-

« quée; de telle sorte néanmoins que le plus voisin du « rayon est touché le premier, et que les autres reçoivent « de lui ce qu'il leur envoie. Il n'y a de différence entre les « deux procédés que celle qui existe entre les corps pure- « ment passifs et les esprits doués de liberté. En effet, les « globes de cristal se trouvent éclairés tous ensemble par « un seul acte, tandis que les esprits angéliques ajoutent « à ce qu'ils reçoivent d'en haut quelque chose qui leur est « propre, en communiquant, dans la louange, l'admiration « et l'amour, aux esprits inférieurs ce qui leur a été donné à « eux-mêmes, de sorte que tout cependant vient de la source « la plus haute, du soleil de justice, du Dieu éternel. C'est « ainsi qu'il m'est arrivé à moi-même lorsqu'une partie de « la lumière dont les esprits célestes et la sainte Vierge « jouissent pleinement est descendue dans la région supé- « rieure de mon âme. J'ai compris, par une illumination « intérieure, que ce qui se faisait en moi ressemblait à ce « qui se passe parmi eux. »

Vient ensuite le quatrième degré de vision, nommé ici abstraite ou médiate, parce que Dieu se communique soi-même, il est vrai, en elle à l'esprit, mais sous un voile, et non encore d'une manière immédiate; de sorte qu'on le voit comme derrière un rideau. Cette vision est plus élevée que la précédente, car elle a un seul objet, et cet objet est le plus haut de tous, au lieu que les visions intellectuelles, s'appliquant aux choses physiques et spirituelles, aux vérités et aux mystères accessibles à l'entendement, ont beaucoup d'objets. Mais il y a encore une autre raison pour laquelle la vision médiate est supérieure à l'intellectuelle : c'est qu'en celle-ci il peut se glisser dans l'imagination des images que l'âme comprend ensuite par une lumière supérieure, tandis que là les intuitions de l'essence divine sont produites par des formes surnaturelles de cet objet infini, qui sont versées dans le fond le plus intime de l'âme. Aussi l'homme a-t-il besoin pour ce genre de vision d'une préparation et d'une grâce nouvelles, d'une lumière plus elevée, plus pénétrante et plus purifiante que Dieu lui donne. Les purifications antérieures avaient pour but de mortifier la nature ; celle-ci lui donne la vie et la santé; de sorte que, montée plus haut, elle sent avec une sérénité plus grande une paix très-douce, après avoir perdu toute l'amertume du péché et effacé jusqu'à la moindre tache de tout sentiment bas. Élevée au-dessus d'elle-même, remplie d'une ineffable suavité, enflammée de l'amour divin et transformée en lui, l'âme oublie tout le terrestre et s'oublie elle-même ; de sorte qu'elle ne vit plus en soi, mais dans le Seigneur, et c'est le Seigneur qui vit en elle.

Que si enfin, à ces préparations, à ces purifications et à ces grâces vient s'ajouter encore la dernière, à savoir la lumière de gloire, l'âme entre dans le cinquième degré. Fortifiée dans cette lumière, rendue capable de voir Dieu et de jouir de lui dans la béatitude, elle le contemple immédiatement tel qu'il se révèle en cette lumière, c'est-à-dire beau sans aucune tache, bon sans aucune propriété, grand sans étendue, éternel sans temps, fort sans faiblesse, vie sans mortalité, vrai sans fausseté, comme étant en toutes choses sans extension, saint dans ses œuvres, riche en ses trésors ; la sainteté la plus parfaite, la vérité la plus ferme, la hauteur et la profondeur, la gloire sans cause, le repos sans fatigue, étant tout à la fois sans qu'on puisse néanmoins exprimer son infinité, et c'est là la plus haute vision, la vision glorifiée.

Voilà ce que ces deux femmes ont puisé sur ce sujet dans leurs propres expériences. Tâchons maintenant de donner une forme scientifique à ces idées, afin de les mieux comprendre. La faculté de penser, où gît la source des idées, projette autour d'elle une lumière spirituelle dont le rayonnement éclaire toutes les autres facultés de l'âme. Mais à côté de cette première faculté il en est une seconde qui nous représente les objets de nos connaissances. Or, ces objets sont de plusieurs sortes. En effet, outre la nature extérieure et notre être propre, il existe encore deux mondes spirituels, dont l'un est plus éloigné de nous encore, plus extérieur pour ainsi dire que la nature qui nous entoure, tandis que l'autre est comme situé au-dessous de de notre moi. Le premier est le monde objectif, et le second le monde subjectif des esprits. L'un porte particulièrement l'empreinte de la première personne, et l'autre celle de la seconde personne de la sainte Trinité. La seconde faculté de l'âme nous représente chacun de ces deux mondes d'une manière particulière. Elle réfléchit le monde intime et subjectif des esprits comme un miroir; et elle nous représente le monde objectif des esprits en brisant par l'abstraction la lumière qu'il nous envoie. Dans l'état ordinaire, ces deux mondes sont invisibles pour nous, parce que la faculté qui représente les objets n'a ni abstraction pour les uns, ni réflexion pour les autres, et que la faculté de penser manque de lumière pour les deux. Pour que ces mondes nous deviennent visibles, il faut que les deux éléments qui concourent dans l'acte de la science soient élevés pour ainsi dire à une plus haute puissance. Il faut que toutes les facultés de l'âme soient en quelque sorte déplacées; que celle qui projette les idées devienne plus intérieure, et que le cercle de celle qui représente les objets soit plus étendu; de sorte qu'elle puisse en même temps réfléchir le monde subjectif et réfracter le monde objectif. Or, cette élévation des facultés de l'âme est l'œuvre immédiate des deux personnes divines dont elles portent particulièrement l'empreinte. Le père de la lumière donne à l'esprit la lumière, qui, par son rayonnement, produit les idées; et le Verbe donne au miroir dans l'esprit ses reflets, et au foyer la vertu qu'il a de concentrer les rayons. Et à l'aide de cette double faculté de réfléchir et de réfracter les objets l'esprit peut entrer en rapport avec ce double monde qui lui était inconnu auparavant.

Nous pouvons comprendre ainsi ce que ces deux femmes nous disent de la lumière et du miroir, des différents degrés de cette lumière et des visions qui se rattachent à chacun de ces degrés. Au premier, Dieu élève et perfectionne la lumière naturelle que chaque homme apporte avec soi en naissant et les deux facultés extérieures qui correspondent à cette lumière ; et c'est ainsi que nous pouvons, à l'aide de la vision corporelle qui se fait par les sens, sous l'influence surnaturelle de Dieu, pénétrer plus avant qu'à l'ordinaire dans les mystères de la nature et dans ceux de notre propre esprit, sans toutefois pouvoir dépasser les limites de ces deux sphères. Au second degré, une lumière, partant des régions inférieures du monde subjectif des esprits, est versée au fond le plus intime de l'âme ; et, d'un autre côté, celle-ci reçoit des régions inférieures du monde objectif des esprits la faculté de réfracter et de réfléchir les objets d'une manière plus parfaite. A ce degré, la vision passe des sens dans l'imagination ; et un monde nouveau s'ouvre à elle, à savoir celui des âmes des défunts et des esprits qui sont situés au dernier rang des hiérarchies célestes. Au troisième degré, la lumière pénètre plus avant encore ; elle est réfléchie et réfractée plus purement, de sorte que l'esprit voit les objets dans une vision plus claire et plus parfaite. Le cercle de cette vision s'étend davantage aussi, et l'esprit commence à apercevoir les régions les plus élevées du monde spirituel, aussi bien parmi les intelligences célestes que parmi les esprits de ténèbres.

Au quatrième degré, la lumière de l'esprit est plus épurée et plus intime encore. Ce n'est plus seulement les créatures qu'il contemple, soit au-dessous de lui, soit audessus, soit autour ; mais il monte jusqu'à l'entrée de la lumière essentielle du premier principe en Dieu. C'est la lumière du Verbe qui est maintenant réfléchie et réfractée dans l'esprit. S'il considère les mondes, soit au-dessus, soit au-dessous de lui, ce n'est plus à cause d'eux, mais afin de contempler en eux la divinité qui se cache derrière la multiplicité des créatures. Enfin, au cinquième degré, ce n'est plus ni la lumière ni la nuit créée qui, s'emparant de l'esprit, l'élève aux contemplations les plus sublimes ; c'est la lumière et la nuit divines, la lumière essentielle qui est dans le Père, et son miroir qui est dans le Fils, qui saisissent l'esprit, et, le transformant, le rendent capable de voir Dieu immédiatement. Ce degré, qui appartient à la mystique unitive, achève ce que les autres ont commencé, quoique les mystiques doutent qu'il puisse être atteint par l'homme ici-bas.

On comprend, d'après tout ce que nous venons de dire, la hauteur et l'importance de la vision intellectuelle à ses divers degrés. Dans notre optique ordinaire, la précision et la clarté de l'image dépendent de la courbe du miroir et de la forme de l'objet d'un côté, et de l'autre de la conformation de l'œil et de la vivacité de la lumière qui est en lui. Mais dans cette optique surnaturelle, où une lumière d'un autre genre apparait à notre œil intérieur, un miroir magique s'ajoute à celui où viennent se réfléchir ordinairement les objets. Ce nouveau miroir est en rapport avec cette nouvelle lumière, et réfléchit dans des visions sublimes non-seulement ses propres formes, mais encore celles de la lumière ordinaire; de sorte que, si nous en croyons un grand nombre de mystiques qui ont eu de ces visions, l'esprit voit le monde entier comme en un seul rayon de lumière. Ainsi l'homme, de ce point de l'espace et du temps qu'il occupe, voit les choses, non plus dans leur multiplicité, et leur dispersion pour ainsi dire, mais ramenées et concentrées dans leur unité. C'est donc une vision tout idéale, bien supérieure à la vision ordinaire. C'est une science d'une nature plus élevée, qui résulte d'un accroissement dans toutes les dimensions de l'esprit humain, dans sa profondeur aussi bien que dans son étendue. C'est un nouveau monde enfin qui apparait à ses regards, et en deçà et au delà du monde ordinaire, et qu'il voit d'un point de vue nouveau pour lui.

CHAPITRE XII.

Du degré de sûreté qu'offrent les visions. Du fond de vérité qui existe dans toute vision véritable. Comment ce fond peut être troublé par le mélange des diverses influences, tant intérieures qu'extérieures. Précautions recommandées par les théologiens. De la seule garantie intérieure des visions véritables pour celui qui en est le sujet. Prudence surnaturelle de l'Église dans ses jugements en cette matière.

Toute vision qui repose sur un fond vrai et qui est le résultat d'une vie bien réglée a incontestablement pour base quelque chose d'objectif et de réel. Soutenir le contraire, ce serait nier l'existence de cette loi de la continuité qui gouverne l'ordre de la grâce aussi bien que celui de la nature. Celui en qui s'opère la vision est élevé, dans toutes les régions de son être, à une puissance supérieure; de sorte que, le cercle de toutes ses facultés étant élargi, elles voient apparaître des objets qui leur étaient cachés auparavant.

Et d'abord, les sens reçoivent de nouvelles impressions et de nouvelles aptitudes. Le goût discerne une hostie consacrée de celle qui ne l'est pas. L'odorat pénètre jusque dans l'intérieur des autres hommes, et devine l'état de leur âme aux effluves qu'exhale le vice ou la vertu. Le sens commun, agissant dans une sphère plus étendue, acquiert la propriété de franchir les limites de l'espace et du temps, et d'être excité par des choses qui auparavant passaient inaperçues devant lui. Ces nouvelles perceptions ne sont pas purement subjectives; elles s'appuient sur un objet réel et dont la réalité est évidente. Les puissances qui président au mouvement et celles de la volonté subissent la même transformation que les sens. Elevées au-dessus d'elles-mêmes, elles acquièrent une vertu qui s'étend plus loin et par le moyen de laquelle elles opèrent des choses merveilleuses. Et le résultat de leur opération n'est pas seulement subjectif et imaginaire, mais il a une réalité extérieure et sensible. S'il en est ainsi dans toutes les sphères de l'activité humaine, ne serait-il pas insensé de croire que les plus hautes ne participent pas à cette ascension générale des puissances de l'âme, et qu'elles n'ont pour objet que des songes creux et de vaines illusions. Il doit donc y avoir une vérité objective dans les visions produites par l'élévation surnaturelle des facultés humaines ; et cette vérité est la même qui sert de base à toute révélation primitive.

Quoique la science intuitive que donnent les visions soit hors de doute, il ne faudrait pas en conclure que l'on doit admettre de prime abord et sans examen, comme incontestable, tout ce que l'esprit voit ou croit voir en cet état. Ici en effet deux éléments sont en jeu et concourent à l'œuvre qui se fait ; l'un divin et l'autre créé. Le premier est infaillible sans doute et ne présente jamais au second que la vérité. Mais avant que celle-ci nous arrive, il faut que le second élément se l'approprie. Or, c'est ici que l'erreur commence à devenir possible ; et nous savons que l'âme, même dans l'état le plus élevé, n'y échappe pas toujours. Il en est ainsi, du reste, de toute science et de toute connaissance dans le domaine de la nature. Ici la science s'acquiert par une vision sensible qui résulte du contact de deux éléments, l'un objectif et l'autre subjectif. Le premier aussi est infaillible en son genre ; car il a été établi par Dieu, qui le tient assujetti aux lois de la nature, dont il ne peut s'écarter. Mais il n'en est pas ainsi de l'esprit qui perçoit cet objet. Doué de liberté, il peut céder à diverses influences, se laisser tromper, soit par les sens, soit par l'entendement lui-même. Et ne voyons-nous pas en effet que toute science se développe lentement, et s'élève peu à peu au-dessus des erreurs et des préjugés qui l'obscurcissent et l'enveloppent ; et que tous ses progrès consistent à examiner avec soin les opinions qu'elle trouve établies, et à les rectifier quand il est nécessaire. Les visions sont soumises aussi à cette loi du progrès : leur clarté, leur certitude et leur évidence augmentent aussi avec le temps. Bien plus, elles sont assujetties à cette loi sous deux rapports. En effet, comme elles descendent des régions de l'éternelle vérité dans celles de la fragilité humaine, elles sont sujettes à l'erreur et au moment où l'homme les reçoit dans l'extase et au moment où, passant de l'extase à l'état ordinaire, il essaye de s'en rendre compte et de les communiquer aux autres.

Et d'abord, l'esprit qui reçoit ces communications sublimes n'est pas une table rase, où la vision se projette comme image avec plus ou moins de précision ; mais il a en soi une lumière et une vertu qui lui est propre : il est doué d'activité, et peut se former à soi-même ses propres images. La lumière supérieure qu'il reçoit ne tombe pas sur un fond obscur, mais sur un fond déjà éclairé par une lumière qui lui est propre, et qui, excité par celle d'en haut, acquiert de son côté un surcroît d'activité par suite de laquelle il rayonne davantage encore. La puissance qui reçoit et qui brise cette lumière n'est pas seulement traversée par elle ; mais, élevée et transformée, elle réagit avec plus ou moins de force à son égard. Or l'esprit, par un long exercice dans les états ordinaires de la vie, parvient à gouverner ses facultés, et s'en rend maître peu à peu ; de sorte qu'il apprend ainsi à se servir d'elles avec mesure et habileté, et à régler ses pensées d'une manière scientifique ou du moins pratique. Mais ici il se trouve dans un état inaccoutumé et tout nouveau pour lui. Toutes ses puissances sont montées à un degré plus haut ; leur rapport est changé ; de nouvelles régions se sont ouvertes à leur activité ; il faut donc trouver pour elles une autre température en quelque sorte ; ce qui est d'autant plus difficile que les nouvelles impressions qu'elles reçoivent leur viennent d'un côté inconnu pour elles, et qu'il leur est par conséquent très-difficile de retenir dans l'ordre et dans une juste mesure l'inspiration surnaturelle dont elles sont favorisées.

Ce n'est pas tout encore : chaque ordre supérieur embrasse et contient tous ceux qui sont situés au-dessous de lui. L'extase mystique et surnaturelle est donc toujours accompagnée de la clairvoyance naturelle. A mesure que les puissances spirituelles s'emparent de l'âme, elle entre aussi dans un rapport plus intime avec les puissances de la nature. Il peut donc lui arriver de ce côté une multitude d'images nouvelles dont elle a peine à se défendre. Et comme elle a besoin d'une grande attention pour les discerner de celles qui lui arrivent du monde supérieur, elle peut facilement se laisser éblouir par elles, et les confondre avec ces dernières. Bien plus, ce n'est pas seulement avec la nature extérieure que l'extatique entre dans un rapport plus étroit et qui peut facilement le subjuguer, mais c'est encore avec soi-même. En effet, il ne se voit plus, comme auparavant, dans le temps ni dans l'espace ; mais, toujours présent à soi-même, il considère toutes choses dans leur unité. Toute sa vie est ramassée devant lui comme dans un point. Il voit, il touche en quelque sorte et contemple comme en un seul rayon de lumière tout ce qu'il a jamais pensé ou imaginé, senti, appris ou fait. Il lui arrive donc encore de ce côté tout un monde de pensées et d'images. Tout ce qu'il a su se présente à lui ; et, sans qu'il sache comment cela se fait, les pensées du monde ordinaire se mêlent aux pensées que verse en lui la lumière supérieure dont il est inondé. Les premières se confondent avec les secondes, à cause du voisinage de leur source ; et il faut un œil spirituel bien pénétrant et bien exercé pour les discerner et pour distinguer des visions de la clairvoyance surnaturelle les images qui se glissent de la vie extérieure dans la vie intérieure, comme les songes du jour se reflètent dans les rêves de la nuit.

Par ce lien qui rattache l'extatique à sa vie antérieure d'un côté, et à la nature extérieure de l'autre, il continue aussi d'être en rapport avec le monde spirituel qui l'entoure, et même avec celui des défunts ; et ce rapport participe au développement que prend en cet état la personnalité tout entière. Et d'abord, l'extatique se trouve plus étroitement uni à l'Église que dans la vie ordinaire. Tout ce qui est en communion avec elle, il le contemple comme s'il était dans son centre même. Le lien qui unit entre eux tous les membres de l'Église embrasse et resserre d'une manière spéciale certaines corporations particulières, qui forment comme des groupes à part dans ce vaste ensemble. L'extatique se trouve donc dans un rapport plus intime aussi avec le groupe auquel il se trouve lié déjà. Si, par exemple, il appartient à un ordre religieux, le lien qui l'unit à lui manifestera son influence jusque dans ses visions. Ce seront les saints de cet ordre qui lui apparaîtront de préférence. On verra se développer en lui d'une manière spéciale les vertus qui ont fleuri dans cet ordre; il partagera jusqu'à un certain point ses vues, et s'intéressera aux grandes questions qui l'ont agité. Il sera lié bien plus fortement encore aux supérieurs qui ont autorité sur lui, et surtout à son confesseur. De même que dans la confession l'âme du pénitent se révèle tout entière au prêtre, ainsi l'âme de celui-ci n'a plus de secrets pour le premier dans l'extase et même quelquefois en dehors d'elle; et tandis qu'il est au pouvoir du confesseur de rappeler par l'obéissance le pénitent de l'extase la plus profonde, celui-ci peut aussi quelquefois, quand il le veut, lire dans l'esprit du premier toutes ses pensées. Pendant que l'extatique écoute les voix des esprits qui parlent à son âme, et qu'il contemple les étoiles de ce nouveau ciel qui se révèle à ses regards, tout ce qui l'entoure lui parle en même temps et se présente à sa vue. Ce n'est que lentement et peu à peu, à mesure que la lumière surnaturelle qui l'éclaire monte davantage, que la lumière naturelle baisse et s'affaiblit; et elle semble ne disparaître entièrement qu'au plus haut degré de la vision. Mais nous avons appris de la sainte d'Avila combien rarement on atteint ce degré et avec quelle rapidité celui qui y est parvenu se trouve ramené de nouveau en bas.

Si donc l'extase a ses dangers, parce que, à mesure que les puissances spirituelles s'élèvent davantage, la masse des objets sur lesquels elles doivent agir augmente aussi, elle est encore sujette à l'erreur lorsque l'homme veut communiquer aux autres ce qu'il a vu dans ses ravissements. En effet, ce que Dieu lui a dit dans l'extase, il faut que d'abord il le traduise en quelque sorte de la langue divine dans le langage de la créature transformée par la vie mystique, afin de pouvoir le comprendre. Puis, par un second travail, il faut qu'il le traduise de nouveau du langage mystique dans la langue ordinaire. Or cette traduction doit être très-difficile, on le conçoit. La même personne doit saisir et reproduire, avec ses facultés amoindries et abaissées, ce qu'elle a vu et senti auparavant avec ces mêmes facultés transfigurées et élevées à une plus haute puissance. Ce n'est pas de soi-même ni de son fond qu'elle a tiré les sublimes images qui ont occupé son esprit dans l'extase; mais c'est une puissance surnaturelle qui les a formées dans son intérieur. Et maintenant que cette puissance s'est retirée, il faut qu'elle rappelle en soi le passé pour le revêtir des ombres du langage humain. La mémoire doit naturellement intervenir ici. Mais, ravi par l'objet qu'il a contemplé et absorbé en lui, et cela d'autant plus que l'immersion a été plus profonde, comment l'extatique aurait-il trouvé le temps de graver dans son souvenir ce qu'il a vu. Le monde de ses contemplations ne se reflète plus en lui que d'une manière imparfaite, comme le monde au milieu duquel nous vivons pendant le jour se reflète dans le sommeil. Il est au-dessus de lui, comme le ciel étoilé au-dessus d'une atmosphère nuageuse. Les étoiles de première grandeur peuvent seules percer de leur éclat le nuage qui les cache; et la lumière des autres semble se confondre dans une simple clarté, où l'on peut à peine discerner celle qui appartient à chacune d'elles.

En supposant même que l'extatique puisse saisir avec précision les reflets des visions qu'il a eues dans l'extase, il se présente encore une autre difficulté, qui est d'autant plus grande que ces visions lui apparaissent plus clairement. En effet, la langue dans laquelle Dieu et les esprits lui ont parlé, quoiqu'elle appartienne à un état plus élevé, descend bientôt pour se proportionner aux relations ordinaires de la vie. Quelquefois, il est vrai, lorsque l'extase a été très-profonde, l'homme ne peut plus retrouver qu'avec peine le langage ordinaire. Cependant ce cas est rare et seulement exceptionnel. Mais c'est précisément à cause de cela que le langage humain ne peut plus suffire pour exprimer ces contemplations sublimes, qui, appartenant à une autre vie, n'ont pas d'expression dans la vie présente, et auraient besoin en partie de nouveaux matériaux. On peut bien peindre les objets de la terre avec des couleurs terrestres, mais pour les objets célestes il faut le pur rayon de la lumière. C'est pour cela que plusieurs extatiques, sentant l'insuffisance du langage ordinaire, ont inventé une langue particulière; et cette langue étant toute symbolique, son élément terrestre et grossier peut seul être compris par l'homme dans l'état ordinaire, tandis que, pour saisir les idées sublimes qu'il renferme, il faudrait être soi-même élevé à l'état mystique.

Cette difficulté même une fois vaincue, tout n'est pas fini encore. Les visions aperçues dans l'extase subissent de la part de l'esprit une transformation, et entrent dans le cercle des pensées ordinaires. Quoique d'une origine supérieure, elles sont dans tout le reste semblables à ce qui se produit tous les jours sous nos yeux. Comment empêcher qu'elles ne soient altérées par le mélange des éléments avec lesquels elles ont une si grande affinité; que les uns n'y ajoutent et que les autres n'en retranchent quelque chose, et qu'il n'arrive en un certain sens ce qui se passa lorsque les fils des dieux s'unirent aux fils des hommes, et produisirent la race des géants. Mais, supposons encore que ces visions soient maintenues dans des conditions qui leur soient propres, ne faut il pas qu'elles soient examinées et éprouvées par les confesseurs ou par les supérieurs? Or bien souvent ceux-ci, par un scrupule légitime, effacent ce qui pourrait choquer; ou, comprenant mal certaines choses très-innocentes en elles-mêmes, les écartent pour plus de sûreté, ou les modifient : et c'est en cet état que les visions arrivent souvent à la connaissance du public. Quelquefois même elles ne commencent à être connues que de la postérité, lorsqu'il n'est plus possible de les rectifier, en s'adressant à ceux-là mêmes qui les ont eues.

A toutes ces causes d'erreur s'en joint une autre encore. En effet, l'homme en cet état est exposé à se laisser tromper non-seulement par les influences naturelles, mais encore par celles du démon. Une fois entré dans cette sphère supérieure, il trouve ouvertes devant lui non-seulement les régions de la lumière, mais encore celles des ténèbres; et à côté des voies qui conduisent aux intelligences célestes il rencontre celles qui mènent aux esprits de l'abîme. Les anges et les démons sont, il est vrai, entièrement opposés et dans leur principe et dans leurs habitudes, de même que le bien et le mal diffèrent radicalement l'un de l'autre. Mais leur essence et leur puissance sont les mêmes; et par conséquent les régions qu'ils habitent sont également accessibles à l'homme. Or, si la vérité et la science véritable sont d'un côté, le mensonge et l'illusion sont de l'autre; et autant il y a à gagner là, autant il y a à perdre ici. L'homme, quand il se trouve rapproché de ces puissances, comme cela arrive dans l'état mystique, est sollicité de ces deux côtés; et il se forme aussitôt des affinités secrètes entre lui et ces sollicitations qui lui arrivent de droite et de gauche; car ce qu'il a de bon est attiré par le bien, et ce qu'il a de mauvais est provoqué par le mal. Il est vrai que c'est par la sainteté et la prédominance du bien en lui qu'il est monté à cette hauteur; mais la faiblesse humaine y est montée avec lui, et cet état lui prépare déjà des tentations terribles du côté de l'orgueil et de la présomption. Puis il y a, on le sait, des degrés dans la sainteté. Celle qui paraît la plus affermie est sujette encore à bien des vicissitudes, à cause de ce mélange de bien et de mal qui ne cesse jamais dans la nature humaine. Ici, comme dans l'ordre physique, celui qui monte fait bien des chutes. Le moindre défaut, la moindre tache expose à quelque tentation particulière. Et quel est l'homme dont on puisse dire qu'il est sans tache? Ces tentations préparent les voies aux illusions du démon; et personne ne sait jusqu'à quel point Dieu peut les permettre, pour nous éprouver, nous exciter ou nous punir. Or les illusions qui viennent de cette source sont d'autant plus dangereuses que la puissance qui les opère est de même nature que les intelligences célestes qui agissent du côté opposé, de sorte qu'elle peut la plupart du temps produire les mêmes signes, et faire des choses non moins extraordinaires que celles-ci. Il n'y a que ce qui vient immédiatement de Dieu que ni les anges ni les démons ne peuvent atteindre. En vain se flatterait-on de trouver dans ce principe, que chaque puissance opère d'une manière conforme à sa nature, une pierre de touche pour discerner les visions véritables de celles qui sont fausses. Ce signe n'est pas infaillible. Qui ne sait en effet que les démons peuvent se transformer en anges de lumière?

Ainsi, de quelque côté que nous nous tournions, nous ne trouvons nulle part dans les visions, même les plus élevées, à plus forte raison dans les autres, des garanties parfaites qui puissent nous autoriser à les admettre de prime abord, sans examen, comme des vérités incontestables, bien moins encore à les opposer comme preuves dans la polémique contre ceux qui pensent autrement. Il en doit être ainsi d'ailleurs, sans quoi la foi perdrait son mérite.

De ce côté donc encore, l'homme est sous le coup de cette malédiction qui l'a condamné dès l'origine au travail; et s'il veut s'approprier ce qui lui est communiqué d'en haut, il faut que ce soit par le travail, la fatigue et la peine, de même qu'il ne peut arracher à la terre ses productions qu'en luttant contre les puissances sauvages de la nature, et en extirpant sans cesse du sol les épines et les ronces. Les visions les plus sublimes doivent donc être soumises à un examen attentif et sérieux. Et comme il s'agit de matières théologiques, cet examen appartient d'abord à l'Église, puis à la science, parce que Dieu est l'auteur de toute vérité, de celle que nous découvrons par les moyens scientifiques, aussi bien que de celle que l'esprit contemple dans la vie mystique, et qu'il ne peut être en contradiction avec lui-même. Aussi les théologiens ont-ils puisé dans la raison et l'expérience des règles qu'ils appliquent dans l'examen de ces sortes de faits. Plusieurs ont composé à ce sujet des écrits remarquables. Nous citerons ici seulement le traité *De la Distinction des Visions vraies et fausses*, du chancelier Gerson; celui *De la Foi*, de Pic de La Mirandole; celui *De la Prière*, de L. Brancat; celui *Du Discernement des esprits*, du cardinal Bona; celui *De la Puissance angélique*, par T. Castaldo de Alascio; celui *De l'Ornement des Noces spirituelles*, de Jean Rusbroch; celui *Des Esprits et de leur Discernement*, de H. de Vrimaria; la *Préface des œuvres de sainte Thérèse*, par Louis de Léon; *Saint Jean de la Croix dans la Montée du Carmel*, etc...

Ces théologiens ne regardent pas comme un signe évident que les visions viennent de Dieu la prédiction des événements futurs, à moins qu'il ne s'agisse de choses qui dépendent uniquement de la volonté divine ou de la liberté humaine, ou au moins d'objets d'une nature très-subtile et très-délicate. Ces prédictions ne donnent aucun signe certain, même lorsqu'elles sont jointes à l'extase, ou accompagnées de consolations et de suavités intérieures: lorsque celui qui les fait est élevé au-dessus de terre, ou lorsqu'il peut lire les pensées dans le cœur des autres. Sur ce dernier point toutefois, ils font les mêmes réserves que pour les prédictions. On ne peut d'après eux conclure d'une manière certaine que la vision soit purement intellectuelle, parce qu'elle a pour objet des choses qui ne dépassent pas la sphère de l'esprit humain ; quand même elles paraîtraient avoir été vues sans le secours d'aucune forme, dans une lumière supérieure, mais analogue à la lumière spirituelle, et qu'elles seraient revêtues de magnificence et de majesté ; parce que la vision contient évidemment des choses saintes, vraies et excellentes ; ou parce que celui à qui elle a été communiquée a eu déjà auparavant des révélations incontestables, quoiqu'en ce cas, la conviction qu'il a de la vérité de ce qu'il a vu soit d'un grand poids. Parce que la vision est suivie du repos, de la paix, du recueillement de l'esprit, de saintes inspirations, d'un amour tendre pour Dieu, d'une vue plus claire dans les mystères de la foi ; parce qu'elle enflamme le zèle pour la gloire de Dieu et les œuvres spirituelles ; parce qu'elle est accompagnée de miracles apparents, c'est-à-dire de ceux qui ne dépassent pas la puissance des démons, il ne faudrait pas en conclure encore qu'elle vient de Dieu. La sainteté du lieu où elle est arrivée, la nouveauté des choses qu'on y a vues, le témoignage de celui qui en a été favorisé, les bonnes dispositions de son cœur et sa piété bien connue ne sont pas des signes qui excluent le doute. Ces théologiens pensent avec raison que, malgré toutes ces conditions réunies, l'illusion est encore possible ; parce que, quelque saint que soit l'homme ici-bas, il est toujours sujet à l'erreur, et que celle-ci peut lui venir soit de ses puissances naturelles surexcitées par quelque moyen physique, soit du démon, qui agit en lui ou hors de lui.

Ces hommes, si discrets et si prudents dans le discernement des esprits, soupçonnent quelque illusion dans toutes les révélations faites à des personnes qui ne méritent pas ces faveurs, qui négligent de consulter la parole de Dieu dans la sainte Écriture, dans la tradition et le témoignage de l'Église ; qui désirent ces faveurs, ou par eux-mêmes ou par quelque impulsion étrangère ; qui se croient dignes de les recevoir ; qui les recherchent par curiosité, par orgueil, pour se donner l'apparence de la sainteté ; qui, en se livrant à des pratiques et à des mortifications excessives, veulent toujours faire leur propre volonté, et se hâtent de publier sur les toits ce qu'elles ont vu. Il en est de même des visions communiquées à ceux qui ne font que de commencer à marcher dans les voies spirituelles ; qui, sans avoir passé par les voies de la mortification, croient s'être élevées d'un bond au sommet de la contemplation ; qui, n'étant point enracinés dans l'humilité et le sentiment de leur propre néant, s'appuient au contraire sur leur mérite, et croient pouvoir arriver au but par d'autres moyens que la croix, la souffrance, la persécution et la victoire sur soi-même. Ils regardent comme douteuses toutes les communications sur des sujets philosophiques ou théologiques controversés, indifférents ou de peu d'importance, ou sur des choses déjà connues d'ailleurs, ou que l'on peut connaître par les moyens ordinaires ; celles qui, s'écartant des règles accoutumées de la sagesse divine, mettent en avant des choses inouies et dans une forme tout à fait insolite, ou bien des choses qui reviennent souvent et ne signifient presque rien ; celles qui tendent à introduire des manières de vivre nouvelles et extraordinaires ; celles qui ne peuvent avoir aucun avantage pour le bien général ou particulier ; celles qui contiennent des choses contredites par la raison et l'Écriture. Ils se défient beaucoup des visions reçues dans une âme bouleversée ou violemment émue, avec des mouvements et des gestes désordonnés, et communiquées dans un langage confus ; celles qui se produisent chez des personnes, particulièrement chez des femmes, douées d'une imagination très-vive, d'une vue et d'une ouïe très-subtiles, ou très-faibles au contraire ; ou chez des personnes qui sont connues pour avoir succombé déjà à l'illusion des mauvais esprits ; qui font un métier de prédire l'avenir ; qui se servent avec cela de formules équivoques. Ils se défient encore des visions qui n'ont aucun effet surnaturel, du moins de quelque durée ; qui ne laissent après elles aucune certitude de leur vérité, qui ne se gravent que faiblement dans la mémoire, et qui, au lieu de porter au bien, éveillent au contraire dans l'âme le doute et la négligence.

Voici maintenant les signes auxquels ils reconnaissent que les visions sont incontestablement fausses. Si elles ont, soit dans la forme, soit dans les circonstances qui les accompagnent ou les effets qui les suivent, quelque chose de vain, de repoussant, de honteux, d'orgueilleux ou de fier, elles viennent alors du démon plutôt que de Dieu. Si les voyants n'ont pas la foi, s'ils sont adonnés au mensonge, s'ils se servent de moyens superstitieux; si leurs mœurs sont mauvaises; s'ils sont esclaves des voluptés de la chair ou embarrassés de soins inutiles; s'ils paraissent fous ou possédés, il n'y a naturellement aucun fond à faire sur leurs visions. Si celles-ci représentent comme facile le chemin du ciel, si elles induisent les pécheurs à différer leur conversion, si elles donnent occasion à des pratiques de piété fausses ou inutiles qui bercent le cœur d'une fausse securité; si elles tendent à soustraire l'homme à ses devoirs naturels ou religieux; si elles ont pour objet des choses vaines, propres seulement à satisfaire la curiosité, sans influence pour l'amendement de la vie, ou inconciliables, soit pour le fond, soit pour la forme, avec la sagesse de Dieu; si elles renferment d'une manière évidente ou cachée quelque hérésie, il faut les rejeter sans hésiter. Si l'homme, après les avoir reçues, ne produit pas d'autres fruits que ceux que l'on voit paraître dans les méditations ordinaires; s'il ne sort pas de là plus pieux; si elles manquent de ce calme et de cette dignité qui distinguent les œuvres de Dieu; si elles poussent à la précipitation, au trouble, à l'impatience; s'il s'y mêle quelque chose de déréglé ou de mauvais; si elles renferment des promesses qui dépassent les limites de la justice, de la sagesse et des convenances, elles ne sont pas divines. Elles viennent du démon, lorsqu'elles portent à faire des choses qui sont contraires à l'exemple de Notre-Seigneur et des saints; lorsqu'elles enflent l'homme d'orgueil; qu'elles le rendent étranger à son propre cœur, qu'elles affaiblissent en lui les vertus et qu'elles lui ôtent les dons de Dieu; lorsqu'après avoir réjoui l'âme dans les commencements, en l'endormant dans une fausse sécurité, elles la portent ensuite au découragement, au doute, à l'incertitude, à la défiance, à l'abattement, et étouffent en elle l'amour et la bonne volonté.

Si tous les signes extérieurs, pris dans l'objet et les circonstances des visions, ne sont pas infaillibles, que reste-t-il donc pour distinguer les véritables de celles qui sont fausses? Il reste cette garantie que toute vision véritable se donne à elle-même en arrachant en quelque sorte par une puissance irrésistible l'assentiment des autres. Qu'est-ce qui nous fait discerner avec certitude les rêves du sommeil des impressions que nous éprouvons étant éveillés? Qu'est-ce qui nous les fait distinguer, même lorsque ces impressions ressemblent à des songes, et que ces songes au contraire ont l'apparence de la réalité? C'est, sans aucun doute, cet instinct que nous portons toujours au dedans de nous, même dans le sommeil; cette science, ou plutôt cette conscience intime qui nous fait connaître la nature des impressions que nous sentons sans que nous puissions nous en rendre compte. Même dans l'état de veille, toute la certitude de nos pensées et de nos actes repose sur cette lumière naturelle que nous apportons en naissant, par laquelle nous connaissons en eux-mêmes et dans leur propre évidence les principes de toute science; qui dirige notre esprit dans l'application et l'enchaînement de ces principes, et qui, rendant impossibles le doute et l'équivoque, forme la base de toute certitude scientifique. Il en est ainsi des visions qui viennent de Dieu. Elles sont accompagnées aussi d'une lumière infuse qui, élevant et rendant plus subtile cette science intime que tout homme porte au dedans de soi, lui fait reconnaître avec une certitude entière la vérité intrinsèque des choses que Dieu lui découvre ; de sorte que l'esprit, parfaitement sûr de ce qu'il voit, ne soupçonne pas même qu'il puisse se tromper.

Lors donc que cette lumière, éveillant les saints, les tire de la nuit du péché, qui enveloppe plus ou moins les autres hommes et les berce d'illusions trompeuses, elle excite en même temps en eux cet instinct qui leur apprend à discerner avec certitude les illusions de la vérité. C'est ce même instinct supérieur qui, après de longues années de doute, frappant le cœur comme un éclair, en fait jaillir tout à coup la foi; qui faisait sentir à saint Bernard, d'après son propre témoignage, si le don qu'il avait reçu de faire des miracles s'était produit dans tel ou tel cas donné, à peu près comme cette vertu secrète qui sortait de Notre-Seigneur et guérissait les malades. Cet instinct est accompagné du don de discerner les esprits, lequel ne laisse aucun lieu au doute, parce que non-seulement il éclaire l'esprit, mais encore il entraîne l'assentiment de la volonté, et qu'une fois exercé il donne une règle sûre pour juger dans la suite tous les cas semblables. Mais comme cette conviction est purement subjective, pour qu'elle puisse être communiquée aux autres, il faut qu'elle gagne leur assentiment par le spectacle des effets qu'elle produit dans le voyant. Cette lumière étant surnaturelle et divine, ses effets doivent être surnaturels et divins aussi. Si l'on trouve dans l'extatique une conversion pleine, entière et constante vers le bien, sans mélange d'aucun mal, une perfection comme aucune créature ne peut l'atteindre par soi-même, une puissance pour les bonnes œuvres comme Dieu seul peut la donner, une activité pénétrante qui s'étend sur toute la vie, un effort constant vers un but sublime en rapport avec l'économie de la Providence relativement au salut éternel, la lumière de la raison doit céder alors à cette lumière surnaturelle, et ce serait un crime de douter de la vérité des choses qui se présentent avec tous ces caractères de certitude.

Tout ce que nous venons de dire explique et justifie la

prudence surnaturelle de l'Église en ces circonstances. Les dogmes, les doctrines et les principes dont elle est dépositaire ne lui sont point venus par des visions; ils appartiennent à un ordre de choses bien différent, et dans lequel les visions doivent trouver leur confirmation et leur garantie.

Une puissance supérieure ne les a point inspirés d'abord à un esprit créé, après l'avoir élevé dans ce but au-dessus de soi-même, de sorte qu'il y ait entre l'Église et Dieu deux intermédiaires. Mais cette puissance était immédiatement unie à celui qui les lui a communiqués; elle vivait en lui comme l'âme dans le corps, de sorte qu'elle les a reçus sans intermédiaire de la bouche même de la vérité, avec la mission de les garder dans leur intégrité. Mais, d'un autre côté, elle sait aussi que le Paraclet lui a été promis, afin de l'introduire dans toute vérité. Elle sait que ce Paraclet agit non-seulement dans le corps entier de l'Église, mais encore dans ses membres en particulier; et qu'ainsi, outre sa direction ordinaire, il en est une autre extraordinaire qui se manifeste dans la continuation du don de prophétie. Elle est donc bien loin de négliger les trésors de science, de sagesse et de contemplation spirituelle qui se sont formés peu à peu de cette manière en son sein dans le cours des siècles. Elle les estime grandement, au contraire, et reconnait en eux un accroissement du fonds de vérité qu'elle possède déja, sans leur accorder toutefois une autorité souveraine relativement à ce fonds même. Il ne peut donc lui venir en pensée de confronter avec ces visions ses dogmes et ses enseignements, afin d'en éprouver ainsi la vérité; mais elle confronte au contraire chaque vision aux vérités fondamentales dont elle a reçu le dépôt, et rejette sans balancer tout ce qui est en contradiction avec elles, tout ce qui tend à introduire quelque doctrine nouvelle, ou qui ne peut être justifié d'un autre côté. Loin de s'appuyer sur ces visions, c'est elle, au contraire, qui doit les confirmer pour qu'elles puissent être ensuite admises. C'est donc un principe pour elle qu'on ne doit les recevoir que sur des preuves incontestables; qu'il ne faut pas toutefois se hâter de les rejeter lorsque ces preuves ne sont pas tout à fait certaines, mais qu'il faut plutôt attendre, pour porter son jugement, que le temps ou un examen plus attentif ait découvert la vérité.

Elle commence elle-même cet examen dans tous les cas importants, s'appuyant sur l'expérience du passé, scrutant jusque dans leur fond le plus intime la vie des extatiques et leurs visions, et prononçant son jugement avec une sage lenteur, et peu à peu selon les circonstances. Ce jugement est favorable lorsque les visions ont exercé une influence évidemment surnaturelle et divine sur les voyants eux-mêmes et sur leur entourage, sans qu'on puisse soupçonner raisonnablement aucune illusion; lorsqu'elles sont suivies d'effets merveilleux, comme de guérisons ou autres choses de ce genre; lorsqu'elles ont communiqué à des hommes ignorants d'ailleurs une science supérieure et durable, ou qu'elles leur ont procuré un succès extraordinaire; lorsque plusieurs ont reçu en même temps la même vision; lorsqu'elle s'est montrée inopinément ou au milieu de circonstances qui ne laissent de place pour aucune illusion, soit de la part du démon, soit de la part de l'imagination; lorsque, par son ensemble, son contenu et le but où elle tend, elle paraît authentique et divine dans sa source, et lorsque de plus celui qui l'a reçue en est lui-même parfaitement convaincu. Lorsque ces signes manquent, en entier ou en partie, sans que toutefois les visions renferment rien de répréhensible en soi, l'Église s'abstient alors de prononcer et laisse la question indécise. Que s'ils se trouvent réunis au contraire, elle donne alors son approbation; de sorte que, tout en obligeant l'extatique à croire au contenu de ses visions, selon la mesure de sa conviction personnelle, elle ne demande pas cependant aux autres la foi qu'elle exige à l'égard de ses doctrines; mais elle se contente de les recommander comme dignes de croyance, et comme des moyens subsidiaires de la foi, laissant à chacun à déterminer dans quelle mesure il doit leur donner son assentiment, et défendant seulement de les rejeter sans condition.

CHAPITRE XIII.

Comment l'esprit s'empare dans l'extase des organes de la voix et des forces qui les mettent en mouvement. Confession extatique de sainte Madeleine de Pazzi. Prédication extatique de Jeanne de la Croix. Du son et du chant extatiques. Sainte Humiliane. Christine l'Admirable. Comment ce phénomène se trouve uni quelquefois à l'illumination extatique. Pierre Pétrone. Des sons que l'on entend près des saints à l'autel ou à leur lit de mort.

La pensée, née dans l'esprit, devient parole dans l'âme, et s'articule comme son extérieur dans la région sensible de l'homme. Or les forces qui contribuent à la formation de ce son peuvent aussi subir une transformation dans l'extase, et ce qu'elles produisent en cet état porte un caractère bien différent des sons ordinaires. L'esprit d'en haut s'empare d'elles, et les élevant jusqu'à la hauteur où il est lui-même, articule en elles des paroles que l'esprit de l'homme n'a point pensées. La voix alors produit des sons qui semblent appartenir à un autre; ou si c'est réellement la voix de celui qui parle, ce sont alors comme des pensées ailées qui s'échappent en paroles ailées elles-mêmes.

Il en était ainsi de sainte Madeleine de Pazzi lorsqu'elle était dans l'extase. Elle parlait alors par manière de dialogues, tantôt avec le Père éternel, tantôt avec le Verbe incarné, tantôt avec le Saint-Esprit, la sainte Vierge ou d'autres saints, faisant les demandes et les réponses en leur nom, ou en son propre nom suivant les circonstances. Il n'était pas difficile en ces cas de discerner au nom de qui elle parlait, car elle changeait de voix à chaque fois. Quand elle parlait au nom du Père, elle se servait d'une voix élevée, Sainte Madeleine de Pazzi grave, et donnait à ses paroles une certaine majesté dont ne pouvait se faire une idée celui qui ne l'avait pas entendue. Si elle parlait au nom du Fils ou du Saint-Esprit, elle employait également une voix noble et haute, mais en même temps douce et gracieuse. Quand, au contraire, elle parlait en son propre nom, sa voix était si sourde qu'on l'entendait à peine. Elle parlait d'une manière si humble qu'elle paraissait vouloir s'anéantir elle-même. Elle semblait en même temps être emportée bien loin du monde ; et lorsque Dieu l'obligeait à parler à quelqu'un, elle le faisait avec une voix forte et soutenue, comme si celui à qui elle parlait eût été loin d'elle ; on l'entendait quelquefois alors se dire à soi-même : « Il est trop loin, il ne peut m'entendre. »

Son confesseur s'assura de ce fait un jour qu'il la fit venir à lui dans l'extase en vertu de la sainte obéissance. Elle vint et lui demanda quelque chose. Il lui répondit, et comme elle ne l'entendait point, elle dit, comme pour s'excuser devant Dieu : « Nous sommes trop loin l'un de l'autre ; celui qui est là en bas ne m'entend pas. » Le prêtre en conclut qu'elle croyait être dans le ciel pendant que lui était sur la terre. Au reste, plus l'extase était profonde, plus elle avait de peine à entendre ce qu'on disait ; cependant elle reconnaissait la voix de sa supérieure toutes les fois qu'elle lui parlait, et elle lui obéissait sur-le-champ. Lorsqu'elle parlait seule sur ce qu'elle avait vu, ses discours roulaient toujours sur les choses spirituelles et divines. C'étaient des interprétations lumineuses et substantielles de la sainte Écriture. Ses discours étaient admirablement liés ; le commencement et la fin étaient dans un rapport harmonieux. Elle parlait souvent en latin, non-seulement quand elle citait l'Écriture, mais encore quand elle parlait de son propre fonds, ce qui plongeait dans un grand étonnement, chaque fois, les autres religieuses, car elles savaient bien qu'elle n'avait jamais appris cette langue. Bien plus, lorsqu'elle était entrée au couvent, elle savait à peine lire le latin, et on avait été obligé de le lui apprendre. Encore ne le pouvait-elle faire correctement, et elle était incapable, hors de l'extase, de citer sans faute une phrase latine. (Sa Vie, par le père V. Cepario, c. VI, 57, ou par le père V. Puccini, c. IV, 31.) Ces deux religieux ont été ses confesseurs.

Ici ce phénomène mystique se produit dans sa généralité; mais il est d'autres faits où il apparaît sous un caractère particulier. Nous les rapporterons dans l'ordre des pratiques ou des formes religieuses auxquelles ils correspondent.

La confession extatique. Sainte Madeleine de Pazzi

La même sainte qui s'entretenait ainsi avec Dieu, Madeleine de Pazzi, est devenue célèbre dans la mystique par la confession qu'elle fit un jour dans l'extase, à haute voix, devant Dieu et les autres religieuses, de toutes les fautes légères qu'elle avait commises pendant la journée, depuis le matin jusqu'au soir. Se mettant à genoux, elle commença d'abord par réciter les psaumes : *Domine, quid multiplicati sunt?* etc.; *Qui habitat in adjutorio*; après quoi elle dit : « O mon Jésus! quelle a été aujourd'hui ma première pensée? Il m'est douloureux de voir qu'elle n'a pas été pour vous. Je craignais qu'il ne fût trop tard pour appeler vos épouses à la prière, et je n'ai pas pensé à m'offrir à vous et à vous honorer. Après cela, ô mon Jésus, je suis allée au chœur m'offrir à vous, mais je ne me suis pas abandonnée entièrement et en toutes choses à votre volonté. O Dieu très-bon! quelle miséricorde puis-je attendre de vous, moi qui ne me suis pas livrée entièrement à vous! Faites-moi miséricorde, Seigneur, quoique je n'en sois pas digne, et que je mérite plutôt mille fois l'enfer. Je me suis mise ensuite à vous louer, mais j'ai ressenti de l'humeur contre celles que je voyais manquer aux cérémonies ou aux inclinaisons prescrites, au lieu de m'occuper à vous honorer et à vous présenter le tribut de mes louanges en communion avec celles que vous présentent les esprits bienheureux. Il est bien juste que j'implore votre misé-

« ricorde, puisque j'ai commis tant de fautes en ce qui vous « touche, vous et votre louange.

« Lorsque ensuite je me suis approchée de la sainte table « pour recevoir votre corps et votre sang, au lieu d'y ap- « porter tout l'amour dont je suis capable, je n'ai point eu, « hélas! le propos de recevoir cet auguste sacrement en « mémoire de votre passion, comme vous l'avez ordonné, « et je n'ai pas pensé à unir mon âme avec vous, mais plutôt « à faire ce que je pouvais pour donner le repos à mon « cœur. J'ai bien entendu d'abord, il est vrai, votre pa- « role; mais, au lieu de penser à l'amour dont vous nous « environnez, j'ai cherché plutôt s'il était vrai que nous « soyons des serviteurs inutiles, comme vous nous l'avez « fait dire par votre Christ.

« Lorsque je suis allée recevoir votre sang dans le sacre- « ment de pénitence, j'ai plus pensé à ce que je devais dire « à votre Christ pour tranquilliser mon cœur qu'au bien- « fait que vous m'accordiez en lavant mon âme dans votre « sang. Je n'ai pas cru non plus avec assez de confiance que « vous m'accorderiez le secours de votre grâce pour calmer « mon cœur. O mon bon maître! quelles ont été les pre- « mières paroles que j'ai dites aujourd'hui? Des paroles de « réprimande adressées à une novice; et la manière peu « charitable dont je lui ai parlé a été une cause de trouble « pour son cœur. Ce qu'il y a eu de pire, c'est que la cha- « rité manquait là; car, voyant son âme troublée, je n'ai « point cherché à la tranquilliser et à m'unir ainsi avec « vous. Voyez donc, ô mon maître, quels fruits produit en « moi votre union et la lumière que vous me donnez. Si « vous la donniez à une autre créature, elle vous en serait « reconnaissante. Mais moi, malheureuse que je suis, je ne « porte aucun fruit, parce que je manque de charité envers « vos épouses Pardonnez-moi, je vous en prie par votre « passion. Lorsque je suis allée au parloir pour parler avec « cette créature, je me suis rendue coupable, hélas! d'une « grande hypocrisie en me laissant prendre pour ce que je

« n'étais pas. Car, quoique j'aie donné un signe à vos créa-« tures, je ne méritais pas d'être comprise. Je me suis posée « comme si mon âme vous était unie; et cependant vous « savez combien souvent elle est distraite de vous. Je me « suis donnée comme une vraie religieuse, et cependant « vous savez ce que je suis. Miséricorde, ô mon Dieu, pour « cette grande hypocrisie; je vous offre le sang que vous « avez versé pour moi avec tant d'amour.

« Je suis allée ensuite pour donner à mon corps la nour-« riture nécessaire. Mais quelle intention ai-je eue de vous « honorer, moi qui n'ai point pensé à vous offrir tant de « pauvres qui frappaient depuis longtemps peut-être aux « portes pour demander un morceau de pain, que personne « ne leur donnait. Et moi, misérable, je trouvais dans cette « maison tout ce qui est nécessaire pour mon corps sans « m'en occuper, et ce qui est pis encore, sans l'avoir mé-« rité. Je vous ai offensé non-seulement en cela, mais encore « en étant pour cette religieuse votre épouse, dont j'ai parlé « plus haut, la cause de bien des paroles, quoique je susse « bien qu'il n'était pas permis de parler en ce lieu. Voyez, « Seigneur, comme en toutes mes actions je vous ai offensé. « Comment pourrai-je donc paraître devant votre face pour « vous demander vos dons et vos grâces, et vous recomman-« der d'autres créatures, après vous avoir tant offensé moi-« même que je suis indigne de votre miséricorde. Ah! par « l'amour qui vous a porté à descendre sur la terre pour « y répandre votre sang, daignez prendre pitié de mon « âme!

« C'est uniquement par ma faute que je ne suis point « allée vous louer avec vos autres épouses, parce que, dès « que cette âme m'a dit de n'y point aller, j'y ai consenti « aussitôt. O mon Jésus! si elle m'avait priée de faire « quelque œuvre de charité, je ne m'y serais pas prêtée « aussi promptement. Seigneur, comment puis-je espérer « de vous louer toujours avec les esprits bienheureux après « avoir négligé de vous louer avec vos épouses? Je vous

« offre votre sang, afin que par lui vous me fassiez miséri-
« corde. Et dans cette occupation quelle intention ai-je eue
« de vous honorer? N'ai-je pas eu plus de peine de la perte
« du temps que vous me preniez, en vous donnant à moi,
« que je n'en ressens de ne m'être point immolée à vous?
« J'ai fait signe, il est vrai, à vos vierges d'observer le si-
« lence; mais je n'ai point pensé combien j'étais bien plus
« obligée moi-même de tenir mon âme unie à vous.

« Lorsqu'il a fallu invoquer l'Esprit Saint, mon esprit
« était tellement distrait de vous que je ne me suis point
« rappelée comment il fallait le faire; de sorte que celles
« qui sont venues ici après moi sont plus prudentes et
« plus sages que moi. Voyez, ô mon Jésus! comme j'ai
« péché en toutes mes actions. Comment puis-je paraître
« devant votre bonté, que j'ai tant offensée? Je vous offre
« une seconde fois votre sang, car je n'espère trouver grâce
« que par lui. Combien encore j'ai péché dans mes autres
« actions, en ne me donnant pas la moindre peine pour
« régler mes pas? J'ai péché en omettant ce que j'étais
« obligée de faire; en voulant que les autres soient chari-
« tables pour moi, et en ne l'étant pas moi-même pour
« mon âme. J'ai été plus occupée à ne pas me fatiguer qu'à
« ne pas m'éloigner de vous. Il n'est pas une seule action,
« Seigneur, où je ne trouve une faute. Mais vous, détour-
« nant vos regards de mes offenses, vous m'avez attirée
« de nouveau à vous par votre bonté, en me donnant tant
« de lumières que, si vous les aviez données à une autre à
« ma place, elle porterait bien plus de fruits que je ne
« fais, pauvre misérable créature que je suis. Je suis allée
« ensuite réparer mon corps par la nourriture; et je ne me
« suis point souvenue de tant de pauvres qui n'ont rien à
« manger, tandis que vous avez pourvu si abondamment,
« Seigneur, à tous mes besoins. Je vous offre une fois en-
« core votre sang pour tant d'offenses que j'ai commises.
« Malheur à moi, Seigneur! déjà la nuit arrive, et je n'ai
« rien fait encore sans vous offenser. Que dois-je donc

« faire? ô mon Dieu! Si j'ai tant péché aujourd'hui, je ne « veux pas ajouter une dernière faute à toutes celles que « j'ai déjà commises, en n'ayant pas confiance en vous et « en votre miséricorde. Je sais, Seigneur, que je ne mérite « aucun pardon; mais le sang que vous avez répandu pour « moi me donne la confiance que vous me pardonnerez « néanmoins. »

La prédication extatique. Jeanne de la Croix.

Chez Jeanne de la Croix, à Cubas près de Madrid, l'inspiration se manifesta pendant trois ans par un grand nombre de prédications qu'elle fit dans l'état d'extase. Elle avait commencé par être muette pendant plusieurs mois. Puis lorsqu'elle eut recouvré la parole, elle se mit à prêcher; de sorte qu'elle parlait quelquefois tous les quinze jours ou toutes les semaines, d'autres fois tous les trois ou quatre jours, d'autres fois encore de deux jours l'un, ou même deux ou trois fois par jour. Le bruit de cet événement singulier s'étant bientôt répandu dans tout le pays, un grand nombre de personnes vinrent la voir. Tous, naturellement, n'étaient pas amenés par les mêmes motifs. Les uns la croyaient folle, d'autres l'accusaient d'imposture : les uns et les autres ne revenaient pas de leur étonnement quand elle leur disait ce qui se passait au fond de leur cœur, et qu'elle ajoutait ensuite : « Qui êtes-vous pour oser mesurer la toute-puissance divine et lui poser des bornes? » Bientôt un inquisiteur se présenta pour éprouver son esprit; mais elle parla en cette circonstance avec tant d'éloquence et de force, agenouillée et fondant en larmes, qu'il confessa en se frappant la poitrine que tout ce qu'il avait entendu de sa bouche venait de Dieu. Elle parlait latin, grec, arabe, etc., quoique, hors de l'extase, elle ne comprit aucune de ces langues. L'évêque d'Avila Fr. Ruiz avait donné à son monastère deux Mauresses, qui étaient tellement obstinées dans la religion mahométane que, lorsqu'on leur parlait de la foi chrétienne, elles se mettaient à pleurer et à se déchirer le visage jusqu'au sang. On les amena un jour à Jeanne pendant qu'elle prêchait, et elle se mit à parler arabe avec elles, si bien qu'elles demandèrent aussitôt le baptême.

Cependant les supérieurs de son ordre, à cause du bruit que faisaient ces choses, recommandèrent à l'abbesse de tenir Jeanne renfermée dans sa cellule, et de n'admettre personne, pas même les sœurs, à ses prédications. Ces ordres furent exécutés; mais elle resta si longtemps en extase que l'abbesse, inquiète, envoya une sœur voir ce qu'elle était devenue. Celle-ci la trouva parlant comme auparavant au milieu d'un grand nombre d'oiseaux qui l'écoutaient avec attention. Toutes les sœurs du monastère, étant accourues, furent témoins de ce spectacle. On lui permit de nouveau de parler devant les hommes; mais on n'admit toutefois que les personnes considérables, munies d'une permission de la part du Provincial. Or, elle fut visitée successivement par des hommes de tous les états, par le général Gonzalve de Cordoue, le cardinal Ximenes, par beaucoup de princes, de seigneurs et de dames; et tous confirmèrent par leur témoignage la vérité de ce fait extraordinaire. L'empereur Charles-Quint lui-même vint la voir, et lui resta toujours attaché depuis. Elle était alors âgée de vingt-quatre ans. Ses prédications commençaient ordinairement par une prière qu'elle récitait à voix basse. Puis, les sœurs la prenaient, l'emportaient dans sa cellule, et la mettaient sur son lit. Elle commençait alors à parler d'une voix haute et claire, offrant la paix à ceux qui étaient présents, et disant avec cela des choses admirables. Elle expliquait d'abord l'Écriture et surtout l'Évangile du jour, ce qui durait quatre, cinq, six et même sept heures selon les circonstances. Elle parlait avec tant de charme qu'on n'entendit jamais dire à personne qu'il s'était ennuyé de l'entendre, ou qu'il regrettait d'être resté jusqu'à la fin. Pour elle, elle ne se fatiguait pas, quoique, pendant qu'elle parlait, elle ressemblât à une morte.

Ordinairement elle posait le bras sur son cœur. Un ecclésiastique l'ayant ôté un jour avec violence de cette position, elle le laissa tomber sans être dérangée le moins du monde dans son sermon, jusqu'à ce qu'une des sœurs le lui eût remis à sa place. Lorsqu'elle revenait à elle, elle était ravissante de beauté; ses vêtements et tout ce qu'elle touchait exhalaient le parfum le plus délicieux; mais elle était affaiblie et épuisée par les efforts qu'elle avait faits, et tout son corps était inondé de sueur, de sorte qu'il fallait lui mettre d'autres habits. La sœur Marie Évangéliste écrivit *tout* ce qu'elle avait dit *ainsi* dans l'espace d'un an, de 1508 à 1509; en tout soixante et onze sermons, dont quelques-uns ont douze et même vingt pages, et qui tous ensemble forment sept cent trente-trois feuilles in-folio, que l'on conserve encore dans le monastère de la Croix. Ils commencent à la Nativité de Notre-Seigneur, et, parcourant tous les évangiles et les fêtes de l'année, ils vont jusqu'à l'Avent, formant ainsi un calendrier ecclésiastique. (Sa Vie écrite en espagnol par le définiteur de son ordre Ant. Dazza, c. XV, p. 295 à 318.)

Le son et le chant extatiques.

Nous avons cité déjà plus haut des exemples du son et du chant mystique, même hors de l'extase. Chez plusieurs, il est vrai, il était difficile de distinguer si ce phénomène se produisait dans l'extase ou hors de l'extase. Cependant chez Christine de Stumbelen, le son que rendait sa poitrine ne se manifestait jamais que dans l'état extatique; et l'un des caractères par lesquels il se distinguait, c'est qu'il était entièrement indépendant de sa volonté. On raconte que la harpe de saint Dunstan, en présence de la dame Ædelpyrin, chanta d'elle-même l'antienne: *Gaudent in cœlis animæ sanctorum, qui Christi vestigia sunt secuti.* (*A. S.*, 19 mai.) Il en est ainsi dans un certain sens de ces extatiques, lorsque l'esprit fait vibrer les cordes de leur âme, soit dans un vent impétueux, soit dans un doux zéphyr; et les sons qu'il en tire se produisent ou sous la forme d'un cri d'allégresse qui s'échappe de leur cœur, ou sous la forme d'un chant délicieux qui retentit au dedans de leur poitrine. Ce genre de phénomène se rattache à celui dont nous avons parlé dans le paragraphe précédent; il indique seulement que l'extase s'est emparée d'une manière spéciale des puissances du cœur.

Sainte Humiliane.

L'extase se produisait souvent sous cette forme chez sainte Humiliane. Un jour qu'elle souffrait de crampes violentes dans l'estomac, elle eut un ravissement pendant lequel les assistants entendirent sortir d'elle un chant délicieux, mais avec une voix si délicate que, lorsqu'ils n'avaient pas l'oreille à sa bouche, ils entendaient le son sans pouvoir distinguer les paroles. Dès qu'elle eut cessé de chanter, ses douleurs revinrent. (Ac. S., 20 mai.)

Christine l'Admirable.

Christine l'Admirable a été particulièrement remarquable sous ce rapport. Elle était très-liée avec les sœurs de sainte Catherine, qui demeuraient hors des murs de Saint-Trond. Un jour qu'étant assise avec elles elle parlait de Notre-Seigneur, elle fut tout à coup, et sans s'y attendre, saisie par l'esprit. Son corps se mit à tourner en rond comme une toupie agitée par des enfants, avec une telle rapidité qu'on ne pouvait plus distinguer la forme de ses membres. Après avoir tourné ainsi quelque temps, elle se reposa comme si l'accès fût passé. Or on entendit entre son gosier et sa poitrine un chant merveilleux, que personne ne pouvait comprendre ni imiter malgré tous ses efforts. Il n'y avait dans ce chant que l'élément fluide, pour ainsi dire, de la musique, et la succession de ses sons: mais les paroles de la mélodie, si toutefois on peut les appeler des paroles, avaient quelque chose d'insaisissable. Il ne sortait ni son ni souffle de sa bouche ou de son nez, et cette mélodie angélique était toute renfermée dans sa poitrine. Tous ses membres étaient dans le repos le plus profond et ses paupières fermées comme dans le sommeil. Au bout de quelque temps, étant revenue à soi peu à peu, elle parut comme ivre : elle était ivre en effet, mais d'une ivresse sainte et divine. Elle se mit à crier : « Amenez-moi toutes les sœurs, afin qu'elles louent avec moi le Seigneur tout aimable, à cause de ses bienfaits. » Toutes accourent; car elles trouvaient en elle un sujet de grandes consolations et de joie. Elle se mit à entonner le *Te Deum*. Elle chantait seule un verset, et les sœurs chantaient après elle le verset suivant. Le *Te Deum* étant fini, elle revint entièrement à elle-même. Ayant appris alors des autres ce qu'elle avait fait, elle eut honte et s'enfuit toute confuse, disant qu'elle était folle. Une des sœurs ayant voulu la retenir de force, elle souffrit de grandes douleurs.

Plus tard, elle quitta sa famille pour aller au château de Loen, sur la frontière allemande, où elle resta neuf ans près d'une sainte religieuse nommée Ivetta. Là on l'entendit souvent encore chanter, même hors de l'extase, surtout la nuit, quand elle assistait à Matines, et qu'elle restait seule les portes fermées. Elle allait et venait dans le couvent, chantant en latin d'une voix si ravissante que ce semblait être plutôt le chant d'un ange que celui d'un mortel. Il était si délicieux à entendre qu'il surpassait non-seulement le son des plus beaux instruments, mais encore la voix humaine la plus douce. Et cependant ce chant n'était pas comparable à celui qui sortait du fond de sa poitrine lorsqu'elle était en extase. Elle n'avait du reste reçu aucune instruction dans son enfance; et malgré cela elle comprenait très-bien le latin qu'elle chantait, comme aussi elle expliquait d'une manière étonnante les passages de la sainte Ecriture lorsqu'elle était interrogée à ce sujet par ses amies.

Pierre Pétrone.

Ce chant accompagne quelquefois l'illumination extatique. Il en fut ainsi chez le bienheureux Pierre Pétrone, Chartreux. Les frères qui s'arrêtaient devant sa cellule, soit le jour, soit la nuit, entendaient les sons les plus doux et les chants les plus délicieux. Poussés par la curiosité, ils forcèrent la porte. Mais, après avoir regardé de tous côtés, ils ne trouvèrent personne, excepté le saint religieux. Son visage était resplendissant de lumière, et brillait d'une majesté céleste: de sorte que tous se mirent à pousser des cris d'allégresse. (*A. S.*, 29 mai.)

Des sons que l'on entend autour des saints.

Outre ces voix qui sortent des extatiques ou de ceux qui sont entrés dans des états extraordinaires, il en est d'autres que l'on entend autour d'eux sans qu'on puisse chercher en eux leur origine, et que l'on doit à cause de cela attribuer à des êtres supérieurs. C'est surtout pendant le service divin, et particulièrement à la messe, que ce phénomène se produit. Souvent en effet on a entendu des chœurs invisibles entonner autour d'un saint le *Sanctus* ou d'autres chants. Les faits de ce genre se présentent plus souvent encore à la mort des saints, au moment où leur âme se dégage des liens du corps. Ces exemples sont si fréquents que nous nous contenterons de citer ici les noms de ceux qui, rien que dans l'ordre des frères Mineurs, ont été favorisés de ce privilége; ce sont : Antoine de Ganazas, Lucius Dominique, Marie d'Amarante, Cath. Bernardine, Hélène Riderin, Jeanne de Saint-Étienne, Marie Suarez, Marie de Lucie, Bernardin de Rhegio, Anne Dabershoferin, Cunégonde de Sandacio, Léonore Ulloa, Cath. Menriquia. (*Ménologe de saint François.*)

CHAPITRE XIV.

De l'extase considérée dans les régions de la vie inférieure, et de la transformation qu'elle opère dans le corps. De la stigmatisation dans ses deux premiers degrés, la couronne d'épine et la plaie du côté. Première préparation. Le calice et la sueur de sang. Véronique Juliani. Catherine de Raconisio. Sainte Lutgarde. La couronne d'épines toute seule. Véronique Juliani. La double couronne présentée au choix de l'extatique. Catherine de Raconisio. Christine de Stumbelen. Ursule Aguir. La plaie du côté. Véronique Juliani. Jeanne Marie de la Croix, Cécile de Nobili. Martine d'Avila. Marie Villana. Angèle de la Paix.

L'homme a été créé à l'image et à la ressemblance de Dieu. Il a été créé par le Père, dans le Fils, que le Saint-Esprit unit au Père par le lien de l'amour. De même donc que le Père rayonne éternellement au dedans de soi dans le Fils par le Saint-Esprit, ainsi produit-il au dehors, dans le temps, par le Fils et dans le Fils, toutes les créatures, et par conséquent l'homme. L'univers entier porte donc cette triple empreinte, les esprits célestes aussi bien que les puissances et les éléments de la création inférieure, les uns plutôt comme image, les autres plutôt comme simple ressemblance, tandis que l'homme, composé de deux natures, porte à la fois l'empreinte de la divinité et comme ressemblance et comme image. Mais parmi les esprits célestes, une partie, abusant de la liberté que Dieu leur avait donnée, ont détourné leurs regards de celui à l'image de qui ils avaient été créés; et, se regardant avec complaisance en eux-mêmes comme en un miroir, ils ont défiguré d'abord en eux l'image du Créateur. Puis, par contre-coup, dans la nature extérieure s'est trouvée altérée en partie la ressemblance de la Divinité. L'homme n'a pas su échapper à cette altération. Par suite du péché auquel il s'est laissé aller, l'image de Dieu a été défigurée dans son âme; puis, par une conséquence nécessaire, la ressemblance divine s'est altérée dans son corps. Placé comme médiateur entre le monde des esprits et la nature extérieure, et trouvant ainsi déformés les deux termes qu'il devait unir, il a participé à leur difformité et dans son corps et dans son âme; et c'est ainsi que son être tout entier a été profondément altéré. L'image de Dieu une fois troublée en lui, la créature, à laquelle il avait cru de préférence à Dieu, a gravé à la place de Dieu son empreinte en son âme. Son corps a pris aussi le reflet de la nature extérieure bouleversée par les anges rebelles, et de dures dissonances ont commencé à crier au centre de son être.

A partir de ce moment, deux effets se sont produits en lui : l'un, effet de la chute, par lequel l'homme tombé, et mis en rapport avec les puissances des ténèbres, peut rendre ce rapport plus intime encore, effacer davantage en soi l'image divine, et y graver à la place celle du démon, en se transformant pour ainsi dire en lui. Puis, à côté de ce mouvement de dépression, s'est produit, surtout depuis la rédemption, un mouvement contraire, qui a pour but de réconcilier dans l'homme l'âme et le corps, c'est-à-dire l'image et la ressemblance de Dieu, d'effacer tout ce qui peut souiller l'un et l'autre ou les mettre en désaccord, et d'y rétablir ensuite l'empreinte divine, afin que l'homme devienne de nouveau un miroir fidèle de la sainte Trinité.

Cette œuvre de restauration, commencée par le baptême, se continue par une vie chrétienne; et les sacrements viennent y ajouter leur vertu sanctifiante. L'ascèse chrétienne amène la crise; et la transformation qui doit régénérer l'homme perdu s'achève dans l'extase. Mais comme trois choses ont été perdues par le péché, et doivent être par conséquent retrouvées, l'extase a trois degrés aussi. Sous l'influence spéciale et la forme du Fils qui nous a sauvés par sa mort, et qui est le commencement de toutes choses, parce qu'il est la voie, la vérité et la vie, l'extase transforme la vie inférieure, et restaure pleinement dans le corps de l'homme la ressemblance divine. Sous la forme et l'inspiration du Saint-Esprit, qui, comme moteur souverain, doit développer toute œuvre commencée, elle rétablit l'harmonie entre l'image de Dieu, qui est dans l'esprit, et sa ressemblance, qui est dans le corps. Sous la forme du Père enfin, qui est la fin suprême et la perfection de toutes choses, elle achève la renaissance de l'homme, en rétablissant en lui l'image de Dieu dans toute sa magnificence et sa gloire.

Mais comme la mystique purgative doit nécessairement précéder la mystique illuminative et unitive, c'est une loi fondamentale de toute mystique, que personne ne peut monter avec Notre-Seigneur le Thabor de la transfiguration avant d'avoir monté avec lui aussi le Calvaire du crucifiement. Il est convenable, en effet, que la charité véritable et effective soit bien établie dans l'homme avant qu'il puisse participer à la passion du Sauveur par la vivacité des sentiments de compassion qu'elle lui inspire; et ce n'est qu'alors qu'il peut recevoir avec action de grâces de la main de Notre-Seigneur, et comme un présent libre de sa part, la transfiguration qu'il lui a acquise par ses souffrances. L'image en laquelle la créature se trouve alors transformée n'est pas celle de Jésus-Chsist glorifié, mais celle de Jésus-Christ souffrant. L'œuvre de la rédemption, après avoir traversé toutes les formes de la douleur, s'est terminée par la mort de la croix; puis, dans la résurrection qui a vaincu la mort, et dans l'ascension qui l'a suivie, s'est accompli le retour aux régions supérieures. Il en est ainsi de l'œuvre de la restauration dans l'état extatique. Il faut d'abord que le vieil homme meure entièrement, en s'associant par une tendre compassion aux souffrances de Notre-Seigneur, et que le péché et la mort soient ainsi domptés complétement. Pour que l'image de Jésus glorifié puisse ressusciter dans l'homme mystique, il faut que ce que le péché a obscurci en lui meure par une imitation de la mort du Sauveur, et monte ensuite des profondeurs du tombeau jusqu'aux hauteurs de la transfiguration. L'homme, en cet état, marqué de tous les signes du Sauveur mourant, portant dans tout son corps les plaies du crucifié, retourne en quelque sorte avec lui jusqu'aux portes de la mort; et là, après s'être renouvelé dans la douleur et l'angoisse, il ressuscite avec les signes de la gloire, et recouvre peu à peu l'empreinte parfaite de l'image divine. Ce phénomène est ce qu'on appelle la stigmatisation, dont nous allons nous occuper ici.

La couronne d'épines et la plaie du côté

La stigmatisation, cette transformation profonde de la vie inférieure dans l'homme, ne se produit pas ordinairement tout d'un coup avec tous ses phénomènes : mais elle s'étend peu à peu et par degrés dans les diverses régions de la vie, et n'achève son œuvre qu'après les avoir toutes soumises à son action. Ce n'est pas d'une manière inopinée, et comme dans un éclair, qu'elle a coutume de se produire, mais à chaque degré elle s'annonce ordinairement par des signes de plusieurs sortes. C'est à l'étude de ces degrés et de ces signes que nous allons consacrer les paragraphes suivants.

Véronique Giuliani.

Comme Véronique Giuliani, en 1693, à l'âge de trente-trois ans, se préparait à vivre entièrement en Notre-Seigneur, pour qu'il ressuscitât en elle, Dieu lui montra un calice mystérieux où elle reconnut aussitôt l'annonce des souffrances de la passion qu'elle devait prendre plus tard sur elle. Cette même vision se représenta les années suivantes sous différentes formes. Le calice lui apparaissait tantôt environné d'éclat, tantôt, au contraire, simple et sans aucun ornement. Il lui semblait tantôt que la liqueur qu'il contenait bouillonnait et coulait en grande quantité pardessus ses bords, et tantôt qu'elle débordait lentement et goutte à goutte. L'esprit en elle était toujours disposé à vider jusqu'au fond le calice qui lui était présenté, mais la chair reculait d'effroi. L'esprit enfin l'emporta sur la chair; et poussant un profond soupir : « Seigneur, dit-elle, quand viendra l'heure où vous me donnerez ce calice? J'ai soif, j'ai soif, non de consolations, mais d'amertumes et de souffrances. » Une nuit enfin, pendant qu'elle priait, le Sauveur, cédant à ses instances, lui apparut avec le calice et lui dit : « Il dépend de toi de le prendre et de le goûter, mais non encore à cette heure. Prépare-toi à le prendre quand le temps sera venu. » Elle eut ensuite des apparitions de la sainte Vierge qui lui donnèrent du courage.

Le Seigneur lui apparut une autre fois attaché à la colonne, couvert de plaies et de sang, tenant le calice à la main, et il lui dit : « Regarde ces plaies, ma bien-aimée, ce sont autant de voix qui t'invitent à boire ce calice amer que j'ai bu moi-même. Je te le donne, et je veux que tu l'essayes. » Il disparut alors, mais le calice lui resta devant les yeux. Elle se sentit fortifiée dans son corps et dans son âme, et son cœur brûlait du désir d'obéir à la volonté de Dieu. Mais la nature reculait à la vue de ce calice, et une fièvre violente s'empara d'elle. Quelquefois elle voyait cette coupe versée sur elle; et elle se sentait alors pénétrée par un feu qui la consumait et qui augmentait sa soif à mesure qu'elle buvait davantage. D'autres fois encore, elle voyait une goutte tomber du calice sur ce qu'elle mangeait, et son palais gardait longtemps un goût d'amertume et de fiel qui la faisait beaucoup souffrir. Si elle regardait les gouttes, il lui semblait qu'elles se changeaient en lances et en épées qui lui perçaient le cœur de part en part. Il lui fallut encore avec cela, pour obéir à ses supérieurs, subir de la part des médecins un traitement qui ne fit qu'augmenter le mal. Puis elle eut à lutter contre de nombreuses tentations, et fut tourmentée par une sécheresse intérieure telle que les agonies de la mort ne lui semblaient pas plus cruelles. Ces détails, donnés par elle-même, ont été recueillis dans sa Vie sur des documents très-authentiques par M. Salvatori, prêtre à Rome en 1803, p. 60.

Un autre calice, précurseur et annonce d'un état semblable, fut présenté aussi à Catherine de Raconisio, née en Piémont dans le lieu qui porte ce nom, l'an 1486. A l'âge de quatre ans, comme elle regardait une image représentant le martyre de saint Pierre, et qu'elle sentait un vif désir de l'imiter, le saint apôtre lui offrit un calice en lui disant : « Ma fille, prends et bois le sang de celui qui t'a rachetée, afin que, fortifiée par lui, tu puisses boire aussi le calice de sa passion très-amère. » A peine en avait-elle bu quelques gouttes qu'elle se sentit comme enivrée d'amour pour Dieu ; de sorte qu'elle pouvait à peine se tenir sur ses pieds, et qu'elle fut obligée de s'appuyer contre les murs de l'église. On le voit, de même que la passion du Sauveur, qui sert de type à celle de ses saints, a commencé au jardin des Olives, ainsi c'est là que la passion de ces derniers doit commencer ; et ceux qui marchent dans ses voies doivent boire au même calice qui lui a été présenté dans ce lieu. La sueur sanglante qu'il y a répandue doit donc aussi se reproduire dans la passion mystique qu'ils éprouvent, et nous la retrouvons souvent, en effet,

Cath. de Raconisio.

dans ce premier acte qui sert d'introduction à tous les autres.

Sainte Lutgarde. Nous pourrions citer ici un grand nombre d'exemples : nous nous contenterons de rapporter celui de sainte Lutgarde, qui, lorsqu'elle méditait la passion du Sauveur, étaient souvent ravie en extase. Son corps était alors inondé d'une sueur de sang, qui coulait aux yeux de tous, de son visage et de ses mains. (Henriquez, *de B. Lutgard.*, 16 jun.) Quelquefois au calice s'ajoute une croix, comme il arriva pour Cath. de Raconisio. Notre-Seigneur lui mit en effet, par deux fois différentes, sa croix sur les épaules pour l'éprouver ; et comme à la seconde fois elle l'accepta avec résignation, une de ses épaules resta toute sa vie chargée comme d'un poids très-lourd, et plus basse que l'autre ; et elle y sentait des douleurs qui augmentaient tour à tour. (Sa vie, écrite par Razzi, sur les manuscrits de Pic de La Mirandole, a été insérée par Marchèse, dans le *Diario Dominicano*, t. V, sept.)

Ordinairement la stigmatisation proprement dite commence par la présentation de la couronne d'épines, et avec des circonstances qui sont toujours à peu près les mêmes.

Véron. Giuliani. Véronique Giuliani raconte elle-même ce qui lui est arrivé en ce genre, lorsque le calice de la passion lui fut offert : « Comme je priais avec un grand recueillement, nous dit- « elle, dans la nuit du 4 avril 1694, j'eus une vision où « le Seigneur m'apparut avec une couronne d'épines ; je « lui dis : Mon bien-aimé, donnez-moi ces épines, car « elles sont pour moi, et non pour vous, ô mon Souverain « bien. Je l'entendis me répondre : Je viens précisément « pour couronner ma bien-aimée. Puis il ôta la couronne « de dessus sa tête et la mit sur la mienne. La douleur « que je ressentis en ce moment fut telle que je ne me « souviens pas d'en avoir jamais éprouvé de plus grande. « Lorsque je fus revenue à moi, les souffrances conti- « nuèrent ; de sorte que ne pouvais me tenir sur les pieds « et que je me sentais défaillir. Je priai donc le Seigneur « de me donner la force de remplir les fonctions que j'avais

« au couvent, et de cacher aux autres les grâces qu'il « daignerait m'accorder. Je recouvrai aussitôt mes forces, « de sorte que je pus vaquer à mes occupations ordinaires : « mais je sentais toujours la douleur que me causaient les « épines ; et toutes les fois que je penchais la tête, il me « semblait que j'allais rendre l'âme. Dans la suite, toutes « les fois que, pendant la prière, le désir de souffrir se « renouvelait en moi, je sentais les épines s'enfoncer « davantage dans ma tête ; de sorte que j'étais renversée « par la douleur, et restais ainsi longtemps sans connais-« sance. Mais tout cela ne faisait qu'enflammer davantage « en mon cœur le désir de souffrir, désir qui était tou-« jours suivi d'une nouvelle souffrance, de sorte qu'une « douleur semblait en appeler une autre. »

Cet état dura toute sa vie, c'est-à-dire pendant trente-quatre ou trente-cinq ans ; et si l'on en juge par ce qu'elle a écrit dans les douze premières années qui ont suivi son couronnement douloureux, il paraît que les douleurs furent pendant tout ce temps plus ou moins fortes, mais continues ; qu'elles augmentaient tous les vendredis et les jours de jeûne, et que pendant la semaine sainte elles étaient intolérables. Elle disait alors à Dieu : « Seigneur, si c'est vous qui enfoncez ces épines, enfoncez-les davantage encore pour que je souffre plus. » La chose étant parvenue à la connaissance de ses supérieurs, ceux-ci chargèrent la sœur Florida Ceoli d'examiner sa tête. Elle le fit, et voici ce qu'elle affirma plus tard par serment. Il y avait autour de son front un cercle rouge, rempli quelquefois de bosses grosses comme la tête d'une épingle. D'autres fois, il était entouré de taches violettes, ayant la forme d'épines qui descendaient vers les yeux, et parmi ces empreintes il y en avait une qui allait jusque sous l'œil droit. Des larmes étant tombées de cet œil, elle les avait recueillies avec un voile et les avait trouvées sanglantes.

Cependant l'évêque Ant. Eustochy, ne se contentant pas du rapport de la sœur Florida, envoya des médecins et des chirurgiens qui entreprirent de la guérir, et il lui fournit ainsi l'occasion d'acquérir de nouveaux mérites. Les médecins lui oignirent d'abord la tête avec une certaine huile qui lui causa de telles ardeurs qu'elle croyait que son crâne était en feu, tandis qu'elle sentait au contraire un froid glacial au dedans du cerveau. Ils furent donc d'avis de lui appliquer des moxas sur la tête et sur un pied. Le courage qu'elle montra dans cette circonstance remplit d'admiration tous les assistants. Aucune des sœurs ne pouvait soutenir le spectacle des douleurs qu'elle souffrait; pour elle, elle encourageait le chirurgien Massana; et il semblait, à l'expression de son visage, qu'il opérait sur une statue de pierre. La plaie faite à la tête par le moxa se ferma au bout de quelques jours, et les douleurs devinrent intolérables. On lui en appliqua un autre au cou; mais il fallut renoncer à ce moyen, parce que ses nerfs étaient tellement irrités qu'elle n'avait de repos ni le jour ni la nuit. Les médecins résolurent alors de lui mettre un séton; mais les religieuses refusèrent de se prêter à cette nouvelle opération. Elle se chargea donc elle-même d'aider les médecins; et quoique cette opération fût encore plus douloureuse que la précédente, elle la souffrit avec le même courage et la même fermeté. La sensation du froid disparut, mais l'état de la tête était toujours le même. On lui mit un vésicatoire sur les deux bras. A partir de ce moment, aux autres maux dont elle souffrait se joignirent de telles crampes aux bras et aux pieds qu'on fut obligé de laisser sécher les deux vésicatoires. On lui mit encore des emplâtres volants derrière les oreilles. Mais comme aucun remède ne réussissait et que le mal ne faisait qu'augmenter, la faculté s'avoua vaincue, et déclara que l'état de la sainte était surnaturel, et qu'ils n'y pouvaient rien. (Sa Vie, liv. II, ch. II.)

Cath. de Raconisio.

Le plus souvent cependant deux couronnes sont présentées aux extatiques; l'une de fleurs ou d'un métal précieux, et l'autre d'épines; de sorte qu'elles peuvent choisir entre l'une et l'autre. C'est ainsi que Notre-Seigneur apparut à la bienheureuse Catherine de Raconisio, lorsqu'elle n'avait encore que dix ans. Elle choisit la couronne d'épines pour être plus semblable à son bien-aimé. Celui-ci lui répondit en souriant : « Je loue ta grandeur d'âme dans le choix que tu fais. Mais tu n'es encore qu'un faible enfant, et tes forces ne sont point en proportion avec ton cœur ; je ne couronnerai donc point encore ton front avec un diadème si douloureux : je te le garde pour plus tard. » Elle le reçut plus tard en effet ; et Pic de La Mirandole, qui le vit lui-même pendant qu'il se trouvait dans la ville qu'elle habitait, le décrit en ces termes : « Elle avait tout autour du crâne un cercle formé par un enfoncement assez large et assez profond pour qu'un enfant pût y mettre le petit doigt, et autour duquel étaient comme des bourrelets où il y avait du sang ramassé. Elle me raconta qu'ils saignaient souvent et abondamment. Je l'ai vue moi-même fréquemment souffrir, à cause de cette couronne, les douleurs les plus violentes, et ses yeux se couvraient d'un nuage sanglant. » (Marchèse, c. IV.)

Christine de Stumbelen reçut aussi la couronne d'épines ; et celle-ci semble avoir pénétré, comme chez Catherine de Raconisio, jusqu'aux os du crâne. Pierre de Dacie raconte dans sa Vie qu'elle la reçut huit jours avant la semaine sainte, et qu'il a vu bien souvent lui-même le sang couler de sa tête sous son voile ; de sorte qu'il formait quelquefois sur le visage trois ruisseaux larges chacun de trois doigts. (*A. S.*, 22 jun.) Après sa mort son corps fut transporté à Nideck, et de là, en 1583, à Juliers, dans un tombeau qu'on lui avait érigé en ce lieu. Sur son crâne, conservé à Nideck, on voit une espèce de couronne de la largeur d'un doigt, allant de l'occiput à la partie antérieure, toujours en s'élargissant, de sorte qu'elle touche presque les oreilles. Elle est d'une couleur verte, et semée de points rouges qui ressemblent à des pointes d'épines. C'est ainsi que l'ont vue Steinfinder et Lulle, qui en ont rendu témoi-

Christine de Stumbelen.

gnage dans des écrits composés à ce sujet, comme on peut le voir dans les actes de la sainte. (L. V, 63.)

Ursule Aguir.

Notre-Seigneur mit aussi la couronne d'épines sur la tête d'Ursule Aguir, du tiers ordre de Saint-Dominique, et il lui prédit en même temps qu'*elle aurait bientôt* beaucoup à souffrir. Elle mourut en 1608. (Steill, 8 sept.) Steph. Quinzani de Soncino, née en 1457, éprouvait tous les vendredis les douleurs de la sueur sanglante et du couronnement d'épines; et souvent la couronne d'épines était visible sur sa tête. (*Ibid.*, 2 jan.) Jeanne Marie de la Croix, Clarisse, à Roveredo, morte en 1673, avait aussi la couronne d'épines qu'elle cachait sous son voile. (*Ibid.*, mars.) Il en était de même de Marie Razzi de Chios, née en 1552; de Marie Villana, morte en 1670; de la sœur Vincent Ferrier de Valence, morte en 1515; de la sœur Philippe de Saint-Thomas, *etc.* (*Ibid.*, t. I, p. 10, 49, 515; t. II, p. 567.) Quelquefois les extatiques éprouvent seulement les douleurs du couronnement d'épines sans aucune trace extérieure et visible, comme, par exemple, la sœur Cath. Cialina, du tiers ordre de Saint-François, vers 1619, en Italie, et la sœur Émilie Bicchieri de Verceil. (*Menolog. Francisc.*, 472; Steill, II, 14). Une fois aussi il est arrivé qu'une partie seulement de la couronne d'épines s'est empreinte sur la tête. C'est ainsi que Ritta de Cassia, de l'ordre des Augustines, considérant un jour aux pieds de son crucifix la passion de Notre-Seigneur, conçut le désir de participer à quelques-unes de ses souffrances. Elle vit alors une des épines les plus aiguës se détacher de la couronne qui était sur la tête du crucifix, se diriger vers son front, et y faire au milieu une blessure profonde. Elle supporta ce mal avec une grande patience jusqu'à sa mort, quoiqu'il lui causât des douleurs très-vives, et la cicatrice se voit encore sur son cadavre, qui s'est conservé intact. (Torellus, dans son *Histoire de l'ordre des Augustins*, année 1430.)

Avec la sueur de sang et le couronnement d'épines,

apparait souvent en même temps la plaie du côté. Ici encore nous avons un document écrit par sainte Véronique Giuliani, sur l'ordre de son confesseur. Dans l'hiver de 1696, comme elle s'était livrée aux pratiques de la piété avec une nouvelle ferveur, le feu de l'amour divin s'alluma dans son âme, et à la fête de Noël elle s'en trouva comme enivrée. Chargée de réveiller les sœurs du couvent pour Matines, elle leur cria : « Ne remarquez-vous pas, mes sœurs, que le matin approche? Il n'est plus temps de dormir : debout! levez-vous. » Puis le Seigneur lui apparut sous la forme d'un enfant charmant et plein de bonté. « Il avait à la main, dit-elle, un bâton d'or, au haut duquel semblait brûler une flamme, tandis qu'à l'autre bout il avait une pointe de lance. L'Enfant Jésus mit le haut du bâton sur ma tête, et la pointe de la lance sur mon cœur, et je le sentis aussitôt transpercé de part en part. Puis tout à coup je ne vis plus rien dans sa main. Mais il me regarda avec bienveillance, et me fit comprendre que je lui étais unie désormais par un lien très-étroit. J'appris et vis alors beaucoup de choses; mais comme il ne m'en est resté qu'un souvenir confus, je n'en parle pas. Revenue à moi, j'étais comme folle, et ne savais ce qui m'était arrivé. Je sentais que j'avais au cœur une plaie ouverte, mais je n'osais y regarder. En ayant approché un mouchoir, je le retirai taché de sang, et j'éprouvai une grande douleur. Lorsque ensuite vous m'avez ordonné d'examiner si la blessure était réelle, je l'ai fait, et j'ai trouvé la plaie ouverte. L'ouverture était large comme le dos d'un gros couteau; cependant elle ne saignait pas alors, et l'on voyait la chair fraiche. Voilà ce qui m'est arrivé. Huit jours plus tard, au premier de l'an, la plaie se remit à saigner, et resta longtemps ouverte. Que tout soit pour la gloire de Dieu. » (Sa Vie, p. 98.)

Sainte Vér. Giuliani.

Ces blessures ne sont pas seulement superficielles, mais elles pénètrent jusqu'au cœur lui-même. Jeanne M. de la

Jeanne M. de la Croix.

Croix, à Roveredo, avait la plaie du côté, qui resta comme les autres rouge et sanglante, même après sa mort. Lorsqu'on ouvrit son corps, on vit que la blessure allait jusqu'au cœur. Cécile de Nobili, de l'ordre des Clarisses, à Nuceria en Ombrie, qui vivait vers 1655, souffrit dans sa dernière maladie des douleurs très-violentes au cœur. Elle mourut à l'âge de vingt-cinq ans. On ouvrit son corps, et l'on trouva au cœur, vers la poitrine, une plaie triangulaire qui semblait avoir été faite par une lance et qui se rétrécissait par en bas. (Huber, mars, p. 766, et juillet, p. 1454.) La même chose arriva à Martine d'Arilla à Benevarre, comme elle l'avait prédit à son confesseur.

Cécile de Nobili.

Ce n'est pas toujours une lance ou une flèche qui sert d'instrument pour produire ces sortes de blessures chez les extatiques. Gabrielle de Piezolo, à Aquila, vit le Sauveur lui apparaître avec la plaie du côté toute saignante. Comme elle l'embrassait avec le sentiment d'une tendre compassion, son côté s'ouvrit à elle-même et ne cessa plus de saigner jusqu'à sa mort (*Ibid.*, juin, p. 1257). Quelquefois c'est un séraphin qui paraît à la place de Notre-Seigneur. C'est un séraphin qui blessa Marie de Sarmiento. C'en est un aussi qui blessa avec une flèche enflammée le cœur de sainte Thérèse, où l'on aperçoit encore aujourd'hui les traces de la blessure. On peut citer encore Marguerite Columna, dont le côté droit fut ouvert et continua de saigner toujours; et Marie Villana, fille du margrave de la Pella, qui fut blessée par une flèche, et eut aussi le saignement extatique; Claire de Bugni, du tiers ordre de Saint-Dominique, qui, vers 1514, méditant la passion du Sauveur, sentit son côté s'ouvrir, et dont la plaie rendait souvent un sang très-odorant (Steill, I, p. 515 et 1802.)

Angèle de la Paix.

La sœur Angèle de la Paix étant un jour devant une image de saint Laurent, les flammes qui environnaient le saint martyr allumèrent en elle le feu de l'amour divin. Comme elle était en cette disposition, le Seigneur, lui apparaissant sous la forme d'un enfant, lui toucha du doigt la poitrine, et il lui sembla qu'elle avait été frappée d'un éclair. Son cœur était transpercé. Il ne sortait pas encore de sang de la plaie ; mais de sa poitrine s'échappaient des ardeurs qui la consumaient ; de sorte que tout lui paraissait brûlant, non-seulement ses habits, son lit et la terre où elle marchait, mais encore l'eau froide. Ruisselante de sueur, elle ne trouvait nulle part de rafraîchissement, et pouvait bien dire avec l'épouse du Cantique : « Votre amour est fort comme la mort. » Plus l'amour augmentait dans son cœur, plus elle désirait d'en être consumée ; et c'est alors qu'elle fut blessée réellement. Le jeudi saint 1634, à l'âge de vingt-quatre ans, comme elle était dans sa cellule, occupée à méditer sur la passion de Notre-Seigneur, lorsque dans le cours de sa méditation elle fut arrivée au coup de lance qui lui perça le cœur, le sien fut rempli d'une si tendre compassion qu'il lui sembla qu'il allait se briser. L'Enfant Jésus lui apparut alors ; et lui ouvrant sa poitrine, il lui montra son cœur transpercé. Elle fut saisie d'une telle douleur à cette vue qu'elle faillit mourir. S'étant un peu remise de son impression, elle s'écria tout embrasée d'amour : « O mon Dieu ! percez mon cœur aussi avant que le vôtre l'a été par moi. » Elle sentit aussitôt sa main droite percée d'un coup de lance. Renversée à terre par la douleur, elle resta trois jours dans un état qui ressemblait à la mort. La plaie était ouverte et saignait avec une telle abondance que l'épuisement l'empêcha pendant un mois de quitter le lit ; et son confesseur Cornelio craignit pour sa vie. Le sang était épais, et tellement rouge qu'on pouvait à peine laver dans plusieurs eaux la laine qui en avait été pénétrée. Avec le sang, il sortait aussi de la plaie une eau qui n'avait de commun avec l'eau ordinaire que sa fluidité. Elle était très-chaude et comme bouillante ; de sorte que, s'il en tombait une goutte sur la main, non-seulement elle brûlait, mais elle y faisait une ampoule. La blessure resta ainsi ouverte pendant plusieurs années, avec une si grande perte de sang que le P. Cornelio craignit à la fin qu'elle n'en fût complétement épuisée. Un jour donc il lui ordonna fortement, au *nom de l'obéissance*, de fermer cette plaie. La plaie se ferma aussitôt; et cependant à la mort de Cornelio elle se rouvrit et saigna encore, moins cependant qu'auparavant, et seulement les vendredis et les jours de fête. Le confesseur qu'elle eut après lui la ferma de nouveau; et Angèle garda jusqu'à sa mort une cicatrice parfaitement visible (Marchèse, p. 525).

CHAPITRE XV.

De la stigmatisation complète. Première apparition des stigmates sur saint François d'Assise. Des symptômes qui annoncent leur approche. Marguerite Ebnerin. Disparition des stigmates à leur origine. Sainte Catherine de Sienne. Ursule de Valence. Hélène de Hongrie. Hiéronyme Carvaglio. Liduine. La stigmatisation complète. Véronique Giuliani. Jeanne de Jésus-Marie. Élisabeth de Spalbeck. Gertrude de Costen. Jeanne de la Croix. Les stigmates déjà formés disparaissent en tout ou en partie.

On a cru trouver les premières traces de la stigmatisation dans ces paroles de l'apôtre saint Paul : *Je porte les stigmates de Notre-Seigneur*, sans pouvoir, il est vrai, appuyer cette interprétation sur la tradition de l'Église. Il est même beaucoup plus probable que l'Apôtre veut parler ici des mauvais traitements qu'il a soufferts au service de Notre-Seigneur. Ce qui rend cette interprétation mystique plus douteuse encore, c'est que dans toute l'antiquité chrétienne on ne trouve pas un seul exemple de stigmatisation proprement dite; de sorte que c'est principalement par là que la mystique nouvelle semble se distinguer de l'ancienne. Le premier que l'on croit avoir eu les stigmates est saint François; et cette circonstance doit nous engager à insister davantage sur ce fait, et à le rapporter ici en détail, d'après les documents authentiques qui nous ont été conservés par saint Bonaventure et d'autres contemporains du saint, afin que nous puissions avoir ainsi une idée complète de ce phénomène.

François partageait sa vie entre l'action et la prière, passant tour à tour de la contemplation la plus sublime aux œuvres de miséricorde à l'égard du prochain. Afin de méditer plus à son aise, il se retirait de temps en temps sur le mont Alverne, dans les Apennins. Là il jeûna pendant quarante jours en l'honneur de l'archange saint Michel, abîmé dans la prière et enflammé d'amour. Il fut pendant ce temps favorisé d'extases longues et fréquentes, où, s'entretenant avec Dieu, il reconnaissait à la fois et son infinie majesté et son propre néant. Il fit la même chose encore deux ans avant sa mort. Et comme il examinait comment il ferait pour suivre à l'avenir la volonté de Dieu, une inspiration secrète lui dit qu'il n'avait qu'à ouvrir les Évangiles, et qu'il y trouverait ce qu'il cherchait. Pour obéir à cette voix intérieure, il se mit donc en prière; puis il se fit ouvrir trois fois par son compagnon, au nom de la sainte Trinité, le livre des Évangiles placé sur l'autel. Aux trois fois le livre fut ouvert à l'endroit où il est parlé de la passion de Notre-Seigneur. Il reconnut par là que Dieu voulait que, de même qu'il s'était efforcé auparavant d'imiter la vie de Jésus-Christ, ainsi devait-il désormais l'imiter dans sa passion et ses souffrances. Et quoiqu'il fût épuisé déjà par sa vie pénitente, il résolut sans balancer d'obéir en cela à la voix de Dieu. S. François d'Assise.

Un matin donc, le jour de l'Exaltation de la croix, comme il priait sur le penchant de la montagne, et qu'il ressentait un violent désir d'être crucifié avec Notre-Seigneur, il vit descendre du ciel vers lui un séraphin qui avait six ailes enflammées et lumineuses. Lorsque le messager céleste fut près de lui, il aperçut entre ses ailes la forme d'un homme crucifié, avec les mains et les pieds étendus. Deux des ailes s'élevaient au-dessus de sa tête, deux autres étaient déployées comme pour voler, et deux autres couvraient le corps. Rempli d'étonnement à cette vue, il ressentit néanmoins une grande joie de l'apparition dont Dieu le favorisait, et une peine profonde en même temps, à cause du spectacle douloureux dont il était témoin et qui perçait son cœur comme d'une épée. Il ne comprenait pas non plus comment l'impassibilité d'un séraphin pouvait se concilier avec la souffrance. Mais le sens de cette apparition lui fut bientôt découvert, et il vit que c'était par l'embrasement de son cœur plutôt que par le martyre de la chair qu'il devait devenir conforme à Notre-Seigneur. Lorsque l'apparition eut disparu, elle laissa dans son âme de vives ardeurs, et dans ses membres de merveilleuses empreintes. Il avait en effet aux mains et aux pieds les signes des clous, tels qu'il venait de les voir sur l'image du séraphin; et au côté droit était une plaie qui semblait avoir été faite par un coup de lance. Ces plaies s'ouvrirent assez larges aux extrémités et saignèrent. Au milieu s'étaient formés, dans la chair et le tissu cellulaire, des clous semblables à des clous de fer. Ils étaient noirs, durs, avec une tête en haut, et en bas une pointe qui était comme rabattue, de sorte qu'entre eux et la peau on pouvait mettre un doigt. Ils étaient mobiles de partout; car d'un côté ils étaient pressés contre la chair, et de l'autre proéminents au contraire; mais on ne pouvait les ôter, comme s'en assura sainte Claire, qui essaya après la mort du saint de tirer un de ces clous, et ne put réussir. Il pouvait au reste remuer les doigts, et se servir de ses mains et de ses pieds comme auparavant. Cependant la marche lui était devenue difficile, et c'est pour cela qu'il allait à cheval dans ses excursions à travers le pays. La plaie du côté était profonde et large de trois doigts, comme put le constater un frère qui l'avait touchée par hasard. Elle était avec cela rouge et comme arrondie par le retirement de la chair; et souvent ses habits étaient tachés du sang qui en sortait.

On ne vit jamais dans ses plaies aucune apparence de gangrène ni de suppuration; jamais non plus le saint n'employa aucun remède pour les guérir ; et ce n'est que par un miracle qu'il a pu vivre deux années encore, malgré les souffrances et la perte continuelle de sang qu'elles lui causaient. Lorsqu'il descendit de la montagne avec ces signes, il était très-embarrassé; car, d'un côté, il ne voulait pas révéler les secrets de Dieu, et de l'autre il voyait bien qu'il ne pourrait les cacher à ceux qui étaient près de lui. Incertain s'il devait se taire ou parler, il réunit quelques-uns de ses amis les plus intimes, et leur exposa ses doutes, mais en termes généraux. Un de ceux-ci, plus pénétrant que les autres, vit bien qu'il lui était arrivé quelque chose d'extraordinaire, et lui dit que ce n'était pas pour lui, mais pour son prochain. François se décida donc à ne point cacher ce qui pouvait être pour les autres de quelque utilité, et raconta ce qu'il avait vu, ajoutant que celui qui lui avait apparu avait prononcé en même temps quelques paroles qu'il ne révélerait jamais à qui que ce fût pendant sa vie. Au reste, il cachait autant qu'il le pouvait ses stigmates, ayant soin pour cela de porter des souliers, et de se tenir les mains bien couvertes; mais, malgré toutes ses précautions, beaucoup de frères virent ce qu'il ne pouvait cacher tout à fait. Le pape Alexandre et plusieurs cardinaux rendirent témoignage de cette merveille comme témoins oculaires; et après sa mort ses stigmates furent vus par plus de cinquante frères du couvent, par sainte Claire et les sœurs de son monastère, par un nombre considérable de laïques, qui étaient accourus de tous les environs pour être témoins de cette merveille, et qui purent les toucher de leurs mains. (*La vie de saint François*, par saint Bonaventure, ch. XIII-XV.)

Dieu donna tout d'un coup, on le voit, à François ce que d'autres n'ont eu que par parties, en passant par les deux premiers degrés, à savoir les stigmates de la tête et du cœur, pour arriver au troisième, à la stigmatisation des pieds et des mains. Mais les stigmates, qui chez saint François étaient peu apparents, peut-être en partie à cause de

Marguerite Ebnerin.

la manière dont il les avait reçus, se formant peu à peu chez d'autres, ont été aussi plus sensibles. Si nous voulons connaître les dispositions de ceux chez qui les stigmates doivent bientôt paraître, nous trouvons à ce sujet des indications très-précieuses dans la vie de Marguerite Ebnerin, qui, née à Nuremberg, vécut saintement dans le couvent de Marie-Medingen, et y mourut en 1351. Une partie de sa vie a été publiée, et le reste existe en manuscrit dans les bibliothèques. La passion de Notre-Seigneur touchait son âme d'une si tendre compassion que dès qu'elle regardait seulement un crucifix elle fondait en larmes, et s'épuisait à force de pleurer. La simple méditation de la passion du Sauveur bouleversait son âme, et elle ne pouvait penser aux souffrances que Notre-Seigneur avait endurées sans ressentir elle-même, et dans son corps et dans son âme, des douleurs intolérables, qui lui arrachaient des cris que l'on entendait dans tout le couvent. Il lui sortait en même temps, par le nez et la bouche, un sang frais et clair, et elle tombait dans un état tel que ceux qui l'entouraient désespérèrent plusieurs fois de sa vie, et lui firent donner l'extrême-onction.

« Le jour des Rameaux, écrit-elle dans son journal, « j'entendis les sœurs du couvent chanter pendant la pro- « cession. Puis lorsqu'on lut la passion à la messe, mon « cœur et tous mes membres furent pénétrés d'une an- « goisse et d'une douleur si profonde que j'en fus toute « brisée, et que l'on fut obligé de me soutenir. J'éclatai « alors, et m'écriai, d'une voix plaintive et pleurante : « Hélas! Jésus, mon bon maître, hélas! mon tendre « amour! Et je ne pouvais m'empêcher de parler. Mais il « m'est impossible de décrire l'amour qui consumait mon « cœur et l'ineffable douceur que je sentais dans la pré- « sence compatissante de Dieu. Une autre fois, le vendredi « saint, après Matines, par trois fois différentes, je me mis « à crier : Hélas! mon Seigneur Jésus; et je ressentis une « douleur si profonde que rien ne pouvait me consoler

« quand je considérais ce que mon Sauveur a souffert pour « nous en ce jour. Sa passion m'est aussi présente que si « je l'avais sous les yeux ; et mon esprit en est tellement « plein que je ne puis penser à sa gloire éternelle, à la « beauté et à la clarté qu'il a dans le ciel.

« Comme les sœurs qui étaient près de moi cherchaient « à me consoler, je sentis aux mains une souffrance inté- « rieure, comme si elles étaient étendues, déchirées et « transpercées, et je crus que je ne pourrais plus jamais « m'en servir. J'éprouvai aussi dans la tête une douleur « extraordinaire, comme si on y eût enfoncé quelque chose « de piquant. Elle était agitée par un tremblement très- « rapide ; de sorte que les sœurs durent faire tous leurs « efforts pour la soutenir, et encore eurent-elles bien de « la peine à y réussir. Je me suis ressentie de ce tremble- « ment longtemps encore après Pâques, lorsque je priais « avec ferveur, que je lisais ou que je parlais. Je me sens « encore aujourd'hui comme brisée dans tous mes mem- « bres, et particulièrement au côté, au dos et dans les os, « et il me semble que je souffre les douleurs de l'agonie ; « il n'en faudrait pas davantage pour me faire mourir, si « c'était la volonté de Dieu. »

Un jour le Seigneur lui révéla l'heure où il avait eu la sueur de sang au jardin des Olives, et ce qu'il avait souffert depuis ce moment jusqu'à sa mort. Cette révélation l'avait plongée de nouveau dans une douleur profonde, qui dura depuis le dimanche de la Passion jusqu'à la fête de Pâques. Mais le samedi saint, au moment où on allait chanter le *Regina cœli*, le Seigneur lui rendit subitement la santé au grand étonnement de tout le monde ; de sorte qu'elle put se lever, aller au chœur, et prendre part aux joies de la résurrection. « Car, dit-elle, le Seigneur sait bien que c'est le temps où il m'est donné de si douces consolations que je ne puis ni les écrire ni les dire, parce que personne ne peut le comprendre si ce n'est Dieu et celui qui l'a reçu. »

Sainte Catherine de Sienne.

Marguerite souffrit seulement les douleurs des stigmates sans que ceux-ci fussent visibles et durables. Il arrive quelquefois cependant que, sur le point de devenir visibles, ils disparaissent à la prière de ceux qui devaient en être marqués. C'est ce qui est arrivé à sainte Catherine de Sienne, d'après le récit de Raimond de Capoue, p. II, ch. 7. Une sorte d'introduction à cet acte eut lieu le 18 août 1370. Après sa communion, il lui sembla que, comme le poisson est dans l'eau et que l'eau pénètre dans le poisson, ainsi son âme était en Dieu et Dieu dans son âme. Elle était si absorbée dans son créateur qu'elle put à peine regagner sa cellule et son lit. Là elle fut élevée en l'air en présence de trois témoins, et se mit à dire à voix basse des paroles si douces que tous en furent touchés. Puis elle pria pour plusieurs personnes, parmi lesquelles était son confesseur, qui sentit de loin qu'elle priait pour lui. Comme, pendant sa prière, elle avait la main étendue, elle parut y ressentir une grande douleur qui lui fit crier en soupirant selon sa coutume : « Que Notre-Seigneur Jésus-Christ soit loué. » Obligée par son confesseur, au nom de la sainte obéissance, de lui raconter ce qui s'était passé en elle, elle lui dit : « Lorsque je demandai avec instance votre salut éternel, Dieu me le promit. « Quoique je ne doutasse pas de sa promesse, je désirais « en conserver un souvenir, et je lui dis : Seigneur, donnez-moi un signe de ce que vous ferez. Il me répondit : « Étends ta main vers moi. J'étendis la main : il prit un « clou dont il mit la pointe au milieu de ma main; et il « l'appuya si fortement qu'il sembla qu'elle en était « transpercée. Je ressentis la même douleur que si on me « l'avait enfoncé à coups de marteau. Ainsi, grâce à « Dieu, j'ai maintenant la plaie de la main droite. Personne ne le voit, mais je le sens bien, et j'en souffre toujours. »

Plus tard elle alla à Pise en compagnie de plusieurs autres, parmi lesquels se trouvait Raimond, et elle reçut l'hospitalité chez un habitant qui demeurait près de l'église de Sainte-Christine. « Le dimanche, continue Raimond, « j'y célébrai la messe, et je lui donnai la sainte communion. Elle resta ensuite longtemps en extase selon son « habitude. Nous attendions qu'elle eût repris ses sens, « afin d'en recevoir quelques consolations spirituelles, « lorsque nous vîmes tout à coup son corps prosterné à « terre se relever un peu. Puis elle s'agenouilla et étendit « les bras et les mains. Sa figure était tout enflammée. Elle « resta longtemps immobile et les yeux fermés ; puis, « comme si elle eût été blessée à mort, nous la vîmes tomber tout d'un coup, et reprendre quelques instants après « l'usage de ses membres. Elle me fit venir, et me dit à voix « basse : « Mon Père, je vous annonce que par la miséricorde de Notre-Seigneur Jésus-Christ je porte ses stigmates en mon corps. Je lui répondis que je m'en étais « douté, d'après ce qui s'était passé pendant son extase ; « et je lui demandai ce que Notre-Seigneur avait fait. J'ai « vu, dit-elle, mon Sauveur crucifié qui descendait sur « moi avec une grande lumière : l'effort de mon âme pour « aller au-devant de mon Créateur a forcé mon corps à se « relever. Alors, des cinq ouvertures des plaies sacrées de « Notre-Seigneur, j'ai vu se diriger sur moi des rayons sanglants qui ont frappé mes mains, mes pieds et mon cœur. « J'ai compris le mystère et me suis écriée : Je vous en « conjure, que les cicatrices ne paraissent pas extérieurement sur mon corps. Pendant que je parlais, les rayons sanglants sont devenus brillants, et sont parvenus en forme « de lumière aux cinq endroits de mon corps, à mes mains, « à mes pieds et à mon cœur. Je lui dis alors : Ne vous est-il venu aucun rayon au côté droit? Elle me répondit : « Non, mais au côté gauche et directement sur le cœur. « La ligne lumineuse qui venait du côté droit ne me frappait pas obliquement, mais directement. Sentez-vous, lui « dis-je, à toutes ces places une vive douleur ? Elle me « répondit alors en poussant un grand soupir : Je ressens

« à ces cinq endroits, et surtout au cœur, une douleur si « violente que sans un nouveau miracle il me semble « qu'il me serait impossible de vivre en cet état. » Peu de temps après, elle tomba dans un évanouissement plus profond que tous ceux qu'elle avait eus jusque-là; de sorte que ses amies, émues de compassion jusqu'aux larmes, craignaient pour sa vie. Revenue à elle, elle dit qu'elle voyait clairement que si Dieu ne venait à son aide elle mourrait bientôt. Ces faits se passèrent en présence du général de l'ordre des Dominicains, Thomas della Fonte, son premier confesseur et son parent; de Barthélemi Montucci, gentilhomme de Sienne et très-savant; d'Antoine comte d'Elcio, qui fut évêque plus tard en Sicile; du docteur Rainier Paglianesi de Sienne; d'Augustin de Sienne, prédicateur très-célèbre, du Dr Simon de Cascina et de Barth. de Saint-Dominique, plus tard évêque de Corone en Grèce, tous parfaitement capables de se rendre compte de ce qu'ils voyaient, tous par conséquent dignes de foi.

Ursule Aguir.

La même chose est arrivée à plusieurs autres encore, comme par exemple à la sœur Ursule de Valence, nommée aussi Ursule Aguir. Elle avait reçu de bonne heure, et avec de grandes souffrances, mais d'une manière invisible, la couronne d'épines. Elle reçut ensuite la plaie du cœur de la même manière. Celle-ci se manifesta par des crampes et des battements de cœur très-violents, des accès de suffocation et des évanouissements; de sorte qu'à chaque instant elle était près de mourir, et souffrait des douleurs inexprimables. Or, un jour de Saint-Benoît, en 1592, comme elle priait dans l'église, sainte Catherine lui apparut tenant à la main un crucifix, dont les clous se détachèrent pour venir se fixer sur ses mains et sur ses pieds. Elle s'évanouit; puis revenue à elle-même, elle conjura instamment le Seigneur de lui laisser seulement la douleur, mais non l'empreinte des stigmates qu'elle venait de recevoir; et elle fut exaucée. Tous les vendredis, ses souffrances et ses évanouissements revenaient, mais on n'apercevait aucunes traces sur ses mains ni sur ses pieds. (Marchèse, 8 septembre, p. 79.)

Hélène de Hongrie. Hélène de Hongrie étant abîmée un jour dans la contemplation de la passion du Sauveur, elle vit au-dessus de sa tête un cercle d'or, au milieu duquel était un lis blanc comme la neige. Mais lorsque, regardant en haut, elle vit un rayon sanglant descendre de la croix sur sa main droite, elle s'écria : « Seigneur, ne permettez pas que la blessure soit visible. » Elle fut exaucée, mais pour un temps seulement; car plus tard elle reçut les empreintes sacrées. (Steill, 9 nov., p. 87.)

Hiéronyme Carvaglio. Hiéronyme Carvaglio avait désiré pendant longtemps participer aux souffrances du Sauveur. Ses désirs furent enfin exaucés. Un jour qu'elle demandait intérieurement cette grâce avec une grande ferveur, elle vit descendre du ciel cinq rayons de sang mêlés de feu, qui, dirigés vers son corps, lui donnèrent ce qu'elle avait demandé; de sorte qu'elle sentit aux mains et aux pieds les douleurs des plaies de Notre-Seigneur, mais sans aucune trace extérieure, tandis qu'au côté gauche il s'ouvrit une large blessure qui saignait abondamment, particulièrement les vendredis. C'était précisément ce qu'elle avait demandé à Notre-Seigneur, parce que la plaie du côté pouvait être facilement cachée sous les vêtements. (Marchèse, octobre, p. 234.)

Liduine. C'est Notre-Seigneur lui-même qui imprima ses stigmates sur le corps de Liduine. Il lui apparut d'abord dans une vision, sous la forme d'un enfant, la regardant avec tendresse, puis il prit tout à coup celle du Sauveur souffrant. Frappée de stupeur, joyeuse et triste à la fois, son esprit fut comme absorbé dans la lumière qui rayonnait de Notre-Seigneur; et c'est pendant cet état qu'elle reçut l'empreinte de ses plaies sacrées. Craignant le concours du peuple et la vaine gloire, elle dit à Dieu : « Faites Seigneur, je vous en supplie, que ce signe de votre amour reste entre vous et moi. » Aussitôt une peau se forma au-dessus des plaies, et il n'en resta plus que la douleur et un peu de pâleur. Il en fut ainsi de Madeleine de Pazzi. Des rayons brûlants lui avaient communiqué les douleurs des cinq plaies, et elle les souffrit avec joie, quoiqu'il n'en parût rien au dehors. (Sa vie, p. II, c. 4.) La même chose arriva à sainte Colette, à Mechtilde de Stanz, à Colombe Rocasani, etc. (Steill, 27 jan. et 10 mars.) Chez Marguerite Columna, la plaie du côté était apparente, mais les autres étaient invisibles, tandis que chez Blanche de Gazinan, morte en 1564, les stigmates n'étaient visibles que sur un pied. (Steill., 11 jan.)

Véronique Giuliani.

Quelquefois Dieu n'exauce pas, pour le moment du moins, les prières de ses saints sous ce rapport, et laisse apparaitre sur leur corps l'empreinte de ses plaies. Il en fut ainsi de Véronique Giuliani, qui raconte elle-même comment la chose lui est arrivée. La plaie du côté fut renouvelée chez elle à la fête de Noël en 1696. Il parait qu'elle l'avait déjà et qu'elle s'était fermée. Dieu lui annonça en même temps qu'elle recevrait tous les stigmates le vendredi saint de l'année suivante, qui devait tomber le 5 avril. Voici donc ce qu'elle écrit dans son journal à la date du 5 avril : « Cette nuit, pendant que j'étais en méditation, le Seigneur ressuscité m'a apparu avec sa mère et les saints, comme cela m'était arrivé souvent déjà. Il m'a ordonné de me confesser. Je l'ai fait et ai commencé en ces termes : J'ai péché contre vous, ô mon Dieu ! et je le confesse en votre présence. A peine avais-je prononcé ces paroles que je fus obligée de m'arrêter par la violence de la douleur que je ressentais, en pensant aux outrages dont je m'étais rendue coupable envers Dieu. Notre-Seigneur dit donc à mon ange gardien de continuer pour moi. Il obéit, et posant sa main sur ma tête, il dit en mon nom : Dieu éternel, juge souverain, je me présente devant vous pour obéir à vos ordres, et afin de parler au nom de cette vierge et pour son salut ; et je vous confesse tous les péchés qu'elle a commis en pensées, en paroles et en œuvre.

« Pendant qu'il parlait ainsi, je crus me voir entourée de « tous les péchés que j'avais commis dans ma vie. Cependant le Seigneur m'apparut non avec un visage voilé, « mais serein et plein de miséricorde. Je reconnus qu'il « était disposé à me pardonner. Il me montra alors les « plaies de ses mains et de son côté. Comme mon ange confessait à ma place mes péchés les plus graves, je sentis « la douleur s'augmenter dans mon âme; mais Notre-Seigneur m'encouragea en me disant : Je te pardonne, et « j'efface avec mon sang tous les péchés que tu as commis « dans ta vie. J'eus alors un nouveau ravissement; car le « Seigneur attira mon âme à lui : je vis clairement tous « mes péchés, et mon âme en fut pénétrée de douleur. Mais « à mesure que mon ange accusait mes péchés je les « voyais disparaître, ce qui me donna une grande confiance, parce que je compris que mon cœur se purifiait « conformément à la volonté de Dieu, et par le mérite de « ses plaies sacrées. O Dieu! ce que j'ai ressenti dans cet « excès d'amour, je ne puis ni le dire ni l'écrire. Je ne « puis parler que des effets de cet amour en moi, de cette « douleur infinie que je ressentais de mes péchés; de sorte « que je les aurais rachetés volontiers au prix de toutes « les souffrances qu'ont endurées jusqu'aujourd'hui et « qu'endureront encore jusqu'à la fin du monde tous les « hommes, avec tous les supplices des martyrs. Mon ange « finit ma confession par une accusation générale, et me « présenta ensuite purifiée au Seigneur, qui se leva en me « disant : Va en paix, et ne pèche plus. Puis il me donna « sa bénédiction, et la vision disparut aussitôt. »

Revenue à elle, la sainte continua d'exprimer les sentiments qu'elle avait eus pendant son extase. Elle ne cessait de s'écrier : « Encore plus de souffrance, encore plus de croix. » Prenant un crucifix, elle le pressa contre son cœur, baisant avec amour les plaies de Notre-Seigneur, et demandant à partager les douleurs qu'il avait souffertes en chacune d'elles. Son cœur s'enflammait toujours davantage et battait violemment, comme s'il eût voulu sortir de sa poitrine ; de sorte qu'elle retomba bientôt en extase et comme dans une agonie mortelle. Étant revenue à elle au bout d'une heure, elle se mit à prier, et reçut les stigmates pendant sa prière. Elle eut un troisième ravissement, et le Seigneur lui apparut alors attaché à la croix, ayant sa mère à ses pieds. Véronique pria la sainte Vierge d'intercéder pour elle, parce qu'elle-même ne pouvait rien. La sainte Vierge le lui promit; et elle reçut aussitôt une vue très-claire de son néant et de la part de Notre-Seigneur l'assurance qu'il la rendrait entièrement semblable à lui. Trois fois il lui demande ce qu'elle désire, trois fois elle lui répond que c'est d'être crucifiée avec lui. « Je te l'accorde, lui dit-il, mais je veux aussi que tu me sois toujours fidèle à l'avenir. Et je te donne la grâce dont tu as besoin pour cela par le moyen de ces plaies, dont je grave l'empreinte en ton corps, comme signe du don que je te fais. » Aussitôt cinq rayons brillants sortirent des cinq plaies du Sauveur, et se dirigèrent vers elle. Dans ces rayons elle voyait de petites flammes. Quatre d'entre elles étaient les clous, et la cinquième était la lance; les clous et la lance semblaient être d'or, mais tout enflammés en même temps. Le cœur, les mains et les pieds de la sainte furent transpercés ; elle éprouva de grandes douleurs, mais elle se sentit en même temps transformée en Notre-Seigneur. Les flammes retournèrent aux rayons d'où elles étaient parties.

Réveillée de son extase, elle s'aperçut que ses bras étaient étendus et roides. Elle essaya de regarder la plaie du côté ; mais elle ne le put à cause des douleurs qu'elle ressentait aux mains. Cependant, après de nouveaux efforts, elle trouva qu'elle était ouverte, et qu'il en coulait de l'eau et du sang. Elle fut obligée, pour obéir à son confesseur, de subir un examen très-sévère dont le tribunal de l'inquisition romaine chargea Eustachi, l'évêque de son diocèse, afin de s'assurer si la chose était vraie, ou si elle n'était qu'une odieuse supercherie. Celui-ci procéda de telle sorte que l'imposture de Véronique, si elle avait existé, aurait été infailliblement découverte. Il chercha surtout à s'assurer si elle était patiente, humble et soumise, parce que c'est par là que l'on distingue les opérations de l'esprit de Dieu. Il lui ôta la charge de maîtresse des novices, l'interdit, la réprimanda au parloir avec une voix si forte qu'on l'entendait jusque dans les cloîtres du couvent. Il la traita de sorcière, d'excommuniée, et la menaça de la faire brûler au milieu du monastère. Non content de cela, il la fit enfermer dans une des chambres de l'infirmerie, et lui défendit d'écrire, d'aller au parloir, d'assister au chœur et à la messe, excepté les jours de fête, et encore était-elle obligée alors de se tenir debout à la porte comme une excommuniée, accompagnée seulement d'une sœur converse nommée Françoise, qui avait l'ordre de la traiter durement comme une hypocrite et une magicienne, et de ne pas la laisser parler aux autres sœurs. On lui interdit aussi pendant quelque temps la sainte communion, et l'abbesse lui fixa le temps qu'elle devait passer au confessionnal. L'évêque chargea en même temps plusieurs médecins de guérir ses stigmates. Après lui avoir lié les mains, on les enfermait dans des gants que l'on scellait ensuite. Ces essais durèrent jusque bien avant dans le mois d'octobre; et les plaies, au lieu de guérir, devinrent plus larges encore. Pour la sainte, elle ne se démentit pas un seul instant, resta toujours humble, résignée, calme, s'oubliant elle-même, et ne se plaignant jamais des mauvais traitements qu'elle éprouvait. Enfin l'inquisition, sur les rapports de l'évêque, se déclara satisfaite, et on laissa Véronique en repos. (Sa vie, par Salvatori, p. 99-108 et 174.)

Jeanne de Jésus-Marie subit un examen non moins sévère. Chez elle, comme chez la plupart des stigmatisés, le drame avait commencé par la présentation de deux couronnes, l'une d'épines et l'autre de fleurs. Elle choisit la première; et à partir de ce moment elle souffrit jusqu'à sa

Jeanne de Jésus-Marie.

mort des maux de tête si violents qu'on entendait craquer le crâne comme si on l'eût brisé intérieurement. Elle participa bientôt à toutes les souffrances de la passion de Notre-Seigneur. Toutes les semaines, depuis six heures du soir le jeudi jusqu'à la même heure le vendredi, elle était abîmée dans la méditation de ce drame douloureux, en suivait les actes heure par heure, minute par minute en quelque sorte, et ressentait les mêmes douleurs qu'avait endurées Notre-Seigneur, et qui étaient l'objet de sa contemplation. Ceci dura pendant vingt ans. D'abord elle ne souffrit que dans son âme par la tendre compassion qu'excitait en elle la passion douloureuse de son bien-aimé; mais, par suite du lien qui unit l'âme au corps, les souffrances de la première se communiquèrent bientôt au second; de sorte qu'à la fin, se groupant en quelque sorte autour de certains points qui leur servaient de centre, elles se manifestèrent par des signes extérieurs.

Lorsqu'elle vivait encore dans l'état du mariage, à l'âge de dix-neuf ans, le 17 février 1613, le dimanche d'avant le carême, après avoir reçu la sainte communion, comme elle était abîmée de nouveau dans la méditation des souffrances de Notre-Seigneur, elle ressentit un vif désir de les partager. Son désir fut exaucé. Elle tomba en extase, et outre les douleurs de la tête elle obtint aussi celles des mains, des pieds et du côté. Ceci dura environ deux ans et trois mois, jusqu'au 8 mai, où l'on célèbre la fête de l'Apparition de l'archange saint Michel. Ce jour-là, ses mains se fermèrent si fortement que les médecins ne purent jamais les ouvrir, et déclarèrent que, le mal étant au-dessus de la nature, Dieu seul pouvait la guérir. Elle resta ainsi onze jours, jusqu'au soir de l'Ascension, le 19 mai, où elle eut de nouveau une extase, après avoir désiré ardemment de partager la passion de Notre-Seigneur. Celui-ci lui apparut crucifié; des rayons rouges, d'un admirable éclat, partant de ses plaies, étaient dirigés vers elle. Elle sentit son âme consumée du feu de la charité, tandis que son corps était en proie aux douleurs les plus violentes; de sorte qu'elle fut tout inondée de sueur et renversée par terre dans une angoisse mortelle. Elle ignora toute la nuit ce qui lui était arrivé. Mais le lendemain matin, étant allée à la sainte table, elle eut un évanouissement accompagné d'une sueur froide. On fut obligé de l'emporter; et quand on voulut lui ouvrir les mains, on les trouva marquées des stigmates. Bientôt après elle eut aussi la couronne d'épines. Après une apparition qu'elle avait eue pendant la prière, ayant ôté son voile, elle trouva sa tête entourée de deux lignes, dont l'une était plus profonde que l'autre. Au milieu du cercle se trouvait une élévation large de deux doigts qui lui causait beaucoup de peine. Elle crut d'abord, dans sa modestie, que c'était un accident, et consulta les médecins les plus célèbres de la ville, Aspe et Oliva; mais ceux-ci déclarèrent qu'ils ne connaissaient rien qui, dans le cours ordinaire des choses, pût produire un tel effet.

Cependant, lorsque la chose fut connue, on n'y ajouta pas foi tout de suite et sans examen. Ferdinand d'Azevedo, archevêque de Burgos et président de Castille, l'ayant apprise, ordonna à son grand vicaire Maurique de faire une information exacte, et de lui adresser un rapport à ce sujet. Celui-ci réunit, le 16 février 1618, le commissaire de l'inquisition, l'évêque suffragant, plusieurs abbés et prieurs du pays, des curés, des hommes savants, un militaire, quelques bourgeois de la ville, et les deux médecins Aspe et Pacheco. Jeanne parut donc devant eux, et leur montra ses blessures; de sorte que chacun put à son tour les examiner attentivement. Elle montra d'abord ses mains; tous les considérèrent avec soin, et trouvèrent dans chacune une plaie qui n'était ni ronde ni quadrangulaire, mais à peu près triangulaire. Elle n'était pas très-profonde non plus, assez cependant pour qu'on pût voir la chair, parce que la peau extérieure était déchirée. Elle était couverte au milieu d'une humeur blanchâtre, comme d'une rosée. Les blessures ne pénétraient pas jusqu'à l'autre côté des mains, et l'on n'apercevait autour d'elles aucune enflure ni aucune altération, mais tout était dans son état naturel. On lava une de ses plaies avec une éponge et de l'eau. Puis, sur la remarque de Pacheco, on la lava encore avec du savon, et avec une telle force que Jeanne en éprouva de violentes douleurs; mais rien ne trahit au dehors ce qu'elle sentait.

Aspe déclara qu'il avait déjà vu ces plaies il y avait plus de deux ans et demi; qu'il en avait entrepris la guérison avec Oliva, mais que, malgré tous leurs remèdes, elles étaient toujours restées dans le même état, et telles qu'elles étaient encore dans le moment. Jeanne dut ensuite montrer ses pieds et les placer sur un petit banc. On trouva sur le devant de la plante du pied une blessure couverte de la même rosée, mais qui paraissait plus profonde que celles des mains. De l'autre côté, c'est-à-dire à la plante des pieds, il y en avait une autre plus profonde encore; mais du reste on n'y remarqua ni tumeur ni aucune autre altération. On la contraignit aussi à découvrir son sein autant que la décence le permettait, et l'on vit à gauche, au-dessous de la poitrine, une plaie beaucoup plus grande que les autres, d'une forme différente, plus profonde et donnant plus de sang. On passa ensuite à l'inspection de la tête; elle en découvrit la partie antérieure, et l'on remarqua tout autour un cercle large de plus d'un doigt qui dépassait la peau. Lorsqu'on le touchait et qu'on le pressait avec le doigt, il cédait sous la pression comme s'il eût été enflé, et formait tout autour une cannelure profonde d'un demi-doigt; de sorte que les médecins jugèrent qu'elle allait jusqu'au crâne.

Ils déclarèrent que les blessures qu'ils avaient inspectées n'étaient point naturelles, et qu'elles ne pouvaient être non plus l'effet d'une supercherie; et plus tard ils exprimèrent par écrit leur jugement motivé, et sous la foi du serment. Tous les autres, frappés de ce qu'ils avaient vu, des vertus admirables de Jeanne et des miracles qu'elle avait opérés, miracles dont plusieurs d'entre eux avaient été témoins, partagèrent l'opinion des médecins et confirmèrent leur témoignage. On dressa aussitôt un procès-verbal souscrit par tous les membres de la commission, et on le déposa dans l'église des Franciscains de Burgos, après avoir communiqué à l'archevêque le résultat de l'enquête. Mais celui-ci ne fut pas encore satisfait. Il alla lui-même l'année suivante à Burgos, prit toutes les informations nécessaires, fit venir Jeanne, et examina en présence de témoins dignes de foi, avec une attention scrupuleuse, ses blessures l'une après l'autre. Il apprit d'elle que les stigmates avaient paru d'abord à la partie supérieure des mains, mais qu'elle avait demandé à Dieu de les faire disparaître, parce qu'ils étaient trop exposés aux regards, et que Dieu l'avait exaucée. Après un examen attentif, il se rangea à l'avis de la commission, et rédigea une déclaration formelle à ce sujet. (Les actes de sa vie, imprimés à Cologne en 1682, p. 158-187.)

La même chose est arrivée à beaucoup d'autres encore, en particulier à la Cistercienne Élisabeth de Spalbeek, qui avait sept ravissements chaque jour, d'après le nombre des heures canoniales; de sorte qu'on n'apercevait en elle ni souffle, ni mouvement, ni aucun usage des sens. Elle saignait aussi presque tous les jours, mais surtout le vendredi. (*Ménologe de Citeaux*, 19 octobre.) Il en fut ainsi de Gertrude d'Oosten de Delft. La Béguine Lietta lui avait prédit un an auparavant ce qui devait lui arriver; mais Gertrude n'avait pas voulu la croire. Cependant, comme elle priait devant son crucifix dans la nuit du jeudi saint, l'an 1340, elle se sentit marquée des stigmates. Tous les jours sept fois, aux heures canoniales, il coulait du sang de ses plaies. La chose ne pouvait rester longtemps cachée, et il se fit autour d'elle un tel concours de peuple qu'elle pouvait à peine vaquer à ses exercices spirituels. Craignant d'ailleurs de succomber à quelque pensée de vanité, elle pria Dieu de faire disparaître les stigmates, et elle fut exaucée; de sorte qu'il n'en coula plus de sang, et qu'il ne resta que les ci-

Élisabeth de Spalbeck.

Gertrude d'Oosten.

catrices. Mais elle souffrit dans la région du cœur de grandes douleurs, comme aussi, pendant tout le temps que ses plaies saignèrent, elle perdit le sentiment des suavités dont elle était inondée auparavant. Elle conçut de nouveau un désir ardent de guérir ; mais Dieu n'exauça point les prières qu'elle lui fit à ce sujet. (Sponde, année 1340.)

Jeanne de la Croix

Jeanne de la Croix reçut les stigmates le matin du vendredi saint, l'an 1524. La chose en resta là jusqu'au jour de l'Ascension, de sorte néanmoins que les plaies ne paraissaient que le vendredi et le samedi. Dès que le dimanche était arrivé, ses douleurs cessaient, et les stigmates disparaissaient comme s'ils n'eussent jamais existé. Ils étaien ronds, grands comme un réal, étaient de couleur rose et répandaient une odeur agréable, tandis que ceux d'Apollonie de Volaterra, qui sentaient mauvais pendant sa vie, devinrent odorants après sa mort. Chez la sœur Piceron, du tiers ordre de Saint-François, les stigmates étaient d'une couleur grise et noirâtre. Ils étaient prédominants au milieu des mains, sans les percer toutefois de part en part. Il n'en sortait point de sang non plus, quoiqu'ils fussent très-douloureux. On voit qu'ils s'étaient formés chez elle à peu près comme chez saint François. Stéphanie Quinzani, née à Soncino en 1457, participait tous les vendredis à la passion du Sauveur, dont les plaies s'imprimaient sur son corps, et dont la couronne paraissait sur sa tête. Il lui semblait souvent qu'une roue était agitée au dedans de son cœur. La reine Marguerite de Hongrie était aussi stigmatisée. Quelque temps après sa mort, comme on avait quelque doute à ce sujet, le pape Innocent IV ordonna de lever son corps ; et l'on trouva les plaies roses et fraîches comme si elle eût vécu encore. (Steill, t. I, pag. 10.) Osanna de Mantoue avait aussi les stigmates, et on les voit encore aujourd'hui sur son corps, qui est resté parfaitement conservé.

Ce sont des rayons de feu brûlants et sanglants qui, dans la plupart des cas, produisent la stigmatisation, comme on le voit par l'exemple de Colombe Rocasani, d'Anne de Vargas, dans le couvent de Sainte-Catherine, à Vallisolet, en Espagne; de Marie de Lisbonne, de Jeanne de Verceil, de Madeleine de Pazzi, de Stéphanie Quinzani, qui suait du sang tous les vendredis, et qui, outre la couronne d'épines et la flagellation, avait souvent aussi les stigmates. (Steill, t. II, p. 122; t. I, p. 10.) Pierre d'Alva, qui a écrit sur ce sujet un livre avec ce titre : *Prodigium naturæ, portentum gratiæ*, compte en tout trente-cinq personnes qui ont reçu tous les stigmates; mais ce nombre est au moins une fois plus considérable encore. Nous nommerons ici, parmi celles qui sont moins connues : Christine, contemporaine de Denys le Chartreux; Marie Razzi ou Raggia, née à Chios en 1552; Philippe de Saint-Thomas, à Montemor, en Portugal; Élisabeth de Reith, à Waldsee, dans l'Allgau, toutes les trois Dominicaines; Stieva, à Hamm, en Westphalie; la sœur Marie de l'Incarnation, Carmélite à Pontoise; Marguerite Bruch, dans le village d'Endringen, près de Constance, qui vivait vers 1503; Brigitte de Hollande, du tiers ordre de Saint-Dominique, vers 1390; Marie de Saint-Dominique et Lucie de Narni, Dominicaines aussi. (Steill, 4 jan., 14 mai, 15 novembre.)

CHAPITRE XVI.

Comment les stigmates déjà formés disparaissent en tout ou en partie. Sainte Ida. La flagellation. Archange Tardera. Lutgarde. Époque de la vie où se produisent les stigmates. Angèle de la Paix. Lucie de Narni. Hélène de Hongrie. Des hommes qui ont reçu les stigmates. Benoît de Rhegio. Charles de Saeta. Ange de Pas. Matthieu Careri. Agolini de Milan. Le frère lai Dodon. Philippe d'Aqueria, etc.

Souvent les stigmates, quoique parfaitement formés, et après être restés apparents pendant longtemps, disparaissent sur la demande de ceux qui les ont reçus, comme nous l'avons vu déjà chez Gertrude d'Oosten, Dominica de

Ste Ida. Paradis, Jeanne de la Croix et beaucoup d'autres. Ida de Louvain, morte en 1300, avait, comme le raconte Hugues, son biographe, d'après les manuscrits de son confesseur, aux endroits des mains et des pieds où le Sauveur avait été percé de clous des cercles de diverses nuances, et qui ressortaient en dedans et en dehors. Elle avait de plus au côté une blessure large et oblongue, par laquelle son souffle pénétrait souvent jusque dans la région du foie. Elle souffrait de plus des douleurs si pénétrantes et si vives qu'elle ne pouvait supporter le contact de ses vêtements ou de quelque autre objet que ce fût. Il lui fallut à cause de cela renoncer à filer, quoique ce fût par là qu'elle gagnât de quoi vivre, parce qu'elle ne pouvait appuyer sa quenouille sur le côté, à cause des douleurs qu'elle endurait. Les mains et les pieds étaient de plus si douloureux dans les endroits où les cercles ressortaient qu'on ne pouvait y toucher, ne fût-ce que légèrement, avec le doigt ou autrement, sans lui causer de grandes souffrances. Une plaie ceignait aussi la tête, et paraissait tracer dans son contour la couronne d'épines du Sauveur.

Son père, ne pouvant lui pardonner sa piété, la poursuivait incessamment à cause de cela. Or, toutes les fois que lui ou ses autres parents lui faisaient de nouveau quelque mal, ses plaies lui causaient des souffrances intolérables. Lorsqu'elle vit que ni la médecine ni la chirurgie ne pouvaient les guérir, elle chercha à les cacher aux regards des hommes, surtout celles des mains, qui y étaient plus exposées. Mais elle s'aperçut bientôt que tous ses efforts étaient inutiles, parce que la douleur qu'elle souffrait en ces endroits la trahissait, et que d'ailleurs la nécessité où elle était de gagner sa vie ne lui permettait pas de les tenir toujours couvertes. Craignant, comme la chose arriva en effet, que le bruit de cette merveille ne se répandît et ne lui fît un renom dans le peuple, elle conjura Dieu de la délivrer de cette crainte et de lui ôter les stigmates. Elle fut exaucée en partie, car les proéminences formées par eux disparurent, mais une partie de la douleur qu'ils lui causaient resta. Tant qu'elle vécut, toutes les fois qu'il lui arrivait quelque chose de pénible, ou qu'elle était poursuivie par la haine, la douleur augmentait et lui fournissait ainsi l'occasion de pratiquer la patience. (*A. S.*, 13 april.)

Quelquefois les stigmatisés obtiennent de Dieu, à force de prières, la disparition des stigmates les plus apparents, comme ceux des mains par exemple, tandis que ceux des pieds restent, étant plus faciles à cacher. C'est là ce qui explique comment, chez la Cistercienne Catherine, les deux pieds seulement étaient stigmatisés, et comment Blanche Gusman, fille du comte Arias de Sagavedra, n'était stigmatisée qu'à un seul pied. Quelquefois, mais très-rarement, les quatre plaies des pieds et des mains se groupent autour de celle du cœur, comme il est arrivé à la tertiaire Masrone, qui vivait près de Grenoble, en 1627, dans une grande sainteté. Les pieuses femmes qui lavèrent son corps après sa mort trouvèrent près du cœur une blessure, que les médecins et les chirurgiens déclarèrent surnaturelle. Mais les cinq plaies semblaient n'en faire qu'une seule ; de sorte que l'une était au milieu, ronde et comme une rose couleur de pourpre, tandis que les autres formaient autour d'elle un carré. (*De Stigmatismo sacro et profano T. Raynaudi, S. J.*, p. 232.)

Dans les cas dont nous venons de parler, le phénomène de la stigmatisation perd quelque chose de son intensité. Celle-ci paraît augmenter au contraire lorsque la flagellation du Sauveur laisse des empreintes sur le corps, comme il est arrivé à Archange Tardera, en Sicile, vers 1608. Arch. Tardera.
Dans la ferveur de ses prières et de ses méditations, elle eut des extases et des visions fréquentes. Elle fut aussi en proie pendant trente-six ans à des maladies et à des douleurs de toute sorte, telles que des crampes, des évanouissements et des battements de cœur ; mais elle souffrit tout avec résignation et patience. De plus, dans les quatre dernières années de sa vie, elle perdit la vue. Elle resta malgré

cela toujours gaie et contente, et obtint de Dieu, avec le don de prophétie et de discernement des esprits, les stigmates de Notre-Seigneur, qui parurent sur son corps couverts d'une peau de couleur rose. Mais elle n'était pas encore rassasiée de souffrances; elle demanda donc à Dieu les empreintes de la flagellation, et sa prière fut exaucée. Elle resta longtemps étendue, respirant à peine, le corps tout disloqué, couvert de meurtrissures, de contusions, de bosses, de coups de verges et de fouets; de sorte qu'il semblait qu'elle allait rendre l'âme. Mais la soif insatiable qu'elle avait de souffrir dura jusqu'à la fin de sa vie. On ouvrit souvent après sa mort son tombeau, et l'on trouva toujours son corps frais, et ses membres marqués des stigmates. (*Ménologe de Saint-François*, sept., p. 1810.)

Lutgarde. Toutes les fois que sainte Lutgarde considérait dans ses extases la passion de Notre-Seigneur, il lui semblait que tout son corps était inondé de sang. Un prêtre, qui s'était aperçu de ce phénomène, prit son temps, et la trouva en cet état. Comme elle était appuyée contre un mur, il s'approcha d'elle, lui regarda la figure et les mains, les seules parties de son corps que l'on pût voir, et elles lui parurent couvertes d'un sang frais. Des gouttes de sang semblables à une rosée coulaient de ses cheveux. Il lui en coupa une tresse, et se mit à la considérer au jour dans un profond étonnement. Lutgarde étant revenue à elle, la tresse de cheveux que le prêtre tenait à la main reprit aussitôt sa couleur naturelle. (Manriquez, *Annales de Cîteaux*, an 1224.) Il en fut ainsi de Catherine de Ricci, de Florence, morte en 1590, d'après le témoignage du général de son ordre, Albert Casejus, qui la vit en visitant le couvent où elle demeurait. Hélène Brumsin, morte au couvent de Dessenhofen, en 1285, demanda au Seigneur les douleurs de la flagellation; et elle ressentit dans tous ses membres de telles douleurs qu'elle ne put douter que ses vœux n'eussent été exaucés. (Steill, 29 oct. et 31 mai.)

La stigmatisation se produit à toutes les époques de la

vie. Angèle de la Paix, à l'âge de neuf ans, était entrée dans une église avec une de ses amies. Là elles se séparèrent, et Angèle alla s'agenouiller seule dans la chapelle de Saint-François pour prier. Voyant les stigmates du saint, elle se mit, dans sa simplicité d'enfant, à lui parler comme s'il eût vécu : « Mon père, lui dit-elle, qui vous a fait ces blessures? Elles me font mal, et je veux vous les guérir si vous me le permettez. — Ce ne sont pas des blessures, lui dit le saint, mais des joyaux. — Comment, des joyaux? répondit la petite; ils saignent. — Non, répliqua la voix, ce sont des joyaux; et si tu le veux, je te montrerai comment je les ai reçus. — Je le veux bien, mon père, » dit Angèle. Et au même instant la voûte de la chapelle parut s'ouvrir, et le saint lui fit signe de lever les yeux. Elle le fit, et vit Notre-Seigneur sous la forme d'un enfant, les bras étendus en croix, tandis qu'elle était elle-même environnée d'une grande lumière. L'apparition vint à elle, et lui imprima les stigmates; ce qui lui causa une si grande douleur qu'elle tomba par terre comme morte, en poussant un cri perçant, et resta ainsi jusqu'au soir, toujours environnée de lumière. Ce ne fut qu'alors que sa compagne revint; et la trouvant au milieu de cette lumière qui lui semblait un incendie, elle appela par ses cris des gens qui l'emportèrent chez ses parents, encore abîmée dans l'extase. Les médecins lui tâtèrent le pouls et ne purent remuer son bras. Sa mère, voulant la soutenir, lui découvrit la main; et c'est alors que l'on s'aperçut qu'elle était, ainsi que l'autre, marquée des stigmates. Les médecins inspectèrent aussi les pieds, et les trouvèrent également blessés et sanglants. Ils lui donnèrent des remèdes pour la faire revenir de son extase, qu'ils regardaient comme une suite des blessures; mais tout fut inutile. Elle resta huit jours en cet état, puis elle revint à elle. Comme sa mère la regardait en pleurant, elle lui dit : « Ne pleurez point, car c'est Dieu qui l'a voulu ainsi : renvoyez les médecins, leurs remèdes ne peuvent me soulager. » Elle resta encore deux

Angèle de la Paix.

ans sur son lit, en proie à de grandes souffrances, et finit par être abandonnée des siens. Elle fut guérie plus tard; et sa guérison fut aussi miraculeuse que l'avait été la maladie. (Marchèse, t. V, p. 514.) Lucie de Narni reçut les stigmates à vingt ans; Véronique Juliani, à trente-sept ans; Jeanne de la Croix, à quarante-trois; l'autre Jeanne de la Croix de Roveredo, quelques jours seulement avant sa mort; et ils restèrent rouges et sanglants, après même qu'elle fut morte, tandis qu'au contraire ils disparurent chez Hélène de Hongrie peu de temps avant sa mort, dans une apparition dont elle fut favorisée.

Quoique la stigmatisation soit plus rare chez les hommes que chez les femmes, ils ne sont point exclus néanmoins de ce privilége. Ne pourrions-nous citer que l'exemple de saint François d'Assise, c'en serait assez déjà; mais plusieurs autres ont reçu comme lui cette faveur. Benoît de Rhegio, de l'ordre des Capucins, méditant à Bologne, en 1602, la passion du Sauveur, une épine de sa couronne entra dans sa tête, et pénétra jusqu'au crâne. A mesure que la blessure s'ouvrait, l'amour qui le dévorait devenait plus ardent encore, de sorte qu'on dut lui appliquer des linges mouillés, afin de le soulager. (*Ménologe de Saint-François*, p. 2080.) La plaie du côté se présente souvent aussi. Charles de Saeta ou Sazia, qui, quoique frère convers et sans aucune instruction, a écrit, par une inspiration céleste, plusieurs livres mystiques, entendait un jour dévotement la messe, l'an 1648. A l'élévation, il vit des yeux de l'esprit un trait enflammé qui, partant de l'hostie, blessa son cœur comme d'un fer chaud; de sorte qu'à partir de ce moment il souffrit des douleurs atroces, mais qui, mêlées d'une douceur toute divine, enivraient son âme de l'amour de Dieu. La blessure resta visible pendant plusieurs années, et ce ne fut qu'à force de prières qu'il obtint de Dieu qu'elle se fermât. (*Ibid.*, p. 383.)

Benoît de Rhegio.

Charles de Saeta.

Ange de Pas.

Ange de Pas, de Perpignan, de l'ordre des Frères Mineurs, qui pendant sa vie ressentit les douleurs de la passion, eut aussi la plaie du cœur, que l'on découvrit après sa mort, comme le portent les actes du procès commencé pour sa canonisation. La même chose arriva au Dominicain Matthieu Careri, de Montone, sans que toutefois la plaie fût visible. Cinquante ans après la mort d'Agolini de Milan, lorsqu'on ouvrit son corps, on le trouva sans corruption, ainsi que ses vêtements. Il y avait à côté de la poitrine une plaie ouverte qui saignait. On trouva une blessure semblable sur le corps de Chérubin de Aviliana, de l'ordre des Augustins. Il l'avait tenue cachée pendant sa vie, de même que Melchior d'Arazil, à Valence. Un jour que le vénérable Jacques Étienne priait devant le tabernacle, il en sortit un rayon semblable à une flèche qui vint frapper son cœur; de sorte que, partagé entre la douleur et la joie, il fut renversé par terre à demi mort, après quoi l'on vit la plaie du côté empeinte sur sa poitrine. (Sylos, *Histoire des clercs réguliers*, p. II, l. 13.)

Mat. Careri. Agolini.

Gautier de Strasbourg, de l'ordre des Frères Prêcheurs, mort en 1264, sentit les douleurs des stigmates sans que ceux-ci fussent visibles. Un jour qu'il méditait la passion du Sauveur, il éprouva pour la première fois ces douleurs mystérieuses: et une autre fois, comme il contemplait les angoisses de la sainte Vierge au pied de la croix, il sentit son cœur comme percé par des épées. (Steill, 27 mars.) Saint François d'Assise imprima dans une vision, en 1430, ses stigmates sur le corps de Robert de Malatestis, de la famille des dynastes de Rimini, qui avait abdiqué le pouvoir pour prendre l'habit du tiers ordre de Saint-François. (*Ménologe de Saint-François*, octobre, p. 1950.) Dodon, frère convers de l'ordre des Prémontrés, eut aussi les stigmates des cinq plaies; et ils apparurent sur le corps du frère Nicolas de Ravenne après sa mort. Jean Graio, martyr, de l'ordre de Saint-François, avait les stigmates aux pieds; ils avaient deux pouces et demi de large, et étaient longs à proportion. Philippe d'Aqueria, méditant la passion devant son crucifix, ressentit un vif désir de participer aux

Philippe d'Aqueria.

souffrances du Sauveur. Les plaies du crucifix se mirent aussitôt à lancer du sang comme des flèches ; et ses mains, ses pieds, son côté devinrent sanglants d'une manière merveilleuse. A partir de ce moment, il éprouva les douleurs de la passion ; l'image du crucifix se grava si profondément en lui qu'il l'avait sans cesse dans l'esprit ; de sorte qu'il ressentit aux pieds, aux mains et au cœur les plaies de la lance et des clous. (Huber, mai, p. 1089.) On pourrait en citer beaucoup d'autres encore.

CHAPITRE XVII.

Comment on peut expliquer le phénomène de la stigmatisation.

Nous avons considéré dans le chapitre précédent le phénomène mystique de la stigmatisation sous ses aspects principaux, et nous sommes maintenant en état de porter un jugement au moins probable sur son origine, son mode et son cours. Une condition indispensable pour recevoir les stigmates, condition qui se retrouve aussi dans tous les faits que l'on cite en ce genre, c'est une immense compassion pour les souffrances du Sauveur. L'âme, contemplant la passion de cet homme de douleur, reçoit son empreinte. Elle est comme environnée d'un océan d'amertume, et semble se dissoudre dans une ineffable tristesse. Or il est dans la nature du sentiment de la compassion de transporter hors de soi celui qui l'éprouve, de le dépouiller de soi-même, pour le revêtir en quelque sorte de celui qu'il aime, et pour graver en lui son image. L'état extatique et les visions que produisent souvent les contemplations de cette sorte établissent bientôt entre l'âme et l'objet de son amour un rapport réciproque. La première s'abîme toujours plus profondément dans les douleurs que le second a souffertes. Son amour croît avec sa compassion, de sorte que plus elle souffre, plus elle devient capable de souffrir.

Ravie ainsi hors de soi, et s'oubliant elle-même, elle a le désir de s'approprier toujours davantage l'image de son bien-aimé, et demande à souffrir comme lui. Cette soif de souffrance revient toujours plus forte, sans que rien puisse l'apaiser. Chaque goutte qui tombe sur l'âme, de ce calice d'amertume, ne fait que l'embraser de nouvelles ardeurs, et l'altérer davantage encore; car son bonheur est de souffrir, afin de devenir par là plus semblable à celui qu'elle aime. Enivrée de ce vin brûlant qu'elle boit aux plaies du Sauveur, elle n'a de repos que lorsqu'elle voit sur son propre corps l'image et l'empreinte de ses souffrances, et qu'elle se trouve ainsi toute transformée en lui. Lorsqu'elle a conçu ce désir avec pleine réflexion, et qu'elle l'a exprimé avec une liberté parfaite, elle obtient quelquefois par une faveur spéciale de Dieu ce qu'elle demande, et elle reçoit dans son corps l'empreinte des plaies sacrées du Sauveur. C'est, en effet, dans le corps que doit s'accomplir cette transformation de l'homme en Notre-Seigneur; car c'est le spectacle des souffrances matérielles de Jésus-Christ qui excite dans l'âme cette tendre compassion, et c'est après des douleurs physiques qu'elle soupire. Le rapport qui s'établit en ces circonstances entre l'homme et son Rédempteur va du corps de celui-ci au corps du premier, et opère en lui une transformation matérielle et sensible.

L'âme, principe de la vie, ne peut recevoir aucune empreinte sans que celle-ci se reproduise dans le corps qu'elle anime; car elle est éminemment plastique; et tant que dure cette vie, elle est unie au corps par des liens si intimes qu'il ne peut rien se passer en elle qui ne se reflète en lui. C'est d'après cette loi qu'elle s'est elle-même construit en quelque sorte son propre corps; et que toute modification qui se produit en elle amène dans le corps une métamorphose semblable. Si donc l'âme, par suite de la compassion qu'elle éprouve à la vue des souffrances du Sauveur, en reçoit l'empreinte, l'acte qui l'assimile ainsi à l'objet de ses affections se reflète aussitôt au dehors, et le corps prend part aussi, lui, à sa manière, à cette assimilation merveilleuse; c'est ainsi que se produit le phénomène de la stigmatisation.

Mais cet acte s'accomplit dans l'âme par un procédé d'une nature très-intime; car l'objet qu'elle aime appartient au royaume invisible des esprits. C'est donc par un procédé très-intime aussi que cet acte se reproduit dans le corps. Si celui-ci, en effet, renferme par dehors l'âme qui habite en lui, il est d'un autre côté *embrassé* et *contenu* par elle; car elle est plus large que lui. L'image de Notre-Seigneur souffrant, une fois gravée ainsi dans le fond le plus intime de l'âme, prend une forme extérieure dans les visions, et devient perceptible aux sens, en vertu même de ce lien qui unit l'âme au corps. L'empreinte des stigmates s'accomplit de la même manière, et par le même procédé. C'est cette image conçue dans l'âme, et reproduite au dehors d'une manière sensible, qui les imprime sur le corps. Ce qui dans cette circonstance sert de lien et de moyen entre le corps et cette image, c'est la chaleur vitale, qui, acquérant un degré extraordinaire, forme comme un incendie, et se manifeste par des flammes lumineuses qui, partant en cinq directions, se dirigent vers les organes corporels qui leur correspondent. Les rayons de cette lumière sont rouges, car le rouge est la couleur qui accompagne la chaleur. Ils sont blancs lorsque les stigmates ne paraissent pas à l'extérieur, mais restent renfermés dans le sein de l'organisme. C'est donc la lumière qui est encore ici le moyen par lequel le type sacré, contenu dans la personne de Notre-Seigneur Jésus-Christ, se reflète et s'empreint dans le corps de l'homme. L'exemple de Lucie de Narni montre que ceci s'applique non-seulement aux stigmates, mais encore à tous les autres signes. Comme elle priait un jour devant l'autel de la croix, dans l'église des Dominicains du lieu, tous les assistants virent trois rayons sortir de la plaie du côté du crucifix, et illuminer le visage de la sainte, tandis que sa tête fut illuminée pendant toute la messe par un diadème de lumière. On voit par là que les phénomènes de la stigmatisation ne font que reproduire ceux de l'illumination, dont nous avons parlé plus haut, avec cette différence que ceux-ci ont lieu dans les régions supérieures de la vie, tandis que les premiers s'accomplissent dans la vie inférieure et dans le sang, son mobile. La couronne sanglante correspond donc au cercle de lumière qui ceint le front des extatiques, la sueur de sang au nuage lumineux qui enveloppe la tête, les stigmates des mains et des pieds aux rayonnements lumineux de ces mêmes parties, la plaie du côté au rayonnement lumineux du cœur, et la flagellation au nuage lumineux qui enveloppe la personne tout entière. L'âme désolée qui n'a pas voulu se séparer de Jésus dans ses souffrances est admise aussi à la participation de sa gloire, et celle-ci rayonne au dehors dans les membres de son corps transfiguré.

L'âme qui opère toutes ces métamorphoses se construit elle-même, avons-nous dit, sa propre demeure et celle des diverses facultés qui lui sont unies. Ces facultés sont, en la comptant, au nombre de trois, et demeurent en quelque sorte à trois étages distincts. Elle se réserve le plus bas, et c'est dans le cœur qu'elle établit son logement ; c'est de là qu'elle se répand dans les organes de la circulation. Le second étage se compose du système musculaire, qui, se groupant autour de la colonne vertébrale, laquelle soutient l'édifice tout entier, se ramifie jusque dans les extrémités du corps, et qui à l'intérieur, s'étendant le long de la moelle allongée, a son point de jonction dans le pont de Varolle, où se trouve le centre de la force motrice et de la vie qui lui est propre. Enfin le troisième étage est occupé par le système cérébral, qui a, comme les autres, ses ramifications et son centre, avec lequel l'esprit d'un côté et la vie du cerveau de l'autre se trouvent dans un rapport très-intime. Ainsi la triple vitalité de l'homme se forme un triple organisme. La première et la plus haute est mise en rapport avec la plus basse par celle qui tient le milieu entre les deux. Il en est de même du centre de chacune d'elles. Le centre cérébral est mis en rapport avec le centre du cœur par celui du système intermédiaire.

Lors donc que l'âme, cet architecte du corps humain, reçoit les stigmates du Sauveur, leur empreinte doit se reproduire dans ces trois régions dont nous venons de parler. Nous avons vu en effet que le séraphin qui parut à saint François sur le mont Alverne avait trois paires d'ailes, l'une à la tête, siége de l'esprit de la vie supérieure, et organe du mouvement spirituel; une seconde paire au milieu du corps, où résident les organes du mouvement; aussi ces deux ailes étaient destinées à voler. Une troisième paire enfin couvrait la partie inférieure du corps, et exprimait ainsi la vie qui y est enfouie. Mais l'âme, une fois stigmatisée dans ses puissances et dans ses organes, tend à manifester dans son enveloppe extérieure l'empreinte qu'elle a reçue, et c'est ainsi que le corps se trouve marqué de ces signes sacrés dans les trois systèmes principaux dont il se compose. La stigmatisation se produit au dehors, dans la tête, par la sueur de sang et la couronne d'épines, correspondant aux deux directions de la vie du cerveau, l'une qui va du centre à la circonférence dans le visage, et l'autre qui va de droite à gauche et de l'avant à l'arrière. Le système de la vie inférieure, qui sert à la circulation, reçoit comme stigmate la plaie du cœur, et nous avons vu par quelques exemples que cette plaie pénètre quelquefois jusque dans les poumons et la région du foie, qui sont dans un rapport intime avec ce système. Ou bien encore les stigmates apparaissent sous la forme de la flagellation, couvrant la peau du corps tout entier de taches et de meurtrissures. Enfin les stigmates apparaissent dans la région intermédiaire qui préside aux mouvements, sur les mains et les pieds, ou bien encore sous la forme d'une croix sanglante empreinte sur la poitrine, à l'endroit où se croisent et se réunissent les organes du mouvement. Il n'est pas étonnant que l'image de la croix, lorsqu'elle est profondément empreinte dans l'âme, se grave aussi extérieurement dans le corps, et qu'il arrive alors ce que nous savons être arrivé à Philippe d'Aqueria, qui ne perdait jamais la présence de Notre-Seigneur et qui le voyait toujours souffrant devant ses yeux.

Mais pour que la stigmatisation soit ainsi complète, il faut, avec des dispositions particulières et l'opération divine, une préparation de la part de l'homme. Celui-là seul qui a créé l'âme et le corps peut produire en eux une transformation aussi profonde; celui-là seul qui a gravé en eux son image et sa ressemblance peut y graver aussi l'empreinte de son humanité souffrante. Quant aux dispositions nécessaires pour la production de ce phénomène, il faut d'abord une grande activité et une grande énergie dans les forces vitales, afin qu'elles deviennent capables de recevoir et de garder longtemps les impressions profondes que suppose un tel changement. Il faut de plus, dans les organes corporels, beaucoup de souplesse, de mobilité, une vertu plastique très-considérable, afin que les émotions de l'âme puissent se communiquer promptement au corps et se graver en lui. Les états ordinaires de la vie ne peuvent produire de tels résultats; car ils exigent une certaine assurance et fermeté, pour satisfaire au but de la vie. On comprend en effet que, si nos émotions étaient ordinairement assez profondes et assez vives pour produire en nous de tels effets, et pour nous changer en quelque sorte dans les objets mêmes de nos affections, la vie entière ne serait qu'un passage continuel d'une forme à une autre. Aussi quoique les femmes soient déjà par leur constitution plus disposées que les hommes à recevoir ces sortes d'impressions, elles ont cependant besoin comme eux d'une préparation spéciale, que donne ici, comme partout ailleurs, la vie ascétique. En effet, l'empire que l'homme acquiert sur soi-même par l'abstinence et la mortification exalte les puissances de la vie et les dégage des organes matériels auxquels elles sont liées. Il rend ces organes plus déliés et plus purs, il en augmente la plasticité. Aussi nous voyons que c'est presque toujours dans la semaine sainte ou aux environs que se produisent les stigmates, non-seulement parce que c'est alors le temps de la tristesse et du deuil dans l'année ecclésiastique, et que l'âme se trouve ainsi disposée à la compassion, mais encore parce que le jeûne du carême qui a précédé cette sainte semaine a donné au corps la souplesse et la plasticité nécessaires pour la production de ce phénomène merveilleux. L'extase, qui se développe facilement en ces circonstances, enveloppe pour ainsi dire l'homme jusqu'au fond de son être, à peu près comme ce sommeil mystérieux que Dieu envoya à notre premier père, lorsqu'il voulut tirer de lui la mère du genre humain, et c'est sous le voile et dans l'obscurité de l'extase que s'accomplit cette renaissance et cette transformation corporelle.

Quant au procédé physiologique d'après lequel ce phénomène se produit, nous n'avons rien de mieux sur ce point que ce qu'a écrit Brentano, d'après ses propres observations, dans son introduction aux contemplations de la sœur Catherine Emmerich de Dulmen. Elle reçut la couronne d'épines à l'âge de vingt-quatre ans, et de la même manière que les autres extatiques. A l'âge de trente-trois ans, comme elle priait Notre-Seigneur de la faire participer à ses souffrances, elle sentit aux mains et aux pieds une douleur et une chaleur très-vives, qui vinrent s'ajouter à celles du cœur, qu'elle avait obtenues déjà auparavant par ses prières. Elle les prit pour l'effet d'une fièvre continue dont elle souffrait. Ainsi le trait était parti; elle était blessée, et la surexcitation produite en elle par cette blessure se révèle sous la forme d'une fièvre brûlante et continue. Déjà l'esquisse de la nouvelle transformation qu'elle doit subir est empreinte sur son corps en traits délicats et légers. Plus tard elle vit venir à elle, dans une extase, un jeune homme resplendissant qui fit sur son corps, avec la main droite, le signe d'une croix ordinaire. Il se trouva, en effet, qu'à dater de cette époque elle eut sur l'épigastre une marque semblable à une croix. Puis, quelques semaines après, elle vit la même apparition qui lui présenta une petite croix, de la forme décrite dans les récits de la passion. Elle la prit avec ardeur, la serra fortement contre sa poitrine et la rendit. Comme la douleur cuisante qu'elle ressentait à la poitrine augmentait chaque jour, elle vit l'apparence d'une croix latine, de trois pouces de long, qui semblait appliquée sur l'os de la poitrine, et se dessinait en rouge à travers la peau.

Enfin sa stigmatisation s'accomplit dans les derniers jours de l'année 1812. Le 29 décembre, vers trois heures de l'après-midi, elle était dans sa petite chambre, fort malade et couchée sur son lit, mais les bras étendus et en état d'extase. Elle méditait sur les souffrances du Sauveur, et demandait à souffrir avec lui. Elle dit cinq *Pater* en l'honneur des cinq plaies, redoubla de ferveur et se sentit très-enflammée. Elle vit alors une lumière qui s'abaissait vers elle, et y distingua la forme resplendissante du Sauveur crucifié : ses blessures rayonnaient comme cinq foyers lumineux. Son cœur était ému de douleur et de joie en même temps, et à la vue des cinq plaies son désir de souffrir avec le Seigneur devint d'une violence extrême. Alors des mains, des pieds et du côté de l'apparition partirent de triples rayons d'un rouge sanglant, qui se terminaient en forme de flèches, et qui vinrent frapper ses mains, ses pieds et son côté droit. Les trois rayons du côté finissaient en fer de lance. Aussitôt qu'elle en fut touchée, des gouttes de sang jaillirent aux places des blessures. Elle resta encore longtemps sans connaissance ; et, lorsqu'elle reprit ses sens, elle ne sut pas qui avait blessé ses bras étendus. Elle vit avec étonnement le sang qui coulait de la paume de ses mains, et ressentit de violentes douleurs aux pieds et au côté. La jeune fille de son hôtesse, étant entrée dans sa chambre, avait vu ses mains saignantes, et l'avait raconté à sa mère. Celle-ci, tout inquiète, demanda à Catherine ce qui était arrivé : mais celle-ci la pria de n'en point parler. Elle sentit après la stigmatisation qu'un changement s'était opéré dans son corps : le cours du sang semblait avoir pris une autre direction, et il se portait avec force vers les stigmates. Elle disait en elle-même : « Cela est inexprimable. »

Il lui semblait souvent aussi qu'un fleuve brûlant, partant de son cœur et traversant les bras et les jambes, courait avec impétuosité vers ses plaies, où elle sentait des douleurs cuisantes, et d'où il coulait des gouttes de sang. Les veines qui conduisaient à ces parties sanglantes se gonflèrent bientôt en effet : les stigmates étaient rouges et humides; la croix de la poitrine suait des gouttes de sang d'un rouge très-vif, tandis que l'autre croix se couvrait d'une ampoule, qui en se déchirant laissait couler une humeur incolore et brûlante. (*La douloureuse Passion de Notre-Seigneur Jésus-Christ*, Introduction.)

Les sensations de cette femme ne la trompaient point. Le cours du sang était bien réellement changé chez elle : son cœur s'était comme partagé en cinq, et ses stigmates étaient autant de cœurs subordonnés, dont chacun avait sa circulation qui lui était propre. Ils obéissaient bien encore au cœur naturel et ordinaire, comme à leur centre et au principe de leur vie ; mais il est un autre cœur plus élevé, celui de Notre-Seigneur Jésus-Christ, objet de leur amour; et c'est celui-là surtout dont ils reçoivent l'impulsion. La circulation ordinaire du sang continue toujours ; mais lorsqu'à certaines périodes, déterminées par l'année ecclésiastique, la vie extraordinaire et mystique se produit d'une manière toute spéciale, ces cœurs périphériques et artificiels cessent de reporter au cœur organique et central tout ce qu'ils en reçoivent; car ils en gardent une partie pour ce cœur surnaturel auquel ils obéissent : et c'est alors que s'établit entre eux et lui une circulation nouvelle, semblable à celle qui s'accomplit dans l'état ordinaire. Le sang des plaies sacrées du Sauveur coule dans les plaies des stigmatisés, et à ce sang répond celui qui s'échappe de leurs stigmates. Cette union surnaturelle, qui fait de tous les fidèles un seul corps mystique, cette union, commencée dans l'eucharistie, s'achève dans la stigmatisation. Celle-ci, en effet, met l'homme dans un rapport direct et immédiat avec le sang qui coule de ce cœur adorable, lequel s'est brisé et a saigné pour tous les hommes : elle les emporte, pour ainsi dire, dans cet immense courant qui part de Notre-Seigneur Jésus-Christ et y retourne. Aussi une vie nouvelle et plus élevée, allumée par le souffle de l'esprit d'en haut, s'agite et brûle dans ces plaies, et la flamme du sacrifice s'élève en cinq foyers divers. Ces flammes sont rouges, car elles s'allument dans les ardeurs de la souffrance ; et si quelquefois elles semblent faire place à un sang aqueux qui s'échappe des stigmates, elles lui communiquent une partie de leur chaleur, de sorte que cette eau ronge et brûle ce qu'elle touche, comme nous l'avons vu par quelques exemples. Les stigmatisés, dans les plaies desquels brûlent ces flammes, sont ceux dont il est parlé dans l'Apocalypse, et qui suivent l'Agneau partout où il va ; car ils lui sont unis désormais par les liens du sang. Nourris déjà de sa chair sacrée, ils reçoivent son sang par une sorte de transfusion. C'est son cœur qui bat dans leurs cœurs, et l'inspiration dont il est la source pénètre jusque dans la moelle de leurs os. L'auguste sacrifice qui se célèbre chaque jour sur l'autel se continue en eux d'une manière sanglante, et rappelle ainsi le souvenir de ce grand acte qui s'est accompli une fois sur le Calvaire. Aussi c'est principalement au jour où l'Église en fête la mémoire que les plaies des stigmatisés s'ouvrent et saignent, comme pour rendre perpétuellement présentes la passion et la mort du Sauveur.

CHAPITRE XVIII.

De la plastique mystique. Rapports de ce phénomène avec la stigmatisation. Angèle de la Paix. Osanna de Mantoue. Comment le cœur est le foyer des surexcitations surnaturelles de la vie. Cécile Nobili. J. M. de la Croix de Roveredo. Isabelle Barilis. Claire de Montefalco. Véronique Giuliani. Des formations plastiques dans les os. Boland de Strasbourg.

Nous trouvons encore dans les régions inférieures de la vie un autre phénomène, qui a beaucoup de rapports avec la stigmatisation : nous voulons parler des formations plastiques, qui ont lieu quelquefois dans le corps par suite de l'extase, et dans lesquelles s'incarnent pour ainsi dire les objets dont l'âme est continuellement occupée ; de sorte que ce qu'elle s'est assimilé intérieurement prend un corps et une forme dans l'organisme. Les croix extérieures et visibles qui apparaissent quelquefois sur le corps des extatiques, comme par exemple sur celui de Cath. Emmerich, forment la transition entre les phénomènes de la stigmatisation et ceux que nous allons étudier ici : les uns et les autres peuvent d'ailleurs s'expliquer de la même manière. Ces affections profondes qui, reçues dans des organes purifiés et assouplis par la vie ascétique, produisent les stigmates donnent également naissance aux formations plastiques, où elles déversent pour ainsi dire leur trop-plein. Lorsque l'esprit surexcité déborde en nous, il se recueille et se ramasse en quelque sorte dans la parole. Là, devenant à soi-même son propre objet, il se parle dans une sorte de monologue, et cause avec l'écho de sa voix : ou bien, se revêtant d'un son corporel, il se rend sensible au dehors pour les autres. Or, la vie a aussi ses émotions et ses excitations comme l'esprit. Elle opère aussi comme lui, mais seulement d'une manière plus matérielle et plus grossière. Mêlée au corps et soumise comme lui aux conditions de la matière, chaque émotion qu'elle éprouve doit se produire au dehors, d'après ces conditions. Elle manifeste ce qu'elle sent, en imprimant tel ou tel mouvement aux éléments corporels dont elle dispose, et en leur donnant de nouvelles formes.

C'est d'ailleurs de cette manière que, déjà au commencement, le corps entier s'est formé sous la double influence de l'âme et du principe vital; et c'est encore de la même manière qu'il se conserve par le renouvellement continu des matériaux qui le composent. Il n'est donc pas étonnant que lorsqu'un nouvel élément, l'élément divin, vient s'ajouter aux deux autres, il donne lieu à des formations nouvelles et extraordinaires, signe et effet à la fois d'un état nouveau et extraordinaire aussi. Ce phénomène peut s'accomplir dans toutes les parties du corps humain; cependant il se produit plus souvent là où gît le foyer de la vie, où toutes les forces de l'organisme semblent se concentrer, c'est-à-dire dans le cœur. Vous diriez alors qu'un nouveau cœur d'une nature plus élevée est donné à l'homme, afin que les pensées sublimes dont il est favorisé puissent trouver en lui un langage qui les exprime. Le cœur, on le sait, est de tous les organes le plus compacte, le plus matériel. Toujours en mouvement, dévoré par son incessante activité, il a besoin de réparer toujours et promptement les pertes de l'organisme, en fabriquant à chaque instant de nouveaux matériaux. Si donc il devient dans la vie mystique l'organe de l'action surnaturelle de Dieu, et le temple de l'esprit qui souffle d'en haut, il ne faut pas s'étonner que les murs de ce temple se couvrent en quelque sorte d'hiéroglyphes, dans lesquels une puissance supérieure trace et décrit ses mystères.

Le rapport intime qui existe entre ce genre de phénomènes et les stigmates nous est clairement indiqué dans une vision que la sœur Angèle de la Paix eut un vendredi. Sa cellule se trouva tout à coup illuminée, et au milieu d'un chœur de vierges Notre-Seigneur lui apparut sous la forme d'un enfant. Il portait sous son bras tous les instruments de la passion, et dit à Angèle qu'il était venu pour rassasier enfin ses désirs. Il lui sembla alors que l'enfant

Angèle de la Paix.

Jésus blessait invisiblement sa poitrine et son cœur, et y mettait les instruments de la passion qu'il avait à la main. Elle ressentit pendant cette opération des douleurs si vives qu'elle fut renversée par terre comme morte. On vient à son secours, on appelle son confesseur; celui-ci, soupçonnant ce qui était arrivé, lui ordonne en vertu de l'obéissance de revenir à elle, et de lui raconter ce qui s'est passé. Elle obéit, mais elle est obligée de garder le lit longtemps encore sans pouvoir bouger. Elle sent très-bien que c'est du cœur et des symboles de la passion qui y ont été mis que les douleurs s'étendent aux membres de son corps, allant de la couronne d'épines à la tête, des clous aux mains et aux pieds, de l'éponge à la bouche, qui se remplit d'amertume, du fouet aux épaules et aux parties environnantes. Quelque temps après, l'enfant lui apparaît de nouveau dans une autre vision, et lui dit : « Lorsque je t'ai apporté dernièrement les instruments de ma passion, tu avais un tel désir de les recevoir que je les ai mis tous ensemble dans ton cœur ! Je suis venu maintenant pour les mettre en ordre. » Là-dessus il entre spirituellement dans son cœur, et y range tous ces instruments dans l'ordre qui lui plaît. Il place la croix au milieu sur la pointe du cœur, met la couronne d'épines sur la partie supérieure et obtuse, les trois clous au pied de la croix, le roseau et l'éponge à droite, et l'échelle à gauche. Elle devait recevoir plus tard la lance avec la plaie du cœur. (Marchèse, 5 octobre.)

Osanna de Mantoue.

Ce fait nous conduit aux formations plastiques qui se terminent par les stigmates, comme chez Osanna de Mantoue. Comme son cœur était encore un peu attaché aux choses de la terre, et qu'il lui paraissait à cause de cela d'une couleur blême, Notre-Seigneur, dans une vision, le lui avait ôté; puis, après l'avoir purifié, le lui avait rendu tout rayonnant d'éclat. Depuis ce temps elle fut enflammée d'un tel amour pour lui que pendant trois ans elle ne put qu'avec les plus grands efforts conserver la présence de son esprit, et qu'elle vécut dans une extase presque continuelle. Cet état fut suivi d'un autre bien différent, qui dura sept ans, pendant lesquels elle fut livrée aux épreuves les plus pénibles. C'est alors qu'elle commença à prier Dieu instamment de lui communiquer les signes de la passion, et d'abord la couronne d'épines. Notre-Seigneur, après avoir différé longtemps de satisfaire à ses désirs, voulant par là les enflammer davantage, l'exauça enfin au bout de deux ans. Il lui apparut portant sa couronne d'épines : elle se prosterna devant lui, et il la lui mit alors sur la tête. La douleur qu'elle ressentit fut si violente qu'elle tomba évanouie. Elle reçut ce don avec joie et reconnaissance, et souffrit, à partir de ce moment, des maux de tête intolérables. Sa tête était entourée d'un cercle visible, qu'aperçurent souvent ceux qui vivaient avec elle, malgré toutes les précautions qu'elle prenait pour le cacher; il se gonflait quelquefois, et un sang noir semblait y circuler.

C'était peu pour elle d'avoir la couronne si elle ne participait encore aux autres plaies de son bien-aimé. Enhardie par le don qu'elle avait reçu, elle en demanda d'autres à Notre-Seigneur. Dans le mois de juin de l'an 1477, à l'âge de trente-deux ans, elle alla visiter une sainte fille nommée Marguerite-Séraphine. Comme les deux amies s'entretenaient ensemble de ces paroles de l'Apôtre : *Je désire ardemment ma dissolution pour être avec le Christ*, Osanna eut un ravissement. Dans son extase, elle demanda de nouveau à Notre-Seigneur ses stigmates; et comme il voulait différer encore cette faveur, elle le supplia de lui donner au moins la plaie du côté. Elle resta ainsi pendant trois heures, le priant toujours. Elle vit enfin un rayon d'un éclat extraordinaire se diriger vers le côté gauche de son corps. Il pénétra en elle avec une telle force qu'elle en ressentit une douleur inexprimable, et fut agitée pendant un quart d'heure par des mouvements extraordinaires, au grand étonnement de Marguerite, qui ne comprenait rien à tout ce qui se passait. Mais Osanna, revenue à elle, chercha à lui cacher la faveur qu'elle avait reçue. Au reste, on montrait encore longtemps après la chambre où cet événement était arrivé. Osanna était satisfaite, surtout parce qu'elle espérait obtenir davantage encore. Elle se mit donc aussitôt à demander les autres stigmates, et elle les obtint après un an de prières ferventes. Le Seigneur lui apparut environné d'un admirable éclat, et lui dit : « Tu veux donc avoir mes stigmates? — Plus que je ne puis l'exprimer. — Prends garde, ma fille, lui dit Notre-Seigneur, les douleurs que tu désires sont bien cruelles et au-dessus de tes forces. Il vaudrait mieux pour toi supporter une peine modérée que de succomber sous de nouveaux tourments. Tu te repentiras peut-être de ta demande. — Rien ne sera trop lourd pour mes épaules, répondit Osanna, si vous venez à mon secours. Il y a longtemps que j'ai mis mon espérance en vous; remplissez donc votre promesse.» Notre-Seigneur l'assura de son secours. Des rayons brûlants se dirigèrent alors vers ses mains et ses pieds, et elle tomba par terre de douleur en poussant un grand cri. Elle fut longtemps avant de pouvoir revenir à elle. Ses mains, ses pieds surtout avaient les stigmates, et les bords de la blessure étaient tellement gonflés qu'il semblait que les clous ressortaient. Les plaies devenaient plus grandes les mercredis et les vendredis, et surtout pendant la semaine sainte, où elles étaient livides : le reste du temps elles n'étaient visibles que pour elle, et un voile très-ténu les cachait aux hommes. Mais les stigmates de son bien-aimé ne suffisaient pas encore à son amour : elle voulait le porter lui-même en son cœur. Elle le pria donc d'y entrer, afin qu'elle le possédât toujours, parce qu'elle ne pouvait plus vivre sans lui. Sa prière fut encore exaucée. Un jour, après qu'elle eut communié, Notre-Seigneur entra dans son cœur, sous la forme de crucifié, et lui promit qu'il n'en sortirait plus. Il tint parole. A partir de ce moment, il lui sembla que quelqu'un se trouvait enfermé dans son cœur, s'y remuait deçà et delà, étendait les bras ou les retirait, ce qui lui causait de telles douleurs qu'elle croyait en mourir. Mais toutes ces souffrances étaient un plaisir pour elle. Elle pria Notre-Seigneur de lui accorder enfin les douleurs qu'il avait souffertes sur la croix en son cœur. Elle eut une extase où il lui sembla que son cœur était percé d'un clou ; et la douleur qu'elle ressentit fut si violente qu'elle pria Notre-Seigneur plusieurs fois de venir à son secours.

Elle supporta avec courage toutes ces souffrances, quoique souvent elle fût près d'en mourir, comme son confesseur le témoigne à plusieurs reprises. Un jour qu'il lui demandait comment elle se trouvait, elle lui répondit avec une expression tout angélique : « Je vis en de grandes douleurs ; car toute la région du cœur est enflée depuis l'épaule jusqu'à l'estomac, et la douleur ainsi que la rougeur s'étend jusqu'aux pieds. Peregrino, ma parente, me frotte tous les jours avec un onguent, et je la laisse faire pour qu'elle ne devine pas la vérité. Cependant elle a remarqué la rougeur et l'enflure qui vont, sous la forme d'un ruban, depuis l'estomac jusqu'aux épaules, et qui me sont très-douloureuses. » Il lui demanda alors quelle était la nature du mal qu'elle souffrait au cœur. Et elle lui répondit : « O mon fils ! il me semble qu'on me le partage en deux, et qu'ensuite chacune de ces deux parties est partagée de nouveau en deux autres ; de sorte qu'il ressemble à une grenade coupée en quatre morceaux. D'autres fois il me semble qu'on promène un couteau au milieu, ce qui me cause les douleurs les plus violentes dans tout le côté. O bon Jésus, que votre bonté est grande ! » Elle reçut encore la couronne d'épines. La peau de la tête s'enflamma sous la forme d'un cercle, et ressortit de l'épaisseur d'un doigt, en lui causant les plus cruelles souffrances. Il n'est donc pas étonnant qu'elle ait fini par perdre presque entièrement le sommeil. Elle avait fréquemment la fièvre ; et souvent au milieu de ses entretiens elle s'arrêtait tout à coup, changeait de couleur, mettait sa main sur sa poitrine, et était obligée d'attendre, pour reprendre le fil de son discours, que ce redoublement de douleur fût passé. Enfin il lui fut impossible de méditer sur les mystères de la passion sans que son cœur s'enflammât aussitôt, comme s'il eût été rempli d'un corps considérable et enflammé; et comme la douleur se communiquait à tous ses membres, elle était alors prise de la fièvre. (Sa Vie, par Fr. Sylv. de Ferrare. Milan, 1505, liv. III, ch. 1 et 2.)

Tel est l'amour de ces grandes âmes que Dieu remplit de son esprit. Il n'est pas comme l'amour du monde, qui cherche ses intérêts ou son plaisir : il n'a soif au contraire que de souffrances, et arrive à la véritable union par l'oubli de soi-même poussé jusqu'à l'héroïsme. Lorsque cet amour a pris racine dans une âme forte et énergique, la puissance qu'elle a d'aimer afflue pour ainsi dire de partout, et se concentre dans son fond le plus intime comme en un foyer. La vie, par un mouvement correspondant, se ramasse aussi de partout dans le cœur; et celui-ci, agité, bouleversé, déborde de toutes parts, et exprime d'une manière inaccoutumée, mais conforme à sa nature, les impressions nouvelles et extraordinaires qu'il a reçues. Or cette manière, avons-nous dit, est toute plastique : c'est dans le sang et par le sang qu'il manifeste son activité; c'est donc dans le sang, et le plus souvent dans l'organe même du cœur, que les images spirituelles, sources de ces impressions, prennent une forme compacte et corporelle. On n'a ouvert après leur mort ni Angèle ni Osanna, pour voir si les choses qu'elles avaient ressenties s'étaient vraiment passées en elles comme elles le croyaient. Mais on l'a fait pour d'autres, et l'on a trouvé vraiment dans leur cœur les images dont elles avaient senti la présence et l'empreinte.

Cécile Nobili.

Cécile Nobili, religieuse Clarisse, avait, comme nous l'avons vu, la plaie du côté qui avait pénétré jusqu'à la substance même du cœur. On ouvrit celui-ci après sa mort, et l'on y trouva la forme de deux petits fouets composés d'une manière merveilleuse de peaux et de fibres tissues ensemble. Les bouts de ces deux fouets étaient garnis d'anneaux que l'on distinguait très-bien à leur couleur obscure. (Huber, juillet, p. 1454.) Il en fut de même de Jeanne-Marie de la Croix de Roveredo. La blessure avait pénétré chez elle par le poumon jusqu'au cœur, et sur celui-ci étaient empreints le roseau, la lance et l'éponge. (*Ibid*, mars, p. 766.) Lorsque Isabelle Barillis, Théatine, fut morte, on tira son cœur de sa poitrine, et on l'ouvrit, afin de découvrir la cause des souffrances continuelles qu'elle y avait ressenties pendant sa vie. On y trouva l'empreinte de tous les instruments de la passion. (Sylos, p. II, c. 10.) La sœur Paul de Saint-Thomas, de l'ordre de Saint-Dominique, avait coutume de dire qu'elle portait le Crucifié dans son cœur. Après sa mort on trouva que la chose était littéralement vraie; car l'image de Notre-Seigneur mourant était gravée dans son cœur. (*Ibid.*)

J. M. de la Croix de Roveredo.

Isabelle Barillis.

Claire de Montefalco avait dans une vision donné son cœur à Notre-Seigneur, pour qu'il le fît mourir sur la croix; et à partir de ce moment elle avait vécu dans la méditation continuelle de la passion du Sauveur. Après sa mort, qui arriva en 1308, les sœurs du couvent, pensant qu'il avait bien pu se passer dans son cœur quelque chose de semblable, résolurent de l'ouvrir. Elles se mirent donc en prière, et l'une d'elles, plus courageuse que les autres, se mit hardiment à l'œuvre. Lorsqu'elle eut ouvert le thorax, elle trouva le cœur gros comme une tête d'enfant. Elle l'ôta de la cavité de la poitrine, et le mit dans un vase sur l'autel, parce que les religieuses ne pouvaient s'accorder sur ce qu'il fallait faire. Elles se mirent de nouveau en prière, et il fut résolu qu'on ouvrirait le cœur. La sœur Françoise, après quelques hésitations, donna enfin un grand coup de couteau, en répandant un torrent de larmes, et atteignit facilement la substance molle et extérieure de l'organe. Mais elle trouva dans la substance interne de la résistance et une certaine dureté. Elle fit donc une

Claire de Montefalco.

seconde incision, et partagea le cœur en deux moitiés égales. Toutes les sœurs se pressent autour d'elle, remplies de joie, des cierges à la main, et voient avec un sentiment profond d'admiration les mystères de la passion du Sauveur représentés dans un certain ordre sur les deux parois du cœur. Sur le côté droit et au milieu, était l'image de Notre-Seigneur crucifié, un peu plus longue qu'un pouce de femme, les bras étendus, la tête penchée, le côté droit ouvert, tandis que le côté gauche était couvert en partie d'un linge taché de sang. A ses pieds, et du même côté, ou, d'après un extrait des actes, du côté opposé, était la couronne, composée de petites fibres et semée d'épines. Près d'elle on apercevait trois fibres semblables, attachées comme des fils, au bout desquelles pendaient trois clous pointus, noirs, et qui paraissaient au toucher plus durs que la chair. Deux de ces fibres, plus courtes que la troisième, tenaient à des fils plus petits aussi. Plus bas était la lance, placée obliquement avec une pointe aiguë de la couleur du fer, et si dure que Béranger, vicaire général, envoyé par l'évêque de Spolette pour faire l'enquête, ayant voulu y toucher, sentit son doigt piqué comme par un aiguillon. Tout près se trouvait encore une masse informe de fibrilles de couleur rouge, que l'on prit pour l'éponge. Sur le côté gauche du cœur, on voyait le fouet, composé de cinq fibres flexibles, et ayant un grand nombre de nœuds, avec un manche qui ressemblait à du bois et qui était fixé par un petit nœud. Les cordes du fouet étaient teintes d'un sang noir et détachées de la chair, comme on le voit encore aujourd'hui à son tombeau. A côté s'élevait la colonne, qui était comme entourée de cordes d'une couleur de sang. L'évêque fit faire une enquête exacte sur tous les faits. Toutes ces images des instruments de la passion furent détachées : quelques-unes furent envoyées au Pape pour la béatification de la sainte, et les autres furent conservées dans son tombeau. On trouve des détails très-curieux sur ce fait dans la vie de sainte Claire de Montefalco, écrite par Béranger Moscome et Curtius, en partie d'après les manuscrits conservés dans le monastère où elle a vécu, en partie sur les actes de la béatification.

Véronique Giuliani.

La vie de Véronique Giuliani nous offre un des exemples les plus remarquables sous ce rapport. Jamais peut-être le phénomène qui nous occupe en ce moment ne s'est produit d'une manière plus parfaite; jamais peut-être non plus il n'a été observé avec autant de soin. Nous avons déjà trouvé d'ailleurs plus d'une occasion de constater l'attention scrupuleuse de la sainte dans les faits de ce genre. Elle avait, le samedi saint de l'an 1727, découvert à son confesseur, forcée par l'obéissance, qu'elle portait dans son cœur beaucoup de signes et d'images. Celui-ci, prenant en considération ce qu'elle lui avait communiqué, pensa prudemment à se procurer un document authentique à ce sujet, pour pouvoir ensuite, après sa mort, s'assurer de la réalité du fait. Il lui ordonna donc de nouveau, en vertu de la sainte obéissance, de lui dessiner sur un papier l'état de son cœur, tel qu'elle le lui avait décrit de vive voix. Elle obéit; mais comme elle ne savait point dessiner, elle pria les sœurs Florida Ceoli et Marie-Madeleine Boscami de l'aider, sans leur dire toutefois qu'il s'agissait d'une chose sérieuse, mais en cherchant plutôt à leur faire croire que c'était un pur caprice de sa part. Elle tailla donc un papier rouge en forme de cœur; puis elle fit tailler avec du papier blanc, et coller sur le cœur les images suivantes. Au milieu, sur la pointe du cœur, était une grande croix latine; à gauche la couronne d'épines, puis en travers, au-dessus de la croix, un étendard avec sa hampe composé de deux pièces. Elle fit tailler celle de dessus avec du papier d'un rouge obscur. Au-dessus était une flamme de la même couleur, et au-dessous un marteau, des pinces, une lance et le roseau avec sa hampe. A droite de la croix, en commençant par le haut, étaient la robe sans couture de Notre-Seigneur, une seconde flamme, un calice, deux cicatrices entrelacées ensemble, la colonne, trois clous, le fouet, et enfin, au-dessous de la tige de la croix, sept glaives dont les pointes étaient tournées les unes contre les autres. Elle prit une plume, et tira depuis le calice jusqu'à la croix une ligne qui liait ensemble ces vingt-quatre images, et écrivit également avec de l'encre en plusieurs endroits huit grandes lettres latines, et une lettre en écriture cursive : au haut de la croix, un C, qui, selon elle, signifiait *charité;* au bras gauche, un O, *obéissance;* au bras droit, un U, *humilité;* au milieu, deux FF, *foi* et *fidélité ;* sur les deux pièces de l'étendard un J en dessus, un M en dessous, *Jésus* et *Marie;* au pied de la croix, à droite et à gauche, deux PP, *pâtir* et *patience;* enfin sous les pointes des sept glaives, un V, *volonté de Dieu.* Les deux flammes représentaient l'amour de Dieu et du prochain, et les deux blessures celles qu'elle avait reçues elle-même la nuit de Noël. Le tout fut prêt pour la Pentecôte, et Véronique le remit au P. Guelfi, son confesseur, trois jours avant l'attaque d'apoplexie dont elle faillit mourir. Celui-ci signa le papier qu'elle lui avait remis, le scella et l'envoya à l'évêque. Et plus tard, dans le procès qui fut fait pour sa béatification, il reconnut comme étant de lui le sceau et la signature. On conserve encore dans le couvent de la sainte une copie de ce dessin, faite par la sœur Ceoli. Après la mort de Véronique, son cœur fut ouvert dans toutes les formes, sur l'ordre de l'évêque, par Jean-François Gentili, chirurgien et professeur, par J. F. Bordiga, médecin et professeur aussi, en présence du gouverneur Torrigiani, du chancelier Fabbri, des deux prieurs Pesecci et Gellini, des deux docteurs Falconi et Giannini, du confesseur Guelfi, du peintre Luc-Antoine Angelucci et de plusieurs religieuses. On trouva la croix très-distinctement représentée, et portant au-dessous la lettre C, puis la couronne d'épines, les deux flammes, les sept glaives rangés en forme d'éventail, les lettres V et P, la lance et le roseau croisés ensemble, l'étendard avec les deux pièces et les lettres J et M, un clou, tel qu'on le représente ordinairement. L'évêque ne crut pas nécessaire de faire inciser plus avant le côté droit, parce qu'il craignait que le cœur ne se gâtât tout à fait; car il y avait déjà trente-quatre heures que la sainte était morte. Il ne voulait pas non plus augmenter inutilement les souffrances des sœurs qui étaient présentes. (Sa Vie, p. 124, et les actes de son procès, qui furent écrits deux mois après sa mort.) La même chose est arrivée à Marguerite de Città di Castello.

Cette vertu plastique n'est pas propre seulement aux parties molles du corps, mais elle s'étend quelquefois jusqu'à la charpente osseuse. Cantinpré raconte dans son premier livre *des Abeilles*, ch. 25, un fait dont il a été témoin lui-même. Boland, prieur des Dominicains à Strasbourg, faisait continuellement avec son pouce le signe de la croix sur sa poitrine. Or, il arriva qu'allant à Mayence il y fut pris d'une maladie dont il mourut, et il fut enterré chez les Frères Mineurs. Les Dominicains de Strasbourg désiraient avoir son corps; mais les Frères Mineurs de Mayence tenaient à le garder. Cependant, au bout de quelques années, le couvent de Mayence ayant été transporté ailleurs, les Dominicains purent enfin rapporter les os de Boland à Strasbourg. Lorsqu'ils les eurent lavés, ils trouvèrent l'os du thorax, où s'emboîtent les côtes, marqué d'une croix très-bien faite qui paraissait couvrir le cœur comme d'un bouclier. Cantinpré, qui fit un voyage de quarante milles pour être témoin de cette merveille, raconte qu'il a vu lui-même cette croix, formée comme en relief de la substance même de l'os au milieu du thorax. Les trois bras supérieurs de la croix avaient la même longueur; mais le quatrième était plus long. Les trois premiers se terminaient par des lis, tandis que le bras inférieur se terminait par une pointe, comme s'il eût dû être enfoncé quelque part. Un autre document rapporté par Bzovius à l'an 1237 ajoute que la croix était bleue.

Boland de Strasbourg.

Un an après la mort de Jean d'Yepes, qui arriva en 1591, on trouva son corps parfaitement intact et sans aucune tache, exhalant avec cela un parfum délicieux, et on le déposa au milieu d'un grand concours de peuple dans le couvent des Carmes de Ségovie. Or, on vit dessinées sur tous les membres des images merveilleuses de Notre-Seigneur, de la sainte Vierge, des anges et des saints. Mais elles ne paraissaient pas de la même manière à tout le monde, et chacun ne les voyait pas toutes ensemble; mais plusieurs ne les voyaient pas du tout, et d'autres les voyaient tantôt d'une manière, tantôt d'une autre. Dans ce cas, on le voit, la réalité est déjà mêlée de l'élément subjectif : aussi ce fait n'offre-t-il pas une certitude incontestable. L'évêque du diocèse, Vigilis de Quinones, constate, il est vrai, qu'un grand nombre d'individus ont vu ces signes, et l'existence en a été confirmée par des témoins dignes de toute confiance, et constatée dans le procès avec toutes les formes du droit. Mais il reste toujours très-difficile dans les cas de ce genre de distinguer la réalité de ce qui n'est que l'effet de l'imagination. (*Paradisus carmelitici decoris*, p. 435.)

CHAPITRE XIX.

L'extase considérée dans les organes du mouvement. Des stations mystiques. Comment ce phénomène se trouve joint avec celui des stigmates. Lucie de Narni. Comment il se produit en partie seulement ou d'une manière complète. Sainte Colette. Agnès de Jésus. Jeanne de Jésus Marie.

L'extase saisit l'homme tout entier. Mais quoique celui-ci soit unique dans sa personne, on peut distinguer en lui plusieurs régions très-différentes, en chacune desquelles il exerce son action d'une manière spéciale. Il en est de même de l'esprit d'en haut qui produit l'extase : c'est toujours le même esprit, mais il peut à son gré saisir l'une ou l'autre de ces diverses régions, et produire ainsi des phénomènes particuliers. Nous avons considéré déjà l'action de Dieu dans l'esprit et dans la région inférieure de l'homme, et nous avons vu comment il produit dans le premier cas la vision sous toutes ses formes et des émissions de lumière; ou bien encore comment, lorsqu'il s'empare des puissances de la volonté, il y donne naissance à des mouvements qui se manifestent au dehors par des sons extérieurs. Nous avons vu ensuite que l'esprit divin, lorsqu'il soumet à son action les forces vitales, les élève au-dessus d'elles-mêmes, leur donne une plasticité plus grande, et leur fait produire ainsi dans l'organisme des formes extraordinaires. C'est de cette manière que se manifestent les phénomènes de la stigmatisation à tous ses degrés. Or, ces deux régions extrêmes dans l'homme, qui représentent d'une manière spéciale les deux premières personnes de la sainte Trinité, sont mises en rapport par la région intermédiaire qui préside aux mouvements. Lorsque l'extase saisit principalement ou l'esprit ou la région inférieure de l'homme, les organes du mouvement sont ordinairement liés; de sorte que les visions et en partie aussi la stigmatisation s'accomplissent au milieu d'une extase tranquille et immobile. Mais il arrive quelquefois aussi que l'esprit divin s'empare de la région intermédiaire, et y produit un surcroît d'activité extraordinaire. Les organes, qui étaient liés dans les deux premières formes de l'extase, sont élevés au contraire en ce cas à une plus haute puissance; et les mouvements, dirigés par une volonté surnaturellement exaltée, dépassent les limites ordinaires et naturelles; et c'est ainsi que l'extase mobile succède à l'extase immobile.

L'extase mobile tient donc le milieu entre l'extase spirituelle, qui produit les visions, et l'extase plastique, qui donne naissance aux stigmates. On distingue en elle trois formes ou trois degrés, correspondant aux trois aspects des organes du mouvement. Au premier degré on peut ranger tous les phénomènes que nous désignons sous le nom de stations mystiques. Le second degré comprend les extases où se produit une action à distance, ou une action partant du centre ou y allant. Enfin, le troisième degré comprend l'extase dans laquelle l'homme marche ou s'élève au-dessus de terre, ou vole en l'air. Nous allons étudier toutes ces formes, en commençant par les stations mystiques.

Des stations mystiques.

L'extase mobile exprime dans le domaine de la grâce ce que le somnambulisme représente dans celui de la nature. Lorsque l'homme marche éveillé, l'esprit en lui tient le gouvernail, et dirige d'en haut le mouvement vers le but qu'il a en vue. Mais lorsque le somnambule marche dans le sommeil, l'instinct qui gît dans les régions inférieures de la vie prend la place de l'intelligence, voilée sous les nuages du sommeil; et saisissant les organes du mouvement, il dirige et conduit celui-ci avec cette assurance qui est le caractère propre de tout instinct naturel. Dans l'extase mobile, c'est l'esprit de Dieu qui prend la place de celui de l'homme. Celui-ci se livre à lui pendant tout le temps que dure l'extase; et il est à l'égard de Dieu à peu près ce que la vie inférieure est pour lui-même, avec cette différence toutefois qu'ici la dépendance de la vie inférieure à l'égard de l'esprit est nécessaire et continuelle, tandis que celle de l'esprit de l'homme à l'égard de Dieu dans l'extase est libre et temporaire. L'esprit divin, qui s'est emparé du pouvoir dans l'homme, l'exerce à sa guise, produisant en lui des mouvements que la volonté reçoit intérieurement, et qu'elle exécute ensuite au dehors. Il s'ouvre donc ici un nouveau monde d'action, tracé par l'esprit de Dieu, de même que le cercle de la vie ordinaire, dans l'état de veille, est renfermé dans la sphère de l'esprit de l'homme, tandis que dans le sommeil il repose dans le sein de la nature elle-même ou dans les régions inférieures de l'organisme, soumises exclusivement aux influences de celle-ci.

Dans le domaine de l'esprit et de la nature, lorsqu'un but important doit être atteint, et que l'on a pour cela des moyens considérables à sa disposition, les actions particulières se produisent sous une forme épique ou dramatique, et composent ainsi un magnifique ensemble et comme un poëme grandiose. Il en est ainsi dans le domaine de la grâce. Ici aussi, lorsque l'esprit de Dieu et l'esprit de l'homme s'unissent dans une action commune, les opérations qui résultent de cet admirable concert forment, par leur enchainement, comme un drame sublime et saisissant. Mais le but le plus élevé qui puisse être proposé à l'homme dont l'esprit de Dieu s'est emparé, c'est Notre-Seigneur lui-même accomplissant l'œuvre de la rédemption, pour laquelle il est venu sur la terre, et montant le chemin qui conduit au Golgotha. Il n'est pas, en effet, de spectacle plus attendrissant que celui des scènes de sa passion. De même que, si deux cordes sont montées sur le même ton, les vibrations de l'une mettent l'autre en mouvement, ainsi les souffrances de Notre-Seigneur, contemplées avec amour par l'âme ravie, la font vibrer à l'unisson, et produisent en elle des émotions semblables à celles qu'il a ressenties lui-même. Ce n'est plus une simple méditation, mais c'est la reproduction vivante de la passion du Sauveur dans tous ses actes et dans toutes ses circonstances. De même en effet que les plaintes qu'arrache à l'âme la compassion composent en quelque sorte une lamentation mélodieuse, ainsi la reproduction des scènes douloureuses de la passion du Sauveur forme un drame sublime, auquel on ne peut assister sans une émotion profonde.

Lucie de Narni.

On voit par tout ce que nous venons de dire quel rapport existe entre ce phénomène et celui de la stigmatisation. Ce rapport est tel que c'est après un acte de ce genre que Lucie de Narni a été stigmatisée. Le 24 février 1496, elle était au chœur avec vingt-cinq religieuses du même couvent, lorsqu'elle fut prise par une extase où elle resta une demi-heure sans aucun mouvement. Puis elle se mit à pousser une plainte profonde, de sorte que l'on comprit qu'elle faisait avec Notre-Seigneur les stations de la passion. On vit en effet qu'elle souffrait toutes les douleurs qu'avaient éprouvées Notre-Seigneur et sa mère en se séparant, celles que le Sauveur ressentit de l'abandon de ses disciples et de la trahison de Judas, et qu'elle aurait voulu les prendre sur elle à sa place. Elle suivit ensuite Notre-Seigneur à la colonne; et, abimée dans une angoisse profonde, elle demandoit qu'on déchargeât sur elle les coups dont on le frappait. Puis elle assista au couronnement d'épines, le cœur brisé, en compagnie de Marie, de Madeleine et de l'apôtre saint Jean. Elle entendit l'injuste sentence de Pilate, et vit s'acheminer vers le Calvaire le funèbre convoi. Elle marcha à la suite du Sauveur, prit avec joie la croix sur ses épaules à la place du Cyrénéen; puis, ployant sous le faix, elle tomba à terre épuisée de fatigues et de souffrances. Revenue cependant à elle, elle se traina du mieux qu'elle put à la suite du Sauveur, lui disant: « Seigneur, je vous vois attaché à la croix, mais je veux y être attachée avec vous. Donnez-moi donc part, ô mon bien-aimé, à vos souffrances; laissez-les-moi toujours, ainsi que vos plaies sacrées. »

La sœur Diambra, s'étant approchée, vit les muscles de ses bras se contracter convulsivement, et ses os se disloquer. Elle lui demanda ce qu'elle avait au bras; Lucie lui répondit qu'ils étaient comme endormis. Mais bientôt les crampes augmentèrent tellement qu'elle devint raide et froide comme la glace; de sorte qu'elle n'avait plus qu'un faible reste de pouls. Ceci dura jusqu'à Tierce, où elle alla communier avec les autres. Mais dès qu'elle fut de retour dans sa cellule, Diambra s'aperçut qu'elle avait dans la paume de la main une tache sanguinolente, et les cinq plaies de Notre-Seigneur se formèrent complétement sur son corps dans le cours de la semaine. (Marchèse, t. VI, p. 79.)

Lucie de Narni est célèbre aussi par l'examen sévère auquel elle fut soumise après sa stigmatisation. Dès que l'évêque eut connaissance du fait que nous venons de raconter, il défendit de toucher les stigmates qu'elle avait reçus, ou d'essayer de les guérir. Cependant, comme ils restaient toujours frais et sans suppuration, et que les mercredis et les vendredis seulement ils saignaient avec plus d'abondance, il permit de les lier et d'employer quelques remèdes;

mais tous furent inutiles. Le pape Alexandre VI nomma pour faire l'enquête une commission composée du grand inquisiteur, de l'évêque de Narni, du prieur de Viterbe, de plusieurs chanoines et du médecin Al. Gentiari. Ceux-ci, après un examen sévère, déclarèrent que la chose était surnaturelle. Mais on ne cessa pas pour cela de causer. Chacun disait son mot et voulait avoir son opinion; on traita Lucie d'hypocrite, et la chose fit tant de bruit que le duc Hercule d'Este pria le pape de lui envoyer Lucie à Ferrare. Il chargea quatre des principaux médecins de Ferrare et trois autres encore, *omni exceptione majores*, comme s'exprime l'auteur de la Vie de sainte Lucie, deux évêques et l'archevêque de Milan de procéder à une enquête exacte. Ils s'acquittèrent consciencieusement de leur ministère, et confirmèrent le jugement de la première commission. Mais on ne trouva pas encore ceci suffisant. Alexandre VI envoya donc son médecin, Bernard de Recanati, un des médecins les plus célèbres de son temps, et deux évêques, pour procéder à une nouvelle enquête. Bernard fit faire un gant particulier, que personne autre que lui ne pouvait ouvrir, puis il en enveloppa la main de Lucie, le ferma et y mit son sceau. Il le laissa ainsi neuf jours. Si la plaie avait été naturelle, elle aurait dû nécessairement pendant ce temps parvenir à suppuration; mais lorsqu'il ôta le gant la blessure était rouge et fraîche, comme lorsqu'il l'avait mis. Cette troisième commission se rangea donc à l'avis des deux autres, et la calomnie fut réduite au silence. Bosius, dans son livre *de Signis*, liv. XV, c. 3, affirme qu'il a vu lui-même à Rome les actes de cette enquête.

La stigmatisation n'est pas toujours complète dans le même individu, et quelques-uns ne reçoivent que les plaies des pieds ou des mains, ou de la tête, ou du cœur. Il en est de même du phénomène qui nous occupe en ce moment: le drame sacré de la passion du Sauveur ne se reproduit pas toujours tout entier chez les extatiques, surtout dans les commencements de la vie mystique. Sainte Colette, qui Sainte Colette.

dans ses extases remplissait d'un agréable parfum la maison où elle demeurait, considérant un jour dans un ravissement la passion du Sauveur, son visage enfla comme s'il eût été frappé de coups nombreux; de sorte qu'il semblait ne plus avoir que la peau et les os. Le nez était tordu et enfoncé. Lorsqu'elle eut fini sa méditation, le visage reprit sous les yeux des autres sœurs sa forme précédente; l'enflure disparut, le nez se redressa, et tout redevint comme auparavant. (Sa Vie, page 562.) C'était, on le voit, les mauvais traitements que Notre-Seigneur avait reçus de la part des soldats et des bourreaux, qui s'étaient reproduits dans la personne de Colette. Chez d'autres, c'est l'agonie du jardin des Oliviers, ou la flagellation, ou quelque autre scène de la passion. Ce n'est que lorsque tous ces actes particuliers se sont succédé que le drame entier apparait avec tous ses motifs et tous les faits qui le composent; et ce drame est représenté plus ou moins vivement, et saisit les témoins d'une émotion plus ou moins profonde, selon les conditions particulières de la personne en qui il se reproduit.

Un grand nombre d'exemples confirment ce que nous venons de dire. Nous choisirons ici les plus frappants, en suivant l'ordre qui nous est indiqué par le degré d'intérêt qu'ils inspirent. Agnès de Jésus eut d'abord la couronne d'épines, puis des douleurs au cœur, ensuite aux mains et aux pieds, où se montrèrent dans les commencements de petites croix couleur de sang. Elle fut conduite après cela au Calvaire pour y assister au crucifiement, et c'est alors que les stigmates furent complétement formés sur son corps. Peu de temps après sa profession, un ange lui avait apparu en lui disant : « Agnès, prépare-toi à souffrir autant qu'ait jamais souffert aucune créature. » Elle se contenta de lui répondre : « Ne m'abandonnez pas, lorsque ce que vous m'annoncez arrivera. » Le soir même, comme elle était au lit, sa chambre fut tout à coup illuminée d'un grand éclat; au milieu de la lumière, Jésus crucifié lui apparut, couvert de plaies et inondé de sang. A ce spectacle, il lui

Agnès de Jésus.

sembla qu'on étendait aussi son corps sur une croix, qu'on lui clouait les mains et les pieds; et les douleurs qu'elle ressentit étaient si vives qu'elle se mit à pousser de grands cris. Les sœurs accoururent, et la trouvèrent les mains étendues, les pieds posés l'un sur l'autre et comme cloués sur une croix. « O mes chères sœurs, leur dit-elle en les voyant, priez pour moi, car je ne puis plus souffrir davantage. » On appela son confesseur, dans la crainte qu'elle ne mourût sans avoir reçu les sacrements de l'Église. Agnès lui fit sa confession avec une grande abondance de larmes, et reçut de ses mains le saint viatique; après quoi elle tomba en extase, et répandit comme d'habitude un doux parfum autour d'elle.

La sainte Vierge lui apparut et la consola, mais pour quelques instants seulement. Ce message céleste lui donna du courage pour de nouvelles souffrances. Celles-ci revinrent bientôt en effet, et durèrent trois jours entiers; après quoi elles diminuèrent un peu, et se bornèrent aux côtés, aux mains et aux pieds; de sorte qu'elle fut longtemps sans pouvoir marcher. Au bout d'un an, elle fut prise dans le jardin du monastère de douleurs si violentes qu'elle fut renversée par terre. Les sœurs la trouvèrent les bras étendus, semblable à une morte, et la portèrent dans sa chambre, où elle resta trois heures entières sans donner signe de vie. Revenue à elle, elle fut conduite chez la prieure. Les douleurs reparurent bientôt, et on l'entendait crier avec une tendresse inexprimable : « O amour, que tu es puissant! O amour, que tu es fort et irrésistible! Mes chères sœurs, je n'ai plus mon cœur, l'amour me l'a pris; je ne dis plus rien par moi-même, c'est l'amour qui parle par ma bouche; aimons donc ce divin amour qui nous aime si tendrement. » Puis, se tournant vers le crucifix : « Seigneur, dit-elle, ô mon doux amour, je veux souffrir jusqu'à la fin de ma vie. » Apercevant son confesseur, elle lui dit : « Mon père, donnez à votre fille ce dont elle a besoin. » Il entendit donc sa confession et lui donna la communion;

après quoi elle eut un ravissement qui dura une heure. Quand elle fut revenue à elle, son confesseur lui demanda où elle avait été. « Mon père, lui dit-elle, je viens du palais de l'amour. — Où est-il? — Sur le Calvaire. Là, j'ai vu mon Sauveur porter seul sa lourde croix, et il m'a dit que je dois aussi porter la mienne sans aucun mélange de consolation. »

Les crampes revinrent bientôt. Son corps fut étendu d'une manière invisible, ses bras tirés violemment; ses pieds se posèrent l'un sur l'autre; son visage devint rouge comme le sang; tous ses membres furent agités par un tremblement violent. On entendait craquer les jointures des os, et dans sa poitrine un bruit singulier, comme si l'on eût déchiré son cœur. Pendant ce temps, elle ne faisait que demander à Dieu la patience et la force, et exhorter les assistants à aimer le Seigneur. Elle eut une nouvelle extase suivie de nouvelles douleurs, qui devinrent si cruelles qu'on lui fit donner les sacrements des mourants. Elle eut pendant qu'elle les recevait des visions qui la consolèrent. Le jour suivant, le messager invisible lui apparut de nouveau, et lui demanda si elle était disposée à souffrir davantage encore pour les péchés du monde. Elle répondit oui, et au bout d'une heure les souffrances revinrent, plus terribles qu'auparavant; de sorte que tous les assistants étaient étonnés qu'elle pût vivre encore. Comme elle demandait un crucifix qui était près d'elle, on vit celui-ci venir à elle comme par un attrait magnétique. Les sœurs attendaient sa mort à chaque instant, mais une voix lui dit qu'elle vivrait encore le jour suivant. On lui mit dans la bouche, pour la rafraîchir, quelques gouttes de vin sucré, qui lui parurent comme du fiel et du vinaigre.

Le lendemain, qui était un vendredi, eut lieu la dernière scène de ce drame terrible. Comme son confesseur l'exhortait à la patience, elle lui assura que dans ses plus grandes souffrances Dieu lui avait accordé la grâce d'une entière résignation à sa volonté sainte. Vers la onzième heure, tous les signes d'une mort prochaine s'étant déclarés, on lui dit de se tenir prête. Elle répondit que ce serait pour elle une nouvelle bien agréable, si c'était la volonté de Dieu qu'elle mourût; mais qu'elle en doutait. Cependant son confesseur lui récita les prières des agonisants. Elle-même, parfaitement résignée, commença à lutter contre la mort. Les sœurs, qui étaient à table au réfectoire, furent appelées auprès du lit de la mourante pour réciter les litanies. La mort cependant poursuivait son œuvre, et Agnès enfin resta sans mouvement. Les sœurs courent toutes au chœur et se donnent la discipline, afin d'obtenir de Dieu qu'elle vécût. Son confesseur, qui était resté seul près d'elle, la vit ouvrir tout à coup les yeux et crier à haute voix : « Je suis revenue. » Elle raconta les visions qu'elle avait eues; les sœurs, étonnées et joyeuses en même temps, accoururent auprès de leur chère Agnès, l'embrassant avec tendresse et remerciant Dieu de sa guérison. Ceci arriva dans le mois de février de l'an 1626. Elle se mit alors à manger, car elle n'avait presque rien pris pendant six semaines, et put assister le soir même aux Complies. Sa vie a été écrite en français par un prêtre d'Auvergne, sur les manuscrits du prieur *Branchi*, du provincial Boyre, de l'archiprêtre Martinon et de ses confesseurs Panassier et Férisse.

Jeanne de Jésus-Marie.

Un exemple non moins frappant sous ce rapport est celui de Jeanne de Jésus-Marie à Burgos. Et ce qui le rend plus important pour nous, c'est que les faits qui nous intéressent en ce moment ont été racontés dans le plus grand détail par l'auteur de sa Vie, François d'Amayugo, tandis qu'Agnès ne nous en donne qu'une connaissance sommaire. Jeanne, veuve en 1622, prit l'habit au couvent de Sainte-Claire à Burgos, en 1626, après avoir vécu près de soixante ans dans le monde, et commença sa nouvelle vie par des mortifications terribles et nombreuses. Tout en remplissant avec zèle les règles du monastère, elle continua ses anciennes pratiques de piété.

Une de celles qui lui étaient les plus chères, c'était la méditation de la passion du Sauveur. Déjà précédemment, le drame sanglant du Calvaire s'était reproduit en elle; mais dans le silence du cloître il acquit pour ainsi dire toute sa perfection. L'abbesse, qui était dans le secret, la renfermait tous les jeudis soir dans sa cellule, pour qu'elle ne fût pas dérangée, et ne lui ouvrait la porte que le vendredi vers cinq ou six heures du soir, parce qu'elle avait alors fini son exercice. Malgré toutes ces précautions, la curiosité des autres sœurs, éveillée par le mystère que l'on cherchait à garder, avait trouvé un moyen de se satisfaire. Elles avaient fini par pénétrer dans la chambre de Jeanne, ce qui leur était d'autant plus facile que pendant tout le temps que durait son exercice elle était en extase et ne pouvait s'apercevoir de leur présence. Voici ce qu'elles affirmèrent dans la suite par serment, lors des informations juridiques qui furent faites à ce sujet, déclarant qu'elles avaient été témoins de tous ces faits, pendant le temps qu'elles l'avaient examinée, suivant tous ses mouvements pas à pas.

Le jeudi soir, entre cinq et six heures, elle commençait ordinairement par examiner sa conscience, et demandait pardon à Dieu de tous ses péchés. Puis elle entrait aussitôt dans le cénacle où avait eu lieu la dernière cène. Les sœurs, qui l'avaient trouvée assise en extase, la virent se lever, et marcher à genoux dans sa cellule, s'arrêtant ici et là, et s'inclinant comme devant un homme assis. Il était facile de reconnaître qu'elle était occupée au lavement des pieds. Elle se leva ensuite, chanta debout quelques cantiques de louanges, et se remit à marcher. On vit bien qu'elle suivait Notre-Seigneur au jardin des Oliviers. Arrivée là, elle médita sur son agonie, et en ressentit les angoisses et la tristesse. Son cœur semblait vouloir se briser, et l'on vit paraître au dehors tous les signes des sentiments qui pénétraient son cœur. Elle resta depuis huit jusqu'à onze heures plongée dans cette méditation. Pendant ce temps, tantôt elle se tenait debout, et tantôt se prosternait à terre. On apercevait sur son visage un trouble toujours croissant. Ses yeux étaient noyés dans les larmes. L'angoisse devenait toujours plus profonde, et la douleur qui déchirait son âme plus poignante. Lorsque enfin son émotion fut au comble, une sueur abondante de sang coula de son corps, de sorte que les gouttes tombaient jusqu'à terre.

Vers onze heures, la troupe qui venait prendre le Sauveur, conduite par Judas, attira son attention. Les sœurs la virent se lever, marcher, jetée à terre avec une grande violence, mais gardant toujours sur son visage une expression remarquable de bienveillance et de dignité. Elle représentait le Seigneur pris par les soldats. Puis elle le considéra trahi par Judas, lié de chaines, frappé, outragé et emmené captif par cette soldatesque effrénée. Elle le suivit pendant tout le trajet, regardant les traces sanglantes de ses pas. Elle le vit le visage enflé, tomber souvent pendant la route; et la compassion qu'elle éprouvait était si profonde que son visage devenait brun et bleu. Le sang s'amassait sous les ongles de ses mains; et l'on voyait sur ses bras et sur ses mains des meurtrissures comme si on les eût liés fortement avec des cordes et des chaines. Vers une heure du matin, elle vit le divin captif, dans le palais d'Anne, tête et pieds nus, les yeux penchés vers la terre et les traits empreints d'une humilité toute céleste. Elle entendit le prêtre l'interroger sur sa doctrine et ses disciples, et vit un des valets, sur la réponse du Sauveur, lui donner un si violent soufflet qu'il fut renversé à terre, et que du sang sortit de sa bouche. Une des joues de l'extatique devint noire et enflée, comme si elle eût reçu elle-même le coup. Elle suivit Jésus chez Caïphe, prenant part à tous les mauvais traitements dont il fut accablé. Elle vit avec effroi le reniement de Pierre, et se tint le reste de la nuit dans un coin de sa cellule, comme si elle eût été vraiment renfermée dans un cachot.

Le vendredi, vers quatre heures du matin, Jeanne traversa sa cellule, allant d'un lieu à un autre; de sorte que l'on reconnut qu'elle allait de Pilate à Hérode, d'un tribunal à l'autre. Quand elle vit Notre-Seigneur condamné à être flagellé, son cœur en ressentit une profonde angoisse. Elle vit alors en esprit les bourreaux descendre en grand nombre dans les portiques du tribunal, où la foule du peuple était rassemblée, et ordonner au Seigneur de quitter ses habits, puis mettre en même temps la main sur lui et les lui arracher. Vers huit heures elle souffrit la flagellation. Elle était debout au milieu de sa chambre; sa figure était blême, et ses traits tirés comme ceux d'un mort. Elle croisa les mains et se courba, comme si on l'eût attachée à une colonne peu élevée. Elle resta longtemps ainsi; puis son visage, qui auparavant avait la pâleur de la mort, prit un air troublé et vraiment digne de compassion; de sorte que l'on comprit à son trouble et à sa peine que la flagellation occupait son âme.

Vers neuf heures, elle arriva au couronnement d'épines, considérant l'antique malédiction prononcée sur la terre, lorsque Dieu la condamna à produire des épines et des ronces, malédiction qui s'est si bien confirmée dans la personne adorable du Sauveur. A la fin de la flagellation, elle était tombée à terre évanouie; elle se releva lentement et en tremblant, s'assit à terre, ferma les yeux, croisa les bras; et de sa tête commencèrent à couler plusieurs filets de sang. Il semblait aussi qu'on lui donnait des coups et des soufflets; car, d'après le récit des sœurs, son visage, pâle auparavant, devenait ensanglanté et enflé, de sorte qu'il faisait compassion à voir. Elles jugèrent par là que le couronnement d'épines se reproduisait en elle.

De dix heures à midi, elle suivit son bien-aimé avec tout le peuple pendant qu'il montait le Calvaire; et sa douleur redoubla lorsqu'elle vit celle de la sainte Vierge, qui attendait son fils au passage. Elle avait, au commencement de sa méditation, détaché du mur une croix de fer, qui pesait trente-trois livres, que l'on conserve encore dans son couvent; elle se la mit alors sur les épaules, et parcourut ainsi à genoux sa cellule. Lorsqu'elle rencontra la sainte Vierge, qui attendait son fils, elle resta quelque temps immobile, et on l'entendit lui adresser des paroles si tendres et si douces que toutes les sœurs en étaient profondément émues. Après qu'elle eut enfin pris congé de la sainte Vierge, elle contina sa route à la suite du Sauveur; et depuis midi jusqu'à une heure elle médita sur le crucifiement. Laissant la croix de fer, elle en prit une de bois que l'on avait faite exprès pour elle et à sa mesure. Elle la posa à terre, se coucha et s'étendit dessus; et l'on aurait pu croire en la voyant qu'elle y était réellement clouée. Après quelques instants, les sœurs virent la croix et Jeanne, qui était dessus, élevées en l'air, et se tenir ainsi d'une manière miraculeuse, sans toucher la terre. Jeanne ainsi crucifiée répandit des ruisseaux de sang de la tête, des mains, des pieds et du côté. Du haut de l'instrument de son supplice, elle regardait de temps en temps la sainte Vierge, qui était à ses pieds; elle considérait comment cette mère de douleur était intérieurement crucifiée avec son divin Fils, par les douleurs inexprimables qu'elle éprouvait, et comment elle ressentait invisiblement tout ce qu'il souffrait lui-même d'une manière visible. Les religieuses l'entendirent ensuite prier Dieu pour tous ceux qui lui avaient été recommandés, soit morts, soit vivants. Puis, vers trois heures, elle cria d'une voix haute et lamentable : *Mon Dieu, mon Dieu, pourquoi m'avez-vous abandonné?* Après quoi sa bouche et tous ses traits se contractèrent, comme si elle eût goûté un breuvage amer.

Elle passa ensuite à la considération de la mort du Sauveur, demandant à mourir avec lui. Lorsque le moment fut venu où il remit son âme entre les mains de son Père, elle lui remit aussi la sienne; et après avoir prononcé à haute voix ces paroles : *tout est consommé;* elle pencha la tête, comme si elle n'eût plus eu la force de respirer. Elle tomba alors de la croix sur la terre; mais la croix resta droite et ferme en l'air. Quelque temps après elle se releva sur ses genoux, et tournée vers la croix elle paraissait offrir son voile à quelqu'un, comme pour en envelopper quelque chose. Les sœurs comprirent qu'elle le présentait à la sainte Vierge pour qu'elle ensevelit dedans le corps de son fils. Pendant tout ce temps, elle resta recueillie, pleura amèrement et adressa à la sainte Vierge des paroles affectueuses. Ceci dura jusqu'à cinq ou six heures du soir. Elle revint alors de son extase. C'était l'heure où l'abbesse avait coutume de venir; elle fit laver le sang que Jeanne avait répandu, et celle-ci rentra dans la vie ordinaire. Pendant toute cette scène si émouvante, les sœurs furent étonnées de la dignité et de la modestie singulière de ses poses et de ses mouvements, tandis qu'à chaque pas qu'elle faisait ses os rendaient un son que l'on pouvait entendre de loin. Pendant tout le temps que durait ce saint exercice, deux lumières restaient allumées sur l'autel qui était dans la chambre de Jeanne. Un jour l'abbesse et d'autres sœurs les avaient éteintes, et s'en étaient allées après avoir fermé la porte. Mais lorsqu'elles revinrent, elles les trouvèrent allumées de nouveau. Jeanne sortant de son extase pouvait, dès la nuit même, assister à Matines, quoiqu'elle eût perdu beaucoup de sang. (Sa Vie.)

Cette merveille dura vingt années de suite, se renouvelant chaque semaine. Déjà le 10 novembre 1617, le notaire public de Burgos, Didac del Rio-Estrada, avait dressé sur ces faits un procès-verbal où, à la requête des Déchaussées, il rend témoignage de ce qu'il a vu. Il cite tout d'abord la triple requête que lui ont adressée à ce sujet les Déchaussées; puis il nomme la rue, la maison et la chambre où il a trouvé Jeanne, les témoins qu'il y a rencontrés ou amenés avec lui. Il rapporte, entre autres choses, que le vendredi matin, entre neuf et dix heures, c'est-à-dire au moment où avait lieu le couronnement d'épines, il a vu à plusieurs reprises beaucoup de sang sortir de l'intérieur de l'œil, par les angles; beaucoup de sang, dont une partie, coulant par petites gouttes comme une rosée, pendait aux cils et tombait ensuite en gouttes plus grosses sur le visage; qu'il a vu de plus beaucoup de sang couler de sa bouche et de son nez, de sorte que son mouchoir de cou en était tout mouillé; que cependant ce sang, étant mêlé de salive et de mucosités, n'était pas aussi rouge que l'autre; qu'ensuite elle s'est assise sur ses genoux, et qu'après être restée quelque temps dans cette position elle a fait quatre inclinations respectueuses; puis qu'elle a fait quelques pas à genoux, et s'est traînée ainsi jusqu'au pied d'une croix qui était là, et que pendant ce temps son crâne craquait d'une manière affreuse; qu'ensuite elle a pris la croix sur ses épaules, et l'a portée, toujours à genoux, à travers sa chambre, jusqu'à midi un quart environ; qu'après cela elle est tombée dans une défaillance qui a duré jusqu'à trois heures; qu'elle a pris en gémissant la croix avec ses mains, et l'a détachée du mur; que la croix est ensuite restée en l'air sans appui, et sans que Jeanne l'ait soutenue avec ses genoux; que, pour mieux s'assurer du fait, un des assistants a pris une lumière et s'est approché de la croix; et qu'il s'est convaincu alors qu'elle ne touchait à la terre que par l'extrême bout, sans être soutenue d'aucune autre manière, de sorte que cela ne pouvait se faire sans un miracle; qu'entre deux et quatre heures elle est restée attachée à cette croix et en extase; que son confesseur a soufflé sur elle à plusieurs reprises, et qu'alors elle s'est mise en mouvement avec sa croix, et s'est élevée en l'air comme une feuille agitée par le vent; que plus tard elle s'est posée à terre, et appuyé le visage sur la main droite, en poussant un profond gémissement; qu'il s'est approché alors pour voir ce qu'elle faisait, et que, lorsqu'elle s'est levée, il a trouvé son visage parfaitement net, sans aucune trace du sang qu'elle avait versé par les yeux et la bouche, et qu'il n'en était resté quelques gouttes qu'à l'aile droite du nez; qu'elle est ensuite retombée en extase, et que tous ont vu alors son visage tellement resplendissant qu'on pouvait en apercevoir l'éclat à la porte de la chambre; que vers cinq heures elle a répété sans la croix les mêmes évolutions qu'elle avait faites le matin avec elle; qu'ensuite elle a fait quatre inclinations profondes; qu'elle est revenue de son extase entre cinq et six heures, et qu'elle a dit en soupirant: « Ah! mon Jésus! » que c'étaient là les seules paroles qu'elle eût prononcées depuis le matin, et que jusque-là on n'avait entendu sortir de sa bouche que des gémissements et des plaintes; que pendant tout ce temps elle n'avait donné aucun signe de sentiment, soit qu'on l'appelât, soit qu'on la touchât ou qu'on lui tâtât le pouls.

A l'âge de soixante-dix ans, comme elle était épuisée par les pertes de sang qu'elle faisait ainsi tous les vendredis, ses supérieurs lui ordonnèrent, en vertu de la sainte obéissance, de demander à Dieu qu'il fermât ses blessures. Elle obéit, se prosterna dans la prière devant une image représentant l'*Ecce homo*, et fut exaucée. Le lendemain, comme elle se préparait à communier, elle sentit en elle une grande émotion; elle regarda ses mains, et n'y trouva plus les plaies. La même chose était arrivée pour les autres parties du corps, et, à partir de ce moment, il ne lui en resta plus que les cicatrices.

CHAPITRE XX.

Continuation du même sujet. Véronique Giuliani. Jeanne Carniole. Marie de Moerl à Kaldern. Domenica Lazzari.

Aux exemples que nous venons de citer nous ajouterons celui de Véronique Giuliani. Sous la direction d'un homme habile et prudent, les phénomènes dont nous nous occupons ici purent se développer sous toutes leurs formes, et être examinés attentivement; et les actes nous ont conservé dans un récit clair et authentique le résultat de ces observations. Le rapport du confesseur se trouve dans les ac-

Véronique Giuliani.

tes du procès, fol. 237 à 245. Les symptômes d'un état extraordinaire devenant toujours plus nombreux chez elle, l'évêque de son diocèse, Eustochi, voulut se former une conviction certaine à leur égard. Il fit donc venir pour cela de Florence, en 1714, le P. Crivelli, Jésuite, qui avait alors une grande réputation comme directeur des âmes. Il le mit au courant de tout ce qui s'était passé; puis, après avoir éloigné le confesseur ordinaire du couvent, il le nomma confesseur extraordinaire, et lui ordonna d'y rester deux mois pour éprouver Véronique. Le père obéit, et fit faire d'abord à la sainte une confession générale, comme c'est la coutume en ces circonstances. Ce qu'il apprit, soit par elle, soit par les autres sœurs, lui donna la pensée de la soumettre à une épreuve qui devait être décisive. Il la fit venir un matin au confessional, et lui commanda de se mettre aussitôt en prière, et de demander à Dieu qu'il lui révélât ce que lui, son confesseur, lui ordonnerait par un acte intérieur de sa volonté. Véronique y consentit, et se mit en prières. Pendant ce temps-là, Crivelli lui adressa au dedans de son âme, et sans que le moindre mouvement extérieur pût trahir sa pensée, les cinq commandements suivants : 1° que sa plaie du côté, qui était alors fermée, s'ouvrît de nouveau, et saignât comme celles des mains et des pieds; 2° qu'elle restât ainsi ouverte aussi longtemps qu'il le voudrait; 3° qu'elle se refermât dès qu'il le désirerait, et cela en sa présence et en présence de tous ceux qu'il lui plairait d'admettre; 4° qu'elle souffrît devant lui d'une manière visible, quand il le jugerait convenable, toutes les douleurs de la passion de Notre-Seigneur; 5° qu'après avoir souffert le crucifiement, étendue sur son lit, elle le souffrît encore debout et en plein air, sur son ordre, devant lui et devant tout autre qu'il s'adjoindrait. Après avoir formulé intérieurement ces ordres, il la laissa quelque temps encore en prières, et lui demanda ensuite si le Seigneur l'avait exaucée. Elle répondit franchement : « Non. — Remettez-vous à prier, » lui dit son confesseur. Elle le fit, et, interrogée de nouveau, elle répéta au père mot pour mot les cinq commandements, tels qu'il les avait formulés dans sa pensée. Il fut étonné, et reconnut que son esprit était de Dieu. Il dissimula néanmoins son étonnement, et lui répondit : « Parler et agir sont deux choses bien différentes ; je me réserve donc d'éprouver plus tard si réellement vous pouvez faire ce que vous dites. » Elle lui dit qu'elle était prête à obéir et à faire, avec le secours de Dieu et de la sainte Vierge, tout ce qu'il lui commanderait ; qu'elle comptait pour cela sur la vertu de la sainte obéissance, sur la volonté de Dieu et le secours de la sainte Vierge. Là-dessus il la congédia.

Au bout de quelques jours, il revint au couvent, et lui ordonna d'exécuter son premier commandement. C'était, on le sait, que la plaie de son côté s'ouvrît, et ceci devait arriver pendant qu'il dirait la messe à laquelle Véronique assisterait. Il offrit le saint sacrifice ; et après avoir fait son action de grâces, il appela la sainte au confessionnal, et lui demanda si sa plaie s'était ouverte. Elle répondit avec modestie : « Oui. — Ce n'est pas assez, reprit-il ; mettez un linge blanc sur la plaie, et donnez-le-moi ensuite. » Véronique obéit, et rendit le linge tout mouillé d'un sang frais et répandant une odeur agréable. Il passa au second commandement, et défendit que la plaie se fermât avant qu'il l'eût permis. Elle promit d'obéir, et l'affaire en resta là pour ce jour.

Crivelli adressa à l'évêque un rapport sur ce qui s'était passé, et lui remit le linge sanglant et odorant de Véronique, ce qui étonna grandement le prélat. Une affaire qu'il avait avec le grand-duc de Toscane Côme III força le confesseur à partir pour Florence, où il resta vingt-deux jours. De retour au couvent, il demande à Véronique si la blessure est encore ouverte ; sur sa réponse affirmative, il en informe l'évêque, afin qu'il puisse se convaincre du fait par ses propres yeux, et assister à l'exécution du troisième commandement. Le prélat se présente avec le confesseur à la grille du chœur ; on amène Véronique ; Crivelli lui présente des ciseaux, et lui ordonne, en vertu de la sainte obéissance, de couper sa robe au-dessus de la plaie du cœur. Elle obéit sans hésiter ; et l'évêque qui, pour mieux voir, avait allumé un cierge, reconnut, de même que son compagnon, que la blessure était ouverte et saignante. Crivelli, saisi à ce spectacle, dit : « Eh bien, j'ordonne qu'en ce moment la plaie se ferme. » Véronique resta quelques minutes recueillie dans la prière ; et quand on lui demanda si elle avait obéi, elle répondit : Oui. Pour s'en assurer, on écarta la coupure de la robe, et les deux témoins se convainquirent à la lumière que la blessure était complétement recouverte par une peau semblable à celle des autres parties du corps, et qu'il n'en restait plus qu'une toute petite cicatrice. Frappés de stupeur, ils ne pouvaient se lasser d'admirer les œuvres de Dieu. Le P. Ubald An. Cappelleti avait, neuf ans auparavant, fait le même essai et obtenu le même résultat.

Il restait encore à exécuter le quatrième et le cinquième commandement. Un matin donc, vers le milieu de novembre, Véronique, de son propre mouvement, alla trouver Crivelli au confessionnal, et lui dit qu'elle avait appris que le 29 au soir, veille de la fête de saint André, vers trois heures de la nuit, commenceraient chez elle les souffrances de la passion, et qu'elle obéirait ainsi au quatrième précepte ; que ces souffrances, y compris les sept douleurs de la sainte Vierge, dureraient vingt-quatre heures ; que cependant un ordre de sa part suffirait pour les faire cesser à quelque moment que ce fût. Crivelli répondit comme en doutant qu'il verrait ce qu'il aurait à faire d'après la volonté de Dieu. Puis il instruisit l'évêque de ce que Véronique venait de lui dire, et retourna à son collége. Mais le lendemain, vers onze heures du matin, on vint en toute hâte du couvent de Véronique annoncer au père qu'elle mourait. Sachant déjà ce qui allait arriver, il ne se pressa pas, mais conféra sur ce sujet avec le recteur du collége, le

P. Jules de Becchi. Il reçut un second message, et se rendit avec le père recteur à la cellule de Véronique, qu'il trouva tout habillée sur son lit, sous une couverture de laine grossière, épuisée et sans respiration. Il la fortifia en lui faisant réciter les actes des vertus théologales, et la confessa. Puis il s'entretint avec elle de son état intérieur, qui avait commencé vers trois heures du matin. Elle avait déjà souffert l'agonie du jardin des Olives, la prise de Notre-Seigneur, sa présentation devant Hérode et Pilate ; et elle en était rendue à cet acte de la passion. Crivelli vit, avec une lumière, profondément empreints sur ses deux mains, les signes des cordes qui avaient lié le Sauveur. Pénétré de ce sentiment de terreur que produit tout ce qui est surnaturel, il les fit remarquer à son compagnon et à quelques religieuses qui étaient venues; il demanda ensuite à Véronique ce qui allait suivre : « La flagellation, » lui dit-elle. Il l'exhorta à prendre courage, lui redonna l'absolution et lui commanda, en vertu de l'obéissance, de se soumettre à ce nouveau supplice, à la condition, bien entendu, qu'il cesserait au premier ordre de sa part. La flagellation commence donc aussitôt ; et pour décrire ce qui se passa alors, nous ne pouvons mieux faire que de citer les paroles du confesseur lui-même. « Nous la vîmes, dit-il, poussée dans « tous les sens sur son lit, de sorte que c'était un spectacle « admirable et horrible à la fois de voir les mouvements « violents de son corps, qui tantôt sautait en l'air, tantôt « était jeté la tête contre la muraille; tout cela avec une « telle force que les planches de son lit s'élevaient et re- « tombaient tour à tour. Les murs de sa cellule étaient tel- « lement ébranlés qu'on eût dit un tremblement de terre. « Les religieuses accoururent à ce bruit, craignant que le « toit de la maison ne s'abîmât sur elles; de sorte que je « dus leur commander de s'éloigner. Le père recteur, saisi « à la fois de compassion et d'épouvante, ne put supporter « plus longtemps ce spectacle, et retourna au collége sans « rien dire. Après l'avoir laissée environ une bonne heure

« en cet état, si je m'en souviens bien, j'y mis un terme « par ces paroles : Assez, finissez. C'était merveille de voir « comment cette femme, qui tout à l'heure encore était « ravie dans la contemplation du mystère qu'elle souffrait, « et qui n'avait plus de force, revint complétement et tout « à coup à elle-même. Elle était là, couchée dans un repos « parfait, ne ressentant plus rien, et délivrée de toutes ses « douleurs. »

Il était seize ou dix-sept heures du matin lorsque la flagellation fut terminée; et comme Crivelli voulait encore dire sa messe, il lui ordonna, plein de confiance dans la vertu de l'obéissance, de se lever et d'aller aussitôt au chœur pour y entendre la messe à genoux. Elle fit tout cela avec promptitude et agilité. Lorsqu'il eut achevé sa messe, il lui commanda de se remettre au lit. Puis s'étant rendu dans sa cellule, accompagné de l'abbesse Marie Thomassini et de quelques autres religieuses, il lui permit de continuer les mystères de la passion depuis la flagellation. Il vit bientôt les signes du couronnement d'épines, puis le portement de croix, la marche au Calvaire, laquelle ne parut à l'extérieur que par les grandes souffrances qu'elle éprouvait. « Puis vint le crucifiement, continue Crivelli. « Et je puis dire que si je l'avais vu sur une croix véritable, le spectacle n'aurait pu être plus saisissant. A peine « lui eus-je permis de souffrir ce mystère qu'elle ouvrit et « étendit les bras, de sorte que la tension des muscles était « très-visible, et que les membres étaient tirés jusqu'à leur « dernière limite. Il en fut ainsi des pieds. Puis sa tête se « pencha ; elle poussait des gémissements profonds, et sa « poitrine se soulevait et retombait avec force. Ses angoisses ressemblaient tout à fait à celles de l'agonie. C'était « bien l'agonie en effet; car une sueur froide coulait de son « front, ses larmes descendaient sur ses joues, et l'on vit « apparaître peu à peu tous les signes qui annoncent une « mort prochaine. Elle resta à peu près une demi-heure en « cet état. Elle était rendue à ce point où il semblait qu'elle

« allait rendre le dernier soupir. Plein de foi, fortifié par « ce que j'avais vu déjà, je lui ordonnai, au nom de la « sainte obéissance, de mettre un terme à ces douleurs et à « toutes les autres. Je fus obéi. Elle revint à elle, et il ne « lui resta plus rien qu'un grand épuisement. »

Crivelli la fortifia de nouveau par les remèdes spirituels. Elle récita l'office du jour avec la sœur Ceoli. Et comme elle se souvint qu'elle avait encore à offrir ses douleurs à la sainte Vierge, il lui permit de le faire, ajoutant qu'il voulait s'assurer lui-même par les mouvements de son cœur qu'elle le faisait réellement. « En effet, dit-il, les mouve-« ments produits dans son cœur par la douleur étaient tel-« lement sensibles que j'entendais chaque battement comme « celui du balancier d'une horloge. Je lui permis ensuite « de finir, et tout cessa. Vers minuit, je lui fis préparer « quelque nourriture que je bénis, et elle en mangea sans « dégoût, ce qu'elle ne faisait pas ordinairement. » Crivelli s'en retourna à son collége dans l'admiration des merveilles qu'il avait vues. Il rendit compte de tout à l'évêque, et le pria de fixer un jour pour l'exécution du cinquième commandement. L'évêque fixa un jour du mois de décembre.

Lorsque l'époque fut arrivée, l'évêque et Crivelli se rendirent l'après-midi au couvent de Véronique. Ils firent fermer les portes du chœur et de l'église, et lorsqu'ils furent seuls avec la sainte, qui était derrière la grille de la communion, Crivelli lui ordonna, au nom de Dieu et de la sainte obéissance, de souffrir et de représenter à l'évêque et à lui le crucifiement, en se tenant debout sur ses pieds. Elle pria quelque temps en considérant le mystère qu'elle allait bientôt reproduire en sa personne. « Puis bondissant tout à coup, ce « sont les paroles du confesseur, elle se dressa sur ses « pieds, les bras en croix et tendus avec violence, tandis « que son corps était tiré avec force, comme s'il eût été « réellement attaché à une croix. Elle était avec cela telle-« ment émue et secouée que les bancs du cœur tremblaient; « de sorte que les autres sœurs, quoique éloignées, enten-

« daient le bruit très-distinctement. Voyant qu'au milieu « de ces mouvements, pendant que les jointures de ses « os craquaient, et que des crampes terribles agitaient con- « vulsivement les muscles de ses bras, elle bondissait tou- « jours, je lui criai : Plus haut, plus haut encore. Son corps « se leva aussitôt en l'air, de sorte que les pieds ne tou- « chaient plus la terre; puis elle redescendit. Après être « restée quelque temps ainsi crucifiée, elle se jeta tout à « coup de toute sa longueur sur le pavé du chœur, la face « contre terre, et resta quelque temps dans cette position. « Puis, par un mouvement non moins subit, étendue « comme elle était par terre, elle se dressa sur ses pieds « comme si un autre l'eût enlevée, et resta ainsi crucifiée. « Je lui demandai plus tard pourquoi elle était tombée à « terre. Elle répondit que c'était pour représenter l'action « des Juifs, qui, après avoir cloué les mains et les pieds, « avaient retourné la croix dans un sens contraire pour « rabattre les clous. Lorsque cette scène eut duré une « demi-heure environ, nous crûmes qu'il était temps d'y « mettre fin. Je donnai donc à Véronique la permission né- « cessaire pour cela ; et à l'instant même tout cessa. Elle se « tint un moment à genoux, humble et recueillie en notre « présence. L'évêque la congédia, et nous sortîmes de l'é- « glise remplis d'étonnement et d'admiration des choses « merveilleuses que nous avions vues. »

Ce témoignage clair et précis d'un homme irrépro-chable, expérimenté, grave, habile et prudent, confirmé par un serment solennel, ne laisse de place pour aucun doute, pour aucune objection sérieuse. Et comme, d'un autre côté, ce que cet homme a vu de son temps en Italie a été vu en d'autres temps et ailleurs en Espagne, en France, en Allemagne, par des témoins tout aussi respec-tables, qui oserait attribuer ces phénomènes à l'imposture, et n'y voir qu'un jeu convenu entre celui chez qui ils se produisent et ceux qui en sont les témoins? Il faut donc se résoudre à les accepter comme des faits psychiques et physiologiques incontestables ; et toute la question se réduit à savoir dans quelle proportion il faut admettre une influence supérieure. Celle-ci peut, comme on l'a vu en plusieurs cas, être exercée par l'intermédiaire des saints. Nous citerons à ce sujet l'exemple de Jeanne de Carniole, nommée quelquefois aussi Jeanne d'Orvieto.

Jeanne de Carniole.

Devenue orpheline à l'âge de trois ans, une puissance supérieure sembla se charger d'elle dans son abandon. Quelques personnes lui demandant un jour quels étaient ses parents et qui la faisait vivre, l'enfant les conduisit à l'église, devant l'autel de l'archange saint Michel, et leur dit : « Voici papa et maman. » A l'âge de quatorze ans, elle entra dans le tiers ordre de Saint-Dominique, et y parvint bientôt à un haut degré de sainteté. Elle eut à souffrir beaucoup d'injustices de la part des hommes ; mais elle y répondait par un redoublement de charité ; de sorte qu'on disait d'elle à Orvieto : « Si vous voulez que Jeanne prie pour vous, faites-lui du mal ; vous sentirez bientôt l'effet de sa prière. » Un jour de vendredi saint, comme elle méditait la passion du Sauveur, les sœurs qui étaient près d'elle la virent tout à coup tirée comme par des mains invisibles, et ses deux pieds comme cloués l'un au-dessus de l'autre. Son visage était bleu et tout défiguré. Tous ses os étaient disloqués, de sorte que les jointures en craquaient, et que toutes, saisies d'épouvante, crurent qu'elle allait mourir. Les jours de fête des martyrs, elle était souvent ravie en considérant dans ses méditations le genre de leur mort. Elle prenait la position où ils avaient souffert eux-mêmes, et endurait dans son corps les mêmes supplices qu'ils avaient soufferts. Ainsi, à la fête de l'apôtre saint Pierre, elle souffrit comme lui le crucifiement. Les sœurs la trouvèrent en extase, élevée en l'air, la tête en bas, les bras tendus, les pieds en haut et posés l'un sur l'autre. Elle était avec cela roide et immobile, comme si elle eût été vraiment crucifiée la tête en bas, de même que le prince des apôtres. Le lendemain, où l'on célèbre la fête de saint Paul, on la trouva également en extase, à genoux, inclinée, tendant le cou comme si elle devait recevoir à chaque instant le coup mortel de la main du bourreau. Mais si elle prenait part ainsi aux souffrances du Sauveur et de ses élus, elle participait en revanche à leurs joies et à leurs triomphes. A la fête de Noël, l'enfant Jésus lui apparut et inonda son âme d'un torrent de délices. On la vit le jour de l'Ascension, soustraite aux lois de la pesanteur, élevée en l'air, radieuse d'une sainte allégresse, les mains jointes et levées vers le ciel, comme pour monter avec Notre-Seigneur au séjour de la gloire. Elle mourut en 1306. (Steill, 23 juillet.)

Aux faits qui nous sont attestés en ce genre par des hommes graves et dignes de foi qu'il me soit permis d'ajouter ici ceux dont j'ai été témoin moi-même; non que j'aie la prétention de donner ici mon témoignage comme garantie du leur, mais parce qu'il me paraît peu convenable de parler de ce qui s'est passé autrefois en ce genre, sans rien dire des événements contemporains. On verra par là d'ailleurs que cet acte mystérieux de la passion du Sauveur est un fait historique et universel, qui se reproduit dans tous les temps, toujours le même, quoique prenant dans chaque individu d'autres formes et un autre caractère. Je veux parler ici de Marie de Moerl, de Caldern, dans la partie méridionale du Tyrol. Je chercherai d'abord à montrer comment l'état extraordinaire auquel Dieu l'a élevée s'est développé en elle; et je ferai connaître ensuite au lecteur comment je l'ai trouvée moi-même, et quelle impression elle a faite sur moi. Les renseignements que j'ai puisés sur sa vie m'ont été fournis par des personnes dignes de foi, qui l'ont connue dès sa jeunesse. Je citerai entre autres le P. Capistran, son confesseur, si consciencieux dans ses déclarations que si par hasard il lui échappe quelque inexactitude, si légère qu'elle soit, il s'empresse aussitôt de la rectifier; M. Eberle, curé de la principale église de Botzen, et autrefois curé de Marie de Moerl; le docteur Marchesani, de Botzen aussi, qui l'a traitée pendant très-longtemps comme médecin; M. de Giovanelli, de Botzen, qui l'a connue dès son enfance et qui est connu lui-même dans tout le Tyrol; madame de Jasser, la bienfaitrice de la famille, et dont le témoignage n'offre pas moins de garanties que celui des autres.

Marie de Moerl.

Marie de Moerl naquit le 16 octobre 1812. Elle fut élevée par sa mère, femme pieuse et intelligente à la fois, et plus tard elle l'aida avec zèle et habileté dans la conduite du ménage, que les circonstances lui avaient rendue difficile. Dès l'âge le plus tendre, elle avait manifesté d'excellentes qualités; elle était bonne envers ses camarades d'école, partageait volontiers avec elles ce qu'elle avait, et leur rendait tous les services qui étaient en son pouvoir. Sans avoir rien de remarquable, son esprit annonçait d'heureuses dispositions; son imagination ne faisait point présager une trop grande vivacité, et d'ailleurs elle ne faisait rien qui pût l'augmenter ou l'entretenir. Dès lors comme plus tard, elle lisait peu, mais elle se distinguait par beaucoup d'intelligence et d'adresse, par une douce bienveillance, qu'elle manifestait surtout envers les pauvres, et par une grande ferveur dans l'exercice de la prière, auquel elle se livrait souvent dans l'église des Franciscains, située près de la maison de son père. Elle eut de bonne heure à combattre contre les vices de sa constitution sanguine et contre les maux qu'elle produit. A peine âgée de cinq ans, elle éprouvait de fréquentes hémorragies d'estomac ou d'intestins. Depuis ce temps, elle fut souvent malade et très-mal. Un accident qu'elle éprouva vers sa neuvième ou dixième année détermina chez elle de fréquents crachements de sang, accompagnés d'une très-forte oppression de poitrine. Il se déclara au côté gauche une douleur qui avait probablement sa source dans quelque engorgement de la rate, et qui ne l'a pas quittée jusqu'à ce jour. Le mal empira malgré les soins des docteurs les plus habiles. Plus d'une fois elle fut à l'extrémité et abandonnée du médecin. Elle guérit néanmoins, sans toutefois perdre le germe du mal, et garda toujours une santé chétive. Elle n'en devint que plus sérieuse et plus pieuse encore, et plus assidue à ses exercices de dévotion.

Depuis l'âge de treize ans, elle eut pour confesseur le P. Capistran, un pieux et excellent prêtre, éprouvé par de longues souffrances, et qui fut en même temps le soutien de sa famille, le fidèle conseiller de sa mère et leur aide à tous dans les difficultés que doit rencontrer une famille nombreuse, dont les ressources ne suffisent point à son entretien. Marie se trouvant un peu rétablie vers cette époque, on l'envoya au delà de la montagne, à Eles, pour y apprendre l'italien. Elle y resta les trois quarts de l'année, et n'alla voir ses parents qu'une fois pendant ce temps. Lorsque après cette visite elle prit congé de sa mère, qu'elle voyait pour la dernière fois, une douleur pénétrante traversa son âme, comme elle le raconta plus tard; il lui semblait qu'elle ne pouvait se séparer d'elle. Alors se révéla pour la première fois cette faculté de pressentir les événements, qui se manifesta d'une manière plus précise lorsque sa mère mourut en effet en 1827, et que Marie, malgré la distance qui la séparait d'elle, indiqua l'heure de sa mort. Ce fait néanmoins n'est pas parfaitement constaté.

Le père de Marie resta veuf avec neuf enfants, dont le plus jeune n'avait que dix jours. Comme il était incapable de conduire la maison, ce fardeau échut à Marie; elle le prit avec joie, le porta avec zèle et habileté. Mais elle devient plus sérieuse encore et plus intérieure, plus assidue à l'église et à ses exercices de piété; car elle avait beaucoup à souffrir, et le fardeau était lourd pour elle. La douleur de la mort de sa mère fut si profonde qu'on la vit encore la pleurer trois ans après qu'elle l'eut perdue. Ses regrets s'adoucirent néanmoins, lorsque plus tard elle eut renoncé à tout ce qui est terrestre. Cependant les sollicitudes qui lui venaient du dehors augmentaient tous les jours. La nécessité et tous les chagrins qu'elle amène à sa suite pesaient chaque jour davantage sur elle. Ses forces ne purent résister plus longtemps. Elle fit à dix-huit ans une grande maladie ; des crampes de toute sorte ébranlèrent son corps déjà affaibli ; des convulsions agitèrent ses membres et de fréquentes hémorragies se déclarèrent. Lorsqu'on fit venir le médecin, il y avait vingt-neuf jours qu'elle n'avait pris de nourriture; elle n'avait vécu pendant tout ce temps que de quelques verres de limonade. Il lui administra les remèdes que l'art prescrit en ces occasions, et lui ordonna le régime qu'elle devait suivre. Elle se trouva promptement soulagée. Les crampes cessèrent peu à peu, et sa constitution revint de l'ébranlement profond qui l'avait épuisée. Cependant la guérison parfaite n'arrivait pas; la douleur de côté continuait, et la maigreur augmentait tous les jours. Un an au plus s'était écoulé ainsi. Marie demanda un jour à son médecin s'il croyait sa guérison possible. Celui-ci lui ayant répondu qu'il ne pouvait pas lui promettre une guérison parfaite, mais seulement un adoucissement de ses douleurs, elle répondit avec courage que, si elle ne pouvait être guérie, elle n'avait point besoin d'adoucissement, et qu'elle était disposée à accepter toutes les souffrances qu'il plairait à Dieu de lui envoyer. Cette résolution lui fut probablement inspirée par son entier abandon à la divine Providence, et aussi par le désir de ne pas nécessiter à son père de nouvelles dépenses pour l'achat des remèdes, et de ne pas augmenter par là sa détresse. Ce qu'elle demandait arriva, et depuis ce moment elle souffrit avec une héroïque résignation les grandes douleurs qui ne la quittèrent plus.

Voilà ce qu'on sait de sa vie extérieure; sa vie intérieure est, comme on le pense bien, moins connue. Des épreuves spirituelles de plus d'un genre s'étaient jointes aux épreuves corporelles qu'elle avait eu à supporter. Et, comme il arrive ordinairement, les tentations la suivirent à mesure qu'elle avançait davantage dans les voies intérieures par où Dieu la conduisait. Nous parlerons ailleurs de ces tentations singulières et sensibles pour la plupart. Dans ces conjonctures, la fréquentation des sacrements était, comme auparavant

vant, son seul remède. De 1830 à 1832, elle fit de cette manière des progrès rapides, mais réglés, dans la vie spirituelle, sans que toutefois on eût remarqué en elle aucun phénomène inaccoutumé. Mais depuis 1832, lorsqu'elle eut atteint sa vingtième année, son confesseur s'aperçut que quelquefois elle ne répondait pas aux questions qu'il lui faisait, et qu'elle paraissait hors d'elle-même. Il questionna à ce sujet ceux qui l'assistaient; ceux-ci lui répondirent qu'elle était ainsi toutes les fois qu'elle recevait la sainte communion. Cette réponse le frappa. Jusque-là il avait pris, comme tous les autres, ce qui se passait en elle pour les suites d'une maladie ordinaire. Pour la première fois, il pensa qu'il pouvait bien y avoir encore autre chose. Il fut confirmé dans cette pensée lorsque plus tard ces phénomènes augmentèrent en elle, et prirent un caractère plus décidé. Enfin, un fait qui se passa dans le cours de cette même année lui donna la clef de ces états extraordinaires.

La procession de la Fête-Dieu se fit à Caldern, comme partout, avec une grande pompe. On tira le canon, la musique parcourut les rues. Tout ce bruit, tout ce mouvement passa sous les fenêtres de Marie. La musique bruyante avait toujours fait sur elle une fâcheuse impression; et le son même d'un violon ou d'un instrument à vent avait quelquefois déterminé chez elle les crampes les plus violentes. Son confesseur, occupé des préparatifs de la fête, voulait avoir toute la journée libre, et lui épargner à elle-même le dérangement et l'impression que pouvait lui causer tout ce tumulte. Et comme il savait déjà que toujours, après la communion, elle restait six ou huit heures, ou même plus encore, en extase, il crut qu'il valait mieux lui donner la communion le matin, pour qu'elle pût être tranquille le reste du jour. Il lui porta donc le saint sacrement à trois heures du matin; elle tomba à l'instant même en extase. Il la quitta, fut occupé toute la journée; et comme ses occupations le retinrent encore le lendemain, il n'alla la voir que vers trois heures de l'après-midi, et la trouva agenouillée dans la même position où il l'avait laissée trente-six heures auparavant. Surpris, il interrogea les gens de la maison, qui lui répondirent qu'elle était restée tout ce temps en extase. En général on faisait peu d'attention à elle dans la maison ; on la laissait à ses extases et à ses prières, sans trop y prendre garde ; et lorsqu'elle avait besoin de quelque chose, il lui fallait appeler quelqu'un pour le lui demander. Son confesseur comprit dès lors jusqu'à quelle profondeur l'extase avait pénétré dans son être ; comment elle était devenue chez elle en quelque sorte une seconde nature, et deviendrait son état habituel s'il ne lui mettait des bornes. En la rappelant à elle, il entreprit donc de régler cet état par la vertu de la sainte obéissance, dont elle avait fait le vœu en entrant dans le tiers ordre de Saint-François.

L'extase rendit son œil intérieur de plus en plus pénétrant, et l'on fit à ce sujet plusieurs expériences. Un jour qu'étant plus mal elle fut administrée, un grand nombre de personnes suivirent le prêtre et remplirent sa chambre. Sur une table près de son lit était une tasse d'argent, où l'on avait mis de l'eau bénite pour cette cérémonie. Marie y attachait un grand prix, soit parce que c'était un legs de sa mère, soit parce qu'elle lui rappelait quelque souvenir précieux ; elle reçut la communion, et tomba comme de coutume en extase. Lorsqu'elle revint à elle, la foule s'était écoulée, mais la tasse manquait. Elle s'affligea beaucoup de cette perte, et exprima ses regrets à son confesseur, qui la consola du mieux qu'il put, et lui conseilla de prier Dieu pour qu'on lui remît l'objet enlevé. Elle le trouva bon, et sa demande ne fut pas sans succès. La première fois qu'elle revint de son extase elle dit d'un air joyeux : « Je retrouverai bientôt ma tasse. » On lui demanda si elle connaissait celui qui l'avait prise : « Oui, dit-elle ; mais j'ai prié Dieu de toucher son cœur, afin qu'il rende l'objet qui a disparu sans qu'il ait à rougir de sa faute. » En effet, huit jours après, on trouva la tasse dans la cuisine parmi les autres vases. Une autre fois, elle avertit ceux qui l'entouraient de faire attention au plancher de sa chambre, parce qu'un grand danger menaçait de ce côté. D'abord, on ne prit pas garde à ce qu'elle disait; mais comme elle répéta plusieurs fois son avertissement, et toujours avec de nouvelles instances, on fit visiter le plancher par des ouvriers, et il se trouva en effet qu'une poutre était entièrement pourrie, que le plancher menaçait d'une chute prochaine, et qu'il était même étonnant qu'il ne fût pas tombé déjà.

Les choses en étaient à ce point lorsque, dans la seconde moitié de 1833, il se passa un événement singulier pour elle. Le Tyrol avait appris bientôt son état extatique. Tout à coup et de tous les points à la fois, un mouvement général s'était emparé du peuple. On arrivait en foule pour voir de ses yeux un phénomène qu'on connaissait bien à la vérité par les légendes, mais qu'on n'espérait plus depuis longtemps voir en réalité. Les processions des paroisses se succédaient sans interruption à Caldern, précédées de la bannière et de la croix, et le concours fut immense. Depuis la fin du mois de juillet jusqu'au 15 septembre de cette année, plus de quarante mille personnes de toutes les conditions visitèrent l'extatique, dont tous les sens, ouverts en apparence, étaient réellement fermés au monde extérieur et dont les prières et les méditations étaient tout intérieures. On voulait admirer ce spectacle et s'édifier à sa vue. Personne ne pouvait s'expliquer ce concours. Le clergé, qui craint plutôt, et en partie avec raison, les apparitions de ce genre, n'était pour rien dans cette affluence. Il semblait plutôt que le même esprit qui opérait dans l'extatique émût et poussât toutes ces masses, pour les rendre témoins des merveilles qu'il opérait. Aussi tout se passa dans le plus grand ordre, et on n'eut à déplorer aucun excès pendant les sept semaines que dura ce grand concours; et cependant il y eut des jours où l'étroite chambre de la patiente, qui pouvait contenir tout au plus quarante ou cinquante personnes, fut visitée par près de trois mille hommes.

L'autorité temporelle et l'autorité spirituelle désirèrent néanmoins mettre fin à ces pèlerinages. La police eut les inquiétudes qu'elle a ordinairement dans ces circonstances; et le peuple fut averti qu'à partir de cette époque on ne laisserait plus entrer personne. La nouvelle s'en répandit bientôt par tout le pays, et les pèlerinages cessèrent sans mécontentement ni murmures. Mais les curés eurent encore longtemps à se féliciter de l'impression que cette apparition avait laissée dans le peuple. A la fin de l'automne de cette année, le prince-évêque de Trente vint à Caldern, commença une information et entendit plusieurs témoins, après leur avoir fait prêter serment. On ne publia point le résultat de cette information ni les déclarations des témoins, parce que l'affaire ne parut pas encore mûre pour un jugement définitif. Le prince-évêque voulait avant tout avoir un appui, pour pouvoir donner ensuite toutes les explications nécessaires au gouvernement, qui soupçonnait dans tous ces phénomènes une superstition nuisible ou une fraude pieuse, ou au moins des illusions provenant d'une trop grande simplicité. L'évêque déclara seulement que la maladie de Marie de Moerl ne présentait point à la vérité les caractères de la sainteté, mais qu'en même temps sa piété bien reconnue n'était point une maladie. Dès lors la police fut moins tracassière dans ses mesures.

Tout ce bruit s'était fait autour de l'extatique sans qu'elle s'en aperçût, excepté dans les derniers temps, et alors elle en fut toute surprise. Son intérieur s'était donc développé dans le calme, et avait acquis une maturité toujours croissante. Les stigmates avaient paru sur son corps, et la chose s'était passée chez elle aussi simplement que chez les autres. Déjà, dans l'automne de 1833, son confesseur avait remarqué par hasard que cette partie des mains où les plaies parurent plus tard commençait à devenir plus profonde, comme si elle eût été sous la pression d'un corps en demi-relief. En même temps, ces parties devenaient douloureuses, et des crampes s'y manifestaient fréquemment. Il conjectura dès lors que les stigmates ne tarderaient pas à paraître, et l'événement justifia ses conjectures. A la Chandeleur, le 4 février 1834, il lui trouva à la main un linge avec lequel elle s'essuyait de temps en temps les mains, effrayée comme un enfant de ce qu'elle y voyait. Comme il aperçut du sang sur ce linge, il lui demanda ce que cela signifiait. Elle lui répondit qu'elle n'en savait rien elle-même, qu'elle avait dû se blesser jusqu'au sang. Mais c'étaient réellement les stigmates qui restèrent désormais fixés sur les mains, qui bientôt se montrèrent aussi sur les pieds, et auxquels se joignit en même temps la plaie du cœur. La manière dont le père Capistran agit avec elle est si simple et manifeste si peu de prétention au merveilleux qu'il ne lui demanda pas même ce qui s'était passé dans son intérieur et ce qui avait pu donner occasion à l'apparition de ces stigmates. Ils étaient à peu près ronds, s'étendant un peu en longueur; ils avaient trois ou quatre lignes de diamètre, et étaient fixés aux deux mains et aux deux pieds. Le jeudi soir et le vendredi, ces plaies laissaient très-souvent couler des gouttes d'un sang clair. Les autres jours, elles étaient recouvertes d'une croûte de sang desséché, sans qu'on pût remarquer ni inflammation, ni ulcération, ni aucun vestige de lymphe. Elle cacha la chose, comme elle cachait en général tout ce qui pouvait trahir son état intérieur. Mais en 1833, à l'occasion d'une procession solennelle, l'extase de jubilation se révéla chez elle. Un jour elle la surprit en présence de plusieurs témoins; alors on la vit semblable à un ange glorieux, touchant à peine son lit de la pointe des pieds, éclatante comme une rose, les bras étendus en croix, plongée dans les joies de l'amour. Tous les assisistants purent voir sur ses mains les stigmates, et la chose ne put rester secrète désormais.

Sa santé était restée chétive. Dans l'automne de 1834

elle tomba malade, et fut attaquée de convulsions très-douloureuses, qui durèrent plusieurs semaines. Cependant, depuis les fêtes de Noël, ou plutôt depuis le jour de l'Immaculée Conception, elle reprit sa fraicheur et sa bonne mine, et se conserva dans cet état jusqu'à la fin de l'été de l'année suivante. C'est dans l'automne de cette même année que, faisant un voyage dans le midi du Tyrol, je la vis plusieurs fois. Caldern, le lieu de sa naissance, est situé dans une contrée ravissante. Sur la rive droite de l'Etsch, à partir de l'embouchure de l'Eisac, s'élève une montagne d'une hauteur moyenne, d'une forme gracieuse, qui se prolonge dans un espace de deux à trois lieues, et dont les racines se confondent avec celles d'une chaine plus élevée qui sépare la vallée de l'Etsch du Nonsberg. Entre ces chaînes est un vallon situé à trois ou quatre cents pieds au-dessus du niveau de l'Etsch, au milieu duquel est un petit lac clair et limpide, entouré de vignobles. C'est là, sur une pente légère, que s'élève Caldern avec ses maisons de pierre d'un style antique, environné de frais paysages, de villages, de châteaux, de calvaires, avec une vue magnifique et très-étendue sur les sommets neigeux des Alpes, d'un côté, et de l'autre, à travers les pointes nues ou boisées des montagnes, dans la vallée de l'Etsch jusqu'à Trente.

C'est dans une de ces maisons en pierre, comme on les bâtissait au quinzième et au seizième siècle, que demeure Marie de Moerl. Elle couche dans une chambre blanche et propre, sur un matelas assez dur, dans un lit dont le linge est toujours tenu très-propre. A côté du lit est un petit autel domestique. Derrière elle quelques images, pour lesquelles elle a une dévotion particulière, sont attachées aux piliers des fenêtres, qui, selon l'usage du pays, sont garnies de jalousies pour tempérer l'éclat trop vif de la lumière, et pour rafraichir l'air si chaud dans ce climat. Marie de Moerl est d'une taille moyenne, d'une structure délicate, comme l'est généralement dans ce pays le peuple allemand, auquel se sont mêlées successivement tant de races différentes, mais dans lequel paraît prédominer le sang franco-rhénais. Celui-ci aura été vraisemblablement apporté de ce pays par les colonies allemandes que les empereurs y envoyèrent des bords du Rhin, pour garder ce passage important, d'où l'on entre dans la terre des Welches. Pour toute nourriture, elle prend de temps en temps, quand le besoin la sollicite ou que son confesseur l'ordonne, quelques grains de raisin, ou quelque autre fruit, ou un peu de pain. Par suite de cette exiguïté de nourriture, elle est devenue très-maigre ; elle ne l'est pas cependant plus que ne le sont beaucoup d'autres qui mènent une vie ordinaire. Son visage avait même alors un certain embonpoint, qui varie néanmoins beaucoup selon l'état où elle se trouve.

La première fois que j'allai chez elle, je la trouvai dans la position où elle est la plus grande partie du jour, à genoux à l'extrémité de son lit et en extase. Ses mains croisées sur sa poitrine laissaient voir les stigmates ; son visage était tourné vers l'église, et regardait un peu en haut : ses yeux levés vers le ciel exprimaient une absorption profonde que rien du dehors ne pouvait déranger. On ne remarquait en elle aucun mouvement, excepté celui que produit la respiration ou la déglutition. Quelquefois on apercevait comme une légère oscillation : c'était un spectacle que je ne puis comparer qu'à celui qu'offriraient les anges, si nous les voyions prosternés en prières au pied du trône de Dieu. Il n'est pas étonnant qu'il produise une aussi forte impression sur tous ceux qui en sont témoins. Les cœurs les plus durs ne peuvent résister à cette vue. L'étonnement, la joie et la piété ont fait couler bien des larmes autour d'elle. Dans ses extases, d'après le rapport de ceux qui dirigent sa conscience et de son curé, elle est occupée depuis quatre ans à contempler la vie et la passion du Christ, et à honorer le saint Sacrement. Ses prières sont réglées d'après l'ordre de l'année ecclésiastique ; elle en a écrit quelques-unes pour son confesseur, et elles sont, d'après le témoignage de celui-ci, pleines de chaleur, d'onction et d'édification. La faculté qu'elle a de voir les choses lointaines, soit dans l'espace, soit dans le temps, a pour objet unique ce qui tient à l'Église ou à la piété; et, bien différente des somnambules, elle ignore aussi complétement que les autres hommes ce qui se passe en son propre corps. Les événements qu'elle a prédits n'avaient rien qui pût les faire pressentir au moment où elle les a prévus; mais leur accomplissement a toujours uniquement dépendu de la volonté humaine, libre et inconstante dans ses actes, et de la Providence divine. Elle n'a jamais parlé qu'à son confesseur de ses visions et de leur liaison intime. Mais, comme le cercle de ses connaissances est très-borné, elle a souvent bien de la peine à trouver un nom pour exprimer les choses qu'elle a vues. Cependant l'ensemble de l'image qui est dans son esprit se manifeste clairement dans le maintien et la pose de son corps, qui toujours prend une part plus ou moins grande à l'objet de ses visions. Ainsi, on la voit à Noël bercer avec une grande joie l'enfant nouveau-né dans ses bras; le jour des Rois, elle l'adore à genoux derrière les Mages. Elle assiste aux noces de Cana, à table, appuyée sur le côté, circonstance qu'elle n'a pu apprendre par les moyens extérieurs, puisque les tableaux des églises ne rendent point cette ancienne manière de s'asseoir à table. Sa personne tout entière exprime aussi parfaitement dans les autres jours la forme de l'objet qu'elle médite.

Mais l'objet le plus fréquent de ses contemplations, c'est la passion du Christ, et c'est elle aussi qui produit en elle l'impression la plus profonde, et qui s'exprime le plus vivement au dehors. C'est surtout dans la semaine sainte que cette impression pénètre plus avant dans son être, et que l'image qui la reproduit au dehors est plus complète. Cependant la contemplation de ce mystère revient tous les vendredis de l'année, et offre ainsi une occasion fréquente d'en observer les merveilleux effets. Ici se montre encore le caractère qui la distingue dans la manière simple et naturelle dont s'accomplit la représentation de ce grand mystère; car on peut en suivre toutes les phases, depuis son origine jusqu'à son entier développement, et chaque scène de ce grand drame porte l'empreinte de sa personnalité. On voit que son esprit a depuis longtemps acquis la faculté non-seulement de considérer de loin ou d'effleurer par ses extrémités l'objet de ses méditations, comme il arrive ordinairement dans la vie, mais encore de se poser tout près de lui, de pénétrer jusque dans sa substance, et de se mettre ainsi vis-à-vis de lui dans les rapports les plus intimes. Son esprit s'abandonne tellement à l'objet qui l'occupe que celui-ci lui devient en quelque sorte plus immédiatement uni qu'il ne l'est à soi-même, et qu'il change de rôle avec lui. Alors l'esprit fait de l'objet tout ce qu'il veut, et le forme à son image. A mesure que ce procédé d'assimilation se développe, nous voyons le reflet de l'action intérieure apparaître au dehors dans le corps; et la contemplation, prenant en celui-ci une forme extérieure, devient de nouveau un objet de contemplation pour l'observateur.

L'action commence déjà dans la matinée du vendredi; et, si l'on en suit le développement, on voit que, de même que plusieurs pensent en parlant, ou plutôt parlent en pensant, sans avoir la conscience des paroles qu'ils prononcent, ainsi notre extatique médite la passion en la reproduisant, ou plutôt la reproduit en la contemplant, sans avoir la conscience de son action. Aussi le mouvement en est-il d'abord doux et régulier; puis, à mesure qu'elle devient et plus douloureuse et plus saisissante, les traits de l'image qui la représente prennent une empreinte plus profonde et deviennent plus reconnaissables. Enfin, lorsque l'heure de la mort arrive, et que les douleurs ont pénétré jusqu'au fond le plus intime de l'âme, l'image de la mort ressort de tous les traits de cette femme.

Elle est là, à genoux sur son lit, les mains croisées sur sa poitrine. Autour d'elle règne un profond silence, qu'interrompt à peine le souffle des assistants. Vous diriez alors que le soleil de la vie descend pour elle vers son couchant, et qu'à mesure que sa lumière s'affaiblit les ombres de la mort, sortant de leurs abîmes, montent peu à peu vers elle, cachent successivement tous ses membres sous leurs voiles ténébreux, et arrivent en foule autour de son âme, qui s'abîme dans son impuissance dès que la dernière lueur s'est éteinte. Elle était pâle pendant toute l'action ; mais vers la fin vous la voyez pâlir encore davantage. Le frisson de la mort parcourt tous ses os, et la vie s'affaisse dans des ombres toujours plus épaisses. Les soupirs qui s'échappent avec peine de sa poitrine annoncent que l'oppression devient plus forte. De ses yeux immobiles coulent de grosses larmes qui descendent lentement sur ses joues ; de légers mouvements entr'ouvrent toujours davantage la bouche : comme ces éclairs qui précèdent l'orage, ils forment d'abord des cercles plus étroits, puis ils semblent creuser le visage dans toute sa largeur, et deviennent enfin si violents que de temps en temps ils ébranlent le corps tout entier. Les soupirs se sont changés en un gémissement qui navre le cœur ; une rougeur sombre enveloppe les joues ; la langue épaissie semble être collée contre le palais desséché. Les convulsions deviennent toujours plus violentes et plus profondes. Les mains, qui d'abord s'affaissaient peu à peu, glissent plus vite. Les ongles deviennent bleus, et les doigts s'entrelacent convulsivement les uns dans les autres. Le râle de la mort se fait entendre du fond du gosier. Le souffle, toujours plus pressé, se détache avec d'incroyables efforts de la poitrine, qui semble comme liée par des cercles de fer. Les traits se déforment et ne sont plus reconnaissables. La bouche de cette image douloureuse est ouverte dans toute sa largeur ; son nez se retire, ses yeux immobiles vont se briser dans leur orbite. Quelques soupirs peuvent encore, à de longs intervalles, se faire jour à travers les organes que la mort a roidis. Le dernier va s'échapper. Alors le visage se penche, et la tête, portant déjà tous les signes de la mort, s'affaisse dans un complet épuisement : c'est une autre figure que vous ne sauriez reconnaître. Tout reste dans cette position deux minutes à peu près. Puis la tête se relève, les mains remontent vers la poitrine, le visage reprend sa forme et son calme. Elle est à genoux, tranquille, les yeux levés au ciel, et occupée à présenter à Dieu l'hommage de sa reconnaissance. La même scène se renouvelle chaque semaine, toujours la même quant aux traits principaux, mais offrant chaque fois des traits particuliers, qui sont comme l'expression de ses dispositions intérieures; c'est ce dont je me suis convaincu plusieurs fois par une observation attentive. Car il n'y a rien d'appris dans toute cette action; elle coule sans art du fond de la nature de cette femme, comme la source coule du rocher. Aussi ne peut-on rien apercevoir de faux, de forcé ou d'exagéré dans toute cette représentation; et si elle mourait véritablement, elle ne mourrait pas autrement.

Quelque absorbée qu'elle soit dans ses contemplations, un seul mot de son confesseur ou de toute autre personne qui est dans un rapport spirituel avec elle suffit pour la rappeler aussitôt à elle-même, sans qu'on puisse remarquer aucune transition. Elle ne prend que le temps qui lui est nécessaire pour se reconnaître et pour ouvrir les yeux, et elle est à l'instant comme si elle n'eût jamais eu d'extase. Son expression est autre; vous diriez un enfant naïf, qui a conservé sa simplicité et sa candeur. Aussi la première chose qu'elle fait à son réveil, quand elle aperçoit des témoins, c'est de cacher sous la couverture ses mains stigmatisées, comme un enfant qui s'est taché ses manchettes avec de l'encre, et qui cache ses mains en voyant arriver sa mère. Accoutumée déjà à ce concours d'étrangers, elle regarde autour d'elle avec une sorte de curiosité, donnant à chacun un salut amical. Elle n'est pas à son aise quand l'impression de ces scènes si saisissantes est encore trop visible dans ceux qui en ont été témoins, ou quand on s'approche d'elle avec une sorte de vénération et de solennité, et elle cherche par un enjouement sans prétention à effacer ces impressions si profondes. Comme elle ne parle point depuis longtemps, elle cherche à se faire comprendre par des signes ; et lorsque cela ne suffit pas, elle regarde son confesseur, comme pour lui dire de l'aider et de parler pour elle ; vous diriez un enfant qui ne peut encore prononcer aucune parole.

Ses yeux bruns expriment l'enjouement et la candeur de l'enfance ; son regard est si clair qu'on peut par lui pénétrer jusqu'aux plus profonds abîmes de son âme ; et l'on est bientôt convaincu qu'il n'y a pas dans tout son être un seul coin obscur où pourrait se cacher la moindre fraude. On ne saurait découvrir en elle aucune trace d'exagération ou d'affectation, ni de fade sentimentalité, ni d'hypocrisie, ni d'orgueil. On n'aperçoit partout que l'expression d'une jeunesse dont la sérénité et la candeur se sont conservées dans la simplicité et l'innocence, et qui s'abandonne même volontiers au badinage, parce que le tact sûr et délicat qu'elle possède sait écarter tout ce qui pourrait paraître inconvenant. Lorsqu'elle est au milieu de ses amies, elle peut, une fois revenue à elle-même, rester plus longtemps dans cet état ; mais on sent qu'il lui faut, pour cela, de grands efforts de volonté ; car l'extase est devenue son état naturel, et l'état ordinaire des autres hommes est pour elle quelque chose d'artificiel et d'inaccoutumé. Au milieu d'un entretien, lorsqu'elle semble prendre à tout le plus vif intérêt, on voit tout à coup ses yeux s'appesantir, et dans une seconde, sans aucune transition, elle est prise par l'extase. Pendant que j'étais à Caldern, on l'avait priée de tenir sur les fonts un enfant nouveau-né. Elle l'avait pris dans ses bras avec la plus grande joie, et montrait le plus vif intérêt à toute la cérémonie ; mais pendant le temps que dura celle-ci elle tomba plusieurs fois en extase, et il fallut la rappeler à elle.

C'est un spectacle singulier que la vue de ces extases. Couchée sur le dos, elle semble nager sur des flots de lumière, et jette encore autour d'elle un regard joyeux; puis, tout à coup, on la voit plonger peu à peu comme dans un abîme. Les flots jouent encore un instant autour d'elle, puis lui couvrent le visage de leurs eaux, et on la dirait enveloppée d'une lumière diaphane. Alors aussi l'enfant naïf a disparu. Souvent, lorsqu'elle est dans des dispositions favorables, on voit briller ses yeux bruns au milieu de ses traits glorifiés. Ouverts dans toute leur largeur, sans saisir aucun objet particulier, ils semblent lancer comme dans l'infini tous leurs rayons. Vous diriez alors une sibylle, mais digne, noble et saisissante. Lorsqu'elle se livre à ses méditations et à ses exercices de piété, il ne faut pas croire qu'elle néglige pour cela les soins de sa famille. De son lit, elle conduit toute sa maison, dont elle partageait autrefois le gouvernement avec une sœur que la mort lui a enlevée depuis. Comme l'intervention de quelques bonnes âmes lui a procuré depuis quelques années une pension, et qu'elle n'a besoin de rien pour elle-même, elle consacre cette pension à l'éducation de ses frères et sœurs, qu'elle a placés dans divers instituts, selon leurs dispositions. Tous les jours, vers deux heures après midi, elle s'occupe de ses affaires. Son confesseur la rappelle à elle-même; et elle confère avec lui des difficultés qu'elle éprouve, et donne ses ordres, s'occupe de tout, pense à tout, prévient tous les besoins de ceux à qui elle s'intéresse; et le sens pratique qu'elle possède fait que tout autour d'elle est disposé dans le meilleur ordre.

L'auteur ajoute dans une note qu'il ne parlera point de Dominique Lazzari, qui vivait alors à Capriana, dans une autre vallée des Alpes, parce qu'il ne l'a point vue, et qu'il n'a pu puiser dans des sources parfaitement authentiques les renseignements nécessaires. Nous suppléerons à

Note du traducteur.

son silence, et nous remplirons ainsi ses intentions en communiquant au lecteur un article très-intéressant de M. l'abbé de Cazalès, inséré dans l'*Université catholique*, au mois de mai de l'an 1842. Dominique est morte depuis ce temps; mais Marie de Moerl vit encore; de sorte que tous peuvent aller contempler ce spectacle si extraordinaire et si édifiant à la fois. Un grand nombre de nos amis ont visité à diverses époques ces deux stigmatisées. Nous avons trouvé le plus parfait accord dans leurs témoignages; de sorte que les faits racontés ici sont tout aussi certains pour nous que si nous les avions vus nous-même. Parmi ceux qui en ont été témoins et qui nous ont raconté les choses merveilleuses qu'ils avaient vues, nous citerons le docteur Jarke, un des plus grands criminalistes de l'Allemagne et qu'une mort prématurée a enlevé dernièrement à la science et à ses amis; le docteur Phillips, aujourd'hui professeur de droit canon à l'université de Vienne et dont le nom est devenu une gloire et pour la science et pour l'Église; Guido Gorres, mort il y a quelques années à la fleur de l'âge et qui portait déjà noblement le nom que lui avait légué son père.

Domenica Lazzari.

M. l'abbé de Cazalès, après avoir parlé, dans la première partie de cet article, de Marie de Moerl, qu'il avait visitée lui-même, continue en ces termes : « A la description de ce que j'ai vu j'ajouterai quelques détails sur Domenica Lazzari, puisés à différentes sources. Les plus importants sont extraits d'un journal de médecine de Milan, où le docteur Léonard dei Cloche a décrit très au long les différents états dans lesquels il a vu cette fille extraordinaire (1). »

Marie-Dominique, dernière fille du meunier Lazzari, est née à Capriana le 16 mars 1815. Élevée suivant sa modeste condition, elle se fit remarquer de bonne heure

(1) *Annotazioni intorno*, etc. Remarques sur la maladie de Marie-Dominique Lazzari, recueillies par le docteur Léonard dei Cloche, aujourd'hui premier médecin et directeur de l'hôpital civil et militaire de Trente. (Extrait des *Annales universelles de Milan*, numéro de novembre 1837.)

par son intelligence et sa piété. Dans les intervalles de ses travaux, elle aimait à lire des livres de dévotion, notamment ceux de saint Alphonse de Liguori; ses prières et ses méditations étaient fréquentes; toutefois sa réserve et sa modestie ne laissaient voir en elle aucune marque de ferveur extraordinaire, ni rien qui l'élevât au-dessus de ce que doit être une fille sage et pieuse. Sa santé fut bonne jusqu'à la mort de son père, qui eut lieu en 1828; la douleur qu'elle ressentit de cette perte fut excessive, et amena une maladie assez longue, qui finit pourtant par céder soit aux remèdes, soit à la force médicatrice de la nature. Le 12 juin 1833, dit le docteur dei Cloche, pendant qu'elle était occupée aux travaux des champs, elle fut prise tout à coup d'un certain malaise qui la retint immobile à peu de distance de sa maison. Les personnes qui se trouvaient près de là par hasard la virent debout, comme absorbée dans la contemplation ou dans l'extase. Elle eut une attaque de nerfs d'environ une heure, pendant laquelle, ainsi qu'elle le dit plus tard elle-même, elle souffrait d'une soif ardente, d'une extrême difficulté de respirer, et voyait à une certaine distance un homme d'un aspect vénérable, qui lui ordonnait de s'arrêter, afin de lui faire connaître une chose de haute importance. Étant revenue à elle, la vision disparut, et on la ramena à grand' peine au domicile maternel. Le lendemain de ce jour commença une maladie caractérisée d'abord par une toux continuelle, des suffocations et de cruelles douleurs dans le bas-ventre, puis plus tard par d'autres symptômes, laquelle ne lui permit pas de quitter le lit. Dans les premiers jours d'avril 1834, éprouvant une aversion invincible pour tout aliment et toute boisson, elle commença à refuser le peu de nourriture qu'elle avait coutume de prendre : à la fin de ce mois, sur les instantes prières qu'on lui fit, elle prit pour la dernière fois un peu de pain trempé dans de l'eau. Le 30 avril, ses parents, effrayés de l'opiniâtreté et de la violence de la maladie, allèrent chercher à Cavalèse le docteur dei Cloche, qui décrit avec détails l'état dans lequel il la trouva et les violentes convulsions dont elle fut assaillie en sa présence. Il fit plusieurs tentatives pour lui faire prendre quelques médicaments; mais ces essais ayant constaté chez elle l'impossibilité d'avaler quoi que ce fût, il fut obligé de renoncer à tout traitement. Il revint la voir le 20 août 1834 : ses convulsions, au lieu d'être devenues périodiques, étaient continuelles et moins violentes. Sa sensibilité maladive était augmentée, et affectait à tel point tous les sens qu'elle ne pouvait supporter ni lumière, ni odeur, ni bruit sans éclater en sanglots, en gémissements, en mouvements convulsifs. Elle ne pouvait articuler la moindre parole qu'avec peine et d'une voix enrouée. Si quelqu'un s'approchait de son lit sans précaution et par curiosité, ses tremblements augmentaient et ses douleurs devenaient plus vives. Elle n'avait pris aucune nourriture, et toutes ses sécrétions étaient suspendues.

La relation des *Annales de médecine universelle* ne nous fait pas connaître de quelle nature fut la transition de cette maladie à l'état où Domenica se trouve aujourd'hui. Ce fut seulement trois ans plus tard que le docteur dei Cloche, qui avait quitté Cavalèse pour aller demeurer à Trente, ayant entendu parler des étranges phénomènes qui commençaient à rendre célèbre le nom de la paysanne de Capriana, voulut voir par lui-même ce qui en était, et se transporta près d'elle le jeudi 4 mai 1837, à quatre heures du soir. « Elle reposait dans le même lit, dit-il, était enveloppée dans les mêmes linges, et placée dans la même position où je l'avais trouvée en août 1834. Elle avait les mains jointes ou plutôt entrelacées; elles étaient appuyées sur sa poitrine dans la position où on les met ordinairement pour prier Dieu. Sur son front, deux doigts au-dessous de la racine des cheveux, on voyait courir d'une tempe à l'autre une ligne droite, passant par des points assez rapprochés, sur lesquels brillait du sang frais. Ces points étaient au nombre d'à peu près dix ou douze. Le reste de la face, jusqu'à la lèvre supérieure, était couvert de sang noirâtre et desséché. A l'extérieur des mains et vers le centre, c'est-à-dire entre le métacarpe du doigt du milieu et l'annulaire, s'élevait un point noir semblable à la tête d'un gros clou, dont le diamètre était de neuf lignes et la figure parfaitement ronde. Il était plus élevé au centre et aplati sur les bords; observé à la lumière, il avait l'apparence de sang caillé et desséché. Autour de ces points se trouvaient des altérations pareilles à de petites cicatrices linéaires, toutes aboutissant au centre; elles étaient d'un brun pâle et d'environ deux lignes de long. Une marque semblable à celle des mains existait au-dessus du pied droit et à peu près au milieu; elle était entourée de plusieurs lignes en forme de rayons partant du centre. Je ne pus pas voir le dessus du pied gauche, parce qu'il était fortement comprimé pour ne pas dire entièrement couvert par la plante du pied droit. Domenica parlait lentement; le son de sa voix était plaintif, ses paroles étaient vives et énergiques. Son esprit paraissait calme et tranquille, son corps, et principalement les extrémités inférieures, était agité par un tremblement convulsif incessant, comme une feuille par le souffle du vent.

« Quand je fus près de son lit, elle me témoigna par des paroles affectueuses et par son sourire que ma visite lui était agréable. Je lui dis combien son état m'inspirait de compassion; elle ne répondit pas, leva les yeux au ciel et inclina la tête. Je lui fis différentes questions pour mieux connaître ses souffrances intérieures; elle y répondit de bonne grâce. Lui ayant demandé à voir la paume de ses mains et la plante de ses pieds, qui avaient pris une position presque horizontale à ses jambes, elle me répondit : « Je ne puis pas me remuer. Il m'est impossible à présent de séparer ma main de l'autre, ni le pied droit du gauche. Le seul effort que je ferais pour vous satisfaire me causerait des douleurs horribles et d'affreuses convulsions. » Ma curiosité ne se contenta pas de cette excuse, je renouvelai mes instances, et m'efforçai de trouver de bonnes raisons pour la persuader. Elle garda le silence pendant quelques moments, et dit enfin : « Demain matin, j'essayerai de satisfaire votre désir, et j'espère y réussir. — A présent, dis-je à mon tour, si vous n'avez pas la force de séparer les mains ou les pieds, essayez au moins de remuer vos doigts. » Elle répondit qu'elle ne pouvait remuer que l'index de la main droite. Je lui demandai ensuite si le lendemain, qui était un vendredi, le sang coulerait de son corps comme les vendredis passés. Elle répondit : « Jusqu'à présent mon martyre n'a jamais manqué. Ce jour-là mes plaies ont toujours saigné. Demain matin, quand j'aurai médité la sainte messe, venez me voir, vous serez convaincu de la vérité. Si vous veniez auparavant, vous me distrairiez de mes prières, et votre visite me serait pénible. » Je la priai de me permettre d'examiner son pouls ; elle y consentit. « Mais, dit-elle, ne pressez pas trop fort mon bras, de peur qu'il ne me vienne de longues et violentes convulsions, comme il est arrivé récemment quand un médecin, incrédule à mes souffrances, voulut me tâter le pouls malgré moi. » Je fis comme elle désirait ; mais je ne sentis aucune pulsation, parce que tout son corps était dans un tremblement continuel qui ne permettait pas de sentir le battement des artères. A mon plus léger attouchement, tout son corps tremblait davantage, et ses gémissements redoublaient.

« Je lui demandai pourquoi sa fenêtre était toujours ouverte. Elle répondit : « Depuis que je suis malade dans ce lit, je n'ai pu supporter qu'elle fût fermée ni le jour ni la nuit, même pendant les temps les plus froids de l'hiver. Quand quelqu'un a voulu la fermer, il a fallu promptement la rouvrir pour m'empêcher de mourir suffoquée. » Ce qu'elle me disait me fut attesté par des témoignages irréfragables. Il est notoire que sa fenêtre resta ouverte pendant l'hiver de 1836, quand le thermomètre de Réaumur était descendu à plus de treize degrés au-dessous de zéro. Elle assure que quand il y a de grands vents elle se trouve mieux et que ses douleurs sont soulagées. Pour y suppléer, elle prie les personnes qui la visitent, ou celles de la maison, de l'éventer fortement avec un grand éventail qui se trouve là pour cet usage. Pour vérifier son assertion, je le pris moi-même, et pendant une demi-heure je l'agitai de toutes mes forces, au point de faire voler ses cheveux sur son visage. Cela lui était agréable ; la bouche entr'ouverte, elle recevait avec plaisir cette ventilation, qui, pour toute autre personne, eût été fort incommode. Elle m'assura qu'elle avait au côté une grande plaie qu'elle tenait soigneusement cachée, et le long de l'échine beaucoup d'autres petites qui rendent aussi du sang tous les vendredis. Elle ajouta que depuis le 2 mai 1834 elle n'avait ni dormi, ni bu une goutte d'eau, ni avalé une miette de pain. Elle disait en outre qu'elle était martyrisée sans relâche par de cruelles douleurs dans toutes les parties de son corps, et particulièrement à l'endroit des plaies, douleurs qui, tous les vendredis, se joignaient à de fortes palpitations de cœur, et devenaient tellement intolérables que quelquefois la mort lui aurait paru préférable.

« Le lendemain, 5 mai, à sept heures du matin, j'allai revoir Domenica. A plus de cent pas de sa demeure, on entendait des cris perçants, venant de la fenêtre de sa chambre qui correspondait à la rue. En approchant, on distinguait ces mots : « Mon Dieu, secourez-moi ! » A peine eus-je mis le pied sur le seuil de sa chambre que le spectacle le plus douloureux et le plus déchirant s'offrit à moi. Les points saillants que j'avais vus au milieu des mains s'étaient changés en trous d'où coulait le sang. Il coulait aussi de la plaie qui paraissait au-dessus du pied droit, ainsi que de celle qu'on ne voyait pas au-dessus du pied gauche. Autour de chacune de ces plaies était une auréole rougeâtre ; celles des trous du front étaient petites, celles des pieds et des mains ressemblaient à celles du vaccin variolique le septième jour de son développement. Ces ouvertures étaient des plaies, ou, si on l'aime mieux, des ulcères vifs et profonds, sans purulence ni rien qui tendît à la corruption. Le sang qui en sortait était vif, rutilant, tenace, et ressemblait au sang artériel. Il coulait très-lentement, mais pourtant visiblement. Les plaies du front avaient à peu près deux lignes de profondeur, une ligne de largeur, et leur forme était ronde. Celles des mains étaient profondes de trois lignes, et étaient creusées en forme de cône, leur diamètre était d'un demi-pouce, et celle qui existait au-dessus du pied droit était de même figure que celles des mains.

« Après avoir contemplé la malade quelque temps, je lui rappelai la promesse qu'elle m'avait faite de me laisser voir les paumes de ses mains. Aussitôt elle souleva en soupirant ses mains jointes, et les détacha avec effort pendant une seconde; je n'y vis qu'une plaie superficielle toute saignante. Elle ne put détacher la plante du pied droit du dessus du pied gauche. Comme je témoignais le désir de voir la plaie du côté, elle répondit : « Je ne puis pas la laisser voir. Quand le sang coule, la chemise y est collée, et ne pourrait en être détachée qu'au prix de douleurs insupportables; quand le sang commence à sécher, il s'amasse sur la plaie, et la cache entièrement aux yeux. » Cette plaie n'a été vue que furtivement par sa mère et ses sœurs, lorsqu'elles assistaient la malade au plus fort de ses convulsions. Personne n'a vu celles qu'elle dit avoir le long du dos.

« A dix heures du matin, l'infortunée criait encore d'une voix retentissante : « O mon Dieu ! secourez-moi. » Par intervalles, elle répondait laconiquement aux questions qui lui étaient adressées, puis revenait à sa douloureuse exclamation. A quatre heures après midi, quoique le sang eût cessé de couler, elle continuait à crier avec la même énergie. Interrogée à ce sujet, elle répondit : « J'éprouve des douleurs affreuses dans toutes les parties de mon corps, et en criant ainsi je trouve du soulagement à mon inexplicable martyre. » Puis, quelques moments après : « O mon Dieu, mes douleurs me prennent à la poitrine; » et elle fit signe avec ses mains jointes que le mal était arrivé au cœur. « C'est, dit-elle, un signe avant-coureur de la plus cruelle souffrance. » En effet, au bout de dix minutes, elle fut en proie aux convulsions les plus horribles et les plus étranges. Ces spasmes, d'une violence extrême et accompagnés des symptômes les plus graves, l'attaquaient sans relâche, sans ordre et sans mesure, passant alternativement d'une partie du corps à l'autre. Les assauts se succédaient avec des variations, des changements, des vicissitudes, des transformations impossibles à décrire, et elle en était tellement anéantie qu'on aurait pu la prendre dans ce moment pour la mort personnifiée. Elle paraissait éprouver en même temps les sensations les plus opposées et les plus contradictoires, mais toutes sans rapport ni avec ses douleurs habituelles, ni avec son jeûne constant, ni avec ses hémorragies hebdomadaires, ni avec sa frêle constitution. Pour décrire cet accès avec toutes les formes sous lesquelles il se manifestait, il faudrait dire qu'on y voyait prévaloir tour à tour les convulsions toniques et chroniques, la danse de Saint-Guy, le tétanos partiel et général, la suffocation convulsive, le spasme cynique, le trisme, une sorte de carphologie et d'autres affections du même genre. Ce paroxysme spasmodique se présentait sous des formes si étranges et si bizarres qu'il rappelait à l'observateur ces paroles de Sydenham : « *Tam diversa sunt symptomata atque ab invicem contraria specie variantia quam nec Proteus lusit unquam, nec coloratus spectatur chamæleon.* » Je note en dernier lieu que, dans ses convulsions, Domenica se donnait quelquefois avec ses mains jointes des coups si violents sur la poitrine que le bruit en était incroyable.... Le grincement de ses dents était tel qu'on pouvait le comparer à celui d'un chien furieux et affamé qui ronge des os, ou au mouvement d'une grosse lime promenée par un bras vigoureux sur une masse de fer.

« Je raconterai en finissant divers accidents de sa maladie, qui m'ont été racontés par des personnes dignes de foi... Le 12 mai 1836, elle eut une lipothymie qui dura jusqu'au 16 du même mois. Le seul signe qui la fit regarder comme vivante encore était un mouvement à peine sensible, persistant au bas-ventre. Les plus fortes convulsions qu'elle ait eues eurent lieu le 24 juin 1836; elles continuèrent sans relâche jusqu'au soir du 2 juillet. Dans ses contorsions convulsives, elle frappait tellement sa poitrine avec ses mains entrelacées que les coups s'entendaient distinctement de la rue, quoique séparée de sa demeure par un espace d'environ quatre perches. On compta qu'elle s'était ainsi frappée quatre cent neuf fois dans une heure. »

La description qu'on vient de lire donne autant de détails qu'on en peut désirer sur les phénomènes extérieurs qui caractérisent l'état de Domenica Lazzari. Sa vie intérieure est peu connue, de même que celle de Marie de Moerl, parce que leurs directeurs observent à cet égard la sage réserve prescrite par l'Église en semblable circonstance. Marie de Moerl est, à l'exception de courts intervalles, dans un état d'extase à peu près continuel. Domenica Lazzari a toujours l'usage de ses sens, sauf quelques périodes plus ou moins longues, où elle est comme morte et où la vie ne se trahit plus chez elle que par des signes presque imperceptibles. Ce sont donc deux états tout à fait différents. Domenica, qui est dans l'impossibilité de prendre aucune nourriture, peut cependant recevoir la communion; et on dit qu'elle avertit d'avance son confesseur du jour et de l'heure où on pourra lui apporter le pain eucharistique, que le plus ordinairement elle consomme sans difficulté. Cependant, le 2 août 1838, après avoir reçu la sainte hostie, elle fut empêchée de l'avaler par des spasmes qui survinrent tout à coup. Cela s'étant prolongé quelques heures, on essaya de la retirer, mais sans pouvoir y parvenir, parce qu'à chaque tentative Domenica était prise de convulsions d'une violence extraordinaire. L'hostie resta ainsi sur sa langue pendant près de deux mois sans pouvoir ni être consommée ni retirée; ce ne fut que le 24 septembre qu'elle put enfin l'avaler, après avoir été pendant ce long espace de temps comme un tabernacle vivant.

CHAPITRE XXI.

L'extase considérée dans les régions moyennes du système moteur. De la marche extatique. Sainte Madeleine de Pazzi. Sainte Françoise Romaine. De la faculté de marcher sur les eaux. Saint Pierre d'Alcantara. Sainte Alma. Saint Bernard, etc. De l'empire sur les éléments. Comment les extatiques s'élèvent en l'air comme agités par un souffle. Marie d'Agréda. Agnès de Bohême. Saint Dominique. Saint Pierre d'Alcantara. Comment les extatiques s'élèvent en l'air, attirés par en haut. Saint Bernardin. Le B. Gilles. Comment cet état se communique d'une personne à l'autre. Saint Pierre d'Alcantara et la dame Dias. Comment ce phénomène est indépendant de l'état de la santé. Explication qu'en donne sainte Thérèse.

Aux stations mystiques dont nous avons parlé dans le chapitre précédent se rattache immédiatement la marche extatique, dans la suite des phénomènes de ce genre. Dans les stations, l'homme se meut vers un objet déterminé. La marche consiste dans une suite de mouvements donnés, et paraît intimement liée avec les mouvements internes et vitaux. Ici l'objet et la série des mouvements sont indéterminés. Ils ont quelque chose de plus général, de plus libre, qui les place à un degré plus élevé dans la série des phénomènes de ce genre.

Sainte Ma-deleine de Pazzi.

Sainte Madeleine de Pazzi, que nous avons déjà citée plus haut à propos de l'extase paisible, nous fournit encore ici un exemple remarquable de l'extase mobile. Lorsque celle-ci s'emparait d'elle, elle n'était point obligée d'interrompre le travail qu'elle avait commencé. Si par exemple elle cousait, découpait des feuilles d'or, ou peignait de saintes images, elle continuait souvent des heures entières ces occupations dans l'extase. Quelquefois les sœurs du couvent lui bandaient les yeux ou fermaient les volets des fenêtres; mais rien de tout cela ne la dérangeait, et elle faisait, sans avoir besoin de la lumière du soleil, des ouvrages charmants, dont un grand nombre ont été conservés dans son monastère. En cet état, elle allait et venait, montait et descendait les escaliers avec une telle agilité qu'elle semblait plutôt voler que toucher de ses pieds la terre. Un jour, comme elle pétrissait la pâte pour la communauté, elle entendit, au milieu de son travail, sonner pour la communion. Elle tomba aussitôt en extase, et courut telle qu'elle était, les bras nus, la pâte aux mains, à l'endroit où les sœurs étaient assemblées, sans remarquer l'état où elle était. Une autre fois, le signal de la confession ayant été donné pendant qu'elle mangeait, elle alla se présenter au confessionnal son assiette à la main, et se confessa, au grand étonnement des religieuses, qui affirmèrent plus tard ce fait par serment.

Un jour elle eut une extase en allant au dortoir avec les novices ; au bout de quelques instants elle ôta ses souliers et ses bas, entra dans sa cellule, ôta tout ce qui s'y trouvait, jusqu'à un petit crucifix qui était sur un autel, vida son lit, se rendit au vestiaire des sœurs, prit l'habit le plus mauvais qu'elle put trouver pour s'en revêtir, puis enfin se mit à genoux et entonna le *Te Deum*, les yeux levés vers le ciel. Lorsqu'il fut terminé, elle se releva, porta chez la prieure, après les avoir empaquetés, les vêtements qu'elle avait ôtés, en lui disant qu'elle avait reçu l'ordre de porter désormais les habits qu'elle avait sur elle. Après cela elle alla au chœur, monta sur l'autel qui s'y trouvait, et prenant avec sa main la main d'une statue de la sainte Vierge, elle écrivit, disait-elle, dans les mains de la pauvreté de Marie le vœu irrévocable de chasteté, de pureté et d'obéissance. Ses supérieurs voulurent, pour l'éprouver, l'empêcher d'accomplir les choses qu'elle avait vouées à Dieu en dehors de ce qui était prescrit par la règle. Elle se soumit sans hésiter à leur décision; mais elle sentit aussitôt une douleur aux pieds qui l'empêchait de se tenir droite. La prieure lui conseilla de se faire violence et de marcher. Elle l'essaya; mais son état empira tellement qu'elle ne pouvait plus marcher que sur les mains et les genoux, et que les sœurs étaient obligées de la porter sur leurs bras à la communion. Ses supérieurs cependant persistèrent dans leur résolution; ils ne cédèrent que lorsqu'ils virent que les douleurs devenaient toujours plus violentes. Au moment même où elle ôta ses souliers et ses bas, elle sentit tomber les liens qui avaient retenu jusque-là ses pieds, et les douleurs disparurent; de sorte qu'elle put marcher désormais sans peine, et qu'elle alla se jeter au pied de l'image de la sainte Vierge, pour lui rendre grâces.

Si en ce cas un obstacle extérieur avait lié ses mouvements, l'esprit de Dieu, lorsqu'elle pouvait s'abandonner à lui, la délivrait de telle sorte au contraire qu'elle n'avait plus à craindre aucun danger. A la fête de l'Invention de la sainte croix, le 3 mai 1592, elle traversa le chœur, monta sans échelle et sans le secours de personne jusqu'à la corniche de l'église, haute de quinze coudées et large seulement de huit pouces, et se tenant sur elle sans avoir peur, elle détacha un crucifix, après en avoir ôté les clous, le pressa contre son cœur, descendit avec lui, le donna à baiser aux sœurs, et l'essuya de son voile comme s'il eût été couvert de sueur. C'était à donner le vertige à tous ceux qui la voyaient. Si Dieu lui faisait goûter, voir ou comprendre quelque chose de sa grandeur infinie, ne pouvant renfermer dans son cœur la joie ineffable qui le remplissait, elle l'exprimait au dehors par des signes, des airs, des gestes singuliers; elle sautait et dansait avec une telle agilité qu'on l'eût prise pour un esprit apparaissant sous une forme visible. On la voyait alors tourner autour de la cellule où elle était, tantôt se prosterner à terre comme devant le trône de la Divinité, tantôt se tenir immobile et regarder d'un œil fixe le ciel, comme si elle eût voulu s'élever au-dessus de la terre. C'est surtout dans l'année 1585 que cet état se montra plus persistant chez elle, car il dura huit jours depuis la Pentecôte; de sorte qu'elle ne revenait à elle que deux heures environ par jour, afin de remplir ses obligations. Pendant ces huit jours, elle reçut chaque matin le Saint-Esprit sous une forme différente, sous celle du feu, d'une colombe, d'un fleuve, d'une colonne, d'un nuage, de langues de feu ou d'un doux zéphyr. Elle était si joyeuse et si radieuse que c'était merveille de la voir. (Sa Vie, par V. Puccini c. 4, ou par Vis. Vir. Cepari, c. 6.)

Sainte Françoise Romaine.

Sainte Françoise Romaine passait souvent de l'extase tranquille à l'extase mobile. Dans la première, qui la prenait ordinairement au commencement de la messe, elle ressemblait à une statue de marbre, et personne alors ne pouvait, même avec les plus grands efforts, séparer ses mains qu'elle tenait croisées sur sa poitrine. Mais cette roideur de son corps ne l'empêchait point d'aller avec les autres à la sainte table lorsqu'on donnait la communion, de recevoir celle-ci et de retourner ensuite à sa place. Quoiqu'étant hors d'elle-même en cet état, elle était toujours sous la puissance de son confesseur. Si elle était à genoux et qu'il lui commandât de se relever, elle le faisait aussitôt. S'il voulait qu'elle s'assit ou qu'elle marchât, elle obéissait avec la même promptitude. Elle répondait à toutes ses questions, mais elle restait immobile comme une pierre pour tous les autres; ils avaient beau l'appeler, la secouer, lui commander en vertu de l'obéissance, elle n'entendait et ne sentait rien. Elle fut un jour surprise par une extase mobile dans l'église de Sainte-Marie, au delà du Tibre. Son confesseur Matcotti lui ordonna d'aller adorer le Saint Sacrement et de se tenir devant lui autant de temps que Notre-Seigneur le permettrait. Elle se leva aussitôt, joignit les mains, alla au lieu où était exposé le Saint Sacrement, se mit à genoux à l'entrée de la chapelle, y resta jusqu'à la fin du sermon, puis se releva et revint au lieu où elle était auparavant. Toutes les fois qu'elle revenait de l'extase, elle restait pendant quelque temps privée de la vue, et ne la recouvrait que peu à peu.

Lorsque l'inspiration d'en haut, continuant son œuvre, rompt davantage encore les liens qui attachent le corps à la terre, celui-là n'a plus besoin de s'appuyer sur celle-ci pour se tenir en équilibre, et l'eau suffit pour le porter. La marche sur l'eau se rattache donc à la marche extatique, et n'en est que le développement. Il ne manque pas de faits de ce genre dans les vies des saints et des mystiques. Saint Pierre d'Alcantara, dans un de ses voyages, trouva la Guadiana enflée par les pluies, sans pouvoir se procurer une barque pour passer. Il leva aussitôt les yeux vers le ciel, fit le signe de la croix avec un grand esprit de foi, et dit à son compagnon : « Mon fils, ayez confiance en Dieu ; levez un peu votre vêtement, et suivez-moi. » Ils entrèrent résolûment dans le fleuve, et passèrent sur l'autre rive, n'ayant de l'eau que jusqu'à la cheville du pied. Une autre fois, comme il passait par Alcantara pour aller à Pedroso, il perdit de vue ses compagnons de voyage, et, plongé dans la lecture d'un livre pieux, il arriva sur le bord d'une grande rivière formée par deux autres, celles d'Alagon et de Mareta. Toujours occupé de l'objet qui captivait son attention, il n'aperçut point la violence avec laquelle les eaux enflées par la pluie coulaient devant lui, et continua sa route à travers la rivière comme s'il eût marché sur la terre ferme. En vain ceux qui attendaient la barque sur le rivage crièrent après lui pour l'avertir quand ils le virent approcher du fleuve, il n'entendit rien ; et lorsqu'il fut arrivé à l'autre rive, ceux qui y étaient et qui l'avaient vu traverser ainsi miraculeusement les flots se jetèrent à ses pieds, fondant en larmes, et l'honorèrent comme un saint. Revenant alors à lui, il fut étonné et confus. Puis, ayant appris des autres ce qui s'était passé, il se retourna, vit la rivière et son compagnon sur l'autre bord. A cette vue, il se prosterna aussitôt pour rendre grâces à Dieu.

De la marche sur l'eau.

S. Pierre d'Alcantara.

Une autre fois encore, comme il allait de Truxillo à la Vicieuse, au lieu de faire un détour de six milles pour aller trouver le pont de Jaraicco, il traversa la rivière d'Almonte enflée par les pluies, et l'eau lui venait à peine aux genoux, *comme il le raconta lui-même aux pères quand il fut arrivé*. Ils trouvèrent le lendemain les eaux de la rivière s'élevant encore à la hauteur d'une pique. Une autre fois, étant arrivé sur les bords du Tage, dans une nuit obscure, il aperçut à l'autre rive une lumière merveilleuse, et s'avança aussitôt vers elle. La clarté de cette lumière semblait l'éblouir; de sorte que, ses sens étant liés, il ne vit point le fleuve et n'entendit point le bruit des vagues, mais continua sa route comme s'il eût marché sur la terre. Arrivé à l'autre bord, il aperçut la maison du batelier; et croyant qu'il était encore de l'autre côté de la rivière, il frappa à la porte et le pria de lui faire passer l'eau, parce qu'il voulait aller à Algarabelles. Le batelier le prit pour un fou, et lui conseilla enfin d'attendre que le jour fût venu. Le saint étonné vit alors qu'il avait déjà passé la rivière. (Sa Vie, p. 79, 105, 130, 131.)

Sainte Alme. La même chose est arrivée à d'autres saints encore. Ainsi l'on raconte que sainte Alme passa la Seine à pied sec; l'archevêque Bogumill, la Warta; Marie d'Oignies, la Sambre; sainte Jutte, la Nahe. Lorsque saint Macaire, s'en retournant à son couvent après avoir travaillé dans les champs, ne trouvait pas de barque pour traverser un ruisseau très-rapide qui se trouvait sur sa route, il le passait sans difficulté. On vit souvent Apollinaire, dix-septième abbé du Mont-Cassin après saint Benoit, marcher sur les eaux comme saint Pierre: saint Mandhog marchait sur le lac de Dergdere; Conrad, évêque de Constance, sur le lac de ce nom; sainte Brigitte de Kildar, sur la Sanne après l'avoir bénie auparavant: saint Dominique en fit autant, après avoir fait d'abord le signe de la croix. Une autre fois c'est une jeune fille qui, fuyant les poursuites d'un libertin, gagne le bord de la Seine, et traverse le fleuve, comme si l'extrémité où elle se trouvait lui eût donné des ailes. D'autres fois encore c'est un saint qui traverse une rivière au nom de Dieu, parce qu'un batelier refuse de le passer dans sa barque. Ailleurs c'est un jeune homme qui s'offre pour guide, et montre un pont que l'on ne peut plus trouver ensuite. On raconte qu'Antoine de Paule, ayant été envoyé dans sa jeunesse par sa mère vers saint Cajetan, à Naples, rencontra dans son voyage un vénérable vieillard, en qui il reconnut plus tard le saint lui-même, et que, lorsqu'ils furent arrivés près d'une rivière où il n'y avait pas de bac, le vieillard lui recommanda de se tenir fortement à sa ceinture, et disparut ensuite après avoir passé heureusement le ruisseau. (Pope, *sur les Miracles de saint Cajetan*, n° 184.)

Quelquefois les saints sont transportés tout d'un coup d'une rive à l'autre sans qu'on sache comment cela leur est arrivé, comme il arriva à sainte Thérèse, allant avec quelques sœurs fonder le couvent de Talamina. (*Histoire des Déchaussés*, par F. de Sainte-Marie, liv. III, c. 33.) Une autre fois les saints étendent leur manteau sur les eaux et s'en servent en guise de nacelle. Ainsi fit saint Bernardin de Sienne allant à Mantoue avec un autre frère, parce que le batelier avait refusé de le recevoir dans son bac avant qu'il eût payé le passage. (Sa Vie, c. 34.) Raymond, de l'ordre des Frères Prêcheurs, saint Jean de Capistran, Hilaire le Cistercien firent de même. Matthieu de Bascio passa plusieurs fois de cette manière le Pô et l'Etsch. Une fois même, une faction puissante l'ayant chassé de Venise, comme aucun gondolier ne voulait le recevoir dans sa barque par crainte de se compromettre, il passa la mer, et le peuple le reçut avec de joyeuses acclamations, criant : « Soyez le bienvenu, saint père. » (*Annales des Capucins*, par Boverius, année 1552.) Tous les faits que l'on raconte en ce genre ne sont pas, il est vrai, également incontestables, et la légende les a plus d'une fois altérés; mais il en reste encore assez de certains pour établir solidement l'existence de ce genre de phénomènes.

Il en est un autre qui est intimement lié avec lui, et que nous devons étudier aussi en ce lieu, à savoir l'empire sur les éléments. Nous voyons que dans tous les domaines de la nature les choses inférieures obéissent à celles qui leur sont supérieures, et sont gouvernées par elles sans qu'elles puissent de leur côté faire autre chose que de réagir à leur égard ; de sorte que plus les choses sont élevées, plus le cercle de leur puissance s'élargit. C'est ainsi que nous voyons l'eau pénétrer la terre, dissoudre en elle tout ce qu'elle renferme d'éléments solubles; de sorte qu'une bien petite partie seulement de la première entre comme cristallisation dans la composition de la seconde. L'air de son côté pénètre l'eau et la terre, tantôt dissolvant la première et la rendant invisible, tantôt au contraire la laissant retomber en pluie. Et lorsque l'élément terrestre est disposé au phénomène de la combustion, c'est l'air encore qui donne ici le dernier coup, et qui lui communique ainsi d'autres propriétés et d'autres formes. Le feu, à son tour, domine tous les autres éléments, qui lui sont subordonnés dans l'ordre de la nature. Rien de terrestre ne peut se soustraire à sa puissance, et ce qui résiste au feu artificiel des fours est bientôt réduit en gaz au foyer d'un miroir. L'eau s'évapore sous son action, et l'air lui-même ne peut y échapper ; et ces trois éléments ensemble ne peuvent lui résister qu'en suppléant par le volume à la force qui leur manque.

Il en est ainsi dans le monde organique. Pendant que la plante vit, elle réagit puissamment contre les influences des éléments. C'est en vain qu'ils conspirent contre elle ; elle brave leurs efforts, et ils ne peuvent ni la ronger, ni la dissoudre, ni la vaincre, ni se l'approprier tant que la vertu qui lui est propre est en rapport avec les forces qui l'attaquent. Il n'en est pas autrement des animaux. Ils s'approprient le règne végétal sans que celui-ci puisse se les assimiler ; et ce n'est que lorsqu'il y a dans les végétaux un élément qui n'est pas en rapport avec la force des organes qui essayent de se l'assimiler qu'ils se produisent comme un poison destructeur. La vie animale n'est pas moins puissante à l'égard des divers éléments de la nature. Elle soumet la terre, à moins qu'elle ne soit écrasée par sa masse. L'eau ne peut dissoudre l'être où bat le pouls de la vie. L'air, cet élément qui attire et dissout toutes choses, subit aussi la loi des êtres vivants. Entrant dans les poumons par la respiration, il sert à entretenir la vie et à réparer les organes. Le feu lui-même, lorsqu'il ose attaquer avec une certaine discrétion les êtres vivants, est repoussé par eux, et la vie animale, on le sait, peut dans certaines espèces supporter une température extrêmement élevée. C'est le feu organique, et dans celui-ci un feu plus intime encore, le feu psychique, qui résiste ici au feu matériel; de sorte que partout, on le voit, c'est l'élément invisible ou la force qui domine et gouverne la matière.

Il suit de là que lorsque l'énergie de cet élément invisible augmente dans l'homme par suite de quelque influence supérieure, cet empire apparait aussitôt d'une manière plus frappante. A mesure que l'âme se dégage davantage de la matière où elle est comme captive, elle se l'attache plus fortement et la gouverne avec plus d'autorité. Enfin lorsqu'elle se tourne tout entière vers Dieu, et que l'esprit d'en haut s'empare d'elle complétement, et la rend libre de la liberté de Dieu lui-même, les éléments ne peuvent plus rien contre le corps où elle habite, et elle les trouve dociles à toutes ses volontés. Nous en avons vu en sainte Catherine de Sienne un exemple qui s'est renouvelé bien des fois chez d'autres extatiques. Le feu, le plus violent et le plus dévorant de tous les éléments, ne pouvait rien contre elle lorsqu'elle était en extase. Les flammes ont obéi souvent d'une autre manière encore à la voix des saints ou au signe de la croix fait par eux, de même qu'une menace de leur part a suffi quelquefois pour calmer les tempêtes ou pour arrêter dans leur chute d'énormes masses qui allaient tomber. Ces faits se trouvent partout, et sont trop nombreux pour que nous nous croyions obligé de nous y arrêter ici.

Lorsque les flots de l'inspiration montent encore plus

haut, l'air offre au corps un appui suffisant pour le soutenir, ou celui-ci, affranchi des lois de la pesanteur, n'a besoin d'aucun appui matériel pour se tenir dans un juste équilibre. Les forces qui l'attirent en bas étant amoindries, et celles qui le sollicitent à s'élever étant devenues au contraire plus puissantes, les unes et les autres doivent chercher un nouvel équilibre autour du centre général de gravité. Les dernières remplacent en quelque sorte l'appui dont le corps a besoin pour se soutenir dans l'état ordinaire; et, dégagé pour ainsi dire de la matière, il est soutenu en l'air par l'âme transformée, aussi haut qu'il plait a celle-ci. Ce nouvel équilibre, propre à l'extase, se révèle au dehors par l'extrême mobilité des extatiques, qui flottent ainsi en l'air, et que le souffle suffit souvent pour mettre en mouvement.

Marie d'Agréda.

Lorsque Antoine de Vilacra, homme vertueux, intelligent et expérimenté, alla visiter le couvent de Marie d'Agréda, pour faire une enquête à son sujet, il la trouva dans l'extase, semblable à une morte, immobile, privée de l'usage de ses sens, insensible par conséquent, et de plus planant sur la terre; de sorte que son corps couvrait le sol, mais semblait en meme temps n'avoir jamais obéi aux lois de la pesanteur. Il suffisait de souffler sur elle, même de loin, pour l'agiter comme une plume ou une feuille. Son visage paraissait alors beaucoup plus beau; sa couleur, ordinairement brune, devenait plus claire et plus blanche; sa pose et son maintien étaient avec cela si dignes et si pieux qu'elle ressemblait à un séraphin qui aurait pris un corps. La chose s'étant ébruitée, on accourut de toutes parts pour être témoin de cette merveille. Dans les commencements, les religieuses du monastère favorisèrent ce grand concours; mais les choses allèrent bientôt plus loin qu'elles ne voulaient : les curieux, dans leur empressement, brisaient des planches dans le chœur; et c'est ainsi que, contre la volonté de l'extatique, toute la ville de Burgos fut témoin de ce phénomène extraordinaire. (Sa vie.) Il en fut ainsi de Dominique de Jésus-Marie, lorsqu'il fut ravi à Madrid en présence de Philippe II. Pendant qu'il planait au-dessus de terre, le roi le faisait mouvoir en soufflant sur lui. Nous pourrions citer encore beaucoup d'autres exemples de cette sorte. Lorsque l'homme est préparé d'ailleurs à ce genre de phénomène, il suffit bien souvent, pour qu'il se produise, que l'âme se concentre dans le recueillement, et tende vers Dieu avec plus d'énergie. Ainsi Marie d'Agréda s'élevait souvent au-dessus de terre dans la communion, ou même en lisant simplement quelque chose de la grandeur et de la beauté de Dieu, ou sur d'autres mystères. Le chant, la musique d'église suffisait également pour la mettre en cet état, qui durait alors d'ordinaire, trois heures environ. Marguerite de Hongrie était aussi enlevée de terre après la communion. Sainte Agnès, née en 1205 du roi Primislas de Bohême, alliée par sa mère avec sainte Élisabeth de Thuringe, fiancée à l'empereur Frédéric II ou à son fils, avait dans le couvent des Clarisses qu'elle avait fondé de fréquentes extases lorsqu'elle se livrait dans sa cellule à la méditation et à la prière. La vie ne se trahissait alors chez elle que par un léger battement du cœur. Un jour une sœur la trouva en cet état, élevée à trois ou quatre pouces au-dessus du sol. (Sa Vie, écrite par Cruger d'après des manuscrits bohêmes contemporains.)

Agnès de Bohême.

Je connais, dit Césaire d'Heisterbach, l. IX, c. 30, un prêtre de notre ordre qui par une faveur de Dieu, toutes les fois qu'il dit la messe avec dévotion, est élevé d'un pied en l'air pendant tout le canon jusqu'à la communion. S'il dit la messe plus vite ou moins dévotement, ou s'il est dérangé par le bruit des assistants, cette faveur lui est ôtée. Cela n'est pas étonnant, ajoute le narrateur, car la dévotion ressemble au feu qui va toujours en haut. Saint Dominique, dans un de ses voyages, étant venu dans l'abbaye de Castres, l'abbé l'invita à manger avec la communauté. Le saint alla, selon sa coutume, prier dans l'église. Lorsqu'on voulut se

S. Dominique.

mettre à table, on vit qu'il manquait. On le chercha donc partout sans le trouver. Un des moines qui le cherchaient entra par hasard dans l'église, et le trouva planant entre le ciel et la terre. Frappé de stupeur, il attendit avec admiration comment la chose se terminerait; et il vit au bout de quelque temps le saint revenir à lui et reprendre l'usage de ses sens. (Surius dans sa vie, l. I, c. 2.) La même chose
S. Bernard. arriva à saint Bernard prêchant ses religieuses dans le chapitre: à sainte Lutgarde pendant que les religieuses chantaient au chœur le *veni Creator;* à saint François Xavier en disant la messe, ou en donnant à genoux la communion au peuple, comme il le faisait toutes les fois qu'il le pouvait faire; à Saint-Albert en récitant le psautier la nuit à genoux devant le crucifix; au pieux Conradin dans la prison où l'avaient enfermé les Bolonais, parce qu'il leur avait reproché trop durement leur opiniâtreté; à Saint-Jean Marinon expliquant à des religieuses le mystère de l'Ascension. Quand il fut arrivé à ces paroles : « Hommes de Galilée, pourquoi restez-vous ainsi à regarder le ciel? » elles le virent s'élever lentement au-dessus de terre.

C'est aussi dans la prière et dans la méditation que ce même phénomène s'est produit chez saint Ignace de Loyola, sainte Catherine de Sienne, sainte Thérèse, la Carmélite Catherine Texada, après que les mauvais esprits l'eurent tourmentée longtemps par des bruits de cors et de trompettes; chez saint Étienne de Hongrie, Ange de Milan, Nicolas Fattor, Casper de Florence, chez Thérèse, reine de Castille, Marie Gomez, Camille de Lellis, Angèle de Brixen, Dominica de Paradis, Françoise Olympe, Ursule Benincasa, Catherine de Seins, à Vallisolet, Matthieu de Bascio, Marie Villana, Agnès d'Assise, Jeanne d'Orvieto, Libérat de Civitella, Pierre de Garde et beaucoup d'autres. Les ménologes des Franciscains, des Carmes, des Dominicains, des Cisterciens, les annales des Frères Mineurs de Wadding et celles des Capucins de Bover sont pleines de récits de ce genre. Cet faits se sont passés quelquefois devant le peuple tout entier, comme chez saint Ambroise de Sienne, saint Vincent Ferrier et saint Sauveur de Horta, qui fut élevé à deux coudées au-dessus de terre devant une nombreuse multitude. (A. S., 18 mart.)

S. Pierre d'Alcantara.

Saint Pierre d'Alcantara, étant en voyage à l'âge de dix-huit ans, se mit un jour à genoux au milieu de la grande route, après avoir déposé son bissac, afin de réciter son office, croyant être seul. Dans la ferveur de sa méditation il fut bientôt ravi et élevé en l'air. D'autres voyageurs, venant à passer par là, s'arrêtèrent frappés d'étonnement en le voyant élevé ainsi de plusieurs pieds au-dessus de terre, et ils attendirent qu'il fût revenu de son extase pour recevoir sa bénédiction. Mais dès qu'il les aperçut, il remit bien vite son bissac sur son dos, et prit la fuite tout confus, et s'en voulant à soi-même d'avoir été surpris en cet état. Le cilice seul qu'il portait put modérer son zèle et ralentir sa course. Quand il disait la messe, c'était merveille de le voir à l'autel, le visage enflammé, le corps immobile, et les yeux tellement attentifs qu'il semblait contempler le mystère adorable caché sous les saintes espèces. Lorsqu'il lisait l'Évangile, ces mots : *Jésus dit, Jésus parla*, redoublaient la ferveur de son âme. C'était bien autre chose encore lorsqu'il arrivait au canon ; son visage alors était tout en feu. Plus il approchait de la consécration, plus son cœur était ému ; de sorte qu'à la fin ses sens étaient complétement liés et qu'il était obligé d'interrompre le saint sacrifice. Après la consécration, il ne pouvait, malgré tous ses efforts, modérer la violence des sentiments dont son âme était remplie. Emporté par eux, il perdait complétement l'usage de ses sens, et on le voyait s'élever au-dessus de terre, souvent à une hauteur de plusieurs coudées. Un jour entre autres, les Bernardines d'Avila l'ayant prié de venir leur dire la messe, il fut, pendant le saint sacrifice, élevé en l'air par suite de l'immersion de son âme en Dieu. Il resta trois heures en cet état, puis revint à lui, et continua la messe avec la même ferveur, au milieu des larmes des religieuses. Quand il eut fini, il dit à celles-ci avec une sorte de confusion de rendre grâces à Dieu de ce qu'il se montrait si *bon envers* une créature si indigne. Souvent au chœur il était tellement uni à Dieu que son corps s'élevait à quinze coudées en l'air jusqu'à la voûte. La vue du firmament ou même des herbes et des plantes le plongeait dans une méditation profonde. Il arrivait quelquefois que, pendant qu'il priait la nuit dans l'hiver, la tête découverte, la pluie ou la rosée gelait sur sa tête sans qu'il s'en aperçût. Les frères le voyaient souvent alors élevé en l'air de douze coudées, et tout abîmé en Dieu. Un jour, dans une exhortation qu'il adressait à ses religieux, ayant prononcé ces paroles : « *Dieu s'est incarné*, » il se recueillit dans la contemplation de ce mystère. Puis, au bout de quelque temps, il éleva la voix de nouveau avec une émotion indicible, et dit : « *Dieu s'est revêtu de notre chair*. » Comme il prononçait ce dernier mot, il poussa un cri qui retentit comme un coup de tonnerre ; et, emporté par son émotion, il courut à sa cellule, où son âme, incapable de résister plus longtemps, tomba dans un ravissement qui dura trois heures. Ce même fait se répéta plusieurs fois, surtout quand il considérait les mystères de la foi.

Chez le comte Oropèze, il habitait un petit ermitage dans le jardin. Les domestiques savaient que, lorsqu'il tardait de venir à table, on le trouvait, en ouvrant la porte, planant en l'air, les bras étendus et les yeux fixés vers le ciel. La plupart du temps ils ne se sentaient pas le courage de le déranger, et il restait alors ordinairement tout le jour en cet état, et quelquefois même tout le jour et toute la nuit, jusqu'à l'heure où il devait dire la messe le lendemain. Quelquefois il était enlevé au-dessus de terre au milieu d'un entretien pieux, comme par exemple lorsqu'il alla voir sainte Thérèse au couvent de l'Incarnation et que la sainte le vit pour la première fois en cet état. D'autres fois la même chose lui arrivait en présence de tout le peuple, comme à Arenas en disant la messe. Ces choses lui attirant la vénération des hommes, il pria Dieu instamment de tempérer l'excès des faveurs dont il le comblait et de cacher les signes de sa bonté infinie

Il visitait souvent le chemin de la croix de Pedrosa, et il y avait de fréquentes extases. Les bergers, de même ceux qui passaient par hasard, le voyaient alors de loin planant en l'air devant la croix, et l'on accourait de partout pour être témoin de ce spectacle extraordinaire. Quelquefois il entendait le bruit des hommes et des chevaux, et il s'enfuyait aussitôt, comme s'il eût volé dans les airs, jusqu'à ce qu'il fût arrivé aux fenêtres du premier étage du couvent, où il allait se cacher. Mais d'autres fois aussi l'extase était tellement profonde qu'il n'entendait rien autour de lui; et il était alors un objet d'admiration et d'étonnement pour tous ceux qui le voyaient. Quelques mois avant sa mort, comme il visitait les couvents de son ordre, il vint à la Vicieuse. Là les frères le virent souvent monter la montagne qui était proche plutôt porté par le secours de Dieu que par ses propres forces, déjà bien affaiblies, et s'y tenir élevé en l'air des heures entières dans un entretien familier avec le Seigneur. Lorsqu'il était revenu de son extase, ils l'entendaient inviter toutes les créatures à louer Dieu d'une voix si pénétrante et si forte que du cloitre, qui était situé au pied de la montagne, on entendait distinctement toutes les paroles. (Sa Vie.)

Quelquefois les extatiques sont élevés au-dessus de terre par une force qui les attire en haut, en opposition avec la loi de la pesanteur, qui attire le corps en bas. Il en était ainsi chez le P. Bernardin, de la compagnie de Jésus. Un jour qu'il était plongé dans une méditation profonde, il vit un nuage très-clair, au milieu duquel était un homme plus grand que la taille ordinaire, qui lui dit en lui tendant amicalement la main : « Venez, mon ami, venez. » Le père étonné considérait ce spectacle en silence. Ayant voulu quitter la place où il était, il se sentit tout d'un coup en- Le P. Bernardin.

levé de terre et du lieu où il était assis sans savoir comment cela lui était arrivé. A partir de ce moment, il fut encore plus fervent dans le service de Dieu qu'il n'avait été jusque-là.

Le B. Gilles. Il est impossible quelquefois, malgré tous les efforts, de faire redescendre sur la terre ceux que l'esprit a ainsi élevés au-dessus d'elle. Le bienheureux Gilles avait de fréquentes extases. Un jour, comme il lisait dans le livre de l'Aréopagite le passage où il est question de l'extase des hommes dont l'amour de Dieu s'est emparé, il fut élevé au-dessus de la table. Ceux qui le trouvèrent en cet état voulurent le faire redescendre; mais tous leurs efforts furent inutiles. Une autre fois, l'extase l'ayant pris pendant qu'il était appuyé sur un bâton, et le frère Vincent lui ayant ôté celui-ci, il resta dans la même position. (*A. S.*, 12 mai.) L'extase pendant laquelle se manifestent ces phénomènes paraît, au reste, se communiquer, par une sorte de sainte contagion, à ceux dont l'âme y est déjà disposée. Saint Pierre d'Alcantara ayant été ravi un jour de cette sorte à Avila, pendant qu'il était à table, la dame Diaz, qui était venue sur les entrefaites, fut ravie également. Bien plus, ceux qui sont devenus extatiques de cette manière paraissent se provoquer mutuellement. C'est ainsi que sainte Thérèse et saint Jean de la Croix s'entretenant un jour ensemble sur les mystères de la sainte Trinité, ils furent enlevés tous les deux au-dessus de terre dans un ravissement.

Cette forme particulière de l'extase ne dépend pas plus que les autres des dispositions du corps ni de l'état de la santé; elle se produit même quelquefois à l'approche de la mort. La sœur Bella fut, au rapport de saint Pierre Damien, élevée en présence de tous les assistants au-dessus de son lit de mort, et resta ainsi jusqu'à ce qu'elle eût achevé sa prière. Cet état dure quelquefois très-longtemps, comme chez Louis de Mantoue, vers 1501, lequel restait souvent élevé au-dessus de terre pendant trois jours, privé de l'usage de tous ses sens et immobile. Lorsque cette extase dure aussi longtemps, et que le corps en cet état est penché en avant, l'extatique peut parcourir ainsi un espace considérable. On raconte qu'un religieux dominicain, nommé Christian, qui vivait vers 1239, lorsque dans ses voyages il voulait se livrer à ses méditations, laissait ses compagnons aller devant lui, et qu'alors il s'élevait en l'air, et se rendait ainsi au lieu où il voulait aller. (Steill, 2 octobre.)

Ce que sainte Thérèse nous a laissé dans ses écrits sur ce genre de phénomènes nous dispense de chercher à en expliquer ici l'origine et le cours, d'autant plus que ce qu'elle nous dit à ce sujet, elle l'a tiré de ses propres expériences. « De même que les nuages, écrit-elle, attirent les vapeurs « de la terre, ainsi Dieu élève l'âme jusqu'à lui dans le « ciel, pour lui manifester ses trésors. L'âme est dans l'ex- « tase comme si elle n'animait plus le corps; car l'expé- « rience prouve que la chaleur naturelle se perd en cet « état, non cependant sans un sentiment de douceur et de « plaisir. Il n'y a point moyen de résister à l'extase; et « l'âme bien souvent est enlevée de terre par Dieu comme « par un aigle, sans savoir où il l'emporte, sans aucune « préparation ni coopération de sa part; elle est alors sai- « sie d'une sorte de terreur, mêlée cependant d'une grande « suavité. Il faut du courage en ces circonstances pour « s'abandonner à la conduite de l'esprit qui vous enlève, et « dont l'action se joue de vos résistances.

« J'ai essayé souvent de résister à l'extase, craignant « quelque illusion, ou à cause des hommes avec qui je me « trouvais dans le moment. J'y ai réussi quelquefois, mais « je me sentais après épuisée comme si j'avais lutté contre « un géant. D'autres fois cependant mes efforts étaient inu- « tiles. Ordinairement ma tête était, de même que mon « âme, attirée par en haut, et quelquefois, rarement néan- « moins, tout mon corps était enlevé de terre. Plusieurs « fois, lorsque l'extase me prenait en présence d'autres

« personnes, je me jetais à terre pour qu'elles ne s'en
« aperçussent pas. Mais comme cette manière de tomber à
« terre attirait leur attention, je priai Dieu de rendre
« désormais cette faveur moins visible pour les autres, ce
« que j'obtins en effet. Lorsque j'essayais de résister, il
« me semblait qu'une force extraordinaire était sous mes
« pieds et me soulevait. J'étais effrayée d'abord lorsque je
« me sentais ainsi élevée ; car quoiqu'il soit doux d'être
« ravi de cette sorte, cependant je ne perdais pas l'usage
« de mes sens, et je me sentais enlevée au-dessus de terre.
« Mais à la frayeur succédait bientôt une vénération pro-
« fonde devant la majesté divine, qui m'enlevait ainsi, et
« un tendre amour pour un Dieu, qui m'aimait tant lui-
« même. Il me semblait souvent que mon corps était af-
« franchi des lois de la pesanteur. Quelquefois aussi cet
« état se bornait à ce que je ne sentais plus mes pieds po-
« ser sur la terre.

« Le corps reste dans l'état où l'a trouvé l'extase, assis
« quand il était assis, les mains ouvertes ou fermées
« comme elles étaient auparavant. Le souffle est tellement
« arrêté que l'extatique, malgré tous ses efforts, ne peut
« parler. Quelquefois, lorsque l'immersion est très-pro-
« fonde, on ne distingue plus si l'on respire encore. Ce-
« pendant, à mesure qu'elle diminue et que l'extatique
« revient à soi-même, il commence aussi à respirer de nou-
« veau. Ordinairement, et dans les degrés inférieurs de
« l'extase, les sens restent ouverts, mais ils sont plus in-
« térieurs et plus concentrés ; de sorte que le corps ayant
« perdu toute son activité, les perceptions restent, et l'exta-
« tique entend les sons comme dans le lointain. Plusieurs
« fois cependant mes sens ont été tout à fait fermés ;
« mais cela m'est arrivé rarement, jamais pour longtemps,
« et seulement dans le plus haut degré de l'extase, lorsque
« l'âme, intimement unie à Dieu et entièrement transformée
« en lui, est concentrée en elle-même avec toutes ses puis-
« sances. En ce cas, l'extatique, au sortir de ces ravis-

« sements, reste pendant deux ou trois jours égaré ou « absorbé, comme s'il n'était pas encore revenu parfaite- « ment à lui-même. (Sa Vie, c. 20; *le Château de l'âme*, « M. VI, c. 4.)

CHAPITRE XXII.

Du vol dans l'extase. Des divers degrés de hauteur où s'élèvent les extatiques. Pierre d'Alcantara. Christine l'Admirable. Des effets de l'esprit divin dans ce phénomène. La sœur Adélaïde d'Adelhausen Du vol complet. Espérance de Brenegalla. Agnès de Bohème. Sainte Colette. Le bienheureux Dalmace de Girone. Bernard de Courléon. Joseph de Copertino. Comment les extatiques entraînent dans leur vol d'autres personnes. Le frère Maffei. Jeanne Rodriguez. Dominique de Jésus-Marie. Des illuminations et des sons extatiques unis au vol. Theodesca de Pise. Élisabeth de Falkenstein. Oringa. Agnès de Bohême. Venturin de Bergame. Damien Vicari. Le Carme Franc. Pierre d'Alcantara, etc.

Jusqu'ici nous avons vu l'esprit d'en haut s'emparer de l'âme peu à peu, lentement et comme avec une action tempérée; puis nous avons vu le corps, suivant à sa manière ce mouvement ascensionnel de l'âme, s'élever plus ou moins haut au-dessus de la terre. Mais quelquefois l'esprit de Dieu frappe l'âme comme l'éclair; et dans ce cas les effets qu'il produit sont naturellement en rapport avec la manière impétueuse dont il y fait irruption. Le corps ne s'élève plus alors lentement et par degrés dans l'air; mais, emporté tout d'un coup, il s'élance comme un aigle, et semble voler dans l'espace. C'est donc par la rapidité et l'énergie de l'irruption de l'esprit d'en haut que ces deux états se distinguent dans leurs phénomènes extérieurs. Mais comme entre les deux degrés extrêmes de l'extase, sous ce rapport, il y a un nombre infini de degrés intermédiaires, on comprend que ces deux états ne sont point séparés par une ligne de démarcation parfaitement déterminée, mais qu'ils se confondent bien souvent par des transitions qu'il n'est pas toujours facile de saisir. La hauteur où s'élèvent les extatiques dépend beaucoup de la dimension des lieux où ils se trouvent; de sorte qu'on a peine souvent à discerner le vol du simple ravissement au-dessus de terre, de même que celui-ci se rapproche beaucoup quelquefois de la marche extatique. Si l'extase volante se produit par exemple dans la cellule d'un religieux, celle-ci étant ordinairement très-basse et les objets pieux qu'elle renferme étant peu élevés, l'extatique, on le comprend, ne peut monter bien haut au-dessus du sol. Le chœur offre déjà plus d'espace, l'église davantage, le jardin du monastère bien plus encore.

S. Pierre d'Alcantara. Saint Pierre d'Alcantara s'était fait à Badajoz, dans le jardin du couvent, une petite solitude au milieu de pins magnifiques, où il pouvait, dans la retraite et le silence, se livrer au mouvement de sa ferveur. On le vit là bien souvent élevé en l'air dans la contemplation, au-dessus du sommet de ces arbres, et rester très-longtemps en cet état. Il en avait été de même à Plaisance. Là aussi on l'avait vu souvent planer en l'air à une grande hauteur, les mains en croix, pendant qu'une multitude de petits oiseaux, voltigeant autour de lui, formaient par leurs chants un concert agréable, venaient se poser sur ses bras et y restaient jusqu'à ce qu'il fût réveillé. Cependant il se tenait d'habitude plus près de la terre. On voit que dans ces cas le saint s'élevait peu à peu à cette hauteur extraordinaire; de sorte que pour distinguer l'enlèvement proprement dit de l'extase qui plane seulement au-dessus de la terre nous n'avons d'autres signes que la violence et la rapidité du mouvement. Nous citerons d'abord en ce genre de phénomènes cette merveille des temps anciens, Christine l'Admirable, et nous rapporterons ici ce que Cantimpré nous raconte d'elle touchant le sujet qui nous occupe. Cantimpré était un homme grave et digne de foi, dont nous avons eu déjà souvent occasion de reconnaître la sincérité et le mérite en ces matières. Prévoyant combien les choses qu'il avait à raconter ici paraîtraient incroyables à ceux

Christine l'Admirable.

qui ne sont pas initiés aux mystères de ces régions inconnues, parce que, dépassant le cours ordinaire de la nature, elles doivent paraître impossibles à la raison soumise aux lois de cet ordre, il ne se décida qu'avec peine à les écrire, comme il le raconte lui-même dans l'introduction ; mais ces scrupules ne venaient pas en lui d'un défaut de certitude relativement à ces faits merveilleux, il était sûr de ce qu'il disait ; car il avait pour témoins de beaucoup de ces faits tous les habitants de Saint-Trond, où ils s'étaient passés. Ils avaient eu lieu non en secret et dans un coin, mais devant tout le monde et il n'y avait que huit ans que Christine était morte lorsque Cantinpré se décida à les écrire ; de sorte que le souvenir en était frais encore. Des choses que personne autre qu'elle ne pouvait savoir lui furent racontées par des personnes qui affirmaient les avoir entendues de sa bouche. « Qu'on sache bien, ajoute-t-il, que parmi tous les témoins que j'ai consultés je n'ai ajouté foi qu'à ceux qui se feraient plutôt couper la tête que de mentir sciemment. » Il nomme dans son récit, à l'occasion des faits qu'il rapporte, la sœur Iveta, femme très-pieuse, qui vécut avec Christine neuf ans, pendant lesquels le Seigneur fit en elle des choses admirables. Le témoignage de cette femme ne lui arriva pas par hasard ; mais il fit, afin de la voir et de la consulter, un voyage long et pénible. Il nomme encore comme témoin Thomas, d'abord curé de Saint-Trond, puis abbé de l'abbaye du même nom, qu'il gouverna avec beaucoup de sagesse de 1239 à 1248, et qui par conséquent devait très-bien connaître ce qui s'était passé si près de lui.

Mais ce qui l'encouragea surtout à publier ces faits, c'est le témoignage de Jacques de Vitry, évêque d'Acre et cardinal, homme savant et très-digne de foi, qui en avait été témoin oculaire. Voici ce qu'il dit en effet, dans sa vie de Marie d'Oignies : « J'ai vu encore une autre femme en qui « Dieu a opéré des choses extraordinaires ; car, après être « restée morte pendant longtemps, elle est ressuscitée

« avant d'avoir été ensevelie ; et Dieu lui a permis de faire « son purgatoire sur la terre. C'est pour cela qu'elle a été « poussée pendant longtemps par l'esprit, tantôt se jetant « dans le feu, tantôt restant longtemps dans l'eau glacée « pendant l'hiver, forcée quelquefois d'entrer dans les « tombeaux des morts. Puis, après avoir ainsi fait pénitence « avec une grande paix du cœur, elle reçut de Dieu de telles « grâces que souvent, ravie en esprit, elle accompagna « les âmes des défunts dans le purgatoire ou à travers les « flammes. » Denys le Chartreux, qui vécut depuis la fin du quatorzième jusqu'à 1471, avec la réputation d'une grande sainteté, a rendu aussi dans ses écrits un témoignage semblable. En effet, dans son livre des *Quatre Fins dernières*, art. 50, il donne un extrait de sa vie ; et dans son dialogue du *Jugement des âmes*, art. 10, il ajoute qu'il est allé souvent à son tombeau, et que pendant qu'il allait à l'école à Saint-Trond il y avait trouvé des personnes qui avaient connu et vu Christine ; enfin, que ses condisciples lui avaient souvent rapporté sur elle ce qu'ils en avaient entendu dire à leurs parents.

Christine naquit vers 1150, à Saint-Trond ou à Bruesthem, qui en est tout proche, dans le diocèse de Liége, et de parents honorables. Elle resta après la mort de ceux-ci avec deux sœurs plus âgées qu'elle. Elles s'arrangèrent toutes les trois, de manière que l'aînée vaquait à la prière, la seconde était chargée de conduire la maison et la plus jeune, Christine, allait faire paître le bétail dans les champs. Elle avait, on le voit, la part la plus chétive. Mais l'esprit consolateur vint la visiter dans sa solitude et l'initier aux mystères du ciel. Tous ignoraient ce qui se passait en elle. Or, il arriva qu'elle tomba malade par suite de la ferveur de ses contemplations, et passa de vie à trépas. On mit son corps dans une bière, et on le porta le lendemain à l'église, au milieu des larmes de ses amies et de ses sœurs. Pendant qu'on célébrait pour elle la messe des morts, son corps se mit à remuer ; puis, se levant de la bière, il prit son vol comme un oiseau jusqu'à la voûte de l'église. Tous les assistants prirent la fuite épouvantés; sa sœur aînée resta seule malgré son effroi, jusqu'à ce que le prêtre, voyant Christine suspendue ainsi à la voûte, la conjura après la messe, et la força ainsi de descendre. Quelques-uns crurent que c'était la subtilité de son esprit qui l'avait ainsi emportée, parce qu'elle avait horreur de l'odeur des corps humains. Elle revint à la maison avec ses sœurs, et mangea comme les autres.

A partir de ce moment, elle évita le voisinage des hommes, fuyant à leur approche dans les déserts, sur les arbres, sur le sommet des tours, des clochers des églises ou dans les autres lieux élevés. On finit par croire qu'elle était possédée par un grand nombre de mauvais esprits. On parvint avec peine à s'emparer d'elle, et on lui mit des chaînes. Elle eut alors beaucoup à souffrir et de la honte et des privations de toutes sortes; mais son plus grand supplice était l'odeur des hommes qui l'entouraient. Enfin une nuit elle réussit, avec le secours du Seigneur, à se débarrasser des chaînes qu'elle avait aux mains et aux pieds, et elle s'envola dans des forêts éloignées, où elle vécut sur les arbres comme les oiseaux. Là, ne trouvant rien à manger, elle souffrit horriblement de la faim. Elle ne voulut pas cependant retourner parmi les hommes; mais elle préféra vivre seule avec Dieu dans la solitude. Elle pria donc le Seigneur de prendre en pitié sa détresse; et aussitôt son sein, contre le cours naturel des choses, se remplit de lait dont elle se nourrit pendant neuf semaines.

Les siens la cherchèrent, et l'ayant trouvée, ils la chargèrent de chaînes de nouveau, mais en vain; elle brisa ses liens une fois encore, et s'enfuit à Liége. Là, ayant faim du corps du Seigneur, elle pria le curé de Saint-Christophe de le lui donner. Celui-ci en étant empêché par quelque chose qu'il avait à faire, elle alla dans une autre église, et obtint ce qu'elle désirait. Aussitôt, saisie de nouveau par l'esprit, elle s'enfuit hors de la ville. Le prêtre, étonné de sa conduite, la suivit en compagnie d'un autre, depuis l'église de Saint-Christophe jusqu'à la Meuse. Mais au moment où ils croyaient l'avoir atteinte, ils la virent se jeter dans le fleuve et passer à l'autre rive en marchant sur les eaux; car son corps était doué d'une telle légèreté qu'elle grimpait les sommets les plus escarpés, et se balançait comme un moineau aux branches des arbres les plus minces. Quand elle voulait prier, elle était emportée sur le sommet des arbres, des tours ou d'autres lieux élevés, afin que son esprit pût trouver loin du monde le repos qu'il cherchait. Lorsqu'elle priait, ou que le don de contemplation était descendu sur elle, tous ses membres se ramassant formaient une boule, comme s'ils eussent été de cire chauffée au feu, et l'on ne voyait plus en elle d'autre forme que celle d'un globe. Lorsque ensuite l'ivresse spirituelle était passée, ses membres retournaient à leur place, et son corps reprenait peu à peu sa première forme; comme le hérisson, qui, après s'être roulé en peloton, se déroule et s'allonge. On la voyait souvent se tenir debout sur un pieu, et chanter en cette position plusieurs psaumes de suite, car il lui était toujours très-pénible de redescendre sur la terre.

Toutes ces choses faisaient beaucoup de peine et de honte à ses sœurs et à ses amis, parce qu'on la prenait pour une possédée. Ils payèrent donc un vaurien, mais qui était très-fort, pour qu'il la prît et lui remît les fers. Après l'avoir poursuivie longtemps à travers d'affreuses solitudes, il parvint enfin à lui briser l'os de la jambe d'un coup de sa massue. Il la prit alors et la ramena chez elle. Ses sœurs firent venir un chirurgien pour qu'il lui guérît sa jambe; celui-ci la conduisit donc à Liége dans une charrette. Une fois arrivé, comme il connaissait la force de cette femme, il l'enferma dans une cave bien gardée, l'enchaîna à un pilier de pierre, et ferma la porte après lui avoir mis autour de la jambe les bandages nécessaires; mais dès qu'il fut parti, elle leva l'appareil, jugeant inconvenant de s'adresser à un autre médecin qu'à Notre-Seigneur. Sa confiance ne fut pas trompée; car une nuit l'Esprit vint sur elle, brisa ses liens et guérit sa jambe; de sorte qu'elle allait et venait pleine de joie dans la cave, louant et glorifiant celui pour qui elle avait résolu de vivre et de mourir. Mais comme son esprit se trouvait à l'étroit entre ces murs, poussée par lui, elle s'ouvrit une issue avec une pierre qu'elle trouva par terre; et de même que le trait s'élance d'autant plus rapide que la corde qui le tenait était plus tendue, ainsi son énergie, contenue dans un espace trop étroit, brisa l'obstacle qui l'arrêtait, et, semblable à un oiseau, son corps sortit par l'ouverture qu'elle avait pratiquée. Sa famille la poursuivit une troisième fois; elle fut prise de nouveau, et attachée à un banc de bois : on ne lui donnait à manger qu'un peu de pain et d'eau, comme à un chien. Le Seigneur, cette fois, voulant manifester davantage sa puissance, fit durer plus longtemps sa captivité. Le siége et les épaules commençaient à entrer en putréfaction; de sorte qu'épuisée par la douleur elle ne pouvait plus manger son pain. Personne n'ayant plus pitié d'elle, le Seigneur la regarda d'un œil de compassion, et opéra en elle une merveille qui ne s'était jamais encore produite auparavant : son sein se mit à donner de l'huile très-pure dont elle se servait pour amollir la dureté de son pain et pour oindre ses membres blessés. Ses sœurs et ses amis fondirent en larmes à ce spectacle, et, ne voulant plus s'opposer à la volonté de Dieu, ils lui ôtèrent ses chaînes, lui demandèrent pardon pour tout le mal qu'ils lui avaient fait, et la mirent en liberté.

Ces données sont suffisantes pour nous permettre d'entrevoir la nature intime de cet état extraordinaire. Pendant que Christine gardait ses troupeaux dans la solitude, vivant dans une union intime et continuelle avec Dieu, les ailes de son âme, quoique liées, étaient devenues plus larges, tandis que son corps, se dégageant de ses éléments les plus grossiers, s'était affiné et comme éthérisé. Pendant quelque temps, comme cela arrive presque toujours, son âme continua de vivre en bonne harmonie avec son corps, sans s'apercevoir encore du changement profond qui s'était produit dans son être ; et la vie suivait son cours habituel. Mais un jour enfin la crise arriva, et ce fut au moment où les siens la croyaient morte. Au milieu de la léthargie profonde où elle était plongée, elle eut des visions célestes qui achevèrent de dégager en elle l'esprit du corps; et son âme trouvant un espace pour déployer ses ailes, la métamorphose mystique commencée déjà depuis longtemps dans sa personne fut accomplie et se produisit au dehors. Dans cette seconde vie qu'elle commençait, ce n'était plus la même femme que dans la première; car les choses qu'elle avait contemplées dans ses visions avaient donné à son être une direction toute nouvelle. Elle marche désormais à la façon des esprits, touchant à peine la terre, et glissant sur les eaux. Déjà dans l'église, sur sa bière, elle s'est élancée jusqu'à la voûte, ne pouvant supporter l'odeur de la chair des hommes, ni l'odeur bien plus pénible encore de leurs péchés. L'amour de la solitude, l'extrême irritabilité de ses sens la portent à chercher un abri sur les creneaux des tours et des églises et sur le sommet des arbres. Elle est si légère que les branches des arbres ploient à peine sous elle, et ses membres sont si souples qu'elle prend sans peine la forme d'un peloton. Tous ces phénomènes sont l'effet de l'état intérieur de son âme et de ce dégagement de toutes les forces psychiques à l'égard de leur enveloppe extérieure : de sorte que, rayonnant au dehors par le surcroît d'énergie qu'elles ont acquis, elles entraînent le corps dans leur sphère, selon leur bon plaisir. Puis l'Esprit d'en haut, venant par là-dessus et trouvant dans ce corps un instrument docile à ses opérations, accroît encore sa legèreté, sa souplesse et toutes ses autres qualités, et les sanctifie en les dirigeant vers un but divin.

Ces opérations d'une nature supérieure à la nature et à ses lois nous apparaissent d'une manière non moins frappante dans ce qui nous est raconté sur la sœur Adélaïde par la chronique du couvent d'Adelhausen. Celle-ci eut un jour le désir de savoir quelles avaient été les dispositions des apôtres lorsqu'ils furent, au jour de la Pentecôte, comblés des dons et des grâces du Saint-Esprit. Un jour donc, à la fête de la Pentecôte, comme elle priait devant l'autel du Saint Sacrement et qu'elle exprimait à Dieu son désir, un rayon brillant comme le soleil apparut au-dessus d'elle, et le Saint-Esprit la remplit d'une lumière et d'une suavité divines telles que son corps n'en put supporter l'excès. En effet, s'élevant du lieu où elle priait, elle plana dans l'air et fut emportée autour de l'autel, puis déposée à terre devant lui, après quoi elle répandit beaucoup de sang par le nez et la bouche. La sœur Lucie, qui était présente, frappée de stupeur à ce spectacle, alla vers elle et lui demanda ce que cela voulait dire. Adélaïde refusa d'abord de lui révéler ce mystère ; mais, vaincue enfin par les prières de la sœur, et après lui avoir fait promettre qu'elle garderait pendant toute sa vie le secret, elle lui dit : « Ma chère sœur, au moment où le rayon de l'Esprit divin est descendu sur moi pauvre pécheresse, mon cœur s'est trouvé tellement rempli des grâces et des consolations divines que, sans le sang que j'ai répandu, mon cœur se serait brisé à l'heure même ; car la nature était trop faible pour contenir l'excès des suavités célestes dont j'étais inondée. » (Steill. *Éphémérides*, 1re partie, p. 20.) On reconnait dans ce cas remarquable et raconté avec tant de simplicité le rapport du phénomène tout entier à ce grand moteur, la force d'en haut, qui attire aussi les êtres avec tant de puissance. On y reconnait l'énergie de cet attrait et la rapidité avec laquelle s'accomplit cette opération. Le cœur d'Adélaïde, inondé de douceur et ne pouvant plus retenir le sang qui bouillonne en lui, le pousse en haut par un mouvement centrifuge très-rapide. Et comme, d'un autre côté, les esprits nerveux sont également surexcités et montent vers les régions supé-

Adélaïde d'Adelhausen.

rieures, le corps obéit à leur direction; puis, lorsque cet état est passé, le sang s'échappe avec le souffle.

Espérance de Brenegalla.

Le même phénomène s'est produit chez d'autres, mais sous des formes différentes. Espérance de Brenegalla à Valence, lorsqu'elle priait dans l'église, était quelquefois enlevée jusqu'au grand autel, et on la voyait alors planant en l'air, ayant dans ses bras l'enfant Jésus; et une fois elle parcourut ainsi l'église une demi-journée tout entière, allant d'un autel à l'autre. (Steill, 30 décembre.)

Agnès de Bohême.

Ce qui arriva le jour de l'Ascension à Agnès de Bohême, en présence de ses sœurs Prisque et Vratislave, n'est pas moins remarquable. Les trois sœurs, nous raconte un ancien manuscrit, fêtaient ensemble ce jour solennel dans le jardin du couvent, se promenant en chantant de pieux cantiques au milieu des fleurs les plus odorantes. Tout à coup Agnès est enlevée de terre et portée sans aucun secours visible jusqu'aux nuages; de sorte qu'à la fin elle disparut aux yeux de ses sœurs comme si elle fût montée au ciel. Celles-ci, étonnées, interrompirent leurs chants, et, ravies d'admiration, elles avaient les regards fixés vers le ciel, cherchant à rappeler par leurs larmes leur sœur qui venait de disparaître. Au bout d'une heure d'attente et d'angoisses, Agnès reparut au milieu d'elles. Elles lui demandèrent avec instance ce qu'elle était devenue pendant son absence; mais elles ne purent rien obtenir d'elle qu'un doux et aimable sourire. Elle avait contemplé les secrets de Dieu, qu'il n'est permis à personne de révéler. (Sa Vie, par Cruger.)

Sainte Colette.

Sainte Colette était quelquefois aussi emportée si haut par l'Esprit que les sœurs la perdaient de vue. Elle avoua, même un jour, forcée par les questions de ses compagnes, que plusieurs fois elle était montée si haut qu'il lui semblait qu'elle pouvait toucher le ciel en allongeant la main. Le F. Dalmace de Girone allait prier souvent dans un vallon solitaire nommé Camota. Un jour, comme il ne paraissait point à l'heure du diner, le F. Benedetto d'Aquanotti alla pour le chercher.

Dalmace de Gironne.

Arrivé dans le vallon et ne l'apercevant nulle part, il se mit à l'appeler; comme il ne répondait point, il regarda de tous les côtés, et le vit enfin planer dans l'air, de sorte que ses pieds étaient à la même hauteur qu'un arbre qui s'élevait assez haut sur la montagne. Son étonnement augmenta encore quand il le vit descendre peu à peu, comme s'il eût volé vers la terre, et se prosterner la face contre le sol, abîmé dans la prière. (Marchèse, sept.) Le F. Antoine de Sainte-Reine consacrait à la prière tout le temps qu'il avait de reste après avoir travaillé au jardin, et il priait avec une telle ferveur qu'il était souvent élevé au-dessus des arbres les plus hauts. Des habitants de Grosseta, allant au couvent de Saint-Benoit de Marc, où il demeurait, le virent sur le chemin de Batignano planer en l'air devant un arbre au tronc duquel était attachée une croix. (Wadding, an. 1454.) La même chose arriva souvent à saint François d'Assise, et plusieurs fois ses frères le perdirent de vue.

Quelquefois ce mouvement qui emporte au dessus de terre les extatiques prend la forme du vol proprement dit. Un jour, à la fête-Dieu, saint Bernard de Courléon étant à genoux avec les autres frères dans le chœur de l'église principale, avant la procession, et levant les yeux vers le grand autel, pour regarder le Saint Sacrement, qui y était exposé, son âme fut embrasée d'une telle ferveur qu'elle emporta son corps avec elle dans son élan vers Dieu; de sorte que, volant en l'air en présence de tous les assistants, il resta suspendu devant l'objet de son amour et de ses adorations. Tous accoururent remplis d'étonnement, afin de voir de plus près cette merveille, de baiser les pieds du frère ou de toucher au moins son vêtement; de sorte que ce grand concours le fit revenir de son extase; et il redescendit doucement à terre. Mais personne n'eut ce don à un si haut degré que saint Joseph de Copertino. et comme il a vécu dans un temps très-rapproché du nôtre, il a été très-facile de constater en lui d'une manière authentique cette propriété merveilleuse.

Bernard de Courléon.

S. Joseph de Copertino.

Né en 1603, il mourut en 1663. Deux années à peine après sa mort, on commença les informations pour le procès sur sa vie et ses miracles, à Nardo, à Assise et à Osimo, lorsque tous les témoins vivaient encore; et toutes les pièces furent examinées très-sévèrement par la congrégation établie à Rome à cet effet. Déjà l'année même de sa mort, le général de l'ordre des Frères Mineurs, Jacques de Ravenne avait chargé le P. Robert Nuti, d'Assise, d'écrire sa vie. Celui-ci se mit donc à l'œuvre et publia quinze ans plus tard la vie de ce grand serviteur de Dieu. Il prit, comme il le dit lui-même dans sa préface, pour base de son travail les faits qu'il avait vus lui-même de ses yeux, puis ce qui lui avait été rapporté par des témoins dignes de foi qui avaient eu des rapports avec Joseph, puis enfin ce qu'il avait appris de Martelli de Spolette, de D. Bernardin Benaducci et de D. Archange Rosimi, abbé à Assise, qui tous trois avaient été intimement liés avec le saint, avaient eu avec lui de nombreux entretiens et avaient noté jour par jour ses actions. En 1711, lorsque le temps fixé par Urbain VIII fut écoulé, et qu'on eut repris les informations, D. Bernini écrivit, en partie sur les actes qui existaient déjà, en partie sur d'autres manuscrits que l'on avait admis dans cette nouvelle enquête, une seconde vie qui parut à Rome en 1722. Lorsque enfin le pape Benoît XIV, après un nouvel examen, procéda à la béatification en 1753, on distribua à l'occasion de cette fête, dans l'église de Saint-Pierre, une troisième vie imprimée, qui, d'après l'ordre du pape, ne comprenait que les faits extraits des actes et certifiés par un nombre suffisant de témoins. Cette vie, dénuée de tous les ornements du langage, avait été composée par le définiteur de l'ordre Pastrovicchi. Il n'est donc aucun fait historique où l'on ait cherché avec plus de soin à découvrir la vérité; et nous pouvons ajouter une entière confiance aux choses qui nous sont racontées touchant cette merveilleuse propriété de notre saint.

Joseph, dès sa première jeunesse, et comme il demeurait encore à Grotella, était entré le jour de la fête de saint François dans une petite chapelle entourée d'oliviers et située à une portée d'arquebuse de son couvent. Les frères entendirent bientôt partir de là un cri qui fut répété cinq fois. Ils accoururent, et ils virent Joseph à la voûte à demi ruinée de la chapelle, tenant embrassée une croix et élevé de vingt palmes au-dessus de terre. Une autre fois, dans cette même église, la nuit de Noël, ayant entendu le son des fifres de quelques bergers qu'il avait invités à venir honorer la naissance de l'enfant Jésus, il fut inondé d'une telle joie qu'il se mit à danser. Puis il poussa un profond soupir, jeta un grand cri, et s'envola comme un oiseau du milieu de l'église jusqu'au maître-autel, qui était à plus de cinquante pieds de distance; et dans son ravissement il tint embrassé le tabernacle pendant un quart d'heure, sans faire tomber un seul des cierges qui brûlaient en grand nombre sur l'autel et sans qu'aucun de ses vêtements prît feu. L'étonnement des bergers fut grand, on le pense bien; mais celui des frères de son ordre et des habitants de Copertino ne le fut pas moins lorsqu'un jour, à la fête de saint François, revêtu de la chape pour assister à la procession qui devait avoir lieu, il s'envola tout d'un coup sur la chaire de l'église, haute de quinze palmes, et resta pendant longtemps à genoux, les bras étendus, abîmé dans l'extase sur l'extrême bord de la chaire.

Un jour de jeudi saint au soir, il eut un ravissement qui ne fut pas moins remarquable. Pendant qu'il priait avec d'autres religieux devant le tombeau dressé sur le grand autel et orné d'un grand nombre de lampes et de nuages resplendissants, il s'envola tout d'un coup pour aller embrasser le calice qui renfermait tous ses amours sans rien déranger aux ornements qui entouraient l'autel: puis au bout de quelque temps, rappelé par ses supérieurs, il descendit à l'endroit où il était auparavant. Santi Rossi de Trevi étant tombé malade pendant qu'il faisait son noviciat dans le couvent de Copertino, Joseph alla le voir un jour avec plusieurs autres. Pendant que l'on s'entretenait de sujets pieux, Joseph avait les yeux attachés sur un crucifix qui était suspendu au mur au-dessus d'une table, laquelle était, comme c'est la coutume dans les chambres des malades, embarrassée de verres, de pots de pommade et d'autres vases fragiles. L'entretien étant tombé sur la conception immaculée de la sainte Vierge, il s'éleva aussitôt au-dessus de terre, en poussant un cri, vola vers le crucifix qui était au mur, et plana dans l'air devant lui un bon demi-quart d'heure; après quoi il descendit sur cette petite table sans briser ni déranger aucun des objets qui s'y trouvaient.

Il lui arriva quelque chose de non moins surprenant lorsqu'il voulut ériger un calvaire sur une petite colline située entre Copertino et le couvent de Grotella. Deux croix étaient déjà placées. Le saint remarquant que celle du milieu ne pouvait, à cause de son poids et de sa hauteur, qui était de cinquante palmes, être mise facilement en son lieu par les dix hommes chargés de ce travail, se sentit envahi par l'Esprit, et tout aussitôt il s'envola de la porte du couvent, qui était à plus de quatre-vingts pas de la croix, enleva celle-ci comme une paille, et la plaça dans le trou qui devait la recevoir. Cette croix devint l'objet de sa dévotion; et souvent dans la suite il s'envola vers elle de la même manière. Un jour qu'il était près d'elle avec d'autres prêtres, un de ceux-ci demanda : « Que ferions-nous si Notre-Seigneur était vraiment attaché à cette croix, et qu'il nous fût permis de le baiser. » L'un, dans son humilité, dit qu'il lui baiserait les pieds; un autre, la plaie de son cœur, etc. Lorsque ce fut au tour du saint de répondre, il s'écria avec un visage enflammé par l'amour : « Moi, moi je baiserais sa bouche adorable *détrempée de fiel et de vinaigre*. » En même temps il prit son vol vers la croix, attacha sa bouche juste à l'endroit où aurait été la bouche de Notre-Seigneur s'il avait été là, et resta ainsi pendant longtemps, au grand étonnement de tous, appuyé sur un clou qui avait été enfoncé dans la croix comme signe de celui qui avait percé les pieds de Notre-Seigneur. Il fallut aller chercher une échelle au couvent pour le descendre. Plusieurs fois il s'élança de la même manière vers cette croix, de dix ou douze pas de distance. Un jour qu'il parlait de la descente du Saint-Esprit sur les apôtres, ayant vu passer un prêtre avec un cierge allumé, il fut saisi par l'Esprit et élevé en l'air à dix pieds de hauteur. Il fut élevé une autre fois jusque sur un olivier qui était près de lui, parce qu'un prêtre lui avait adressé ces paroles : « Père Joseph, quel beau ciel Dieu nous a créé ! » On le vit alors rester à genoux une demi-heure de temps sur une des branches de l'arbre; et ce qui remplit les spectateurs d'un nouvel étonnement, c'est que la branche se balançait légèrement comme si un oiseau se fût posé dessus.

Il avait une dévotion particulière pour la sainte Vierge : il ne l'appelait jamais que sa bonne mère, ornait son image à Grotella de lis, de roses et d'autres fleurs selon la saison, lui présentait des cerises ou d'autres fruits, et composa en son honneur un grand nombre de cantiques simples et pieux à la fois. Il tombait en extase rien qu'à entendre prononcer son nom. Un jour que les frères chantaient les litanies, dès ces premières paroles : *Sainte Marie*, il s'élança vers l'autel de la Vierge, en passant par-dessus la tête de six religieux qui étaient devant lui. Lorsqu'il fut envoyé à Assise, il aperçut à la voûte de l'église l'image de Notre-Dame tout à fait semblable à celle qui était honorée à Grotella : « Ah ! ma mère m'a suivi, » s'écria-t-il ; et tout aussitôt il s'élança vers elle à dix-huit pieds au-dessus de terre. La même chose se répéta quelques jours plus tard devant une autre image qu'on lui montra ; et ces extases volantes le prenaient souvent lorsqu'on chantait en sa présence quelques-uns des cantiques qu'il avait composés à sa louange. Le P. Junipère de Palerme déclara qu'un jour, les novices s'étant mis à chanter un de ces cantiques en sa présence, il fut aussitôt enlevé de terre à genoux; et comme un de ceux qui étaient présents doutait s'il ne touchait pas encore le sol, à cause de sa robe qui pendait, il passa la main sous lui et se convainquit que ses doutes n'étaient pas fondés.

Au reste, tout chant pieux le mettait facilement en cet état. Le maître de chapelle du couvent d'Assise, Antoine Cossandri, de Brescia, avait sous sa direction trois enfants qui chantaient comme des anges. Ceux-ci ayant chanté un jour en présence de Joseph, et dans sa cellule, un dialogue entre plusieurs âmes dans le purgatoire, il fut aussitôt enlevé à genoux, et l'un de ces enfants, pour s'assurer qu'il ne touchait réellement plus la terre, passa également sous lui la main. Ses extases étaient fréquentes aux fêtes de la sainte Vierge. Un jour, à la fête de l'Immaculée Conception, il était allé vers trois heures du matin à l'église. Après avoir prié devant le grand autel, il alla en faire autant à celui de la Conception. Là il fut pris par une extase et emporté trois fois de suite à genoux vers l'autel. Puis, s'élevant de nouveau au-dessus de terre, il s'envola à de grandes distances, tantôt ici, tantôt là, chantant avec une jubilation extraordinaire : « O beauté admirable de Marie! » Puis, avec l'accent d'une tristesse profonde : « O horrible péché! » Puis de nouveau s'adressant à la sainte Vierge : « Oh! que vous êtes belle, que vous êtes pure! » Et il passa ainsi une heure entière, chantant et dansant à genoux. Le Gardien Mastrilli accourut, craignant qu'il ne se blessât, car il était nu-pieds, et ses bonds, ses élans sur les genoux étaient considérables. Il rappela donc dans une bonne intention le saint de son extase, au nom de l'obéissance. Joseph revint à lui, reprit son manteau et ses sandales, et s'en retourna au chœur à sa place; mais le Gardien se reprocha dans la suite de l'avoir dérangé sans nécessité dans son extase. La chose paraissait inutile en effet; car, comme il le raconta lui-même au supérieur du monastère, dans ses ravissements il ne s'était jamais fait aucun mal.

Un jour, à Naples, comme il priait à genoux dans un coin de la chapelle secrète de l'église de Saint-Grégoire l'Arménien, qui appartenait aux religieuses de Saint-Ligori, il s'élança tout à coup en l'air en jetant un grand cri, et se trouva bientôt au milieu des cierges et des fleurs, les bras en croix et le corps tendu en avant ; de sorte que les sœurs effrayées se mirent à crier : « Il va brûler ! il va brûler ! » Mais il revint au milieu de l'église, toujours en volant, sans se faire de mal, après avoir poussé de nouveau un cri. Puis là, tournant sur ses genoux avec un mouvement très-rapide, il se mit à chanter : « Bienheureuse Vierge, bienheureuse Vierge ! » C'est ainsi qu'il vola l'espace de quinze pas à Monopoli, vers une nouvelle image de saint Antoine de Padoue que les religieux de son ordre lui montraient, et revint ensuite à sa place de la même manière. Il se glissa un jour, les genoux ployés et le visage rayonnant, à travers la grille étroite du chœur, dans la chapelle de Sainte-Ursule, où le Saint Sacrement était exposé ; puis, rappelé par l'obéissance, il revint par le même chemin. Étant entré un jour avec un prêtre dans une église de village, celui-ci lui demanda : « Le Saint Sacrement est-il ici ? » car aucune lumière ne brûlait devant lui. « Qui peut le savoir ? » répondit le saint. Puis, à l'instant même, il pousse un cri, vole vers le tabernacle, l'embrasse, et adore le Saint Sacrement, qui y était renfermé.

Ce n'était pas lui seulement qui s'élevait ainsi dans ses extases, mais il en emportait d'autres avec lui. Ceci arriva entre autres au père Gardien d'Assise un jour que Joseph, après les Vêpres solennelles, pria celui-ci, qui s'était arrêté dans la chapelle du noviciat, de répéter avec lui en l'honneur de l'Immaculée Conception : « O Marie, ô toute belle ! » Comme le père prononçait ces paroles, il se sentit saisi de côté par le saint et élevé en l'air. La même chose arriva lors de la vêture de plusieurs vierges dans le couvent de Sainte-

20.

Claire à Copertino. Comme on entonnait l'antienne *Veni, sponsa Christi*, il s'élança du coin où il priait à genoux vers le confesseur de la maison, le prit par la main, l'enleva de terre avec une force surhumaine, et le fit tourner en cercle.

Un jour, on lui amena attaché sur un siége un pauvre gentilhomme qui était fou, afin qu'il le guérît par sa prière. Joseph, lui ayant fait ôter ses liens, se le fit amener à genoux dans sa cellule, se leva, lui mit les mains sur la tête et lui dit : « Noble Balthasar, ne craignez point; recommandez-vous à Dieu et à sa sainte mère. » A peine avait-il prononcé ces mots que saisissant le pauvre fou par les cheveux et poussant son cri ordinaire : « Oh! » il s'éleva de terre et l'emporta avec lui. Il le tint ainsi quelque temps en l'air, et redescendit ensuite à terre avec lui. Mais Balthasar était guéri. Quelquefois, lorsqu'il s'élevait ainsi, on entendait un son. Un jour, pendant qu'il était à Fossombrone, après avoir dit la messe de bonne heure, le jour de la Pentecôte, dans sa chapelle, comme il prononçait ces mots : *Veni, creator Spiritus*, le feu divin s'empara de lui si subitement que, s'élançant de l'autel avec un bruit qui ressemblait à celui du tonnerre, il plana comme un éclair autour de la chapelle, avec une telle impétuosité que toutes les cellules qui se trouvaient dans le même corridor en étaient ébranlées; de sorte que les frères effrayés sortirent en criant : « C'est un tremblement de terre! » Lorsqu'ils entrèrent dans la chapelle du saint, ils le trouvèrent en extase, abîmé dans la plénitude des suavités divines, et reconnurent la cause de ces mouvements violents qui les avaient épouvantés.

Ses ravissements et ses ascensions n'eurent pas seulement pour témoins le peuple et les religieux de son ordre; le pape Urbain VIII lui-même le vit un jour dans cet état, et il en fut hors de soi d'étonnement. Le général de son ordre l'avait présenté au souverain pontife. Joseph, considérant qu'il était en présence du vicaire de Jésus-Christ, tomba en extase et s'éleva au-dessus de terre. Le pape dit aussitôt que, si Joseph mourait avant lui, il voulait certifier lui-même ce qu'il avait vu. — Le duc Frédéric de Brunswick, appartenant à la confession luthérienne, dans un voyage qu'il faisait à l'âge de vingt-cinq ans pour visiter les principales cours de l'Europe, vint de Rome à Assise vers 1650, pour voir notre saint, dont la renommée avait porté le nom jusqu'en Allemagne. Arrivé là, il fut très-bien reçu, et logé dans les appartements destinés aux princes. Comme il déclara qu'il était venu pour parler avec Joseph, et qu'il voulait repartir aussitôt après, on le conduisit le lendemain matin à l'entrée de la chapelle où il disait la messe, avec deux seigneurs de sa suite, dont l'un était catholique et l'autre protestant. Le saint ignorait la présence de ces étrangers. Mais lorsqu'il voulut rompre l'hostie, il la trouva si dure qu'il ne put jamais la partager, ce qui lui arriva d'ailleurs plusieurs fois encore. Il la remit donc sur la patène, et fixant sur elle son regard, il éclata en sanglots; puis, tombant en extase, il s'envola à genoux à cinq pas en arrière, en poussant un grand cri. Il revint ensuite à l'autel, toujours en l'air et en poussant le même cri. Il put alors, quoiqu'avec beaucoup de peine, partager la sainte hostie. Après la messe, le prince lui fit demander par le supérieur pourquoi il avait tant pleuré : « Ceux que vous avez envoyés ce matin à ma messe, reprit Joseph, ont le cœur dur, car ils ne croient pas tout ce que croit l'Église : c'est pour cela que l'Agneau de Dieu est devenu aujourd'hui tellement dur entre mes mains que je ne pouvais pas le rompre. » Le duc, touché et par ce qui s'était passé et par la réponse du saint, ne fut plus si pressé de partir, et resta encore tout le jour jusqu'à Complies avec Joseph. Il voulut assister de nouveau le lendemain matin à sa messe. A l'élévation, la croix formée sur l'hostie parut noire à tous ceux qui étaient présents; et le saint lui-même fut élevé à une palme au-dessus de la marche de l'autel, et resta un quart d'heure dans la même position, tenant la sainte hostie entre ses mains. Le duc, à cette vue, ne put retenir ses larmes. Le gentilhomme qui était protestant dit dans un mouvement de colère : « Maudite soit l'heure où je suis venu dans ce pays ; j'avais la conscience tranquille en Allemagne ; ici je suis tourmenté d'inquiétudes et de scrupules. » Le saint, qui voyait tout dans une lumière supérieure, assura à l'un de ses amis que le duc se convertirait. « Réjouissons-nous, lui dit-il, le cerf est atteint. » En effet, après avoir causé avec le prince jusqu'à midi, lorsqu'il le vit après Vêpres venir à sa cellule, il alla au-devant de lui, et, lui mettant sa ceinture autour du corps, il lui dit : « Je vous ceins pour le paradis. »

Saint Joseph n'est pas le seul chez qui l'extase volante ait été assez puissante pour emporter non-seulement l'extatique, mais encore ceux qu'il tenait. On sait que saint François d'Assise emporta ainsi un jour dans son vol le frère Maffei. Il en fut ainsi de Jeanne Rodriguez. Un jour, Alphonse et François Ruiz la conduisaient dans la rue en lui tenant le bras, à cause de sa faiblesse. Pendant le chemin, ils entendirent tout à coup dans une petite rue une musique en l'honneur du Saint Sacrement. Jeanne s'élève aussitôt comme un aigle dans l'air, et emporte avec elle ses deux guides à plus de huit jets de pierre, jusque devant le couvent des Augustins, d'où sortait à l'instant même une procession, devant laquelle elle se mit à genoux. Ses deux guides ne purent comprendre comment ils s'y étaient trouvés transportés.

S. François d'Assise.

Jeanne Rodriguez.

L'extase était quelquefois si puissante chez Dominique de Jésus-Marie qu'il s'élevait jusqu'au plafond de sa cellule, et restait quelquefois dans cet état un jour et une nuit. Comme on se moquait beaucoup à Valence des ravissements qu'il avait dans l'église et dans lesquels il s'élevait en l'air, un de ses contradicteurs, qui ne croyait pas à ses extases, eut un jour la pensée de le tenir par les pieds au moment où, saisi par l'Esprit, il était emporté en l'air. Entraîné avec lui, il eut peur, lâcha les pieds et tomba sur le sol.

Dominique de Jésus-Marie.

Après avoir ainsi payé sa témérité par de grandes douleurs, il fut bien contraint de confesser la vérité.

Lorsque l'âme, d'un côté, est ainsi plongée dans les visions de l'extase, et que de l'autre le système nerveux tout entier est saisi par la force d'en haut, les autres phénomènes de l'extase qui appartiennent aux régions supérieures, tels que l'irradiation, le chant, le son extatique, doivent nécessairement se trouver quelquefois réunis aux phénomènes des régions intermédiaires, et rendre ainsi l'événement plus frappant encore. Ainsi, pour ce qui concerne le son extatique, on raconte que Theodesca de Pise, se trouvant dans l'église le jour de la fête de saint Jean, vit la bienheureuse Gerardesca enlevée de terre à genoux, à dix coudées de haut. Effrayée d'abord, elle fut bien consolée ensuite lorsqu'elle entendit la sainte chanter comme un ange. (*A. S.*, 29 mai, c. 2.) Pour ce qui est de l'irradiation, la transition à ce genre de phénomènes est amenée ordinairement par la sensation d'une transparence parfaite que l'extase laisse après elle. Élisabeth, comtesse de Falkenstein, a un ravissement dans le monastère d'Adelhausen, et entre dans une union tellement intime avec Dieu qu'il n'y a plus rien entre elle et lui. Lorsque son âme revint à son corps, elle y produisit un tel ébranlement que celui-ci, s'élançant du lieu où il était dans la salle du chapitre, fut élevé en l'air. Une sœur, témoin de cette merveille, courut à elle, la tirant par en bas, et la réveilla ainsi de son extase. Son âme avait été comblée dans ce ravissement d'une si grande abondance de grâces qu'il semblait qu'elles avaient comme débordé dans le corps; car pendant plus de six mois il lui sembla que son corps était transparent et radieux, et qu'il ressemblait plutôt au cristal qu'à la chair. Elle connaissait aussi les secrets des cœurs, et distinguait si un homme était en état de grâce. (Steill, I, p. 165.)

La Bse Gerardesca de Pise.

Élisabeth de Falkenstein.

Ce fait se rapproche beaucoup de ce qui arriva à la bienheureuse Oringa après l'extase qu'elle eut à Assise. En effet, elle ressentit d'un côté une telle agilité qu'elle

Oringa.

avait peine à se persuader qu'elle eût vraiment un corps; et d'un autre côté ses oreilles gardèrent le retentissement des suaves mélodies qu'elle avait entendues, de même que l'odorat, le parfum des fleurs célestes au milieu desquelles elle avait marché; et cet état dura neuf mois sans interruption. (*A. S.*, 10 jan.) Lorsque l'extase est plus forte encore, la transparence produit l'irradiation. On trouva un jour sainte Agnès de Bohême élevée de trois pouces au-dessus de terre. Non-seulement son visage était resplendissant comme de coutume, mais l'appartement tout entier était éclairé par le nuage lumineux qui brillait autour d'elle. De plus, une voix plus forte que la voix humaine répondit à sa prière; de sorte que les femmes qui étaient présentes furent frappées de terreur devant la majesté divine qui se révélait si visiblement en ce lieu. Plus tard, sur son lit de mort, son visage resplendit d'une lumière toute céleste, qui augmentait à mesure que la mort approchait. (Sa Vie.)

Agnès de Bohême.

Venturin de Bergame.

Le visage de Venturin de Bergame était souvent radieux pendant qu'il disait la messe. Lorsqu'il chantait ou lisait l'évangile, on voyait un flambeau sortir de sa bouche, et ses yeux briller comme deux étoiles. Lorsqu'il arrivait à la consécration, on voyait sortir de sa bouche aussi un nuage lumineux qui éclairait tous ses traits, et à chaque parole de la consécration qu'il prononçait un rayon de feu perçait ce nuage. Quand il récitait le *Sanctus*, il était enlevé de terre, et son visage brillait comme le soleil. Une dame de Bologne, qui avait entendu parler de ces faits et avait refusé d'y ajouter foi, alla un jour pour assister à sa messe, afin de s'assurer de la vérité. Elle le vit à l'élévation entouré d'un nuage brillant jusqu'à l'*Ite, missa est*. On voyait aussi quelquefois, pendant qu'il prêchait, une colonne de feu se poser sur sa tête; une fois même on vit des étincelles sortir de sa bouche comme d'un *fer enflammé*, et s'attacher à ses vêtements, de sorte que tous ceux qui étaient présents se mirent à pousser des cris. Alphonse d'Herrera, dans la Nouvelle-Espagne, planait souvent aussi dans une lumière merveilleuse; et le frère lai Damien de Vicari, qui vivait vers 1613, un jour qu'il méditait dans l'église de Vivone, fut élevé jusqu'à la voûte, et l'éclat dont il brillait était si grand qu'il rayonnait à travers les fenêtres et toutes les autres ouvertures. Les gardes de nuit et les habitants de la ville accoururent vers l'église, frappèrent à la porte du couvent, appelèrent les moines, croyant que c'était un incendie. Mais lorsque les portes de l'église leur furent ouvertes, ils trouvèrent le frère planant en l'air. (*Ménologe de Saint-François*, avril, p. 837; sept., p. 1825.) D'Amien de Vicari.

La même chose arriva au Carme Franc lorsque la sainte Vierge lui apparut dans sa cellule et qu'il devint tellement radieux que tous craignant un incendie accoururent avec des échelles, des seaux et tous les instruments nécessaires en pareille circonstance. On força la porte de la cellule: on vit bien, il est vrai, les murs et tous les meubles en feu, mais ni flamme, ni fumée, ni étincelle. Pendant que tous se regardaient frappés de stupeur, la vision cessa; le feu commença à se retirer aussi, et ils virent, en approchant de plus près, Franc planant en l'air, les yeux ouverts et fixés vers le ciel, la bouche entr'ouverte comme un homme qui parle, les mains jointes et privé de ses sens. (*Speculum Carm.*, t. II, p. II, c. 21.) Agnès de Châtillon fut un jour enlevée en l'air pendant qu'elle priait; et non-seulement son visage devint resplendissant comme à l'ordinaire, mais encore tout son appartement fut inondé de l'éclat que répandait autour d'elle le nuage lumineux dont elle était environnée. (*A. S.*, 6 mart.) Le visage de Michel Lazar, mort en 1602, brillait souvent comme le soleil pendant qu'il planait en l'air, entouré d'un nuage lumineux: et l'on voyait fréquemment sur sa tête des rayons de lumière qui remplissaient tout le chœur. Pierre de Regolada, non loin d'Aranda de Duero, qui vivait vers 1456, devenait souvent lumineux par suite de l'amour divin dont il était consumé; de sorte que prêtres et laïques, tous le voyaient entouré d'éclat, suspendu en l'air et immobile des heures en- Franc.

tières. (Huber, p. 1052.) Alphonse Rubius de Valence, frère lai, étoit souvent enlevé de terre dans l'extase, et des rayons lumineux, partant du Saint Sacrement, qui était exposé, éclairaient son visage. Il en était de même du frère Jean Massias de Castille, dont le visage, sur son lit de mort, quoique semblable à un squelette, devint radieux une fois encore, comme les sommets des Alpes sous les derniers rayons du jour. (Marchèse.)

S. Pierre d'Alcantara. Mais le fait le plus frappant et le plus merveilleux en ce genre est ce qui arriva à saint Pierre d'Alcantara, dans son couvent de Pedroso. Il regardait, du jardin du monastère, en présence de plusieurs témoins, une croix qu'il avait plantée sur le sommet d'une montagne voisine. Bientôt il s'abima tellement dans la méditation de la passion du Sauveur que son esprit, élevant son corps, l'emporta devant la croix, où il resta les bras étendus. Là il fut tellement pénétré de la douceur des consolations divines qu'on lisait sur son visage tout ce qui se passait en son âme. De ses yeux, qu'il tenait fixés sur la croix, partaient des rayons très-brillants, dont l'extrémité touchait la croix, tandis que de celle-ci sortaient d'autres rayons d'une admirable clarté qui venaient frapper le saint. On vit en même temps paraître au-dessus de sa tête un nuage d'une blancheur incomparable, qui semblait le couvrir et le protéger. Ce nuage répandait une lumière plus éclatante que le soleil, et, s'étendant jusqu'au pied de la montagne, remplissait d'une clarté merveilleuse non-seulement le monastère, mais toute la contrée. Les frères accoururent pour être témoins de ce spectacle : les uns se jetèrent à genoux, comme Moïse devant le buisson enflammé ; les autres se prosternèrent la face contre terre, comme les apôtres devant Notre-Seigneur transfiguré, sans qu'aucun osât considérer de plus près la merveille que Dieu opérait en son serviteur. Ils ne savaient lequel admirer davantage, des rayons de la croix, de l'élévation du saint au-dessus de terre, ou du nuage lumineux qui l'environnait. Après avoir considéré pendant longtemps en secret ce phénomène, ils se retirèrent tout doucement, pour ne point troubler le saint à son réveil. Le nuage se dissipa enfin, et la lumière disparut. Pierre revint de son extase, et retourna à son couvent pour se cacher dans sa cellule. (Sa Vie, p. 528.)

CHAPITRE XXIII.

Explication des phénomènes dont il a été parlé dans le chapitre précédent.

Les faits que nous avons recueillis dans le chapitre précédent suffisent pour nous faire saisir l'ensemble de ces phénomènes. Ils ont pour siége la région moyenne de l'homme ou les organes du mouvement. Dans l'état ordinaire, ces organes sont destinés à la marche; mais lorsque l'âme prédomine dans l'homme sur le corps, et qu'en celui-ci l'élément de l'air prend par suite le dessus sur les autres, l'oiseau se développe en lui pour ainsi dire, l'emporte sur la brute, et, se dégageant de son enveloppe, il s'envole joyeusement vers la lumière supérieure qui l'attire. Trois choses concourent au mouvement : les nerfs, les muscles et les os. Les nerfs forment comme l'élément interne du mouvement; les muscles fournissent l'élément extérieur, et les os sont comme le levier qui sert d'appui aux uns et aux autres. Or, toute force contenue dans un organe matériel est soumise jusqu'à un certain point à celui-ci et assujettie à sa loi. Ainsi, par exemple, les forces vitales inférieures, étant comme incorporées dans l'organisme, sont assujetties comme lui à la terre et aux lois qui la gouvernent; et ce n'est que dans leur racine la plus intime qu'elles peuvent jusqu'à un certain point s'affranchir de cette servitude. Il en est ainsi des forces qui résident dans la fibre musculaire, et constituent son irritabilité. Ces forces sont, parmi celles de la région moyenne de l'homme, les plus matérielles, et par conséquent celles qui sont plus en rapport avec la terre. Aussi, c'est dans la terre qu'elles ont leur centre de gravité ; elles tendent vers elle par un continuel effort.

Si aucune autre force ne faisait équilibre à celle-ci, l'homme ne pourrait ni se tenir droit ni se mouvoir horizontalement, ni s'élever; mais il resterait étendu sur la terre, appuyé sur elle de tout son poids, en contact avec elle par tous les points de son corps. Il lui faut donc, pour réagir contre cette force déprimante, une autre force qui, l'arrachant pour ainsi dire à la terre, le redresse vers le ciel, et maintienne en lui cette posture que Dieu lui a donnée et par laquelle il se distingue des animaux, dont les regards comme l'instinct sont toujours en bas. Cette force gît dans les nerfs. Les forces dont le système nerveux est la source ne tendent pas, comme celles du système musculaire, à fixer l'homme et à enchaîner son activité dans l'inaction, mais elles tendent au contraire à le dégager de la terre. Si les dernières ont pour ainsi dire des racines qui le fixent au sol et le rendent immobile, les premières ont des ailes qui le soulèvent sans cesse vers les régions supérieures. Celles-ci ont bien un centre qui les unit et en forme un tout; mais ce n'est pas un centre de gravité, comme pour les forces musculaires, c'est au contraire comme un centre d'oscillation. Ce centre est placé dans le cou, là où se forme, chez les oiseaux, le prolongement de la moelle épinière, et il fait équilibre au centre de gravité situé dans les régions inférieures. Ces deux centres sont donc toujours en lutte l'un contre l'autre ; c'est de l'un que part le souffle qui enfle la voile, tandis que l'autre fournit le lest qui permet au navire de glisser sur les flots.

Ce rapport réciproque entre ces deux forces se produit d'une manière sensible dans les deux états qui se partagent la vie de l'homme, à savoir le sommeil et la veille. Dans le sommeil, où toutes les forces semblent s'être repliées et concentrées dans la chair, le centre inférieur de gravité prédomine, et le centre d'oscillation semble au contraire arrêté et comme brisé, de même que le soleil semble disparaître dès que la lune se lève sur l'horizon. L'homme s'affaisse alors et penche vers la terre. Incapable de se porter, il s'étend et prend la position que prendrait tout corps souple et inanimé à la fois. Mais dans l'état de veille, au contraire, le centre d'oscillation reparaît de nouveau; les forces musculaires elles-mêmes se dégagent de leurs liens; le centre de gravité s'efface, et l'homme en se relevant reprend la pose qui convient à sa nature, et recommence à se mouvoir sur la surface de la terre, selon les besoins de la vie commune. Or, il peut arriver que cet équilibre entre les deux forces, dont les unes nous dépriment et les autres nous élèvent, soit détruit ou du moins affaibli. Il peut se faire que le centre d'oscillation s'élève, que les forces dont il règle le mouvement augmentent, que leur élasticité triomphe de l'inertie du centre de gravité et des forces qu'il gouverne. Cet état peut être l'effet d'une disposition native dans l'homme ou de quelque maladie particulière. Alors, de même que le corps dans l'état ordinaire, tenant à la terre sans y être enchaîné toutefois, se meut sur sa surface, ainsi l'organisme, détaché de la terre, s'élève au-dessus d'elle, et plane ou vole au lieu de marcher. Ce phénomène, en tant qu'il est l'effet de quelque disposition naturelle ou maladive, est très-rare, tandis que dans l'ordre surnaturel il se produit infailliblement dès qu'il trouve dans l'homme les conditions nécessaires. Ces conditions sont une âme bien préparée par la vie ascétique et un don spécial du Saint-Esprit. Celui-ci s'empare de cette double force qui préside au mouvement; il rend l'une plus mobile et l'autre plus puissante à donner l'impulsion; de sorte que le corps, obéissant à cette double force qui l'attire en haut, se dégage de la terre et s'élance vers le ciel.

Ce phénomène a donc, comme beaucoup d'autres, sa racine dans la nature, et c'est par la sainteté intérieure de celui chez qui il apparait qu'il se trouve élevé à l'état surnaturel. La nature produit quelque chose de semblable dans les oiseaux, ces habitants de l'air, qui ont la nature de l'air, qui en portent l'empreinte et dont la vie consiste en grande partie à s'assimiler cet élément. Les oiseaux cherchent à s'élever toujours et à s'étendre au large dans toutes les directions; de sorte que, semblables aux vents, ils parcourent en peu de temps de vastes espaces. Lorsque l'homme prend cette direction par suite de quelque disposition naturelle, les éléments grossiers et terrestres de sa vie, ceux qui en forment le lest, sont dominés par les éléments opposés, de sorte que la vie a quelque chose de plus fin et de plus délicat. Ces hommes sont comme les oiseaux du ciel : ils sont familiarisés avec l'élément qui prédomine en ceux-ci, et dont ils portent l'empreinte. Aussi trouvons-nous dans le somnambulisme des phénomènes qui ressemblent à ceux que nous avons constatés dans le chapitre précédent, quoiqu'ils n'atteignent jamais le même degré. L'œuvre de la nature devient surnaturelle lorsque Dieu intervient à la place de la première; lorsque le cœur de l'homme n'attire pas seulement, comme celui de l'oiseau, l'air qui nous entoure, mais qu'il aspire largement le souffle de la Divinité, et le laisse pénétrer ainsi jusque dans la moelle de ses os. Ce n'est plus des régions inférieures de la vie, mais bien du fond le plus intime de l'âme que vient ce dégagement surnaturel des forces qui président aux mouvements dans l'organisme. Ce n'est pas, comme l'aigle, pour contempler le soleil que ces hommes s'élèvent au-dessus de la terre; mais ils sont attirés par une lumière supérieure qu'ils ont entrevue dans leurs visions. Ce n'est pas, comme l'alouette, pour aller chercher une nourriture plus abondante qu'ils s'en vont dans des climats plus chauds; mais ce qu'ils poursuivent, ce sont des objets saints consacrés par les bénédictions de l'Église et qui ont acquis ainsi à leur égard une sorte d'attrait magnétique. Ce n'est pas le souvenir et l'accoutumance qui les font obéir, comme le faucon, à la voix de leur maître; mais c'est le lien surnaturel de la soumission, qui réunit en une seule société l'Église visible et invisible ; c'est ce lien qui enchaîne pour ainsi dire leur volonté à celle de leurs supérieurs, et les fait rentrer au gré de ceux-ci dans la vie ordinaire, comme nous l'avons vu par l'exemple de Joseph de Copertino. Celui-ci, en effet, quoiqu'il n'entendît point dans ses extases la voix de ses supérieurs, sentait néanmoins que Dieu l'entendait à sa place en quelque sorte, et le réveillait pour le rendre participant des fruits de l'obéissance. Ce ne sont donc point les influences physiques qui produisent, maintiennent ou font cesser cet état, mais ce sont des influences surnaturelles et mystiques ; et dès que ces dernières se révèlent, cet état devient par là même, et dans le même rapport, surnaturel aussi.

Le système moteur a pour ainsi dire trois leviers, correspondant aux trois rapports qui déterminent tous ces mouvements. Ces trois rapports vont du dedans au dehors, de haut en bas et de droite à gauche. Dans l'extase, l'Esprit s'empare des organes du mouvement dans toutes leurs directions, en faisant prédominer toutefois celles qui tendent à élever l'homme ou à le concentrer. Il l'attire par en haut, et le fait planer ainsi au-dessus de la terre : il l'attire aussi en avant, en présentant à ses regards quelque objet sacré, tel que l'autel où habite l'auteur de notre salut, le crucifix qui nous rappelle sa passion, une image de saint ou d'autres choses de ce genre. Il le tourne et le pousse vers ces objets dans toutes les positions, à genoux, debout ou couché, tandis qu'il le détourne avec la même force de tout ce qui est profane. Mais il l'attire aussi de côté: ce sont les bras qui servent alors d'ailes à l'extatique. S'il veut s'arrêter devant quelque objet pieux qui fixe son attention et touche son cœur, il les étend en forme de croix. S'il veut au contraire prendre son vol vers quelque chose qui l'attire, leurs oscillations l'aident à atteindre son but. Lorsque saint Joseph de Copertino, sur l'ordre d'Innocent X, fut transporté d'Assise au couvent de Petra-Rubea, Hyacinthe, archevêque d'Avignon, le rencontra à Citta di Castello. Là, s'étant renfermé avec lui dans sa chambre, il fut témoin d'une de ces extases qui étaient si fréquentes chez lui. Ils s'entretenaient de choses spirituelles : le saint parlait de l'ingratitude des hommes, et s'étonnait qu'on pût regarder un crucifix sans rougir en se rappelant ce qu'a fait pour nous le Crucifié et ce que nous faisons contre lui. Il se mit alors à compter les unes après les autres toutes les souffrances de la passion du Sauveur, son agonie, sa flagellation, sa couronne d'épines, ses clous, etc.

« Sa bouche, dit l'archevêque dans son rapport, paraissait sentir l'impression du fiel et du vinaigre qu'on présenta à Notre-Seigneur. Il tomba en même temps, du coffre où il était assis, sur ses genoux, qui frappèrent avec une telle violence la terre que je crus qu'il s'était blessé. Il était là à genoux devant moi, les yeux ouvers, la prunelle cachée sous la paupière supérieure, les bras étendus en croix, tel qu'on a coutume de représenter saint François quand il reçut les stigmates. Après l'avoir considéré quelque temps, j'essayai de remuer ses bras, et ne pus le faire qu'avec peine. Le bras mis en mouvement allait comme le pendule, et je pouvais facilement produire en lui des oscillations semblables à celles des libellules qui voltigent dans les airs, tant il était sorti de ses rapports naturels. Après un quart d'heure il revint à lui, se remit sur son coffre, et me dit en s'excusant : Pardonnez-moi, le sommeil m'a surpris. » On voit dans ce cas que l'archevêque n'avait fait que rendre sensibles au dehors les oscillations qui déjà s'accomplissaient au dedans, et qui se manifestèrent sous la forme des mouvements du pendule. Lorsqu'à ces courants se joignent ceux qui traversent les extrémités postérieures, c'est alors que le phénomène du vol s'accomplit; et celui-ci est quelquefois si rapide et si violent que l'air parcouru avec la vitesse de l'éclair se rejoint avec force, d'où il résulte un bruit qui retentit au loin et un ébranlement plus ou moins considérable.

Mais parmi les trois systèmes qui concourent au mouvement, deux seulement sont atteints quelquefois par l'Esprit d'en haut; et c'est alors qu'ont lieu ces mouvements extraordinaires dont nous avons parlé dans le chapitre précédent et en particulier à propos de saint Pierre d'Alcantara. Quand il parlait des choses divines, il tombait ordinairement en extase, et s'élevait d'une palme au-dessus de terre. Mais il arrivait quelquefois aussi que son corps prenait tout d'un coup la forme d'un cercle, et s'élançait d'un bond du lieu où il était jusqu'à l'église. Une fois même il passa ainsi par cinq portes très-basses et très-étroites sans se heurter, et l'Esprit qui l'avait emporté le posa sur les genoux devant l'autel, où il resta pendant longtemps en extase. Tous les frères accoururent, et après avoir attendu longtemps, ils essayèrent de le réveiller. Ils n'y purent réussir, et furent obligés d'attendre que l'extase cessât d'elle-même.

Ce fait s'explique par ce que nous venons de dire. L'homme se tient droit lorsque les courants qui vont de haut en bas et de bas en haut sont en équilibre autour de la colonne vertébrale. Celle-ci, posant sur la terre, devient l'axe vertical de tous les autres mouvements, de ceux qui vont en arrière, en avant, ou de côté. Mais lorsque, l'homme étant attiré par un objet supérieur, cet équilibre est détruit, il peut alors arriver dans certaines circonstances que la tendance qui porte le corps en haut prédomine sur celle qui l'incline en bas, et que les extrémités inférieures, obéissant à celle-là, se replient vers la tête, et donnent ainsi au corps la forme d'une sphère. La colonne vertébrale n'étant plus l'axe du mouvement, le corps qui se meut décrit une courbe cycloïdale, et se porte ainsi vers l'objet sacré qui attire l'âme.

Mais il peut arriver aussi que l'axe garde son ancienne direction, et que les courants qui vont en avant ou de côté, placés perpendiculairement sur cet axe, forment une ligne circulaire ; et c'est alors que l'on voit se produire ce mouvement singulier qui imite la forme d'un tourbillon, et que nous avons observé dans Christine l'Admirable. Ce mouvement peut être le résultat de quelque influence naturelle, et, dans ce cas, il correspond à la rotation de la terre. C'est le mouvement de la vie circulaire qui passe dans la région des mouvements volontaires, et les soumet à la nécessité dont elle porte elle-même l'empreinte. Mais ce mouvement peut aussi venir d'en haut par l'invasion subite de l'Esprit, et, dans ce cas, il correspond au mouvement de l'esprit lorsqu'il a la conscience de soi-même ; car ce mouvement est dans l'ordre intellectuel ce qu'est dans le monde physique le mouvement circulaire. C'est l'âme alors qui emporte le corps vers l'objet de ses affections, et qui lui communique en quelque sorte son agilité. Si les extrémités inférieures sont entraînées elles-mêmes dans ce mouvement, nous voyons se produire dans l'extatique ces tournoiements et cette danse que nous avons observés dans saint Joseph de Copertino. Ces mouvements, au reste, sont si fréquents que pour les exprimer on a choisi un mot particulier, celui de jubilation. Ici la région tout entière qui préside au mouvement, avec tous ses systèmes, est envahie par l'Esprit d'en haut : aussi la jubilation marque-t-elle comme le point culminant de l'extase ; et elle est accompagnée ordinairement de tous les phénomènes qui se produisent dans les autres régions, tels que l'illumination, les formations plastiques, etc.

CHAPITRE XXIV.

L'extase considérée dans les régions supérieures du système moteur. Des effets produits à distance. De la faculté d'attirer l'eucharistie. Sainte Catherine de Sienne. Attrait exercé sur le crucifix. Jeanne Rodriguez. Agnès de Jésus. Hélène de Hongrie. Attrait exercé sur d'autres objets. Ange du Miroir. De la manne qui tombe quelquefois du ciel. Agnès de Monte-Pulciano.

Les régions supérieures du mouvement, lorsqu'elles sont élevées par l'esprit de Dieu dans l'extase, acquièrent par là plus de largeur et plus de profondeur ; elles sont agrandies, pour ainsi dire, dans toutes leurs dimensions. La sphère de leur activité se trouve à la fois et plus intimement liée au centre qui la gouverne et plus étendue. Cette concentration se manifeste au dehors par la contraction de tous les membres du système, laquelle, poussée à son dernier point, donne au corps la forme d'une boule, comme nous l'avons vu dans Christine l'Admirable. Les forces de l'organisme, ramassées ainsi dans un espace plus étroit, acquièrent une activité et une énergie nouvelles, et, brisant toutes les digues qu'elles rencontrent sur leur passage, elles se répandent au dehors, et agissent à de grandes distances, comme la foudre, brisant le nuage où elle est enfermée, fait ressentir au loin l'effet de ses commotions. Nous trouvons donc ici deux genres de phénomènes nouveaux, produits, les uns par un attrait, les autres par une action à distance. Ce sont ces deux genres de phénomènes qui vont nous occuper maintenant.

Nous parlerons d'abord de l'attrait que les extatiques exercent quelquefois à l'égard de certains objets extérieurs. Ces objets ne peuvent être que ceux qui, par les bénédictions de l'Église, sont entrés dans un rapport pieux et intime avec l'âme. L'Église, en les consacrant, les a marqués de son sceau ; il n'est donc pas étonnant que par une vertu secrète ils attirent l'extatique, ou soient au contraire attirés par lui. L'eucharistie étant à la fois le centre et le terme de tous les sacrements de l'Église, il n'est rien sur la terre qui soit dans un rapport plus intime avec l'homme surnaturel. C'est elle aussi qui nous fournira les faits les plus nombreux et les plus frappants. Nous avons déjà parlé plus haut de la faculté qu'ont parfois les extatiques d'attirer l'eucharistie; nous ne rapporterons donc ici que les cas où cet attrait, parvenu à son plus haut degré, agit non plus seulement dans l'enceinte ou dans le voisinage d'une église, mais à de grandes distances, quoique souvent il soit difficile, d'après la manière sommaire dont les faits sont racontés, de prononcer d'une manière certaine s'ils appartiennent à la première ou à la seconde catégorie.

Sainte Catherine de Sienne.

Sainte Catherine de Sienne, souffrant de grandes douleurs, pria un jour son confesseur de retarder un peu sa messe, à laquelle elle devait communier. Mais elle n'avait pu aller à l'église aussitôt qu'elle l'avait pensé, et lorsqu'elle y vint il était déjà si tard que ses compagnes lui conseillèrent de se priver de la communion; car elles savaient qu'après l'avoir reçue elle était toujours trois ou quatre heures en extase, et le temps de fermer l'église aurait pu venir avant la fin de son ravissement. La sainte se laissa persuader, en remettant la chose à Dieu, et Raimond commença la messe. Comme elle était à genoux à l'autre bout de l'église, il ne s'aperçut point qu'elle était présente; mais lorsqu'il voulut rompre l'hostie en deux parties, pour détacher ensuite la parcelle qu'il devait mettre dans le calice, l'hostie se divisa la première fois non en deux, mais en trois parties, deux plus grandes, et l'une plus petite, à peu près de la longueur d'une fève. Cette dernière sauta sous ses yeux par-dessus le calice, et il lui sembla qu'elle était tombée sur le corporal. Il ne l'y trouva point, il est vrai; mais il pensa qu'il ne pouvait la distinguer à cause de la blancheur du corporal, et il continua la messe. Après la communion, il la chercha avec soin; mais, malgré toutes les peines qu'il se donna, il ne put la trouver; de sorte qu'il dut se résoudre à finir sa messe sans l'avoir retrouvée. Lorsque les assistants se furent retirés, il examina encore avec attention le corporal, l'autel, regarda par terre tout autour de l'autel ; mais il ne trouva rien. Il confia son embarras et sa peine au prieur, nommé Christophe, et ils convinrent ensemble d'interroger la sainte à ce sujet. Ils allèrent donc chez elle. On leur dit qu'elle était allée à l'église depuis longtemps ; ils l'y trouvèrent en effet à genoux et en extase. Lorsqu'elle fut réveillée, Raimond lui raconta ce qui s'était passé. « Avez-vous bien cherché, mon père, » lui dit-elle en souriant. Raimond lui dit que oui. « Pourquoi donc alors vous inquiétez-vous tant? » répondit-elle. Raimond, soupçonnant ce qui était arrivé, lui dit : « Je suis sûr, ma mère, que c'est vous qui m'avez pris la particule de mon hostie. — Mon père, repartit-elle en souriant, ne m'accusez pas ; ce n'est pas moi, mais c'est un autre qui a fait la chose. Je vous le dis à vous seul, vous ne trouverez jamais la particule que vous cherchez. » Raimond insistant pour savoir comment la chose s'était passée, elle lui dit : « Mon père, ne vous attristez plus de ce qui est arrivé ; car, pour vous dire la vérité, comme on la doit à son confesseur, c'est Notre-Seigneur qui, ayant pitié de moi, m'a apporté la particule, et c'est de sa main que je l'ai reçue. Réjouissez-vous-en donc avec moi. Il ne vous en est arrivé aucun mal à vous, et moi j'ai reçu un si grand don en ce jour que je veux le passer tout entier à en louer et remercier Dieu. » Raimond, sachant comment la chose s'était passée, se tranquillisa. (Sa Vie, c. 11.) On voit par les paroles de la sainte que c'était sous la forme de Notre-Seigneur qu'elle s'était représenté la main invisible qui lui avait apporté la sainte hostie. D'autres fois, c'est un ange qui apparaît à la place de Notre-Seigneur, et qui donne à l'action sa forme mystique. Et ceci ne doit pas nous étonner si nous nous rappelons qu'aux forces qui résident dans la personnalité humaine correspondent des puissances objectives et réelles, par lesquelles Dieu opère en nous les effets merveilleux qu'il veut y produire.

Mais l'eucharistie n'est pas la seule chose que les extatiques aient la faculté d'attirer. Lorsque l'extase est arrivée à son plus haut point, cette faculté s'étend à tous les objets pieux, mais particulièrement au crucifix. Ce que nous avons vu déjà plus haut chez Jeanne Rodriguez appartient à ce genre de phénomènes. Lorsqu'elle s'étendait sur la croix qui était couchée par terre, ses bras et ses pieds l'attiraient dans les endroits où ils auraient dû être crucifiés, de sorte qu'ils paraissaient y être cloués en effet; et lorsque le corps se redressait la croix le suivait dans ses mouvements, et, planant au-dessus de terre, le portait çà et là, ou plutôt était portée par lui.

Jeanne Rodriguez.

Agnès de Jésus.

Agnès de Jésus, montant aussi dans une extase le Calvaire à la suite du Sauveur, et souffrant déjà les douleurs de l'agonie, dit à une des sœurs qui lui tenait le bras : « Ouvrez mes mains, ma sœur; séparez-les avec violence, afin que je puisse souffrir encore. » C'est qu'elle voulait saisir un crucifix qui était à son lit et le baiser. A peine eut-elle prononcé ces paroles que la croix qu'elle voulait atteindre vint à elle en présence de tous les assistants. (Steill, 19 octobre.) Un jour que sainte Hélène de Hongrie était tombée en extase pendant sa prière, une croix de bronze qui était sur un autel tout près de là descendit, et vint se poser dans ses mains. Puis, lorsqu'elle revint à elle, la croix retourna au lieu où elle était auparavant. Il en fut de même une autre fois pour une croix de bois qui se trouvait sur un autre autel au pied duquel elle priait. Plus d'une fois, lorsqu'elle priait ou méditait dans un coin de l'église, les images de la sainte Vierge et des saints vinrent à elle; et un jour les sœurs la trouvèrent en extase ayant dans les bras un crucifix de cuivre qui s'était détaché de la croix où il était fixé, et que la sainte tenait si fortement qu'elles ne purent le lui arracher. C'était la nuit, et le crucifix avait fait un tel bruit en tombant entre ses bras

Hélène de Hongrie.

que les religieuses dont la cellule était proche de la sienne en avaient été réveillées. (Steill, 9 novembre.)

Cet attrait mystérieux se développe quelquefois au moment de la mort. Un prêtre de Venise vint un jour administrer un malade qui mourait. Apercevant au-dessus du lit du moribond une image de papier qui représentait saint Cajetan, il la lui donna à baiser en lui recommandant de dire trois fois cette prière : Saint Cajetan, priez pour moi. Puis il attacha l'image à un coin du lit, de sorte qu'elle ne pût tomber. Lorsque le malade fut en agonie, on vit l'image se détacher du lieu où elle était, et se poser sur la bouche du mourant sans l'intervention de personne. Le prêtre la lui présenta donc pour qu'il la baisât, et il mourut en y collant ses lèvres. (Sylos, p. 1, c. 7.)

Quelquefois cependant l'extatique, au lieu d'attirer les objets pieux, est attiré par eux au contraire ; et même cet attrait est exercé sur lui par d'autres objets qui, quoique profanes, ont cependant un certain rapport avec lui. Nous avons déjà vu plus haut, chez une extatique, que les larmes qu'elle versait pendant ses ravissements restaient suspendues à son voile jusqu'à ce qu'elle fût réveillée, et qu'alors, l'attrait magnétique qui les retenait cessant, la loi universelle de la pesanteur reprenait ses droits. Le frère lai Ange du Miroir était chargé de cultiver le jardin du monastère. Un jour, en 1460, comme il élaguait avec une hache les branches d'un arbre, l'Esprit l'envahit au milieu de son travail. Or, la hache resta en l'air dans la position où il l'avait laissée, tandis que lui, au grand étonnement des spectateurs, descendit lentement de l'arbre, et une fois à terre resta en extase. (Huber, p. 370.) D'autres fois, c'est un instrument de fer qui, tombé dans l'eau, vient retrouver de soi-même le bâton que lui tend un saint, comme on le raconte de saint Benoit, de l'abbé Leufred, des solitaires Sibert et Ange et de beaucoup d'autres. Tous ces faits s'expliquent également par un attrait magnétique du même genre.

Ange du Miroir.

Agnès de Monte-Pulciano. C'est à ce même ordre de phénomènes que l'on doit attribuer ce qui est arrivé plusieurs fois à Agnès de Monte-Pulciano. Elle était souvent élevée en l'air dans sa prière, et son manteau se trouvait alors couvert comme d'une manne blanche. Les sœurs du monastère, l'ayant laissée un jour en extase dans sa cellule, trouvèrent ensuite son manteau blanc comme de la neige par l'effet de cette rosée singulière. Elles voulurent le secouer pour la faire tomber, mais elle les en empêcha. Cette manne avait une forme régulière comme les flocons de neige ; c'était celle d'une croix. La même chose lui arriva lorsque l'évêque lui donna le voile à Proceno. Étant entré avec le clergé pour la cérémonie dans l'église, il trouva celle-ci couverte de cette manne. Tous étaient étonnés, et ne savaient ce que cela voulait dire ; mais ce fut bien autre chose lorsqu'ils furent rendus au grand autel, et qu'ils le trouvèrent tout couvert de cette substance ; de sorte qu'ils en avaient les mains pleines et qu'ils se la montraient les uns aux autres. Voilà ce que nous raconte Raymond de Capoue, confesseur de sainte Catherine de Sienne, qui lui-même était un saint. Il n'avait pas été témoin, il est vrai, de ces faits, mais il avait vécu dans le couvent d'Agnès, et avait pu, par conséquent, les puiser à des sources certaines. Ces faits pourraient paraître le résultat de quelque cause naturelle, s'ils étaient isolés, et surtout s'ils ne s'étaient pas renouvelés au tombeau de la sainte. Sainte Catherine de Sienne, qui avait pour elle une grande vénération, y alla un jour accompagnée de Lysa, son amie, et de quelques sœurs, et appuya sa tête contre celle d'Agnès. Or, il tomba aussitôt d'en haut une rosée qui ressemblait à la manne, et qui couvrit tellement Agnès et Catherine que Lysa put en remplir ses mains. Celle-ci raconta à Raymond ce qui s'était passé : les sœurs qui l'avaient vu confirmèrent son témoignage, et c'est sur leur déclaration que le pieux Dominicain a rapporté le fait dans la *Vie de sainte Catherine*, p. II, c. 17. Peut-être devons-nous voir ici dans ce phénomène la formation d'une substance sucrée que semblent indiquer plusieurs autres faits du même genre ; ou bien encore les aromes qui s'échappaient du corps de sainte Agnès sous la forme d'une huile volatile auront-ils déposé à terre, à l'approche de Catherine, cette manne mystérieuse. On doit en tout cas reconnaître là un phénomène appartenant à la mystique religieuse ; car cette manne n'avait point la forme naturelle de l'étoile, mais la forme mystique de la croix.

CHAPITRE XXV.

De la faculté de pénétrer les corps. Ouverture des serrures. Saint Annon de Cologne. Ouverture des portes. Sainte Valdedrude et sainte Aldegonde. Saint Homebon. Sainte Rainelde. De la faculté de passer par une porte fermée. Saint Dominique. Saint Maurice. Claire d'Agolantibus.

Chaque corps oppose dans sa masse aux autres corps un obstacle infranchissable, et les exclut de l'espace qu'il occupe déjà lui-même. Nous trouvons cependant dans le domaine de la nature quelques exceptions à cette loi générale. Ainsi les impondérables dans lesquels la force a vaincu la matière et s'est dégagée d'elle, les impondérables semblent avoir la faculté de pénétrer les masses. Le magnétisme, en effet, soumet tous les corps à son influence, et l'électricité pénètre tous les conducteurs. Il en est de même jusqu'à un certain point des acides et de leurs bases, qui semblent aussi se pénétrer dans les compositions chimiques ; mais ce phénomène se produit à un bien plus haut degré dans le domaine spirituel. L'esprit, tant que dure la vie, pénètre de son action le corps qu'il anime, dans toutes ses directions et dans toutes ses parties, et la mort arrive précisément lorsque le corps, n'étant plus pénétré par l'âme, devient une masse inerte. Mais si l'esprit exerce un tel pouvoir sur son propre corps, il est, dans l'état ordinaire, impuissant à l'égard des corps étrangers; bien moins encore peut-il les pénétrer avec le sien. Or, ce qui est impossible dans l'état naturel devient possible dans ces états supérieurs et extraordinaires où Dieu élève quelquefois ses saints. L'expérience, en effet, nous présente des faits nombreux qui prouvent que, lorsqu'un homme a mis une fois le pied dans ces régions supérieures, la matière ne peut retenir ni borner son pouvoir, et que, sans se laisser arrêter par elle, il peut la pénétrer.

La forme la plus simple et la moins élevée sous laquelle se produit ce phénomène, c'est la forme mécanique en quelque sorte, lorsque, par exemple, à l'approche d'un saint, les serrures s'ouvrent d'elles-mêmes pour le laisser passer par une porte qu'il trouve fermée. Ce que l'auteur de la S. Annon. Vie de saint Annon, évêque de Cologne, nous raconte à ce sujet est très-remarquable et très-instructif à la fois. Dans le couvent du saint, situé sur une montagne, un frère tomba dangereusement malade, et l'on ne pouvait trouver aucun remède pour le guérir. L'archevêque, qui se trouvait alors dans le monastère, ayant appris le danger de ce bon frère, envoya un exprès chercher à Cologne le bras du martyr saint Georges, assurant que le malade serait certainement soulagé s'il prenait de l'huile dans laquelle on conservait cette relique. L'exprès lui rapporta celle-ci avec le reliquaire qui la renfermait. Annon demanda la clef pour l'ouvrir; mais le messager l'avait laissée à Cologne, parce que personne n'avait pensé à la lui donner. L'archevêque, prenant la boite, fit semblant d'essayer de l'ouvrir avec les deux doigts; mais à peine l'avait-il touchée que les assistants entendirent un bruit semblable à celui que fait une clef que l'on tourne dans une serrure, et le reliquaire s'ouvrit aussitôt. Comme ils avaient entendu très-distinctement ce bruit, ils ne furent pas peu étonnés de voir que ce saint homme se servait de ses doigts en guise de clef. C'était probablement en ce cas l'attrait partant du saint qui avait ouvert la serrure, en réagissant contre l'élasticité du ressort, de même que l'on pourrait à l'aide d'un aimant très-puissant ouvrir aussi certaines serrures.

Il peut bien en avoir été de même en beaucoup d'autres cas qui nous sont racontés dans les vies des saints, lesquels ouvraient sans clef les portes qu'ils trouvaient fermées, et particulièrement celles des églises où ils voulaient aller prier. C'est ainsi que les sœurs sainte Valdedrude et sainte Aldegonde, étant sorties un jour du couvent pour quelque affaire, trouvèrent l'église fermée à leur retour. Mais les portes s'ouvrirent d'elles-mêmes devant elles, comme si elles eussent craint de mettre obstacle à leur piété. Saint Homebon avait coutume d'assister aux prières de la nuit et du matin dans l'église de Saint-Gilles à Crémone. Il sonnait, et le prêtre Obert lui ouvrait à chaque fois la porte. Mais un jour qu'il arriva plus tôt que de coutume, les portes s'ouvrirent d'elles-mêmes; et ce fait se répéta plusieurs fois. Sainte Rainelde, accompagnée de sa sœur Gudèle, frappe à la porte du couvent de Lobio, demandant à entrer. On lui répond que depuis que la maison existe aucune femme n'y a été admise. Gudèle s'éloigne, mais Rainelde reste trois jours en prière sans rien prendre. La troisième nuit enfin, pendant que tous les frères sont endormis, les portes lui sont ouvertes. On raconte la même chose de Sita, d'Aszeline, de sainte Geneviève et d'autres femmes; des solitaires Gerlach et Joannice, des abbés de Corbie, Launomar et Adelard, de saint Erminold, des évêques saint Loup, saint Basile et saint Grégoire.

Sainte Valdredude et sainte Aldegonde.

Saint Homebon.

Sainte Rainelde.

Le prêtre Ursus consacrait tout le jour aux œuvres de miséricorde; puis la nuit il allait prier dans les églises, dont les portes s'ouvraient toujours devant lui dès qu'il se présentait. Saint Déicole visitait toutes les nuits une chapelle située au fond d'une épaisse forêt et dont la porte s'ouvrait toujours dès qu'il arrivait. Un prêtre ayant par jalousie fermé la porte avec des épines et des ronces tissues ensemble, afin de lui barrer le passage, le saint franchit cet obstacle sans difficulté. Les portes d'une église de Milan se ferment, au contraire, devant une malheureuse qui y amenait une jeune fille pour un rendez-vous. Le Servite Joachim de Sienne, étant revenu un jour trop tard au couvent, retenu par des œuvres de miséricorde, ne voulut pas réveiller le portier, et se mit à prier devant la porte; mais celle-ci s'ouvrit d'elle-même, comme on le voit représenté sur son sarcophage en marbre. De même aussi les portes de la ville de Spolette s'ouvrirent à la prière de saint Laurent l'Illuminateur, que le clergé de cette ville avait nommé pour évêque, mais que le peuple refusait de recevoir, parce qu'il voulait avoir un homme du pays. Valda, trouvant l'église fermée, se met à genoux et prie saint Trudon avec ferveur. Aussitôt les portes s'ouvrent avec force en frappant contre le mur, comme si elles eussent été poussées par un vent violent. Ce cas suppose l'intervention d'une puissance plus élevée, et appartient, par conséquent, à un ordre supérieur encore.

Souvent, la serrure et la porte restant fermées, les saints ont passé sans obstacle, ce qui suppose une dérogation à une loi plus générale et plus profonde, celle de l'impénétrabilité des corps. On raconte dans la Vie de saint Dominique que le saint, pendant la guerre des Albigeois, revenant un jour d'une bataille avec son compagnon, un frère lai Cistercien, arriva le soir devant une église dont les portes étaient fermées. Ils se mirent tous les deux en prière, et au bout de quelques instants ils se trouvèrent avec admiration dans l'église sans que les portes se fussent ouvertes. Après avoir rendu grâces à Dieu, ils passèrent toute la nuit à prier Dieu et à chanter ses louanges. (Sa Vie, par Jansée, l. II, c. 13.) Le bienheureux Maurice, de l'ordre des Frères Prêcheurs, reçut un jour l'hospitalité chez un homme pieux nommé Benoit, qui demeurait à Waizen sur le Danube, en Hongrie. Celui-ci, voulant voir ce que son hôte faisait pendant la nuit, entra dans sa chambre et ne le trouva point. Il parcourut toute la maison: les portes

Sainte Dominique.

Le Bienheureux Maurice.

étaient bien fermées, et cependant il ne trouvait Maurice nulle part. Soupçonnant ce qui était arrivé, il alla à l'église, et l'y trouva, à son grand étonnement, plongé dans la prière. Le prêtre qui la desservait lui dit qu'il était entré les portes fermées. (Steill, 20 mars.) Claire d'Agolantibus, fondatrice du couvent des Anges à Rimini, avait coutume, après avoir vaqué pendant le jour à ses occupations, de se retirer dans un jardin pour se donner la discipline, et pratiquer d'autres pénitences devant l'image de Notre-Seigneur. Les sœurs, voulant l'en empêcher, fermèrent la porte du couvent avec soin; mais, chose étonnante, lorsque la nuit fut venue, Claire, emportée par l'Esprit, passa à travers les portes fermées et les murs, et entra dans le jardin, au grand étonnement des religieuses, qui furent témoins du fait, et la virent pratiquer ses mortifications accoutumées. (Sa Vie, par Pepe, l. III.) Déjà, à une époque bien plus reculée, il était arrivé plusieurs fois que, les frères étant assemblés à un étage supérieur, les portes fermées, un père, Patermuce, avait paru tout à coup au milieu d'eux. (Les *Vies des Pères*, l. II, c. 9.) Claire d'Agolantibus.

Les faits de ce genre devaient paraître autrefois bien étranges et tout à fait inexplicables, parce que la science n'avait encore aperçu dans le domaine de la nature aucun phénomène analogue capable de les éclaircir. Aussi la science étroite et orgueilleuse des derniers siècles n'a pas hésité à les rejeter tous comme impossibles et comme absurdes, et n'y a vu que l'effet du mensonge et de l'imposture; mais depuis que la physique moderne a trouvé dans l'ordre naturel des analogies avec les faits que nous venons de raconter, et qu'il a été prouvé que la matière est pénétrée quelquefois par la matière, il a bien fallu se rendre à l'évidence, et convenir que l'on s'était trompé par trop de précipitation dans les jugements qu'on avait portés. On connaît les expériences que Berzélius et Davy ont faites, il y a peu d'années, relativement aux courants galvaniques, et comment ils ont fait pénétrer à de grandes distances des fluides à travers certaines substances. Davy remplit deux bouteilles, l'une d'eau et l'autre d'une dissolution de sel, et les mit toutes les deux en rapport par une ligne d'asbeste mouillée; puis il trempa les fils polaires d'une pile galvanique dans le liquide des deux bouteilles, d'où il résulta une décomposition du sel, dont l'acide ou la base passait dans l'autre bouteille, selon qu'on mettait en celle-ci le fil positif ou le fil négatif. L'acide ou la base passait donc d'une bouteille dans l'autre par la ligne d'asbeste. Ce phénomène, au reste, devint visible à l'œil lorsqu'au lieu de sel on se servit de nitrate d'argent, et que la ligne d'asbeste se trouva couverte tout du long d'une couche d'argent réduit. Ici le courant galvanique, s'emparant de la substance, la rendait plus active et plus mobile, et après l'avoir entraînée ainsi dans sa propre direction, il la faisait passer partout où il allait lui-même. Le courant magnétique, en effet, ne peut être arrêté dans sa marche ni par l'impénétrabilité ni par les affinités de la matière. Or il communique cette même propriété à la substance qu'il a rendue fluide, et il parcourt les fluides sans obstacle avec elle. On peut même supposer avec raison qu'à un degré plus élevé d'intensité il lui ferait traverser également les solides; mais lors même que ce degré d'intensité n'existerait pas dans la nature, on ne peut du moins le refuser à Dieu. L'esprit divin, en effet, est le principe de toute force, et la force la plus haute qui existe. Le courant qui part d'elle est le plus rapide, le plus pénétrant que l'on se puisse imaginer : aucune créature ne peut s'opposer à son passage. C'est lui qui donne à toutes les forces créées leur énergie, de même que celles-ci communiquent à la matière qu'elles animent toute sa vertu. Lors donc que l'esprit d'en haut s'empare d'un homme, et l'entraîne dans la direction de son courant, il l'emporte avec lui vers le but qu'il se propose, sans s'inquiéter de la résistance que la matière oppose à la partie matérielle de notre être.

CHAPITRE XXVI.

Action à distance. Des trois formes différentes de cette action. Première forme. Rita de Cassia. Pierre Regala. Bennon, évêque de Meissen. Alphonse de Balzana. S. Anchiota. Seconde forme. La bienheureuse Liduine. Cath. Emmerich. Troisième forme. Saint Joseph de Copertino. Saint Antoine de Padoue. Saint François Xavier. Marie d'Agréda. Saint Laurent Justinien. Angèle de la Paix.

Le même courant qui brise pour les extatiques l'impénétrabilité de la matière les emporte quelquefois aussi à des distances plus ou moins grandes, et leur fait atteindre ainsi un but qui serait insaisissable pour eux par les voies ordinaires. Si l'on considère attentivement les faits qui se rapportent à ce genre de phénomènes, on voit qu'ils peuvent se partager en trois classes. Quelquefois en effet l'homme est emporté avec impétuosité dans un lieu éloigné, et c'est alors le système moteur qui concourt d'une manière spéciale à la production des faits de cet ordre. Ou bien l'homme, restant à sa place, est conduit en esprit au loin, y fait ce que Dieu veut qu'il fasse, et rapporte avec soi certains signes extérieurs qui attestent sa présence. Ici, ce qui est principalement en jeu, c'est le système vital, le même qui produit les phénomènes de la stigmatisation. Ou bien enfin l'homme, restant à sa place et y étant vu par les autres, est vu ailleurs en même temps, et y agit d'une manière effective et réelle; et cette bilocation participe à la nature de la vision. Nous étudierons ici ces trois classes de phénomènes dans l'ordre qui leur convient. Nous citerons comme exemple de la première classe la sœur Rita de Cassia, Augustine; d'autant plus qu'elle jouissait en même temps du privilége de passer à travers les portes fermées, et qu'elle forme ainsi le point de jonction entre l'ordre des phénomènes que nous avons étudiés dans le chapitre précédent et celui qui doit nous occuper ici.

Après la mort de son mari, qu'elle avait épousé contre son gré, elle voulut se retirer dans le couvent des Augustines de Rita de Cassia.

Cassia, dédié à sainte Marie-Madeleine. Elle conjura donc avec larmes les religieuses du monastère de la recevoir. Celles-ci ne purent se résoudre à l'admettre malgré sa piété bien connue, parce qu'elle était veuve. Elle eut donc recours à Dieu, implorant sa miséricorde, et elle fut exaucée. Une nuit, comme elle priait avec ferveur, elle entendit une voix qui l'appelait au couvent. Elle se détourna pour voir qui l'appelait, et vit alors saint Jean-Baptiste qui se dirigeait vers le rocher le plus élevé et le plus inaccessible de la contrée, appelé par les habitants Rocca Porena. Elle fut transportée elle-même sur ce rocher sans savoir comment, et s'y trouva ainsi quelque temps abandonnée à elle-même sans que l'abîme qui était sous ses pieds lui causât le moindre effroi. Elle vit bientôt le même saint s'avancer vers elle avec saint Augustin et saint Nicolas de Tolentino. Tous trois, la prenant par la main, la conduisirent à Cassia, et l'enfermèrent dans le couvent qu'elle avait choisi. Lorsqu'il fit jour, et qu'on trouva Rita dans le monastère, quoique les portes eussent été fermées avec soin comme de coutume, il se fit une grande émotion parmi les religieuses, qui ne pouvaient revenir de leur étonnement. Elles lui demandèrent comment cela s'était fait; et après qu'elle leur eut raconté simplement la chose, telle qu'elle s'était passée, elle fut admise à l'unanimité dans le couvent.

Si ce fait était isolé, on pourrait le révoquer en doute, et soupçonner quelque pieuse supercherie; mais il s'est renouvelé bien des fois en différents lieux, avec des circonstances et à des époques différentes. Saint Pierre Regala se transportait en esprit d'un pèlerinage à l'autre. Pendant qu'il adorait le Saint Sacrement à Aquilera, il priait devant l'image miraculeuse de Tribulo. Tantôt il allait en esprit à Jérusalem, tantôt il voyageait dans l'Inde ou dans quelque autre partie du monde pour convertir les infidèles, d'après cette parole: Tout est ouvert au cœur. Il était chargé de deux ermitages, dont l'un était à Aquilera et l'autre à

S. Pierre Regala.

Abroio : il aurait pu, à cause de son âge, se servir d'un cheval pour aller d'un lieu à l'autre ; mais croyant fermement que, s'il faisait de son côté tout ce qu'il pouvait pour remplir ses devoirs, Dieu lui donnerait la force nécessaire, il allait à pied. Or il arriva plus d'une fois qu'après avoir tenu le chapitre en un lieu le matin il était arrivé dans l'autre une heure après, faisant ainsi nu-pieds et à jeun une route de douze lieues, comme le prouvent les lettres que les frères des deux ermitages échangèrent à ce sujet. A la fête de l'Annonciation, après avoir assisté aux Matines à Abroio, il eut le désir d'aller célébrer cette même fête à Aquilera. Il dit donc à l'oreille du père vicaire : « Je pars, mais je vais bientôt revenir ; ayez patience. » Il parut bientôt à Aquilera au milieu des frères, assista à l'office avec eux, fit encore une *méditation* ; après quoi il disparut et se retrouva dans le couvent d'Abroio. Plusieurs fois d'ailleurs il resta élevé pendant deux ou trois heures au-dessus de terre, et environné d'un tel éclat dans sa prière que les habitants de la contrée accouraient jusqu'à Gumiel de Mercado, croyant que l'église brûlait. (Sa Vie, par Daza, 3 mars.)

On disait aussi de saint Bennon, évêque de Meissen, que souvent, après avoir distribué le matin les sacrements à Naumburg, il quittait son chapelain et célébrait l'office à Meissen, après quoi il se retrouvait à Naumburg avec son chapelain pour le repas du soir. Celui-ci étonné examina de plus près le saint. Au moment où il sortait, après l'avoir suivi un jour un *peu de temps*, il perdit bientôt sa trace ; puis tout à coup il se sentit emporté comme par un tourbillon qui le déposa à Meissen, derrière son maître agenouillé devant l'autel. L'évêque, qui avait connu par l'Esprit sa présence, retourna promptement après l'office divin à sa cellule, tandis que son chapelain eut beaucoup de peine à regagner son couvent le lendemain. Il lui défendit, sous peine d'excommunication, de parler pendant sa vie de ce S. Bennon.

qui venait d'arriver. (*A. S.*, 16 jun.) La bulle de canonisation du saint fait mention de ce fait.

Alphonse de Balzana.

On raconte d'Alphonse de Balzana qu'il fut plusieurs fois transporté en quelques instants dans des lieux très-éloignés, afin de secourir quelques nécessiteux ; et il se trouva une fois qu'il avait parcouru en onze heures un espace de huit jours de marche. (Phil. Alegambe, dans la *Bibliothèque des écrivains de la société de Jésus.*) On rapporte également du P. Joseph Anchieta, membre, comme le premier, de la société de Jésus, qu'il parcourut une fois sept milles en une demi-heure. Tous ces faits, on le voit, se rattachent immédiatement à cette classe de phénomènes que nous avons observée dans le chapitre précédent, en parlant du vol et de l'enlèvement extatiques. Lorsqu'on raconte, par exemple, de Bernardin Pallio, général des Capucins, que dans ses voyages il était tellement poussé par l'esprit qu'il faisait quelquefois plusieurs milles de chemin sans poser le pied sur la terre, on n'a besoin pour expliquer ce fait, ainsi que tous les autres de même nature, que de supposer une accélération plus grande encore du courant qui portait ce saint homme.

La Bse Liduine.

La bienheureuse Liduine peut nous servir d'exemple pour les phénomènes de la seconde classe. Elle visitait souvent avec son ange les lieux saints, montait avec lui le Calvaire, y baisait les plaies de Notre-Seigneur, et rapporta comme témoignage une tumeur à la lèvre. Une fois, comme elle parcourait avec lui des lieux charmants et très-éloignés, elle glissa en marchant, et tomba sur le pied droit. Elle dit elle-même qu'elle avait eu parfaitement la conscience de la douleur que lui avait causée cette chute. L'endroit du pied qu'elle avait indiqué se trouva noir en effet et enflammé, et elle souffrit pendant plusieurs jours de cette entorse. Une autre fois, comme elle visitait les sanctuaires de Rome, et qu'elle marchait au milieu des épines, étendant les bras et les agitant de çà et de là, comme on fait en pareille circonstance, une épine lui entra dans un doigt, ce qui la fit souffrir beaucoup le lendemain. Catherine Emmerich, dans les extases qu'elle avait pendant la nuit, parcourait les divers diocèses, en arrachant les abus, sous forme d'orties ; et le lendemain les mains et les bras lui démangeaient, et ses doigts paraissaient comme enflammés par le travail de la veille. On ne peut méconnaître, dans ces deux cas, que la vision présentée à l'esprit des deux extatiques fit sur elles une impression tellement profonde que l'âme, la reportant au dehors, la reproduisit extérieurement dans le cercle de la vie inférieure. Dans la stigmatisation, la contemplation des souffrances du Sauveur s'exprime au dehors de la même manière. Cath. Emmerich.

Nous avons aussi un grand nombre d'exemples de la troisième classe de phénomènes. Octave Piccino, déjà très-vieux, avait prié Joseph de Copertino de venir l'assister dans ses derniers moments. Celui-ci lui répondit : « Je vous le promets, quand même je serais à Rome ; » et il accomplit en effet sa promesse à la lettre. Lorsque Octave tomba malade de sa dernière maladie, Joseph était à Rome ; mais il parut tout à coup aux yeux du moribond pour le fortifier. Un grand nombre de personnes le virent, entre autres la sœur Thérèse, qui, étonnée à sa vue, lui dit : « Ah frère Joseph, comment vous trouvez-vous ici ? — Pour bénir l'âme de ce vieillard, » lui répondit-il ; et il disparut aussitôt. Pendant qu'il demeurait à Assise, sa mère mourante à Copertino s'écria douloureusement : « O mon fils Joseph, ne te verrai-je donc plus ? » Une grande lumière remplit aussitôt sa chambre, et la mourante, voyant son fils, s'écria remplie de joie : « O frère Joseph, mon fils ! » Or en ce même moment il sortit précipitamment de sa cellule, pour aller prier dans l'église. Un frère, le rencontrant, lui demanda la cause de sa tristesse. Il répondit : « Ma pauvre mère vient de mourir. » Ce fait de bilocation fut bientôt connu par les lettres qui arrivèrent de Copertino, et par les témoins qui avaient vu le saint assister sa mère. La même chose arriva plusieurs fois à saint Pierre d'Alcan- S. Joseph Copertino tara. Une fois entre autres, pendant qu'il était en Castille, deux gentilshommes rongés par des scrupules de conscience le voient s'avancer vers eux ; il leur donne la paix, et disparaît à leurs yeux étonnés. Plus tard ils prièrent plusieurs fois encore le Seigneur dans leur angoisse de venir à leur secours par les mérites du saint, et il leur apparut comme la première fois. Comme ils racontaient à d'autres ce qui leur était arrivé, ceux-ci leur racontèrent à leur tour le fait suivant. Le fils de Balthazar de Frias étant tombé malade à Arena, le saint, sur la prière du père, apparut dans la chambre où était le malade, le consola et le guérit, quoiqu'il fût à plusieurs milles de distance.

S. Antoine de Padoue. Pendant que saint Antoine de Padoue demeurait à Monte-Pessulo, il prêcha un jour de fête devant le clergé et tout le peuple. Or c'était la coutume dans le monastère de ce lieu qu'aux jours de fête deux frères chantassent l'*Alleluia* pendant le service divin. On avait chargé précisément alors le saint de cette fonction, en lui recommandant d'avertir l'autre frère qui devait la partager avec lui. Comme il commençait son sermon, il lui vint à l'esprit qu'il avait oublié de le faire. Il en fut tout affligé; et rabattant son capuchon sur sa tête, il resta quelque temps sans rien dire devant toute l'assemblée. Mais pendant ce temps-là, il avait, comme on le sut plus tard, réparé son oubli ; puis, le frère une fois averti, il revint à lui, et reprit son sermon où il l'avait laissé. (Wadding, an. 1231.)

S. François-Xavier. Saint François Xavier faisant voile au mois de novembre 1571 du Japon en Chine, le vaisseau fut, après sept jours de traversée, assailli par une violente tempête qui dura cinq jours. Le pilote fit attacher la chaloupe au navire, afin qu'elle ne fût pas engloutie par les flots ; mais les quinze hommes qu'il avait chargés de ce travail, ayant été surpris par la nuit, furent emportés dans la chaloupe et disparurent en un instant. Cependant la tempête augmentait toujours, et le vaisseau allait être submergé, lorsqu'il fut sauvé à la prière du saint, comme tous le reconnurent ensuite. Mais ceux qui étaient sur le navire une fois sauvés, leur compassion se tourna vers leurs camarades que la chaloupe avait emportés loin d'eux. Xavier leur dit de prendre courage, et qu'avant trois jours la fille retrouverait sa mère. Le lendemain il fit monter sur le mât pour voir si rien ne paraissait. On ne vit rien. Le saint rentra dans sa cajute, et y passa la plus grande partie du jour en prières; puis il remonta joyeux, annonçant que les quinze hommes étaient sauvés. Cependant, comme le lendemain on ne voyait rien encore, les matelots, qui étaient eux-mêmes en danger, ne voulaient pas attendre davantage ceux qu'ils croyaient perdus, et Xavier fut obligé de les conjurer par la mort du Christ de patienter encore un peu. Il se remit à prier pendant trois longues heures avec une ferveur indicible; et après ce temps la chaloupe apparut enfin à la joie de tous, et vint s'attacher d'elle-même au navire. Mendès Pintus, qui était sur celui-ci, assura que, lorsque les quinze hommes étaient sortis de la chaloupe pour entrer dans le navire, et que le pilote, la voyant vide, avait voulu la repousser, tous s'étaient mis à crier qu'il fallait auparavant aller au secours du saint, qui y était encore. Lorsqu'on chercha à leur persuader qu'il n'avait pas quitté le vaisseau, ils affirmaient tous à l'envi qu'il était resté au milieu d'eux pendant toute la tempête, leur donnant courage, et que c'était lui qui avait conduit la chaloupe vers le navire. Tous les matelots et les passagers parlèrent longtemps encore de ce fait extraordinaire. (Sa Vie, dans Surius.)

Ce qui arriva à Marie d'Agréda en ce genre est très-remarquable. A mesure que l'esprit de cette vierge était illuminé par le premier rayon qui l'avait éclairé, sa volonté était enflammée davantage aussi par la charité, laquelle ne montait plus seulement vers Dieu, mais s'étendait encore sur toutes les créatures, et la consumait intérieurement de telles ardeurs que, ne pouvant les contenir, elle cherchait à se soulager par ses larmes. Sa charité

Marie d'Agréda.

montait avec ses extases, et avait particulièrement pour objet les païens; elle voulait obtenir de Dieu pour tous les hommes la connaissance de la vraie foi; et son désir était devenu fort comme la mort. Étant donc un jour tombée en extase après sa communion, comme de coutume, elle vit dans une vision l'univers entier, avec les différentes créatures qui l'habitent, les races et les familles des peuples, passer devant elle avec une grande clarté. Voyant combien le nombre de ceux qui confessaient la vraie foi était petit comparablement aux autres, et qu'on faisait si peu d'usage de la surabondance du salut que Jésus-Christ nous a procuré par son sang, elle se sentit défaillir de douleur, et se mit à prier avec plus de ferveur encore. Il lui fut dit que, parmi tous ces peuples, ceux du Nouveau-Mexique étaient les plus mûrs pour la foi. Elle se mit donc à invoquer Dieu pour eux du fond de son âme. Elle eut souvent encore la même vision, et il lui fut dit qu'elle devait prier et travailler continuellement pour ces peuples. Or, comme elle était abîmée dans la prière, elle tomba en extase, et fut emportée dans des contrées éloignées, sous d'autres cieux et vers un peuple qu'elle reconnut pour celui qui lui avait été désigné dans cette révélation. Il lui sembla qu'elle voyait les hommes avec ses yeux, qu'elle sentait un air toujours plus chaud à mesure qu'elle avançait dans ces contrées. Elle se voyait passant ici le jour, là la nuit, trouvant ici la pluie, là un temps clair et serein; tantôt traversant les mers, tantôt abordant à terre. Il lui sembla qu'elle distinguait chaque royaume, et pouvait le désigner par son nom; qu'elle discernait ces peuples des nôtres; qu'elle voyait de ses yeux leur manière de vivre, leurs guerres et leurs armes, qu'elle conversait et liait amitié avec eux.

Lorsqu'elle était arrivée dans un lieu, il lui était commandé de s'abandonner à son zèle, et de prêcher au peuple la foi et la loi de Jésus-Christ. Il lui semblait alors qu'elle les prêchait réellement en espagnol, et que les Indiens la comprenaient aussi bien que si elle leur eût parlé dans leur propre langue. Elle croyait entendre aussi très-clairement les réponses qu'ils lui faisaient dans leur langue. Il lui semblait que, pour confirmer la foi qu'elle annonçait, elle faisait des miracles, que les Indiens se convertissaient, et qu'elle leur annonçait alors les vérités de la foi. Revenue à elle, elle se trouvait à sa place accoutumée; et après que la même chose lui fut arrivée plus de cent fois, elle s'imaginait que, par ses prédications et les miracles que Dieu avait opérés, un immense royaume s'était converti à la foi chrétienne. En voyageant à travers le Mexique, elle crut reconnaître les religieux de Saint-François, qui contribuèrent plus tard à cette conversion; et quoique les habitants du pays fussent très-loin d'eux, elle leur persuada d'aller trouver ces religieux, afin d'obtenir d'eux des ouvriers spirituels qui pussent donner le baptême à tout le peuple; et elle leur enseigna où ils pourraient les trouver. Il lui sembla encore que tout s'était passé de cette manière; que ces religieux étaient venus dans le pays, et qu'il s'y était fait beaucoup d'autres choses merveilleuses. Elle rapportait tout cela à son confesseur avec une sincérité parfaite et une grande humilité, ne sachant ce qu'elle devait en penser. Quelquefois il lui semblait qu'elle avait été transportée corporellement dans ces pays, d'autres fois au contraire qu'elle n'y avait été qu'en esprit; ou bien elle croyait que ç'avait été un jeu de son imagination; seulement elle était certaine que ces choses ne venaient pas du démon. Son confesseur avait adopté la première opinion, et il paraît que c'est par lui que le bruit se répandit dans les couvents du pays que Marie avait été emmenée corporellement dans les Indes. Quant à Marie, elle laissait la chose pour ce qu'elle était.

La vérité ne fut connue que beaucoup d'années après. On découvrit à cette époque un grand nombre de contrées nouvelles dans le Nouveau-Mexique, et les Franciscains s'efforcèrent de les convertir à la foi. Ils avaient établi dans le pays plusieurs maisons de leur ordre, qui, quoique peu considérables, servirent cependant de point de départ pour de nouvelles conquêtes. Or une troupe d'Indiens, que ces religieux n'avaient encore jamais vus, vint les trouver et demanda ardemment le baptême. Les frères étonnés s'enquirent auprès d'eux de la cause de leur désir. Les Indiens leur dirent qu'une femme, il n'y avait pas longtemps, était venue dans leur pays, et leur avait prêché la foi; et que de temps en temps elle disparaissait sans qu'on sût où elle allait. Les religieux leur demandèrent comment cette femme était faite; mais ils ne purent rien leur répondre, sinon qu'ils n'en avaient jamais vu de pareille. Cependant on conjectura, d'après les indications qu'ils donnèrent, que ce devait être une religieuse. Louise de Carrion était alors en odeur de sainteté. Un des religieux avait une petite image, où la figure seulement de cette femme était représentée, mais sans voile. Les Indiens déclarèrent que cette image ressemblait pour le costume, mais non pour la figure, à la femme qu'ils avaient vue; que celle ci était jeune et belle. Alphonse de Bénavidès, homme d'une haute intelligence et d'un grand zèle pour le salut des âmes, était alors Gardien de la maison du Nouveau-Mexique. Il leur envoya donc des frères, qui, après un long voyage, arrivèrent dans le pays de ces Indiens; et les trouvant bien préparés, ils les baptisèrent, le roi le premier. Tous, mais surtout Bénavidès étaient curieux de savoir quelle était cette femme dont les Indiens leur avaient parlé. Aussi de retour en Europe, dès qu'il fut arrivé à Madrid en 1630, il fit des recherches sur cet événement. Ses affaires l'avaient amené auprès de Bernardin de Sienne, alors général de l'ordre, à qui sa charge avait déjà donné occasion d'éprouver l'esprit de Marie, et celle-ci se présenta à sa pensée pendant le récit de Bénavidès. Pour arracher à l'humilité de cette femme les aveux dont il avait besoin, il donna à Bénavidès des lettres de recommandation pour le Provincial et le confesseur de Marie. Il le nomma de plus commissaire en cette affaire, et obligea Marie, en vertu de l'obéissance, à tout lui découvrir. L'envoyé, étant venu dans la province, s'entretint d'abord avec Séb. Morzella, Provincial à Burgos, puis avec Fr. de la Torre, qui était depuis peu de temps le confesseur de Marie. Tous ensemble demandèrent à celle-ci ce qui s'était passé en elle. Bénavidès s'informa d'abord des lieux où elle avait été. Elle nomma les pays et les habitants, comme si elle y avait demeuré pendant de longues années. Elle lui raconta qu'elle l'y avait vu lui-même, en compagnie d'autres religieux; elle lui nomma le lieu, le jour et l'heure, désignant chacun de ceux qui étaient présents; de sorte que Bénavidès fut entièrement convaincu de la vérité. Tous trois écrivirent le résultat de leur enquête, et en laissèrent une copie au confesseur. Bénavidès en emporta une autre au Mexique avec une lettre de Marie. Cette copie fut déposée dans la maison des religieux Franciscains au Nouveau-Mexique, et le commissaire général de la Nouvelle-Espagne en envoya à Madrid une copie que le biographe de Marie avait sous les yeux. Il est à regretter que celui-ci ne l'ait pas communiquée; car ce qu'il dit à ce sujet ne suffit pas pour exclure la possibilité d'une confusion dans la personne ou de quelque autre erreur.

L'eucharistie est souvent l'occasion qui donne naissance aux phénomènes de ce genre. On raconte dans la vie de saint Laurent Justinien que tout près de lui vivait une religieuse d'une grande sainteté, qui avait passé sa vie dans l'abstinence, les veilles et la prière. Or, il arriva qu'au jour de la Fête-Dieu ni elle ni les autres sœurs ne purent communier. Comme elles en étaient très-affligées, et cette sainte religieuse plus encore que les autres, elles prièrent le saint de penser du moins à elles pendant la messe : il le leur promit. Comme il célébrait les saints mystères en présence de tout le peuple, il fut ravi après l'élévation; et l'Esprit l'emporta vers cette vierge, qui, renfermée dans sa cellule, se livrait à la méditation, et ressentait précisément en ce moment un ardent désir de la communion. Il la lui donna aussitôt : si ce fut avec son corps, ou hors de son corps, Dieu seul le sait. Du moins, le peuple qui était assemblé ne le perdit pas de vue un seul instant. Une fois revenu à lui, le saint termina la messe. La vierge ayant raconté la chose à son confesseur, et celui-ci à saint Laurent, ce dernier leur dit que ce n'était pas à lui, mais à Dieu qu'ils devaient rendre grâces, et leur recommanda de ne parler à personne pendant sa vie de ce qui s'était passé. (*A. S.*, 8 jan.)

Angèle de la Paix.

Nous voyons encore souvent ces phénomènes se produire à l'heure de la mort. Un fait bien remarquable en ce genre est ce qui se passa peu de temps avant la mort d'Angèle de la Paix entre elle et son confesseur. C'était en 1662, et elle avait cinquante-deux ans, lorsqu'une voix intérieure l'avertit que la fin de sa carrière approchait. Elle fut bientôt prise d'une fièvre violente, et son confesseur, la trouvant très-mal, fit appeler les médecins. Ceux-ci, considérant la violence du mal et l'épuisement de ses forces, par suite des mortifications qu'elle avait pratiquées, jugèrent qu'elle n'avait plus que quelques heures à vivre, et conseillèrent de lui administrer les sacrements. Mais la mourante, qui savait qu'elle devait mourir le jour de Sainte-Ursule, dit à son confesseur que les médecins se trompaient. En effet, après avoir beaucoup souffert pendant un mois, elle se trouva mieux, de sorte que les médecins commencèrent à espérer qu'elle pourrait vivre. Bientot même ils crurent que le mal avait disparu. Son confesseur, qui avait pour elle une grande estime et qui savait par expérience jusqu'à quel point elle était obéissante, voyant qu'elle était mieux, lui ordonna non-seulement de se lever parfaitement guérie, mais encore de rester sur la terre un grand nombre d'années encore, pour servir plus longtemps le Seigneur. Cet ordre si hardi établit une lutte terrible entre la loi de la nature et celle de la grâce. Angèle le sentait bien ; elle dit donc à son confesseur d'un visage serein : « Mon père, si vous l'ordonnez ainsi, d'après l'avis des médecins, il faut bien que j'obéisse. Cependant sachez que je dois mourir de demain en huit jours; mais ce ne sera pas sans que vous m'en ayez donné librement la permission. — Quant à la permission, répondit Joseph, son confesseur, je ne vous la donnerai jamais. Si vous êtes obéissante comme je l'espère, vous ne mourrez certainement pas cette fois. — Je mourrai, répondit Angèle; et comme je vous l'ai dit, avec votre permission; car je suis invitée au festin nuptial de l'éternité, et vous ne pouvez m'empêcher d'y aller. Dieu vous forcera à m'en donner la permission, et à m'administrer les sacrements des mourants. » Joseph fut étonné de son assurance, d'autant plus qu'il savait bien que le curé de la paroisse était décidé à l'administrer lui-même. Il s'en alla donc faisant peu de fond sur ses paroles.

Cependant la fièvre redoubla, et les douleurs augmentèrent de telle sorte qu'il semblait qu'elle allait souffrir en masse tout ce qu'elle avait déjà souffert en détail pendant sa vie. Elle supporta toutes ces souffrances avec patience et même avec sérénité, les recevant de la part de Dieu avec reconnaissance; de sorte que les médecins en étaient dans l'étonnement. Le 20 octobre arriva. C'était, avait-elle dit, la veille de sa mort. Voyant que ce qu'elle avait annoncé à son confesseur ne s'accomplissait point par les voies ordinaires, elle se mit en prière et remit la chose à Dieu. Or il arriva que ce jour-là même, pendant que le P. Joseph dormait dans sa cellule au couvent de Sainte-Marie, il entendit frapper à sa porte. Comme il cherchait dans son esprit quelle affaire pressante pouvait lui amener une visite à cette heure, il vit la porte s'ouvrir, quelqu'un entrer et se mettre à genoux au pied de son lit. Quoique l'obscurité fût grande, et qu'il ne pût voir qui était venu, il reconnut cependant au pas que c'était Angèle, et lui cria saisi d'étonnement et de crainte : « Sœur Angèle, qui vous amène ici à cette heure? » Il l'entendit clairement lui répondre : « Mon père, je suis venue vous demander votre bénédiction et la permission de mourir. » Joseph la lui refusa ; mais elle le conjurait en lui disant que c'était la volonté de Dieu. Joseph résista à ses désirs pendant deux grandes heures. Pendant ce temps, poussé par une puissance intérieure, il lui avait accordé par trois fois la permission qu'elle lui demandait, mais aux trois fois il l'avait rétractée. A la quatrième enfin, Angèle, sans lui donner le temps de se rétracter, se lève et s'en va, fermant la porte après elle comme elle l'avait trouvée en entrant. Joseph se lève aussitôt de son lit rempli d'étonnement et d'inquiétude ; il ouvre la fenêtre sans savoir trop ce qu'il fait, et se tournant vers le lieu où était Angèle, il lui donne sa bénédiction, confirmant ainsi contre son gré la permission qu'il lui avait donnée de mourir.

La cloche ayant sonné pour la prière, il descend au chœur avec les autres religieux, l'âme bouleversée de ce qui venait de lui arriver. A peine était-il rendu que le portier vint en toute hâte l'appeler, en lui disant que la sœur Angèle le priait de venir lui donner les derniers sacrements. Il se rendit chez elle, et voulut envoyer avertir le curé, sans la permission duquel il ne pouvait l'administrer. Mais Angèle lui dit tranquillement : « Le curé ne vous refusera pas la permission ; bien plus, il vous priera de faire ce que je vous demande. » Joseph, se tournant vers la mourante, lui dit : « Allons, sœur Angèle, vous allez donc mourir ! Et l'obéissance? Qui vous a donné la permission? Ne vous ai-je pas dit que je ne vous la donnerais jamais? — Mon père, lui répondit Angèle, je meurs, et avec votre permission. Vous savez bien que vous me l'avez donnée, non pas une fois seulement, mais quatre fois. » Il fit semblant de ne point comprendre ce qu'elle lui disait. Elle lui raconta donc tout ce qui s'était passé dans sa cellule, et lui fit sa confession. Cependant celui qu'on avait envoyé chez le curé avait trouvé celui-ci retenu au lit par la goutte ; et comme il l'avait prié de venir, le malade avait répondu qu'il ne le pouvait, et qu'il priait le P. Joseph d'aller à sa place. Angèle obtint donc tout ce qu'elle avait demandé. Après avoir reçu les sacrements, elle resta encore une heure plongée dans une méditation profonde, et mourut ensuite doucement sans agonie. Son confesseur confirma par serment le récit de ce qui s'était passé. (Marchèse, *octobre*.) (1)

Plusieurs cas semblables à celui-ci se sont présentés dans ces derniers temps chez certains somnambules. On a cherché à les expliquer en supposant que l'âme, qui tient le milieu entre le corps et l'esprit, peut se séparer de l'un et de l'autre et sortir au dehors. Mais cette explication est tout à fait inconciliable avec l'union intime qui existe entre tous les éléments de la personnalité humaine. On ne peut nier, il est vrai, que ce ne soit l'âme qui est principalement en jeu dans les phénomènes de ce genre; cependant ce n'est point en se séparant du corps pour se répandre au dehors qu'elle agit en ces circonstances; mais c'est au contraire en concentrant davantage sa puissance et son énergie. Il est de l'essence de ce qui est à la périphérie de n'être qu'à la place qu'il occupe, parce que les autres lieux près de lui sont occupés déjà par d'autres qui ont le même droit sur eux que lui sur la place qu'il remplit. Si donc un être quelconque exerce un droit sur ce qui est près ou loin de lui, ce ne peut être en vertu de sa propre puissance, mais

(1) *Note du traducteur.* Un fait du même genre est raconté dans le *Ménologe des pères de la compagnie de Jésus*, et nous ne pouvons résister au désir de le citer en ce lieu, car il rappelle un des exemples les plus remarquables et les plus extraordinaires de l'obéissance religieuse. Un saint religieux de la compagnie de Jésus, dont nous regrettons de ne pouvoir donner ici le nom, était cloué depuis longtemps sur son lit par de cruelles souffrances, ne pouvant en quelque sorte ni vivre ni mourir. Son supérieur, étant venu le voir, lui dit pour le consoler qu'il espérait qu'il n'aurait plus à souffrir longtemps désormais, et que la mort ne tarderait pas. « Mon père, lui dit le malade, je mourrai quand vous le voudrez, vous n'avez qu'à me le commander, et j'obéirai. » Le supérieur lui dit : « *Eh bien, je vous ordonne de mourir!* » et aussitôt le saint religieux rendit son âme au Seigneur.

par la vertu du centre même, qui lui est communiquée. Le centre, en effet, précisément parce qu'il est unique, et qu'il ne partage avec quoi que ce soit sa puissance, peut exercer celle-ci dans tous les points de la circonférence que sa force domine et remplit. S'il s'agit d'un centre naturel, comme dans l'ordre de la nature il n'y a ni volonté ni liberté, ce centre est vraiment présent en même temps dans tous les points de la circonférence, et son action est visible en chacun d'eux. Ainsi, par exemple, cette étoile qui brille au fond du firmament est présente en même temps et dans mon œil et dans toutes les étoiles visibles du ciel. C'est ainsi que le soleil éveille toute l'année la vie autour de la terre, que chaque fleur qui s'épanouit salue la lumière, et que ses rayons se jouent dans chaque goutte de rosée.

Mais il n'en est pas de même dans le domaine de l'esprit; il faut ici tenir compte de la liberté. Si donc ici l'omniprésence du centre est nécessaire, ce n'est qu'en puissance, et non en acte; il n'est présent réellement que là où il veut, et n'est subordonné en ce genre qu'à sa propre nature. L'âme, par exemple, est toujours présente en tout le corps; mais elle n'agit pas toujours dans toutes les parties de celui-ci. En dehors du corps qu'elle anime, elle a autour de celui-ci une sphère déterminée, au dedans de laquelle elle peut étendre son action d'une manière visible. Elle peut donc aussi se rendre présente partout dans cette sphère, qui lui est extérieure en un sens. L'étendue de celle-ci varie selon que l'âme est plus ou moins active, plus ou moins énergique, plus ou moins recueillie et concentrée en elle-même. Si donc, par suite de l'extase et par la puissance du centre supérieur auquel elle est unie dans ses ravissements, l'âme devient plus intérieure et plus puissante, le cercle extérieur de son action s'élargit dans la même proportion, et elle peut dès lors manifester sa puissance à des distances très-éloignées, selon qu'elle s'est concentrée davantage. Mais comme c'est la sympathie et l'amour qui forment le lien par lequel l'âme se met en rapport avec les objets extérieurs, elle sera présente partout où est son cœur et son amour; elle sera d'autant plus présente en chaque chose qu'elle sera entrée plus avant en elle par l'amour, et qu'elle l'aura attirée plus fortement à soi. Ceci doit donc arriver bien plus facilement lorsque deux âmes se trouvent dans un état semblable; c'est ainsi que nous avons vu des extatiques se rencontrer, quoique séparés par de très-grandes distances. La mort aussi, qui n'est dans un certain sens qu'un ravissement et qu'une extase, développe ce genre de phénomènes, soit du côté de celui qui apparait, comme chez la sœur Angèle, soit du côté de celui qui reçoit l'apparition, comme chez la mère de saint Joseph de Copertino. Ce phénomène cependant n'exige pas toujours comme condition indispensable l'état d'extase de la part de ceux qui voient l'apparition, comme le prouve l'exemple de Marie d'Agréda. C'est l'extatique lui-même qui se rend visible et sensible aux autres, en faisant passer en eux à l'état de perception claire et distincte le sentiment confus du centre auquel ils appartiennent; et c'est dans ce centre qu'ils sont en rapport avec lui, comme s'il leur était immédiatement présent.

TABLE DES MATIÈRES

CONTENUES DANS LE DEUXIÈME VOLUME.

LIVRE QUATRIÈME.

LA MYSTIQUE ILLUMINATIVE, PROGRÈS DE LA MYSTIQUE PAR L'AMOUR ET L'ILLUMINATION DIVINE DANS L'EXTASE.

CHAPITRE XIV.

CHAPITRE XV.

CHAPITRE XVI.

CHAPITRE XVII.

CHAPITRE XVIII.

CHAPITRE XIX.

CHAPITRE XX.

CHAPITRE XXI.

CHAPITRE XXII.

CHAPITRE XXIII.

CHAPITRE XXIV.

CHAPITRE XXV.

CHAPITRE XXVI.

FIN DE LA TABLE DU DEUXIÈME VOLUME.

www.ingramcontent.com/pod-product-compliance
Ingram Content Group UK Ltd.
Pitfield, Milton Keynes, MK11 3LW, UK
UKHW021847190726
13855UKWH00001B/182

9 782012 781023